"Wenn Wörter Schatten werfen"
Untersuchungen zum Prosastil von Günter Grass

D1596614

KÖLNER STUDIEN
ZUR
LITERATURWISSENSCHAFT

Herausgegeben von Volker Neuhaus

Band 6

PETER LANG

Frankfurt am Main · Berlin · Bern · New York · Paris · Wien

THOMAS ANGENENDT

"WENN WÖRTER SCHATTEN WERFEN"

Untersuchungen zum Prosastil von Günter Grass

PETER LANG
Europäischer Verlag der Wissenschaften

Die Deutsche Bibliothek - CIP-Einheitsaufnahme

Angenendt, Thomas:

"Wenn Wörter Schatten werfen" : Untersuchungen zum
Prosastil von Günter Grass / Thomas Angenendt. - Frankfurt
am Main ; Berlin ; Bern ; New York ; Paris ; Wien : Lang, 1995
(Kölner Studien zur Literaturwissenschaft ; Bd. 6)
Zugl.: Köln, Univ., Diss., 1993
ISBN 3-631-47441-5

NE: GT

D 83
ISSN 0935-5669
ISBN 3-631-47441-5
© Peter Lang GmbH
Europäischer Verlag der Wissenschaften
Frankfurt am Main 1995
Alle Rechte vorbehalten.

Das Werk einschließlich aller seiner Teile ist urheberrechtlich
geschützt. Jede Verwertung außerhalb der engen Grenzen des
Urheberrechtsgesetzes ist ohne Zustimmung des Verlages
unzulässig und strafbar. Das gilt insbesondere für
Vervielfältigungen, Übersetzungen, Mikroverfilmungen und die
Einspeicherung und Verarbeitung in elektronischen Systemen.

Printed in Germany 1 2 3 4 5 7

Für Barbara

Anatomieren magst du die Sprache, doch nur ihr Kadaver;
Geist und Leben entschlüpft flüchtig dem groben Skalpell.
(Johann Wolfgang von Goethe, Friedrich von Schiller, Xenien)

Stil ist nichts als der Hammer, mit dem das Dargestellte aufs
sachlichste herausgearbeitet wird. Es ist schon ein Fehler, wenn
Stil bemerkt wird.
(Alfred Döblin, Bemerkungen zum Roman)

Die richtig herausgeholte Form drückt ihren Dank dadurch aus,
daß sie selbst ganz allein für den Inhalt sorgt.
(Wassily Kandinsky, Zugang zur Kunst)

Es gibt Forscher, die Satzlängen ausmessen, Leitmotive wie
Schmetterlinge spießen, Wortfelder beackern, Sprachstrukturen
als Erdschichten abtragen, das Konjunktivische psychologisch
ausloten, am Fiktiven grundsätzlich zweifeln und das Erzählen
von Vergangenem als gegenwartsfeindliches Fluchtverhalten
entlarvt haben; doch für die Beschwörungen meiner Mestwina,
für den ungedämmten Redefluß der dicken Gret und für das
Gebrabbel der Gesindeköchin Amanda Woyke waren (so heillos
sie am Vergangenen hingen) immer nur gegenwärtige Arbeits-
vorgänge stilbildend.
(Günter Grass, Der Butt)

Vorbemerkung

Danken möchte ich an dieser Stelle meinem akademischen Lehrer Prof. Dr. Volker Neuhaus für die Heranführung an Günter Grass, für Anregungen in Seminaren und vielen freundschaftlichen Gesprächen. Prof. Dr. Jürgen Lenerz verdanke ich mein linguistisches Rüstzeug.

Ferner gilt mein Dank Daniela Hermes für ihre umfassende technische Hilfe bei der Fertigstellung dieser Arbeit und zahlreiche Ermutigungen.

Meiner Familie danke ich für das verständnisvolle Verzichten auf viele gemeinsame Stunden.

Thomas Angenendt
Krefeld, Oktober 1994

Diese Arbeit wurde von der Philosophischen Fakultät der Universität zu Köln als Dissertation angenommen. Gutachter waren Prof. Dr. Volker Neuhaus und Prof. Dr. Jürgen Lenerz.

Das Rigorosum fand am 6. Februar 1993 statt.

Inhaltsverzeichnis

1. Einleitung

In vielen Rezensionen und wissenschaftlichen Aufsätzen wird immer wieder auf die besondere Bedeutung der sprachlichen Mittel für das Prosawerk von Günter Grass hingewiesen: »Es ist bezeichnend, daß bisher kein wirklicher Kritiker Grass eine ungewöhnliche Kraft der Formulierung abgesprochen hat.«[1]

So lobt Marcel Reich-Ranicki in seiner insgesamt sehr kritischen Besprechung des Romanerstlings *Die Blechtrommel:*

> Dem Erzähler sprudelt es nur so von den Lippen. Da gibt es mitunter Wortkaskaden von außerordentlicher Vehemenz und großartigem Schwung. Wenn er eine gute Stunde hat, dann hämmert und trommelt er mit einer Wut und einem rhythmischen Instinkt, daß es einem beinahe den Atem verschlägt. Man freut sich bei diesen Furiosos, daß einer in deutscher Sprache so penetrant und geschickt schmettern kann. Es wallet und siedet und brauset und zischt, wie wenn Wasser mit Feuer sich mengt.[2]

Richard Kluger wählt anläßlich des Erscheinens der amerikanischen Ausgabe der *Hundejahre* Grass als Dirigenten eines »Autorenorchesters«:

> Er würde sein Orchester mit der publikumswirksamen nervösen Energie eines Bernstein führen, der alle Stimmen vorwärts und rückwärts kennt, sie schnell und langsam spielen kann, fortissimo oder pianissimo und zur Not – um das Publikum bei der Stange zu halten – im Handstand mit den Füßen weiterdirigiert. [...]
> Zudem ist Grass' Herrschaft über die Wörter so perfekt – er führt sie im Schritt, im Strecksprung, im Trab und im Galopp vor, elektrisiert sie, atomisiert sie durch Spaltung wie durch Fusion –, daß man diese Virtuosität der Sprachbehandlung joycisch nennen muß.[3]

Und Toni Meissner bezeichnet den Autor des *Butt* als einen

> Sprachhexenmeister, dem alle guten Geister der Formulierkunst zu Gebote stehen, der schreibend nuscheln, murmeln, bühnenklar artikulieren kann, der alles beherrscht, etwa das behäbig umständliche Hochdeutsch der Romantiker ebenso wie die Sprache der Danziger Werftarbeiter.[4]

In seinem Aufsatz *Günter Grass* sieht Heiko Büscher Grass'

> Modernität und Stärke [...] in der sprachlichen Formung und erzählerischen Gestalt seines Materials. Mit einer Hellhörigkeit für sprachliche Nuancen begabt, organisiert er sein Erzählen von der genauen Kenntnis der lebenden Sprache her und setzt virtuos eine Fülle von Stilmitteln ein, unbekümmert um jedes konventionelle ästhetische Empfinden und ohne sich einem Anspruch zu beugen, der außerhalb der Welt liegt, die er schafft. Sprachliche Kraft allein legitimiert seine Erfindungen.[5]

---

1 Schwarz 1969, S. 61.
2 Reich-Ranicki 1984, S. 117 (erstmals 1960).
3 Kluger 1990, S. 37 (erstmals 1965).
4 Meissner 1977.
5 Büscher 1968, 457 f.

14

Renate Gerstenberg bemerkt, daß »neben der stofflichen Fülle [...] die Sprache eine Hauptenergiequelle für den Einfallsreichtum von Grass' Erzählen« bildet.[6] Und Detlef Krumme konstatiert in bezug auf *Die Blechtrommel* sogar:

Der Bilderreichtum des Romans und die Bildkräftigkeit seiner Sprache sind immer wieder angesprochen worden. Ohne sie, soll hier einmal behauptet werden, hätte der Roman, trotz seiner sorgfältig konstruierten Fabel, trotz seines originell erfundenen Helden und Erzählers kein Rückgrat: Die Erfindung des Oskar Matzerath lebt auch und vor allen Dingen von der ›Erfindung‹ seiner Sprache.[7]

Im Gegensatz zu dieser immer wieder hervorgehobenen Bedeutung sprachlicher Mittel für Grass' Werk existieren nach wie vor praktisch keine systematischen Untersuchungen zu diesem Forschungsaspekt.

Formale Charakteristika von Grass' Prosastil stehen deshalb im Mittelpunkt dieser Arbeit. Dabei wird nach kurzen methodischen Vorüberlegungen (Kapitel 2) in einer knappen Übersicht allen wichtigen bisherigen Ansätzen zu diesem Forschungsaspekt nachgegangen (Kapitel 3).

Im zentralen vierten Kapitel werden wichtige Konstruktionsformen analysiert und im Einzelfall inhaltliche Funktionen und Wirkungen betrachtet. Ausgangspunkt dieser Analysen ist stets das 1972 veröffentlichte Werk *Aus dem Tagebuch einer Schnecke*.

Abschließend (Kapitel 5) werden grundlegende Tendenzen von Grass' Prosastil zusammengefaßt und Rolle und Funktion der Sprache in *Aus dem Tagebuch einer Schnecke* beschrieben.

---

6 Gerstenberg 1980, S. 27.
7 Krumme 1986, S. 48.

2. Methodische Vorüberlegungen

2.1 Das Untersuchungsziel

Das vorrangige Ziel dieser Arbeit besteht darin, den Sprachgebrauch des Erzählers Günter Grass zu analysieren. Neben der Inventarisierung auffälliger sprachlicher Mittel wird die genaue Beschreibung und Interpretation ihrer funktionalen Bedeutung im konkreten Kontext angestrebt.

Grass verwendet selbst in umfangreichen Romanen bis ins kleinste Detail hinein sprachliche Mittel mit großer Genauigkeit und konstruiert sehr bewußt im Hinblick auf inhaltliche Funktionen hin. Diese Einschätzung von Günter Grass als einem kompetenten und immer genau abwägenden Sprachbenutzer gründet sich sowohl auf die bisherige Forschung als auch auf Grass' eigene Äußerungen[1].

Sprachstil meint damit nichts Äußerliches, ist nicht ornatus, sondern ist als erzählfunktionales und damit bedeutungstragendes Mittel wichtig. So können genaue Sprachanalysen das Verständnis und die Bewertung eines Werkes entscheidend stützen und behilflich sein, vorhandene Deutungen zu überprüfen.

Allerdings besteht das Ziel dieser Arbeit nicht darin, mit Hilfe solcher Analysen eine werkimmanente Interpretation zu erstellen. Es wird keine De-Ambiguisierung des Werkes oder einzelner Motive mit sprachanalytischen Verfahren angestrebt; im Gegenteil werden möglicherweise gerade durch die Beobachtung mikroskopischer Strukturen neue Komplexitäten in Grass' Werk aufgespürt.

Ziel dieser Arbeit kann auch nicht sein, ein Modell von Grass' Sprachstil zu entwerfen, das prognostischen Charakter besitzt. Somit grenzt sich die vorliegende Untersuchung gegen eine primär theoretisch ausgerichtete Vorgehensweise ab, die stilistische Gesetzmäßigkeiten zu ermitteln sucht.[2] Ein notwendiges Merkmal ästhetischer Texte ist die Unvorhersagbarkeit ihrer Strukturen, es sei denn, die strukturellen Regularitäten würden so weit abstrahiert, daß sie Spezifika eines Werkes nicht mehr differenziert genug erfassen könnten.

Wenn Grass betont, das Kunstwerk beziehe »gerade seinen Vorzug aus der Vieldeutigkeit«[3], kann es nicht Absicht dieser Untersuchung sein, diesen ästhetischen Überschuß abzubauen. Vielmehr können genaue Sprachbeobachtungen dazu

---

1 In einem Gespräch über Tempus als Stilmittel wird Grass' hohes Reflexionsniveau in bezug auf seinen Sprachgebrauch exemplarisch deutlich: Grass begründet die Verwendung des Temporaladverbs »eben« zusammen mit dem Präteritum zu Beginn des *Blechtrommel*-Kapitels *Glas, Glas, Gläschen* damit, daß »soeben« bereits einen Gegenwartsbezug herstellt und er das von seinem Gesprächspartner vorgeschlagene Tempus »Perfekt« an dieser Stelle für redundant hält. Vgl. WA X, 77 f.

2 Vgl. z. B. Eroms 1985, S. 17 f., der Tempus und Verbgebrauch mit funktionalen Richtwerten in Beziehung setzt zu »Vertextungsstrategien«. Textlinguistische Ansätze und Modelle mit prognostischem Anspruch setzen eine hohe Standardisiertheit von Texten voraus. Vgl. zu den Aufgaben der Textlinguistik Vater 1990, S. 1 f.

3 Wolski 1985, S. 232.

16

dienen, motivische Tiefenschichten freizulegen und »Unbekanntes, Verborgenes, Besonderes zu entdecken«[4].

2.2 Der Begriff »Sprachstil«

Der Begriff »Sprachstil« zeichnet sich durch eine außergewöhnliche Verwendungsvielfalt aus.[5] Als Stilmittel werden sprachliche Formen aufgefaßt, die entweder quantitativ oder erzählfunktional auffällig sind. Dazu zählen sowohl innerhalb von Satzgrenzen auftretende Wortverwendungen, syntaktische Phänomene als auch über Satzgrenzen hinausgreifende Strukturen mit kataphorisch verwendeten Pro-Formen oder auch rhetorische Figuren wie der Parallelismus und die Antithese.

Inwiefern ein sprachliches Mittel zum Stilmittel wird, ergibt sich dabei aus dem Verwendungszusammenhang.[6] Erst durch die Hinzunahme verstehender Verfahren können die stilistischen Qualitäten eines sprachlichen Mittels vollständig erschlossen werden.

Bedingung für die Möglichkeit der Identifikation eines Sprachstils ist die »Variabilität natürlicher Sprache, die Variation und Flexibilität des Ausdrucks ermöglicht«[7]. Um eine bestimmte Information wie die Tatsache, daß es am Vortag geregnet hat, sprachlich zu übermitteln, hat ein Sprachverwender im Prinzip unbegrenzt viele verschiedene Möglichkeiten. Wenn man bei identischem lexikalischen Material nur die Wortstellung variiert, entstehen schon die folgenden Formen:

Gestern hat es geregnet.
Es hat gestern geregnet.
Geregnet hat es gestern.

Enkvist weist zu Recht auf die Problematik hin, daß man »unglücklicherweise aber nicht ohne weiteres entscheiden [kann], ob die Information, die von zwei Äußerungen getragen wird, annähernd dieselbe ist oder nicht«[8]. Abweichende sprachliche Formen mit z. B. verschiedenen Fokussierungen unterscheiden sich zumindest in der stilistischen Information.

Indem ein Sprachverwender von den Möglichkeiten der Auswahl Gebrauch macht und sich damit in ein Verhältnis zu »Normen der Sprachverwendung«[9] setzt, entsteht ein bestimmter Sprachstil im Sinne eines Eigenstils.

---

4 Aust 1985, S. 22.
5 Sanders 1973, S. 13–22, stellt traditionelle Stildefinitionen zusammen. Vgl. auch Sowinski 1991, S. 1 f.
6 Vgl. Püschel 1980, S. 307.
7 Ebenda, S. 304.
8 Enkvist 1972, S. 20.
9 Püschel 1980, S. 304.

Das stilistisch Auffällige eines Textes kann sicherlich auch darin bestehen, daß keine Abweichungen von »gewöhnlichen« mündlichen bzw. schriftlichen Kommunikationsweisen vorliegen. Stilistisch auffällig könnte z. B. die naturalistische Abbildung gegenwärtiger Umgangssprache sein. So stellt Enkvist zu Noras vieldiskutierten Abschiedsworten »Hier leg' ich die Schlüssel hin« fest, »daß Ibsen eine Äußerung von großer dramatischer Kraft in eine völlig normale, nichtssagende Form gekleidet hat«[10].

Ich werde in dieser Arbeit Sprachstil als die Eigenart einer Sprachgebrauchsweise verstehen, die durch eine Vielfalt sprachlicher Phänomene bestimmt ist. Grundlage für die Erfassung einer stilistischen Auffälligkeit bilden zum einen die in der linguistischen Forschung formulierten grammatischen Restriktionen der Sprache und zum anderen subjektive Bewertungen, die überprüfbar expliziert werden.

2.3 *Aus dem Tagebuch einer Schnecke* als Textgrundlage

Empirische Grundlage dieser Arbeit ist das 1972 erschienene Werk *Aus dem Tagebuch einer Schnecke,* das innerhalb des Gesamtwerks von Günter Grass eine Achsenposition einnimmt.[11] Zwar wird wie in der *Danziger Trilogie* die nationalsozialistische Vergangenheit erzählt, doch verschiebt sich der »Schwerpunkt des Erzählens von der Vergangenheit auf die Gegenwart«[12]. Das »Mit-, Neben- und Gegeneinander vom Erleben des Aktuellen und Erzählen des Vergangenen«[13] führt in *Aus dem Tagebuch einer Schnecke* zur Erprobung einer prinzipiell neuen Erzählhaltung, die Grass' epische Werke der siebziger und achtziger Jahre formal bestimmt.

Während von der *Blechtrommel* bis hin zu *örtlich betäubt* stets ein vorgeschobenes, fiktives Ich erzählt, erscheint nunmehr der Autor Günter Grass erstmals in einem seiner Prosawerke selbst als Erzähler:

> Mit diesem Buch habe ich mir durch die Einsetzung des Ich, des handelnden, politisch handelnden Ich des Erzählers, neue Prosaformen erarbeitet und neben der politischen Erfahrung Schreib-Erfahrung gesammelt, ohne die der »Butt« nicht möglich gewesen wäre.[14]

Da der reale Autor Günter Grass als Erzähler-Ich auftritt, ist es möglich, sprachliche Phänomene als Merkmale des Autorstils zu bezeichnen. Gleichzeitig wird das empirische Autor-Ich gelegentlich fiktionalisiert und kann somit der allegorischen

---

10 Enkvist 1976, S. 80. Enkvist expliziert allerdings nicht die Dialektik, daß gerade die »nichtssagende Form« hier sehr vielsagend ist.

11 Vgl. Neuhaus 1979, S. 118.

12 Ebenda.

13 Neuhaus 1987, S. 581.

14 Grass/Raddatz 1978, S. 9.

18

Figur Zweifel z. B. in Wahlkampfveranstaltungen oder in der Bretagne begegnen.[15]

Der Titel »Aus dem Tagebuch einer Schnecke« muß beim Wort genommen werden. Es handelt sich weder um ein reales Tagebuch, noch wurde die Erzählsituation eines Tagebuchs von Grass fingiert. Er hat während des Wahlkampfs 1969 ein »Sudelbuch« nach Lichtenbergschem Vorbild mit Beobachtungen, Einfällen, Notizen und Stichworten gefüllt. Daraus hat er später, nach der Dürerrede 1971, sein Buch geformt, das somit einheitlich aus der Rückschau des Jahres 1971 geschrieben wurde. Während das Erzählen im wesentlichen der Zeit folgt, in der das »Sudelbuch«, das »Tagebuch einer Schnecke« im Wahlkampf entsteht und auf einer Vergangenheitsebene abschnittsweise die Geschichte Zweifels und der Danziger Juden von 1929 bis 1945 erzählt wird, kann Grass jedesmal Ereignisse, die sich zwischen dem Wahlkampf 1969 und der Niederschrift 1971 zugetragen haben, an passender Stelle einfügen. Als Erzähler des ersten Abschnitts kennt er schon den Ausgang des letzten, innerhalb des gesamten Zeitraums vom Frühjahr 1969 bis zum Herbst 1971 kann Grass frei »springen«, was er auch benutzt, um die vielfältigsten Bezüge zwischen Gegenwart, jüngster Vergangenheit und weiter zurückliegender Geschichte zu stiften.[16]

Das teilweise sehr kleinteilige Hin- und Herwechseln zwischen den Themensträngen, die häufig sehr kurzen, durch Leerzeilen getrennten Erzählabschnitte führen zu einer ständigen Unterbrechung des Erzählflusses. Die hohe Zersplitterung des Textes und die damit verbundene geringere Kontextabhängigkeit der einzelnen Sprachmittel prädestinieren *Aus dem Tagebuch einer Schnecke* geradezu zum zentralen Untersuchungsgegenstand dieser Arbeit.

Da Grass sich vor allem von 1965 bis 1972 als Bürger politisch sehr stark engagiert hat – die Beteiligung am Wahlkampf 1969 ist nur ein Höhepunkt dieser Zeit –, übertreffen die in den Jahren 1969–1971 entstandenen nichtfiktionalen Texte – Reden, Essays, Aufrufe, Kommentare usw. – umfangmäßig *Aus dem Tagebuch einer Schnecke* deutlich.

Doch steht bei aller Wechselwirkung zwischen politischen Reden und fiktionalen Texten in dieser Arbeit der Erzähler Günter Grass im Mittelpunkt: Untersuchungsgegenstand ist Grass' Prosastil, wie er sich exemplarisch in *Aus dem Tagebuch einer Schnecke* manifestiert.

Ergebnisse der bisherigen Forschung vor allem zur *Danziger Trilogie* werden miteinbezogen und gegebenenfalls erweitert; in allen Kapiteln werden Beispiele aus anderen Grass-Erzählwerken von der *Blechtrommel* bis zu *Zunge zeigen* zur Analyse herangezogen. Die Arbeit beschreibt so einen breiten Fundus von Stilmitteln, auf die Grass in seinem gesamten Prosawerk in je unterschiedlichem Maße immer wieder zurückgreift.

---

15 Vgl. Neuhaus 1984, S. 182.
16 Ebenda, S. 181.

2.4 Die Struktur der Analysekapitel

Im zentralen 4. Kapitel dieser Arbeit werden einzelne Stilmittel untersucht, die qualitativ bzw. quantitativ für *Aus dem Tagebuch einer Schnecke* bedeutsam sind. Stets werden den Darstellungen eines solchen Stilphänomens Ergebnisse bisheriger Forschungen und eine Erläuterung des Beschreibungsverfahrens vorangestellt.

Die Analysen sollen grundsätzlich über die differenzierende formale Beschreibung hinausgelangen und die erzählfunktionalen Bedeutungen im konkreten Kontext berücksichtigen. Dieses Vorgehen stellt sicher, daß die Vielzahl stilistischer Mittel, die Grass verwendet, und deren funktionelle Variabilität nicht durch eine vorgreifende Kategorisierung in ihrer aspektuellen Vielfalt eingeschränkt werden.

Zumeist werden sprachliche Mittel erst aufgrund ihres gehäuften Vorkommens zu einem Stilphänomen. Allerdings beschränke ich mich in dieser Untersuchung auf Bewertungen wie »selten«[17] oder »besonders häufig«[18] und wende keine statistischen Verfahren an, die »vom interessierenden Einzelfall stets absehen müssen«[19] und damit den funktionalen Aspekt im konkreten Kontext notwendig außer acht lassen.

In der Sprache gibt es keine eindeutige Entsprechung von Form und Funktion. Eine Konstruktion kann stets zu unterschiedlichen Zwecken verwendet werden. Diese Tatsache der Inkongruenz formaler und funktionaler Eigenschaften der Sprache führt zwangsläufig dazu, daß ein und dieselbe Konstruktionsform in dieser Arbeit in verschiedenen Kapiteln betrachtet werden muß. Ein Beispiel dafür ist der Gebrauch des Doppelpunktes, dem als graphischem Mittel ein eigenes Unterkapitel gewidmet ist und der andererseits sowohl bei verschiedenen Formen der Ellipse als auch bei der Analyse kataphorischer Stilmittel untersucht wird. Eine umgekehrte Vorgehensweise, die von der inhaltlichen Funktion ausgeht, könnte sich dem Problem der mehrfachen Wiederaufnahme ebensowenig entziehen.

Für die Beschreibung werden sowohl linguistische Ansätze als auch Begriffe der Rhetorik zugrunde gelegt. So finden sich in der Linguistik z. B. einschlägige Untersuchungen zu syntaktischen Phänomenen, wohingegen sich Stilfiguren wie das Oxymoron oder der Parallelismus eher mit Hilfe traditioneller Stilistiken beschreiben lassen. In einzelnen Kapiteln werden traditionelle Darstellungen der Rhetorik um linguistische Ansätze ergänzt, wie im Zusammenhang mit der Figur der Antithese durch eine Analyse der verwendeten Konjunktionen genauere Ergebnisse gewonnen werden.

---

17 Bezieht sich diese Bewertung auf *Aus dem Tagebuch einer Schnecke*, so werden in der Regel alle mir bekannten Textstellen genannt.

18 Bei dieser Bewertung können mühelos weitere Belegstellen über die genannten hinaus angeführt werden.

19 Bierwisch 1966, S. 144. Vgl. zur Leistung einer quantitativen Stilanalyse Pieper 1979, S. 123 f.

aber doch? nur?

Der leitende Gedanke bei der Wahl des jeweiligen Ansatzes ist dabei stets eine überprüfbare, terminologisch abgesicherte Beschreibung eines Sprachphänomens. Viele der bei der Analyse benutzten Theorien und Begriffe sind nicht konkurrenzlos. Zum Teil werden linguistische Ansätze zugrunde gelegt, die innerhalb der Bemühungen um eine linguistische Theorie durchaus umstritten sind. Im Rahmen dieser Arbeit kann jedoch die linguistische Forschungsdiskussion nicht im einzelnen dargestellt werden. Eine Problematisierung spezifischer linguistischer oder traditioneller stilistischer Ansätze erfolgt nur insoweit, wie dies zur exakteren Beschreibung von Grass' Sprachstil hilfreich ist.

3. Anmerkungen zu bisherigen Forschungsansätzen

In der Forschungsliteratur zu Günter Grass wird bemerkenswert häufig die konstitutive Bedeutung der Sprache herausgestellt. Allerdings ist im Gegensatz zu der allseits betonten Wichtigkeit dieses Forschungsaspekts die Zahl systematisch angelegter Ansätze zur Erforschung von Grass' Sprache verschwindend gering. Überspitzt formuliert bedeutet dies, daß ein ergiebiger Forschungsbericht im üblichen Sinne kaum möglich ist.

Im folgenden soll nun in einem knappen Überblick einigen der wichtigsten Stationen in der Forschung zu sprachlichen Aspekten in der Prosa von Günter Grass nachgegangen werden. Dabei stehen die Arbeiten im Vordergrund, die entweder grundsätzlich die Forschung auf diesem Gebiet beeinflußt haben (z. B. Wagenbach, Büscher) oder die im Sinne des Anliegens dieser Arbeit formale Aspekte explizit in den Vordergrund stellen (z. B. Piirainen). Eine vollständige Erfassung aller Ansätze ist nicht beabsichtigt, da Arbeiten, die sich lediglich einem einzelnen Phänomenbereich widmen, nur in dem entsprechenden Analysekapitel vorgestellt werden. Dort werden auch die jeweiligen Ergebnisse der hier vorgestellten Forschungsarbeiten ausführlicher behandelt.

3.1 Hans Magnus Enzensberger (1959) und Klaus Wagenbach (1963)

Bereits in Enzensbergers Rezension *Wilhelm Meister, auf Blech getrommelt* aus dem Erscheinungsjahr der *Blechtrommel* wird die besondere Funktion der sprachlichen Gestaltung dieses Romans hervorgehoben. In seiner weitgehend bildhaften, feuilletonistischen Darstellungsweise bemerkt Enzensberger:

> Seine Sprache richtet sich dieser Autor selber zu. Und da herrscht kein Asthma und keine Unterernährung, da wird aus dem Vollen geschöpft und nicht gespart. Diese Sprache greift heftig zu, hat Leerstellen, Selbstschüsse, Stolperdrähte, ist zuweilen salopp, ungeschliffen [...]. Sie ist [...] von einer Formkraft, einer Plastik, einer überwältigenden Fülle, einer innern Spannung, einem rhythmischen Furor, für die ich in der deutschen Literatur des Augenblicks kein Beispiel sehe. Dieser rasende Artist macht immer neue formale Erfindungen, komponiert im ersten Kapitel ein syntaktisches Ballett, im sechzehnten ein ergreifendes Fugato [...][1]

Ohne daß er seine Bemerkungen aufgrund erkennbarer systematischer Analysen trifft oder daß durch Beispiele oder durch Erläuterungen expliziert wird, wer zum Beispiel was und wie in einem »syntaktische[n] Ballett« tanzt, macht Enzensberger deutlich, wie konstitutiv sprachliche Phänomene für den Roman sind. Damit wird auch implizit angedeutet, wie ergiebig eine Analyse unter stilistisch-linguistischer

---

1 Enzensberger 1968, S. 12 (erstmals 1959).

22

Perspektive sein kann. Enzensberger selbst weist im folgenden auf die Verwendung unterschiedlicher Sprachschichten hin:

> Dieser rasende Artist [...] beutet Sprachschichten und Tonfälle vom Papierdeutsch bis zum Rotwelsch, vom Gemurmel des Dialekts bis zum Rosenkranz der Ortsnamen, vom Argot der Skatbrüder bis zur Sachlichkeit der Krankengeschichte aus.[2]

Trotz dieses wichtigen Hinweises auf die für Grass' Prosa typische Verwendung von Soziolekten, Ideolekten und Dialekten liegt der forschungsgeschichtliche Beginn der Stiluntersuchungen wohl erst bei Klaus Wagenbachs Porträt *Günter Graß* von 1963. Ausgehend von der besonderen Bedeutung formaler Aspekte für Grass' Stil[3], untersucht Wagenbach in seiner knappen Studie besonders die Phänomene »syntaktische Fügung«, »Perspektive« und »Behandlung der Zeit«[4].

Die funktionellen Eigenheiten der »syntaktischen Fügung« bezeichnet Wagenbach mit »Zeitlupe und Detailanhäufung«. Damit ist vor allem die »bildliche Variation, die die immer gleiche Vokabel tänzerisch geradezu hypnotisiert«, gemeint.[5] Wagenbach veranschaulicht seine Beobachtung mit einem Beispiel aus der Novelle *Katz und Maus:*

> Mahlke bewies es uns, löschte mit Schaum, zeigte uns, wie man mit Schaum löscht, löschte mit Schaum die glasgrüne See. (WA III, 10)

Wagenbach spricht hier von einem »kunstvollen Stottertakt, einem leitmotivischen Beharren im Detail«, bei dem entweder die Syntax oder Wort und Bild »auf der Stelle« treten. Dem dadurch entstehenden »Zeitlupeneffekt« entspricht im Makrostilistischen die ständige Wiederholung wichtiger Motive.[6] Während Wagenbach nicht weiter auf formale Aspekte der »syntaktischen Fügung« eingeht, gewinnt er in funktionaler Hinsicht mit der Feststellung der »Detailanhäufung« und des Leitmotivgebrauchs ein wichtiges Ergebnis.

Bei dem Phänomen »Perspektive« geht Wagenbach auf den sogenannten »dinglichen Stil« bei Grass ein, der »vornehmlich das Gegenständliche anvisiert«.[7] Wagenbach bemerkt dazu:

> Der Stil vermeidet die besitzanzeigenden und hinweisenden Pronomina und den bestimmten Artikel, mit denen auf Gegenstände als bestimmten, toten Besitz hingewiesen wird. Er stützt sich vielmehr auf Substantiv und Verb, bindet sie so eng aneinander, daß selbst Abstrakta zu Figuren mit Handlungsvollmacht werden.[8]

Wagenbach geht hier von der Analyse formaler grammatischer Phänomene (Wortartenwahl, Stellungsverhalten) aus und verbindet sie mit inhaltlichen Funktionen. Implizit spricht er das bei Grass wichtige Phänomen der Anthropomorphierung

---

2 Ebenda.
3 Wagenbach geht davon aus, daß »formale Kategorien bei der Beurteilung des Werkes von Graß eine größere Rolle als andernorts« spielen (Wagenbach 1963, S. 122).
4 Ebenda.
5 Ebenda.
6 Ebenda, S. 123.
7 Ebenda.
8 Ebenda, S. 124.

der Dingwelt und der Materialisierung von Abstrakta an.[9] Die Dinge erhalten sprachlich die Merkmale der Lebendigkeit und Agenshaftigkeit und »bleiben unter sich«[10]. Wagenbach nennt dieses Stilmittel »Objektzwang«, durch den der Leser weder die Rolle der reinen Passivität noch die des vergleichenden Ästheten einnehmen kann. Es kommt so zu einer unmittelbaren Konfrontation mit der Objektwelt.[11]

Obwohl Wagenbach innerhalb seines kurzen Porträts zu keiner umfassenden Darstellung stilistischer Phänomene gelangt, gehören die bis zu diesem Punkt referierten Beobachtungen Wagenbachs nach wie vor zum festen Ergebnisbestand der Forschung zu Grass' Prosastil und finden sich in späteren Untersuchungen vielfach zitiert wieder.

Wagenbach greift zwar ansatzweise auf grammatische Analysekategorien zurück, verzichtet aber ansonsten weitgehend auf eine terminologisch eindeutige Beschreibungssprache (z. B. Rhetorik, Grammatik). Ungenau bleibt die Beschreibung dessen, was sich in welcher Weise als »Sucht zum Gegenstand« in der Syntax verwirklicht. Ein weiteres Problem ist die Vermischung interessanter Beobachtungen aus dem Bereich der Semantik (z. B. die Materialisierung von Abstrakta) mit unklaren grammatischen Kategorien (»Diskriminierung des Objekts durch ein Subjekt«). Außerdem hat Wagenbach nur einen Teilbereich erfaßt, wenn er sagt, daß der Stil sich auf »Substantiv und Verb stützt«. Damit bleiben zum Beispiel die wichtige Funktion der Adjektive und Partizipien oder auch Aspekte des Pronomengebrauchs bei Grass unberücksichtigt.

3.2   Heiko Büscher (1968)

Büscher[12] stellt wie Wagenbach im Rahmen eines Porträts *Günter Grass* besonders die Bedeutung der Sprache als ein wichtiges Merkmal der vorliegenden Werke in den Mittelpunkt seiner Betrachtungen. In seinem Porträt führt Büscher eine Fülle von sprachlichen Phänomenen zusammen, die die Sprachartistik Oskars[13] kennzeichnen. Dabei erfaßt er zunächst ausführlich die Verwendung verschiedener Sonder-, Fach- und Gruppensprachen etc. und sieht ihre funktionale Bedeutung darin, daß das beschriebene Milieu auch sprachlich gegenwärtig ist und eine geschilderte Gruppe stets in ihrer eigenen Sprache agiert.[14] Grass' häufigen

---

9 Vgl. Büscher 1968, S. 470. Vgl. auch die Darstellung zu diesem Aspekt in Neuhaus 1979, S. 14.

10 Wagenbach 1963, S. 124.

11 Ebenda, S. 125.

12 Büscher 1968, S. 455–483.

13 Vgl. ebenda, S. 467.

14 Vgl. ebenda, S. 468.

Rückgriff auf das Alltagsdeutsch, die gesprochene Sprache, stellt Büscher im Zusammenhang mit dem Gebrauch von (vielfach abgewandelten) Redensarten heraus, der durch ein »Ineinander von wörtlicher und übertragener Bedeutung humoristische und ironische Qualitäten freisetzt«[15]. Büscher deutet hier die für Grass typischen Formen der Reliterarisierung bzw. Remotivierung an, die für Idiome sowie Redensarten später von Mieder und Schweizer systematisch untersucht wurden.[16]

Mit seiner weitgehend auf inhaltliche Funktionen ausgerichteten Betrachtungsweise erfaßt Büscher darüber hinaus die besondere metaphorische Verwendung von Verben, wie zum Beispiel in: »Er klappmesserte eine Verbeugung« (WA II, 123), sowie die für Grass typische »Anthropomorphierung toter Gegenstände«.[17] Die Funktion dieser Verfahren sieht Büscher darin, daß »die Dinge sich verselbständigen« und der Leser »direkt den Objekten konfrontiert« wird.[18]

Für den syntaktischen Bereich stellt Büscher den Gebrauch umfangreicher Satzperioden fest und zählt dazu Häufungen, Kataloge, Satzketten und Reihungen, die auf »optimale Ausdrucksleistung und bis ins Detail gehende Vergegenwärtigung des Geschehens ausgerichtet« sind.[19]

Insgesamt stellt Büschers Arbeit die bis dahin (1968) umfassendste Betrachtung sprachlicher Phänomene in Grass' Werk dar. Er gelangt vor allem im semantisch-pragmatischen Bereich zu wichtigen Beobachtungen (Verbmetaphern, Anthropomorphierungen). Büscher geht es dabei weitgehend um die Funktion und Wirkung sprachlicher Mittel, weniger um die konkrete Beschreibung der Konstruktionsweise stilistischer Mittel. Durch den Verzicht auf (erkennbar) systematische Analysen mit Hilfe einer spezifischen Terminologie werden – trotz wichtiger funktioneller Ergebnisse[20] – die zugrundeliegenden sprachlichen Formen nicht hinreichend erfaßt.

---

15 Ebenda.
16 Mieder 1973, 1978, Schweizer 1978.
17 Büscher 1968, S. 470.
18 Ebenda.
19 Ebenda, S. 475.
20 Beispielsweise die Entlarvung von Klischees mit Hilfe sprachlicher Mittel (ebenda, S. 476).

3.3   Ilpo Tapani Piirainen (1968)

Im Rahmen seiner »Laudatur-Arbeit« *Textbezogene Untersuchungen über »Katz und Maus« und »Hundejahre« von Günter Grass*[21] versucht Piirainen mit Hilfe linguistischer Methoden »textimmanent die Ursache für das Individuelle bzw. Nicht-Individuelle in *Katz und Maus* und *Hundejahre* festzustellen«[22]. Das Hauptaugenmerk richtet Piirainen dabei auf die Satzkomplexität und beobachtet bei *Katz und Maus*, daß »die Schachtelung der Sätze [...] das charakteristische Merkmal des Textes« ist.[23] Aber trotz der »charakteristisch rekurrenten, geschachtelten Satzverknüpfung ist die Sprache des Vertexters [...] recht konventionell, sogar reaktionär«[24].

Auch für *Hundejahre* kommt Piirainen zu dem Ergebnis, daß »der Text auf einer traditionellen Sprachbasis liegt«[25]. Das entscheidende Ergebnis liegt für Piirainen in der Feststellung, daß Grass' Sprache weitgehend »konventionelle Züge« aufweist: »Nur die Schachtelung der Sätze [...] erweckt den Eindruck, als wäre die gesamte Satzbildung etwas ganz Persönliches und Revolutionäres.«[26]

Piirainen verweist insgesamt mit seiner Untersuchung auf die komplizierte Satzzusammenfügung mit »immer neue[n] syntaktische[n] Verzweigungen, die dem Text den Charakter der gesprochenen Rede geben«[27]. Ohne genauer auf weitere grammatische oder stilistische Phänomene einzugehen,[28] bemerkt Piirainen, daß »das Anders-Sein des grass'schen Erzählens im Verhältnis mit der deutschen Normalsprache eine Täuschung: ein Resultat einiger weniger effektvoll ausgeführter Erzählmanieren« ist.[29]

Aufgrund der von Piirainen angekündigten linguistischen Vorgehensweise erscheint die Untersuchung auf den ersten Blick für die vorliegende Arbeit als einschlägig. Allerdings kommt Piirainen entgegen dem eigenen Anspruch nur selten zu tatsächlichen linguistischen Analysen. Umfangreiche Teile der Arbeit (insgesamt 29 von 66 Textseiten) bestehen nur aus einer Inhaltsangabe der zugrundeliegenden Werke. Da der Verfasser ganz bewußt genuin literaturwissenschaftliche Methoden wie die Einbeziehung Grassscher Biographica[30] oder Korrespon-

21 Piirainen 1968.
22 Ebenda, S. 5.
23 Ebenda, S. 15.
24 Ebenda, S. 14. Was Piirainen an dieser Stelle allerdings mit der reaktionären Sprachverwendung des »Vertexters« konkret bezeichnen möchte, bleibt unklar.
25 Ebenda, S. 57.
26 Ebenda, S. 64.
27 Ebenda.
28 Mögliche Untersuchungsgegenstände wie Worthäufungen oder Neubildungen werden lediglich erwähnt.
29 Ebenda, S. 15.
30 Dies würde »für Zwecke der Interpretation [...] zur Subjektivität führen« (ebenda, S. 7).

26

denzen zum Gesamtwerk ausblendet, handelt es sich um eine weder perspektiven-
reiche noch ergiebige textimmanente Untersuchung.

3.4   Wilhelm Schwarz (1969)

Innerhalb seiner Studie *Der Erzähler Günter Grass*[31] widmet Schwarz dem
Aspekt »Form und Sprache« ein eigenes Kapitel.[32] Darin beobachtet Schwarz
eine Vielzahl stilistischer Phänomene wie z. B. den Tempusgebrauch, die Verwendung der Umgangssprache, das Vorkommen von Ellipsen und Aposiopesen, die
besondere Bedeutung von Adjektiven, Formen der Parodie, Übernahme von
Zitaten und Schlagworten sowie häufige Rückgriffe auf das Vokabular des Katholizismus und der »Vulgärerotik«[33]. Schwarz spricht im Zusammenhang mit der
Verwendung unterschiedlicher Gruppen- und Sondersprachen wie Slang, Gauner-
sprache, Landsersprache etc. von einem exoterischen Stil bei Grass, »auch dem
Mann auf der Straße verständlich«[34].
    Neben diesen weitgehend nur kataloghaften Aufzählungen einzelner Phänom-
ne besteht ein interessanter Versuch Schwarz' darin, verschiedene Aspekte wie
das Spiel mit Fakten und Mitteilungen, umfangreiche Milieubeschreibungen, spielerische Variation von Aussagen über denselben Gegenstand sowie den »von Satz
zu Satz alternierende[n] Gebrauch von die Handlung vorantreibenden und die
Handlung retardierenden Elementen«[35] unter dem funktionalen Aspekt der »Retardation« zu interpretieren. Durch »Spannungsstauung« ermöglicht es Grass dem
Leser zum Beispiel, »sich bei Nebensächlichem zu erholen und sich auf die nächste ereignisreiche, handlungsschwangere Episode vorzubereiten«.[36]
    Insgesamt wird eine Fülle stilistischer Phänomene beobachtet, die Schwarz
zum Teil mit Begriffen der rhetorischen Stilistik beschreibt (Bathos, Litotes,
Ellipsen, Aposiopesen) und mit Beispielen aus der *Danziger Trilogie* veranschaulicht. Darüber hinaus versucht Schwarz zu funktionalen Interpretationen der
verwendeten Stilmittel zu gelangen. Vielfach finden sich allerdings auch Aussagen
wie:

Grass' Stil ist vital, kraftstrotzend, ungebändigt.[37]

---

31 Schwarz 1969.
32 Ebenda, S. 58–80.
33 »Ohne Bedenken steigt Grass in die untersten Bereiche der deutschen Sprache.« (Eben-
    da, S. 74 f.)
34 Ebenda, S. 74.
35 Ebenda, S. 78 f.
36 Ebenda, S. 77.
37 Ebenda, S. 63.

Der Grass'sche Stil ist sehr oft voller Verschnörkelungen, Wiederholungen, barocker Arabesken.[38]
Grass ist ein Virtuose, ein Meisterjongleur der Parodie. Am überzeugendsten, am prägnantesten ist er, wenn er mit Sprachskeletten arbeitet, die er von allem nebensächlichen Ballast gesäubert hat.[39]
Schwarz unterläßt es, die hier verwendeten »Begriffe« zu explizieren, und erwartet deren Selbst-Verständlichkeit.

Genauso fragwürdig sind die häufigen Bewertungen Schwarz', wenn er bespielsweise von »nebensächliche[m] Ballast« und Erholungsmöglichkeiten des Lesers bei »Nebensächlichem« spricht oder Grass' »Heidegger-Parodien« »zu lang ausgewalzt«[40] findet. Das gleiche gilt für Schwarz' abschließende bildhafte Bemerkung:
Grass spielt die deutsche Sprache wie eine Orgel, auf der alle Register gezogen sind.[41]
Auch Schwarz' Studie ist bei aller Vielfalt der Beobachtungen letztlich nicht als ein systematischer Versuch mit der Verwendung einer exakten Terminologie und einer klaren Konzeption anzusehen.

3.5   Georg Just (1972)

Zu den einflußreichsten Untersuchungen im Bereich der Stilforschung gehört Justs Dissertation *Darstellung und Appell in der »Blechtrommel« von Günter Grass. Darstellungsästhetik versus Wirkungsästhetik*[42]. Dies ist um so bemerkenswerter, als Just sein eigenes Erkenntnisinteresse mit der Frage: »Wirkt die ›Blechtrommel‹ intentional kritisch?« ausdrücklich von einem literaturhistorischen, von einem literatursoziologischen und eben auch von einem stilistischen Interesse abgrenzt.[43]

Dabei schließt Just allerdings im Rahmen seiner Interpretation der *Blechtrommel* immer wieder stilistische Verfahren in seine Überlegungen mit ein, die innerhalb dieses Forschungsüberblicks nur kurz angesprochen werden. Eine eingehendere Betrachtung findet sich in den folgenden Kapiteln jeweils in der Auseinandersetzung mit einzelnen Stilphänomenen.

Unter dem übergreifenden Aspekt der Verfremdungsfunktion bezeichnet Just die Verwendung der Anapher, Darstellung ex negatione, Rhetorische Frage, Parallelismus, leitmotivische Darstellung, Repetitio sowie die Variatio und Metapho-

38 Ebenda, S. 65.
39 Ebenda, S. 68.
40 Ebenda.
41 Ebenda, S. 80.
42 Just 1972.
43 Ebenda, S. 1.

rik als die »auffälligsten, für *Die Blechtrommel* charakteristischsten stilistischen Mittel«.[44]

Dabei kommt den Wiederholungsfiguren (Anapher, Parallelismus etc.) eine ordnungsstiftende Funktion allein aufgrund der formalen Integration zu:

> Die Verknüpfung erfolgt nicht aufgrund des semantischen Gehalts des anaphorisch etc. wiederholten Wortes, sondern allein der ästhetische Wert der Wiederholung – der jenen geradezu negiert – leistet die Verküpfung.[45]

Das diesen anaphorischen Formen gegenläufige Verfahren ist die Variatio mit der Funktion der »Auflösung der Einheit (des Begriffs, der Vorstellung) in eine Mannigfaltigkeit gleich intentionaler, aber verschieden aspektierter Vorstellungen«[46]. Just beschreibt die Variatio als Mittel der Amplificatio, die aber von Grass nicht zur »größeren Anschaulichkeit oder Expressivität« eingesetzt wird, sondern eine Zunahme der ästhetischen Funktion bewirkt. Nicht die »gewissenhafte Präzisierung eines bestimmten, komplizierten Inhalts durch vorsichtige Annäherung von allen Seiten« ist der funktionelle Zweck dieses Verfahrens, sondern gerade die Auflösung dieser »Eindeutigkeit [...] in der Subjektivität der Erzählform«[47].

Als »wichtigstes Stilisierungsmittel des Romans« und »konzentrierteste Form der Verfremdung«[48] bezeichnet Just allgemein die Metaphorik[49], wobei er die sogenannte »Verbmetapher« besonders hervorhebt,[50] während die Verlebendigung der Dinge für Just »eines der wichtigsten Charakteristika der Oskar-Perspektive« ist. Dieses Verfahren bewertet er als »Animismus«[51].

3.6 Michael Harscheidt (1975)

Innerhalb seiner umfangreichen Studie *Wort – Zahl – Gott bei Günter Grass. Der ›phantastische Realismus‹ in den »Hundejahren«*[52] geht Harscheidt auch sehr detailliert und differenziert auf sprachliche Phänomene ein. Dabei unterscheidet er die drei Untersuchungsbereiche »Gesprochene Sprache – Abzeichen der ›vielgestalteten Realität‹«, »Stilisierte Formen – Signal- und Spielfunktionen der Sprache« und »Rhetorische Figuren – ›Aktivierung‹ des Lesers durch Sprache«.

---

44 Ebenda, S. 104 f.
45 Ebenda, S. 105.
46 Ebenda, S. 107.
47 Ebenda, S. 108.
48 Just 1972, S. 108.
49 Ebenda, S. 108 f.
50 Ebenda, S. 109.
51 Ebenda, S. 118.
52 Harscheidt 1975, S. 85–130.

Harscheidt stellt fest, daß trotz der »schriftsprachlichen Konzeption« die »Sprechsprache vermehrt Eingang«[53] in *Hundejahre* fand. Er belegt diese Beobachtung, die zuvor bereits u. a. Enzensberger und Schwarz für *Die Blechtrommel* machten, durch eigene Analysen unterschiedlicher Sprachschichten. Harscheidt gelangt zu dem Ergebnis, daß Grass durch die differenzierte Verwendung von Umgangssprache, Vulgärsprache, Mundarten, Gruppen- sowie Fachsprachen »sprachlich ein Stück ›originärer Realität‹ ungefiltert in ihrem vielfältigen Gefüge auf[]fächert und hörbar«[54] werden läßt.

Unter dem Aspekt »Stilisierte Formen« geht Harscheidt schwerpunktmäßig auf innovative Bildungen in *Hundejahre* ein und weist eine Fülle neuer Formen im Bereich der einzelnen Wortarten wie Substantive (»Naslochhaare«), Adjektive (»heisergesiegt«) und Verben (»scheuchifizieren«) nach.[55] Harscheidt stellt ausdrücklich heraus, daß er eine einheitliche funktionale Bestimmung dieser sprachlichen Mittel für nicht gegeben sieht, und deutet lediglich mögliche Funktionen an.[56] Zum Bereich einer »neugeformte[n] Kunstsprache«[57] gehören in Harscheidts Studie auch typographische Mittel wie die »Kontraktion klischierter Wendungen«, die »Ausschreibung von Zahlwörtern« sowie das »Spiel mit der Interpunktion«, worunter er ausschließlich die Auslassung von Kommata behandelt.

Im Abschnitt »Rhetorische Figuren«[58] untersucht Harscheidt die Aposiopese, die im Gegensatz zur Ellipse das Wichtigste verschweigt und nur das Untergeordnete ausspricht, die Litotes als die Verneinung des Gegenteils, asyndetische Reihungen und verschiedene Formen der Iteratio, worunter Harscheidt vor allem Anaphern sowie Alliterationen behandelt. Die gemeinsamen Funktionen dieser rhetorischen Figuren sieht Harscheidt in der Aktivierung des Lesers.

Insgesamt zählen Harscheidts Untersuchungen des Sprachstils innerhalb seiner detailreichen Studie zu *Hundejahre* zu den gründlichsten Untersuchungen, die zu Grass' Prosastil überhaupt vorliegen. Ausgehend von eigenen Analysen erfaßt er eine Vielzahl stilistischer Phänomene, die sowohl formal beschrieben werden (terminologisch dabei meist an Begriffen der Rhetorik orientiert) als auch in Ansätzen funktional interpretiert werden. Dabei bleibt Harscheidt in der Interpretation der Stilfunktionen ebenso zurückhaltend wie bei der Diskussion möglicher Einflüsse auf Grass.

---

53 Ebenda, S. 85.
54 Ebenda, S. 87.
55 Ebenda, S. 98–102.
56 Zum Beispiel die »Suche nach sprachlicher ›Dinglichkeit‹« (ebenda, S. 99).
57 Ebenda, S. 102–107.
58 Ebenda, S. 108–130.

30

3.7 Volker Neuhaus (1979)

Neuhaus erfaßt im Rahmen seiner Monographie *Günter Grass* von 1979 alle wesentlichen, bis dahin vorliegenden Ansätze und integriert sie unter thematischen Aspekten, wie z. B. die Verwendung von Sondersprachen, Aposiopesen etc. Es werden sowohl sämtliche untersuchten Stilphänomene aufgeführt als auch alle bis dahin vorliegenden Grass-Werke berücksichtigt. Außerdem erweitert Neuhaus bestehende Ansätze durch eigene Analysen und gibt zum Teil neue, übergreifende funktionale Erklärungen für die Verwendung bestimmter Stilmittel.[59]

Es handelt sich bei Neuhaus' Ausführungen um den nach wie vor einzigen als Forschungsbericht zu bezeichnenden Überblick über die bisherigen Ergebnisse zum Aspekt »Sprache bei Günter Grass«.

Auf einzelne Analysen von Neuhaus wird im Laufe dieser Arbeit im konkreten Fall Bezug genommen.

3.8 Zusammenfassung

Auch wenn die Reihe der aufgeführten Ansätze unvollständig ist, zeigt die knappe Darstellung der für die vorliegende Arbeit wichtigsten Stationen in der Forschung zum Prosastil von Günter Grass deutlich das Mißverhältnis zwischen der allseits hervorgehobenen Bedeutung sprachlicher Mittel und den vorhandenen Untersuchungen.[60]

---

59 Siehe z. B. die Funktion von Zusammenschreibungen als Aufbrechen von Klischees (Neuhaus 1979, S. 15 f.).

60 Auch in einer neueren Untersuchung *Aspekte zur Danziger Trilogie von Günter Grass* innerhalb des Sammelbandes *Sprachaspekte als Experiment*, der einschlägige Ergebnisse erwarten läßt, gelangt der Autor Siegfried Jäkel lediglich an einer Stelle zu dem Ergebnis, daß Grass die »im Deutschen in dieser Form eigentlich nicht gebräuchlich[e]« »Neubildung ›Indreigottesnamen‹« (Jäkel 1989, S. 142) verwendet, ohne allerdings das Verfahren der Abwandlung eines Phraseologismus zu beschreiben. Wie viele andere Untersuchungen spricht Jäkel, »was die Sprache von Grass betrifft«, diffus von der »Empfindung, daß es sich hier auch um eine Art ›getrommelte Sprache‹ handelt« (ebenda, S. 123). Ansonsten beschränkt sich der Aufsatz weitgehend darauf, der Grass-Forschung Selbstverständliches als Neuentdeckung zu verkaufen und mit »Erkenntnissen« zu mischen wie: »Das nächste Frauenerlebnis Oskars ist Frau Gress [!], die vernachlässigte, nicht mehr ganz so junge Frau eines Homosexuellen, ebenfalls ein Außenseiter der Gesellschaft. Frau Gress führt ihn denn in die vielfältigsten Techniken des Eros ein, er geht zu ihr gleichsam in die erotische Lehre; und Frau Gress hat ihre Lust an Oskar, weil sie sonst keine Lust mehr mit ihrem eigenen Mann haben kann. So ist dieses Verhältnis als ein rein körperliches zu verstehen und auch nicht im eigentlichen Sinne das einer echten Partnerschaft.« (Ebenda, S. 124.)

Neuhaus hebt im Rahmen der bisher gründlichsten Erfassung der vorliegenden Forschungsergebnisse das Fehlen einer systematischen Betrachtung rhetorischer Mittel bei Grass hervor.[61] Dieses Defizit besteht auch weiterhin. Dabei ergibt sich ein in mehrfacher Hinsicht unterschiedliches Bild der Forschungslage. Zunächst ist die Beobachtung sprachlicher Mittel weitgehend auf die Werke der *Danziger Trilogie* beschränkt geblieben. Während z. B. auf *Die Blechtrommel* in den meisten Untersuchungen Bezug genommen wird und in verschiedenen Interpretationen der sprachliche Aspekt in eigenen Kapitel berücksichtigt wird[62], finden sich für die Werke der siebziger und achtziger Jahre kaum weiterführende Ansätze.

Neben dieser unterschiedlichen Berücksichtigung einzelner Werke ist der Forschungsstand unter dem Aspekt thematischer Differenzierung ebenfalls uneinheitlich. Dabei gehören der Bereich der Semantik und Pragmatik, die Erfassung einzelner Stilfiguren (wie z. B. der Aposiopese) sowie die Verwendung von Sprichwörtern und Redewendungen zu den vorrangig wahrgenommenen Phänomenen. Dagegen ist der Bereich formaler, vor allem syntaktischer Stilmittel bisher nur sehr oberflächlich beobachtet worden. Ein weiteres Defizit liegt in der vielfach mangelhaften Beobachtungs- und Beschreibungsschärfe. In den meisten Fällen wird nicht auf eine bestimmte Terminologie zurückgegriffen (z. B. Rhetorik, Linguistik).

Obwohl eine funktionale Interpretation stilistischer Phänomene sicherlich als ein wichtiges Untersuchungsziel anzusehen ist, wird doch in den meisten Arbeiten die Ebene der formalen Analyse zu früh verlassen, selbst bei Untersuchungen wie denen Piirainens, die ausdrücklich diesen Aspekt in den Vordergrund stellen wollen.

---

61 Ebenda, S. 16.
62 Besonders Neuhaus [2]1988.

4 Analyse

4.1 Abweichende semantische Relationen als Stilmittel

4.1.1 Forschungssituation

In diesem ersten Analysekapitel werden semantisch auffällige Konstruktionen untersucht. Meist handelt es sich dabei um die ungewöhnliche Kombination bestimmter Lexeme mit jeweils unverträglichen Kontextbeschränkungen. Bereits Klaus Wagenbach hat – im Rahmen seines Grass-Porträts – von einem »dinglichen Stil« gesprochen, dem eine Blickrichtung entspricht, »die vornehmlich das Gegenständliche anvisiert«[1]. Dieser von ihm als »Objektzwang«[2] bezeichnete Stil stützt sich »auf Substantiv und Verb, bindet sie so eng aneinander, daß selbst Abstrakta zu Figuren mit Handlungsvollmacht werden«[3]. Wagenbach veranschaulicht diese Analyse mit dem folgenden Beispiel aus der *Blechtrommel:*

> Der Nachmittag kroch über die blaßbunte Museumsfassade. Von Kringel zu Kringel turnte er, ritt Nymphen und Füllhörner, fraß dicke nach Blumen greifende Engel, ließ reifgemalte Weintrauben überreif werden, platzte mitten hinein in ein ländliches Fest, spielte Blindekuh, schwang sich auf eine Rosenschaukel, adelte Bürger, die in Pluderhosen Handel trieben, fing einen Hirsch, den Hunde verfolgten, und erreichte endlich jenes Fenster des zweiten Stockwerkes, das der Sonne erlaubte, kurz und dennoch für immer ein Bernsteinauge zu belichten. (WA II, 233)

Diese Beschreibung aus der Perspektive des Nachmittags verzichtet auf ein Erzählsubjekt, das »mit den Kategorien des Ekels oder der Verzückung, des Häßlichen oder Schönen«[4] mißt.

Heiko Büscher knüpft an diese Überlegungen an und sieht die »Anthropomorphierung toter Gegenstände«[5] als Verlebendigung des Geschehens wie in dem folgenden Zitat aus der *Blechtrommel:*

> [...] ein bißchen Wind klönte im Krautfeuer, die Telegrafenstangen zählten sich lautlos, der Schornstein der Ziegelei behielt Haltung [...] (WA II, 14)

Büscher erkennt in dieser »dynamisierende[n] Darstellung [...], daß die Dinge sich verselbständigen«[6]. Die entscheidende Funktion besteht darin, daß »das Geschehen durch ›uneigentliche‹ Beschreibung der Anschauung erst eigentlich zu Nachvollzug und Miterleben vermittelt«[7] wird.

Großen Einfluß auf die Forschung zu Stilphänomenen im Bereich der Wortverwendung nahm Georg Justs Interpretation der *Blechtrommel* von 1972, wobei er

---

1 Wagenbach 1963, S. 123.
2 Ebenda.
3 Ebenda, S. 124.
4 Ebenda.
5 Büscher 1968, S. 470.
6 Ebenda.
7 Ebenda.

als die »konzentrierteste Form der Verfremdung«[8] die Metapher, insbesondere die
sogenannte Verbmetapher[9], hervorhebt, die »den Stil der ›Blechtrommel‹ am
nachhaltigsten«[10] prägt. In Anlehnung an Ernst Leisi versteht Just darunter die
semantische Inkongruenz von Verb und Subjekt und/oder Objekt, und zwar vorrangig mit der Funktion, »die abhängigen Nomen zu verändern«[11]:

Fräulein Kauer flatterte auf [...] (WA II, 82)
[...] sie ribbelte [ihr Herz] auf [...] (WA II, 100)
[...] jene Sündenschnur dem Priesterohr einzufädeln [...] (WA II, 161 f.)

In diesen von Just angeführten Beispielen wird »implizit das Fräulein Kauer zu
einem Vogel (Huhn), das Herz des Gretchen Scheffler zu einem Strickstrumpf,
das Ohr des Pastors Wiehnke zu einem Nadelöhr umgedeutet«[12].

Als »eines der wichtigsten Charakteristika der Oskar-Perspektive« bezeichnet
Just die Verlebendigung der Dinge und bewertet dieses Verfahren als »Animismus«[13], wobei er drei Möglichkeiten des Verhaltens der so verlebendigten Dinge
unterscheidet:

a) der Mensch wirkt auf die Dinge wie auf Subjekte ein:
»Tabellen füllte er aus, hatte auch ein Scherenfernrohr bei sich, mit dem er die Landschaft und die vordringende Flut belästigte.« [WA II, 672]

b) die Dinge wirken als Subjekte auf den Menschen ein:
»das entsetzliche, immer eine Riesenwelle abverlangende Reck« [WA II, 85]
»bis ich begriff, was die Falltür [...] von mir verlangte« [WA II, 66]
»weil auch der Schrank ihn mit offenen Armen empfing« [WA II, 606]

c) die Dinge bleiben unter sich:
»Immer neue Wolken wanderten von Nordwest nach Südost aus, als hätte jene Richtung
den Wolken etwas Besonderes zu bieten gehabt.« [WA II, 87]
»Der Faltenwurf der Jungfrau verfolgte sich, Umwege machend, bis [...]« [WA II, 167]

In zwei Arbeiten greift Volker Neuhaus[14] Justs Systematisierungsvorschlag auf.
Neben der Anführung weiterer und zum Teil überzeugenderer Beispiele, als Just
sie verwendet, unterscheidet Neuhaus exakter zwischen der Konkretisierung von
Abstrakta und der Verwendung von Konkreta als Lebewesen. Darüber hinaus wird
das zugrundeliegende sprachliche Verfahren terminologisch genauer beschrieben,
indem Neuhaus auf den semantischen Aspekt der Selektionsbeschränkung verweist.[15]

Entsprechend dem Gesamtforschungsstand zum Sprachstil liegen hiermit zwar
zur Blechtrommel wesentliche Ergebnisse vor; aber weder gibt es weiterführende

8 Just 1972, S. 108.
9 Vgl. die Untersuchung von Uwe Kjär zur Verbmetapher (Kjär 1988).
10 Ebenda, S. 109.
11 Ebenda, S. 110.
12 Ebenda.
13 Ebenda, S. 118.
14 Neuhaus 1979, S. 14; ausführlicher Neuhaus ²1988, S. 111 f.
15 Neuhaus ²1988, S. 111.

34

Analysen zu Grass' anderen Werken, noch befriedigen die bisherigen Untersuchungen vollständig.

Die semantischen Auffälligkeiten bestehen in der Regel nicht in der Interpretation eines einzelnen Lexems[16], sondern in der Kombination bestimmter Ausdrücke. Innerhalb eines Satzes wie »Gelächter kocht ein« (WA IV, 434 f.) ist
sicherlich nicht die Bedeutung der einzelnen lexikalischen Elemente problematisch, sondern die der gesamten Konstruktion, also die Kombination dieser Lexeme.[17]

Dabei ist davon auszugehen, daß Lexeme bestimmte Kontexte selektieren,
d. h. spezifische Erwartungen an die Merkmalstruktur kombinierter Lexeme
richten, so daß die Kombinierbarkeit von Lexemen insgesamt eingeschränkt ist.[18]
Im folgenden werden semantisch auffällige Verbindungen mit Hilfe einer einfachen Komponentenanalyse beschrieben, die die Verletzungen solcher Selektionsbeschränkungen offensichtlich macht.

Diesem Verfahren liegt die Annahme zugrunde, daß die »Bedeutung eines lexikalischen Elementes explizit durch Bezugnahme auf semantische Komponenten
definiert«[19] werden kann, d. h., daß die Bedeutung eines Lexems auf Bedeutungs-
atome zurückgeführt werden kann.

Sicherlich ist die Problematik einer semantischen Analyse mit Hilfe der Komponentenanalyse im Hinblick auf eine Bedeutungstheorie erheblich vielschichtiger,
als hier vermittelt wird.[20] Gleichwohl ist zum Zwecke der Beschreibung semantischer Besonderheiten im Rahmen dieser Untersuchung das Instrumentarium der
Komponentenanalyse hinreichend, um im folgenden bereits mit wenigen distinkten
Merkmalen wie ±belebt, ±materiell, ±intentional Verstöße gegen Selektionsbeschränkungen als stilistische Besonderheiten sichtbar zu machen.

---

16 Vgl. aber bestimmte ungewöhnliche Bildungen wie in dem Satz: »Doch selbst ins
     Zähneschütteln setzte er Semikolon für Semikolon [...]« (WA IV, 406); vgl. dazu
     Kapitel 4.2 »Wortbildungen«, S. 45–50 dieser Arbeit.
17 Im folgenden wird davon ausgegangen, daß Lexeme eine wörtliche Bedeutung mit
     spezifischen Kontextbeschränkungen besitzen. Davon abweichende Gebrauchsweisen
     werden als »ungewöhnliche« Bedeutungsverwendungen bezeichnet.
18 Vgl. Bierwisch 1975, S. 155.
19 Ebenda, S. 152, vgl. auch Grewendorf/Hamm/Sternefeld 1989, S. 305–316.
20 Vgl. Lutzeier 1985, S. 91–100. Im einzelnen muß bedacht werden, wie Merkmale zu
     bestimmen sind, welchen Status solche Merkmale besitzen, die Anzahl von Merkmalen
     usw. Vgl. auch Raible 1981, wo Wolfgang Raible Erkenntnisse der Neurophysiologie
     nutzt, um eine Strukturhomologie zwischen semantischen Komponenten und dem
     neuronalen Netz zu beschreiben.

4.1.2 Verstöße gegen Selektionsbeschränkungen in *Aus dem Tagebuch einer Schnecke*

Für *Aus dem Tagebuch einer Schnecke* lassen sich wie bereits in Grass' früheren Werken bei Ausdrücken mit ungewöhnlicher Bedeutungsverwendung zwei Gebrauchsweisen unterscheiden. Zum einen werden Abstrakta als Konkreta verwendet; im zweiten Fall erscheinen Abstrakta und Konkreta, die gewöhnlich leblose Gegenstände bezeichnen, in Kontexten, die das semantische Merkmal +belebt verlangen.

4.1.2.1 Materialisierung von Abstrakta

Unter der Konkretisierung eines Abstraktums wird hier eine Metaphorisierung verstanden, bei der ein Abstraktum innerhalb eines Kontextes verwendet wird, der ein Lexem mit dem Merkmal +materiell verlangt, wie in dem folgenden Beispiel:

Ihr lacht, Kinder, wenn ihr ihn [Herbert Wehner] auf dem Fernsehschirm Worte schleudern, Fragen zerbeißen und Sätze als Irrgärten anlegen seht. (WA IV, 329)[21]

Bei allen hier herausgestellten Nomina handelt es sich um Abstrakta, die unter dem Aspekt der grammatischen Funktion jeweils als direktes Objekt eines Verbs (»schleudern«, »zerbeißen«) verwendet werden, das gerade ein Argument mit dem Merkmal +materiell selegiert. Dieses Verfahren der Konkretisierung eines Abstraktums dient hier inhaltlich dazu, den besonderen rhetorischen Gestus Herbert Wehners bildhaft und prägnant zu beschreiben.

Im folgenden Beispiel wird ein Abstraktum mit dem Verb »rauchen« kombiniert, das gewöhnlich kontextuell ebenfalls ein Argument mit dem Merkmal +materiell verlangt:

Schon wird das Wörtchen »sinnlos« reihum geraucht. (WA IV, 347)

Durch den Verstoß gegen bestehende Kontextbeschränkungen entsteht eine übertragene Lesart, die an dieser Stelle auf die Floskelhaftigkeit des Wörtchens »sinnlos« verweist, dessen Gebrauch, einem kreisenden Joint vergleichbar, gemeinschaftsstiftende Funktion übernimmt.

Über diese Funktionen hinaus geht die »Verdinglichung« im folgenden Beispiel:

Meine Schnecke kennt diese rostfreie Sprache, die doppelt gehärteten schnittigen Worte, den Freislerfinger an Lenins Hand. (WA IV, 278)

Eine einfache Komponentenanalyse ergibt für das Abstraktum »Sprache« u. a. das Merkmal −materiell; das Adjektiv »rostfrei« erfordert dagegen kontextuell ein konkretes Lexem mit dem Merkmal +materiell, so daß aufgrund dieser Kontextbeschränkungen eine »eigentlich« unvereinbare Lexemverbindung vorliegt. Die

---

21 Unterstreichungen in Zitaten stammen grundsätzlich vom Verfasser dieser Arbeit, wenn nicht ausdrücklich ein anderer Urheber genannt wird.

36

semantische Plausibilität ergibt sich aus einem Deutungsprozeß, bei dem von der konkreten Eigenschaft »rostfrei« als unbeeinträchtigte Funktionstüchtigkeit eines Metalls die allgemeineren Eigenschaften wie z. B. der Zeitresistenz abstrahiert werden, die wiederum mit dem Lexem »Sprache« innerhalb dieses Kontextes kompatibel sind.

Neben der so bezeichneten Zeitlosigkeit wird »Sprache« innerhalb des gegebenen Kontextes (»die doppelt gehärteten schnittigen Worte«, »vernichten entlarven bekehren zerschlagen [...] liquidieren [...] ausmerzen«, WA IV, 278) zugleich als Stahlklinge assoziiert und als potentielle Waffe konkretisiert. Gemäß der vorausgehenden Einleitungsformel »Damit, Kinder, beginnt es: ...« (WA IV, 277) wird dem Sprachgebrauch als Ursprung jeder Pogromstimmung ein reales Bedrohungsvermögen zugeschrieben.[22]

Daß hiermit nicht eine einzelne Floskel vorliegt, belegen weitere Beispiele in *Aus dem Tagebuch einer Schnecke.* Bereits wenige Seiten später reflektiert Grass die Parole »vorwärts« und konkretisiert sie als ein »über Gräber und Massengräber springendes, in alle Sprachen übersetztes, jedem Lautsprecher geläufiges Fingerzeigwort [...]« (WA IV, 289). Solche Parolen enthalten Wörter, die »Schatten werfen« (WA IV, 522), und erfordern ein Tätigwerden, »bevor Ideen Gewalt bekommen« (WA IV, 404).

Der hier dargestellten Verwendung des Abstraktums »Sprache« als Konkretum entspricht in *Aus dem Tagebuch einer Schnecke* eine Vielzahl ähnlicher Beispiele. So zeichnet Grass den Weg der Schnecke »in geschichtliche[r] Landschaft« »durch zugige Lehrgebäude, abseits schöngelegener Theorien« (WA IV, 268) nach. Auch hier wird die Metapher »Lehrgebäude« mit dem Merkmal +materiell ausgestattet, um auf sprachlich originelle Weise die Unfertigkeit und die »Unbewohnbarkeit von Lehrgebäuden« darzustellen. Die Verwendung des Attributs »schöngelegen« dient dazu, die Konnotation der Idylle, des Fluchtraums vor der Alltagsrealität zu evozieren und auf das Abstraktum »Theorie« zu übertragen. Grass vermittelt dadurch bildhaft, sprachlich originell und äußerst verknappt Implikationen, die er grundsätzlich mit Theorien im Sinne von geschlossenen, lebensfremden Systemen verbindet.

Zu dem gleichen Motivbereich heißt es an anderer Stelle: »Wenn ich den deutschen Idealismus [...] mißmutig jäte« (WA IV, 295), wobei die bildhafte Formulierung zugleich die Assoziation dieser Philosophie als Unkraut steuert.

Ebenso spricht Grass von der »Schranke Vernunft« (WA IV, 420), »dem Juckreiz Zeit« (WA IV, 431), wie »ich den Wahlkampf vorkaue, nachschmecke« (WA IV, 389) u. a. In allen Fällen werden Abstrakta mit dem Merkmal +materiell verwendet.

Auch in *Aus dem Tagebuch einer Schnecke* finden sich also zahlreiche Belege, daß Grass »das Gegenständliche anvisiert«[23]. Das sprachliche Verfahren besteht

---

22 Vgl. S. 164 dieser Arbeit.
23 Wagenbach 1963, S. 123.

darin, daß Lexeme miteinander kombiniert werden, die »gewöhnlich« unverträgliche Kontextbeschränkungen aufweisen, so daß der Leser aufgefordert wird, »eine neu abgeleitete Vereinbarkeit«[24] dieser Ausdrücke herzustellen. Zusätzlich zu den beschriebenen Funktionen beabsichtigt Grass die Aktivierung des Lesers, der mit der sprachlichen Gestaltung auf das Erzählte aufmerksam gemacht wird.

4.1.2.2 Vitalisierung von Abstrakta und Konkreta

Georg Just bemerkt für *Die Blechtrommel* eine weitgehende Vitalität der Dinge und beschreibt diesen »Animismus [...] als eines der wichtigsten Charakteristika der Oskar-Perspektive«[25]. Das konkrete sprachliche Verfahren besteht in der Verwendung von Abstrakta und Konkreta mit dem semantischen Merkmal +belebt, wie in den folgenden Beispielen in *Aus dem Tagebuch einer Schnecke:*

Als ich, wie immer, wenn was auf der Kippe steht, Sehschlitze machte, gelang es mir, die Halle zu räumen: auch die Bestuhlung zog ab ohne Murren. (WA IV, 267)
(Unser Radio erzählt vom nordatlantischen Tief.) (WA IV, 348)
Jetzt steht der neue Plattenspieler im Chaos und fürchtet sich vor der Neugierde seines Besitzers [...] (WA IV, 511)

In diesen Beispielen ist die primäre Funktion darin zu sehen, daß die Vitalisierung von Gegenständen eine sprachlich innovative und zum Teil witzige Darstellungsweise bezwecken soll.

Das gilt auch dort, wo Grass »den Ruhm als Untermieter« einen Abschnitt lang allegorisiert und ihn als einen »manchmal aufgeblasene[n], dann abgeschlaffte[n] Flegel« bezeichnet, der Anna »zweideutige Anträge macht«, inzwischen dick geworden ist und »liest, was ich kaum anlese: Rezensionen« (WA IV, 336 f.).

Oft verbindet sich das Bemühen um eine kreative Sprache mit der Absicht, sprachliche Umständlichkeiten zu vermeiden. So stehen »hellwache[] Preßlufthämmer« (WA IV, 479) für die frühmorgendliche Belästigung durch Baulärm. Wenn Laura niemandem gestattet, ihre Musik mitzuhören, hört sie »mit geizigem Ohr« (WA IV, 349). An anderer Stelle vergleicht Grass seine eigene Kindheit mit dem gegenwärtigen Wohlstand, der den Zwillingen Raoul und Franz jeweils ein eigenes Zimmer ermöglicht, »seitdem wir den Streit geteilt haben« (WA IV, 510), womit in knappster Weise impliziert wird, daß es Zwistigkeiten gab und gibt.

Durch die Personalisierung von Abstrakta wie »die Gewöhnung in ihrem friedfertigen Sonntagsputz« (WA IV, 275), »biedere Angst in ihrer Trachtenjacke« (WA IV, 295), »Die Ziele schminken sich« (WA IV, 424) werden abstrakte Phänomene konkretisiert; losgelöst von handelnden Personen werden »Gewöhnung«, »Angst« somit direkt fokussiert.

---

24 Oomen 1973, S. 75.
25 Just 1972, S. 118.

38

Wenn Grass von Zwistigkeiten unter den Juden erzählt, ist die »Armut« nicht mehr nur eine bezeichnete Eigenschaft, sondern wird zum beherrschenden Agens:
Man unterschied sich: gutsituierte und auf Anpassung bedachte Bürger schämten sich der Armut, die aus Galizien, Pinsk und Bialystok nachwuchs, ungehemmt jiddisch sprach und trotz allgemeiner Wohltätigkeit peinlich auffällig blieb. (WA IV, 279)
Zugleich wird durch die Personalisierung der Armut die von »auf Anpassung bedachte[n] Bürger[n]« gewünschte distanzierende Anonymisierung der osteuropäischen Glaubensbrüder sprachlich nachvollzogen.

An anderer Stelle wird die Dominanz der Kälte formal deutlich gemacht:
Die Kälte trat aus den Wänden und legte sich zu Zweifel auf die Matratze. (WA IV, 406)
So wie in Zweifels Keller »nur noch der Frost diktierte« (WA IV, 406), wird das Abstraktum »Kälte« mit den Merkmalen +belebt und +intentional verwendet und als Agens des Verbs »sich hinlegen« handlungsmächtig. Hier wird Grass' Bemühen offensichtlich, die dargestellte Wirklichkeit und die sprachliche Gestaltung in ein ikonisches Verhältnis zu setzen.

Die gleiche Eigendynamik eines Phänomens wird auch im folgenden Beispiel deutlich, wenn Grass die Publikumsreaktion auf eine Rede beschreibt:
(Auch als ich Willy Brandts niemals sprunghaften Aufstieg eine »Schneckenkarriere« nannte, kam freundlicher, über sein Entstehen erstaunter Beifall auf.) (WA IV, 302)
Die sprachliche Darstellung impliziert sowohl die ursprünglichen Vorbehalte der Zuhörer als auch das zögerliche Einsetzen des Beifalls.

Weitere Beispiele belegen die auch quantitative Bedeutung dieses Stilmittels in *Aus dem Tagebuch einer Schnecke:*
Gerüchte wollen wissen, wie viele Liberale käuflich sind. Gerüchte lesen die Stufenfolge der gegenwärtigen Berlinkrise aus blindlings geworfenen Salzstangen. (WA IV, 266)
[...] ausrufwütige Pausenzeichen [...] (WA IV, 282)
Glaubt mir, Kinder, wenn es einer der vielen, einander zänkisch den Teppich wegziehenden Ideologien gelänge, aus ihren Glaubenssätzen und Endzielbeschwörungen ein wenig sanft pelzigen Salbei zu treiben, sie könnte mich (versuchsweise) an den Tisch locken. (WA IV, 333)
Zugeben jetzt, daß wir die Zeit, kein knackendes Wachstum, nur noch die Zeit auf ihrem Muskelfuß hören. (WA IV, 374)
Erst gegen Morgen, als Landregen bis in den Keller hinein ja sagte, fand Zweifel Schlaf. (WA IV, 411)
Beim Vornamen gerufen, rief das Geheimnis: Hier! (WA IV, 433)
Wir mieden die Gegenwart und wurden von ihr mit Ignoranz der Vergangenheit bestraft. (WA IV, 434)
(Auch Bierbrauereien umgeben sich gerne mit Kaseingeruch.) (WA IV, 442)
Selbst wenn er Lisbeths Hände führte, blieben sie taub. Nichts, kein Griff fiel ihnen ein. (WA IV, 451)[26]

---

26 Vgl. *Hundejahre,* wo Matern »mitten im Prügeln seine Fäuste sinken [ließ], ließ beide Fäuste – wenn man so sagen darf – fünf Faustschläge lang nachdenken und prügelte dann abermals [...]« (WA III, 181).

Neben der erzählfunktionalen Absicht, unanschauliche Vorgänge, wie vor allem psychische Phänomene, zu veranschaulichen[27], zeigen sich Fälle, in denen Grass Gegenständen tatsächlich ein weitgehendes Eigenleben zuschreibt:

> Es fanden sich bei mir ein: dezimierte Jahrgänge, Verschuldungen der Väter und Schuldverschreibungen der Söhne, abgemusterte Clowns, die ihre Komik in Aktenordnern gesammelt hatten, verschüttete, nun rüde Wahrheiten bezeugende Märchen, Batterien Riechfläschchen, Kollektionen abgerissener Knöpfe und sonstige Gegenstände, die – zum Beispiel ein Taschenmesser – seit Jahren nach ihrem Verlierer fahndeten. (WA IV, 336)

Grass spielt hier auf die Taschenmesserepisode in den *Hundejahren* an, in der Matern das Taschenmesser, als »objektives Korrelat« für Abhängigkeit und Blutsbrüderschaft[28], in die Weichsel wirft (WA III, 152 ff.) und am Ende des Buches zurückerhält:

> »[...] Es ist sinnlos, Taschenmesser in Flüsse zu werfen. Jeder Fluß gibt Taschenmesser bedingungslos zurück. Ja, nicht nur Taschenmesser! [...]« (WA III, 786)

So wie »die Hälfte aller auf dieser Welt vorhandenen Taschenmesser aus gefundenen Messern« besteht (WA III, 785), besitzen Gegenstände eine Vorgeschichte, die weiterwirkt. Grass versteht dies im Gespräch mit Ekkehart Rudolph als ein »Dazwischensprechen der Gegenstände, die angeblich stumm sind« (WA X, 185).

Das gleiche Verfahren, ein Abstraktum zu konkretisieren und mit dem Merkmal +belebt zu verwenden, wiederholt sich im folgenden Beispiel:

> (Eine Geschichte, die mir Ranicki als seine Geschichte vor Jahren erzählt hat, blieb bei mir liegen und lebte behutsam für sich; geduldig besteht sie auf einem gesuchten Namen, auf gesichertem Herkommen, auf einem Keller für spätere Zuflucht. (WA IV, 280)

Dasselbe Eigenleben wie ein solcher Stoff oder Motive besitzen auch »Sätze, die liegenbleiben, mir nachlaufen, lästig sind und auf Bleiguß bestehen« (WA IV, 487), »Versatzstücke verschieben sich und beteuern, sinnfällig zu sein« (WA IV, 429).

---

27 Georg Just spricht von einer »für Grass typischen Materialisation des Psychischen« (Just 1972, S. 126).
28 Vgl. Neuhaus 1979, S. 87.

4.1.2.3 Zur stilistischen Funktion von Verstößen gegen Selektionsbeschränkungen

Es konnte bislang gezeigt werden, daß in *Aus dem Tagebuch einer Schnecke*
zahlreiche Lexeme metaphorisch verwendet werden. Neben der Konkretisierung
von Abstrakta zählt dazu die »Vitalisierung« von Konkreta und Abstrakta.
Der häufig beschriebenen[29] »durchgehenden Verdinglichung« entspricht Grass'
grundsätzliche ästhetische Konzeption, »von den Dingen her zu erzählen«, die
in der Grass-Forschung einhellig betont wird. Manfred Jurgensen spricht in
diesem Zusammenhang geradezu von einem »grundsätzlich erotischen Verhältnis
zu den Dingen«[30].

Grass selbst hat wiederholt auf diese Sucht zum Gegenstand verwiesen. Gemäß
seiner bildhauerischen Ausbildung ist er auch beim Schreiben »auf Oberfläche
angewiesen«: »Ich gehe vom Betastbaren, Fühlbaren, Riechbaren aus.«[31]

Doch läßt sich deutlich machen, daß Grass die in diesem Kapitel beobachteten
bewußten Abweichungen von semantischen Selektionsbeschränkungen in *Aus dem
Tagebuch einer Schnecke* in umfassenderer Weise zu stilistischen Zwecken verwendet, als Just in bezug auf Verdinglichung und Vitalisierung für *Die Blechtrommel* untersucht hat.

Als primäre Funktion läßt sich das Bemühen um eine anschauliche und originelle Sprache feststellen. Dieser Funktion sind zunächst die beiden Verfahren der
Materialisierung von Abstrakta und der Vitalisierung von Konkreta und Abstrakta
untergeordnet, wie das Beispiel des Abstraktums »Zeit« deutlich machte, das
einmal als »Juckreiz Zeit« (WA IV, 431), die Zweifel wie Krätze befällt, verdinglicht wird und an anderer Stelle als »die Zeit auf ihrem Muskelfuß« (WA IV, 374)
mit dem Merkmal +belebt verwendet wird.

Wenn Grass von »gleichmäßig gezüchteten Stadthallen« (WA IV, 536) spricht,
steht nicht die Vitalisierung als erzählerische Absicht im Vordergrund, sondern
die originelle Beschreibung einer stereotypen Architektur.

An anderer Stelle heißt es:

Halb verdeckt vom Grünzeug sehe ich zu, wie sich unser Vorgarten, den ein ehemaliger
Besitzer unterhaltsam programmiert hat, von Woche zu Woche verändert. Flieder Rot-
dorn Hundsrosen. Maiglöckchen neben den Mülleimern. (WA IV, 388)

Die Verwendung des technischen Ausdrucks »programmieren« dient – neben der
kreativen Ausdrucksweise – einer ironischen Darstellungsabsicht, die einerseits die
gärtnerische Planungsarbeit des Vorbesitzers belächelt und zugleich Grass' Wahrnehmung der Gartenanlage als Unterhaltungsprogramm offenbart.

---

29 Weitgehend allerdings auf *Die Blechtrommel* beschränkt.
30 Jurgensen 1975, S. 257.
31 Hartlaub 1968, S. 214.

Daß nicht ausschließlich die Einnahme einer gegenständlichen Perspektive bezweckt wird, zeigt sich auch im folgenden Beispiel, wo Grass die eine Seite zuvor genannte Floskel vom Hunger nach Gerechtigkeit[32] aufgreift:

Während ich in der Halle I bei gerecht verteilter Hitze gegen den ritualisierten Protest ansprach [...] (WA IV, 420)

Grass verdinglicht Hitze nicht eigentlich, sondern nur zum Zweck der Ironie. Die Ironisierung der zuvor aufgegriffenen Floskel vom »Hunger nach Gerechtigkeit« gelingt gerade nur insofern, wenn Hitze als etwas nicht gegenständlich Disponibles aufgefaßt wird. Als Konkretum wäre »Hitze« besitzbar und verteilbar, somit z. B. gerecht verteilbar.

Auch wenn von »abgemusterte[n] Clowns, die ihre Komik in Aktenordnern gesammelt hatten« (WA IV, 336), die Rede ist, wird keine gegenständliche Perspektive angestrebt, sondern in ironischer Absicht verdinglicht.

Ein entsprechender Beleg aus den *Hundejahren* ist der Ausdruck »aufbauwilliges Elbsandsteingebirge« (WA III, 774). Hier gelingt die Ironisierung des ideologisch besetzten Adjektivs »aufbauwillig« nur dann, wenn das Konkretum »Elbsandsteingebirge« eben nicht mit dem Merkmal +belebt, und damit +intentional aufgefaßt wird.

Die folgenden ungewöhnlichen Kombinationen von Adjektiven und Verben dienen ebenfalls nicht der »Verdinglichung«.

Von Uwe Johnsons gelegentlichen Besuchen bei Grass in Berlin heißt es:

(Früher kam Johnson manchmal vorbei, um hier zu sitzen und merkwürdig zu sein.) (WA IV, 390)

Die gewöhnlich lediglich von einem Beobachter wahrgenommene Merkwürdigkeit eines Verhaltens wird hier mit dem Merkmal +intentional verwendet und läßt Uwe Johnson als jemanden erscheinen, der Merkwürdigkeit als Gestus pflegt.

Wenn Grass an der oben genannten Stelle auf die hochsommerliche Hitze des Kirchentages eingeht, heißt es von dessen Besuchern: »Alle schwitzten beteiligt [...]« (WA IV, 419). »Schwitzen«, das gewöhnlich nur mit Gradpartikeln als fakultativen Zusätzen erscheint (»sehr«, »kaum«, »etwas«), erhält gleichfalls das Merkmal +intentional und damit einen qualitativen Aspekt. Die Merkmalveränderung besitzt an dieser Stelle die Funktion, Schlagwörter und klischeehafte Verhaltensweisen zu verfremden und deren unreflektierten Gebrauch zu entlarven.

Die vielfach endungsgleichen schwäbischen Ortsnamen ironisiert Grass mit der folgenden Formulierung:

Während einer Stunde Bahnfahrt fiel auf, wie besessen schwäbische Ortschaften Esslingen, Plochingen, Nürtingen, Metzingen heißen [...] (WA IV, 466)

Auch hier wird offensichtlich, daß das Hauptanliegen des in diesem Kapitel beschriebenen Stilmittels die originelle Ausdrucksweise ist, die allerdings nie sich

---

32 »Wer dabei gewesen ist, wird sich erinnern, wie hochsommerlich heiß die Gerechtigkeit (und der Hunger nach ihr) auf dem Killesberg lastete.« (WA IV, 419)

42

selbst bezweckender Sprachwitz ist, sondern sich stets mit erzählfunktionalen Absichten verbindet.

Bereits Oskar bedient sich in der *Blechtrommel* dieses Verfahrens, wenn er auf die Homosexualität des Gemüsehändlers Greff anspielt:

War seine Liebe zu schmalen, möglichst großäugigen, wenn auch bleichen Knaben doch so groß, daß er ihr die Uniform des Boy-Scout-Erfinders Baden-Powell gegeben hatte. (WA II, 87)

Durch die Personalisierung des Abstraktums »Liebe« wird eine sprachliche Darstellung ermöglicht, die das Pfadfinderhobby als Vorwand für Greffs Erotik entlarvt.

In *Glaube Hoffnung Liebe* spricht Oskar von »Vorzeichen genug für ein Unglück, das immer größere Stiefel anzog« (WA II, 236).[33]

Das Bemühen um sprachliche Kreativität kennzeichnet Oskar auch, wenn er das ewige Licht als »geschickt verlockend, ein heftig entzündetes Auge« (WA II, 435) bezeichnet und damit zugleich einen Beleg für seine profanisierende Wahrnehmungsweise liefert.

Wenn Oskar seinen Pfleger Bruno ausdrücklich darum bittet, ihm »fünfhundert Blatt unschuldiges Papier« statt »weißes Papier« (WA II, 8) zu besorgen, ruft diese originelle, verfremdende Ausdrucksweise bei Bruno und bei der Verkäuferin Verwunderung bzw. Erröten hervor. Zugleich wird neben der erotischen Anspielung und der Initiierung einer die gesamte *Blechtrommel* durchziehenden Farbsymbolik auch das Thema Unschuld–Schuld angeschlagen.

Besonders häufig treten die in diesem Kapitel beschriebenen Verletzungen von Selektionsbeschränkungen in der *Danziger Trilogie* im Zusammenhang mit Naturschilderungen wie im folgenden Beispiel auf:

Erst als der Abend dem Oktoberhimmel einen feinen schrägen Regen und tintige Dämmerung ausquetschte [...] (WA II, 17)

Es war ein früher, reinlicher Oktobermorgen, wie ihn nur der Nordostwind frei vors Haus liefert. (WA II, 380)

Über Schiewenhorst ließ sich die Sonne fallen. (WA III, 185)

In *Aus dem Tagebuch einer Schnecke* ist von »Weiden« die Rede, die »Grimassen schneiden« (WA IV, 348) und an Brauchsels Darstellungsweise in den *Hundejahren* erinnern:

Zu beiden Seiten des Baches traten die Weiden ein Schrittchen vor, ein Schrittchen zurück, drehten sich, hatten Hüften, Bauchnabel [...] Und aus der Weide heraus, in der er hockt und neugierig ist, mustert er die Weiden links und rechts des Baches aufmerksam; besonders eine dreiköpfige, die einen Fuß im Trockenen hält und den anderen Fuß im Bach kühlt [...], wertet Amsel als Modell. (WA III, 191)

Die Absicht besteht darin, eine ironische Distanz zu einem idyllisierenden Naturverständnis herzustellen. Jede Unmittelbarkeit eines Naturerlebens wird verhin-

---

33 Nachdem der Butt seine Liebestheorie vorgetragen hat, bilanziert der Erzähler des *Butt* seine Beziehungen: »Mir jedenfalls hat die Liebe keine Freiheit, nur langhaariges Unglück gebracht.« (WA V, 309)

dert; Georg Just spricht in diesem Zusammenhang von einer »parodistische[n] Behandlung der Natur«[34].

Auch ungewöhnliche Adverbverwendungen wie in »irgendwas liebt er unerbittlich« (WA IV, 330, ähnlich 511) und »unheilbar fleißig« (WA IV, 311) zeigen, daß Grass lexikalische Einheiten grundsätzlich unabhängig ihrer jeweiligen kontextuellen Beschränkungen kombiniert und unabhängig ihrer empirischen Befindlichkeit manipuliert.[35] Selektionsverstöße schaffen eine freie und originelle Sprache.

4.1.2.4 Aufzählung inkompatibler Ausdrücke

Die Kombinationsfähigkeit von Lexemen unabhängig von ihren Kontextbeschränkungen erweist sich auch in Aufzählungen als auffälliges Stilmittel, wenn unterschiedliche Ausdrücke kombiniert werden. Häufig handelt es sich dabei um die Stilfigur des Zeugmas, worunter man »solche koordinierte[n] Strukturen« versteht, »deren gemeinsames Prädikat zwei syntaktisch oder semantisch ungleichartige Satzglieder verknüpft«[36].

Schon Wilhelm Schwarz bemerkte die »Zusammenstellungen von disparaten Sprachelementen«, wobei Grass in der *Danziger Trilogie* mit Vorliebe »das Sakrale mit dem Profanen, dem Vulgären, dem Abstoßenden oder dem Groberotischen«[37] koppelt. In *Aus dem Tagebuch einer Schnecke* kombiniert Grass gerne Abstrakta und Konkreta:

> Seitdem ich berühmt bin, werden mir Krawatten, Mützen, Taschentücher und ganze Sätze, samt Gebrauchsanweisung, gestohlen. (WA IV, 337)
>
> Knöpfe sammelt sie [die Melancholie], Niederlagen, Briefe und (wie Zweifel) leere Schneckengehäuse. (WA IV, 378)
>
> Das Dorf, in das wir unsre bei Ebbe gesammelten Muscheln, Schneckengehäuse und verschliffenen Einfälle tragen, heißt Plurien. (WA IV, 428)
>
> Als Albrecht Dürer, kurz nach dem Tod seiner Mutter, an einem auf Sonne, Geschwätz und Gelächter bestehenden Montagmorgen die Melencolia [...] zu stechen begann [...] (WA IV, 432 f.)

Die in den bisherigen Überlegungen dargestellte Verwendung von Ausdrücken unabhängig von ihren Selektionsbeschränkungen erlaubt es, Lexeme mit den Merkmalen ±belebt sowie ±materiell zu koordinieren, wie in der Beschreibung des religiösen Miefs als einer »Verdichtung aus Weihrauch, Gipsstaub, Dummheit und Armsünderschweiß« (WA IV, 504).

---

34 Just 1972, S. 115.
35 Vgl. Kapitel 4.6.2 »Prädikative Reihung von Adjektiven«, S. 117–119 dieser Arbeit.
36 Bußmann 1990, S. 866.
37 Schwarz 1969, S. 72.

44

Auch in *Aus dem Tagebuch einer Schnecke* verwendet Grass das Mittel der Koordination disparater Elemente besonders häufig im Zusammenhang mit religiösen Bezügen:

Junge Leute der rechtsradikalen Betar-Organisation versuchten, durch Lärm und Gebete die Lesung zu verhindern. Sie riefen:»Die Deutschen sind Mörder!« (WA IV, 373)

Obwohl es sich um die sachliche Darstellung einer Lesung in Israel handelt, diskreditiert Grass die »Gebete« durch die Koordinierung mit »Lärm«, denen in der Störfunktion ihr Analogon zugewiesen wird.

Bereits in der *Blechtrommel* dient Oskar das Mittel der Aufzählung zur Profanisierung des Betens als eine beliebige Äußerung:

Was sie auch zu singen, zu blasen, zu beten und zu verkünden hatten: meine Trommel wußte es besser. (WA II, 146)

Vielleicht sagte ich etwas auf, betete etwas herunter, zählte etwas ab: [...] (WA II, 234)

Diese Art der Nivellierung unterschiedlicher Handlungen begegnet wieder in den *Hundejahren,* wenn Materns

Müllerohr [...] allem üblichen Geräusch, wie Husten Sprechen Predigen, dem Kirchenlied, dem Kuhglockenläuten, dem Hufeisenschmieden, allem Hundsgebell Vogelsang Grillenton gegenüber taub war [...] (WA III, 201)

Auch wenn Hermann Ott »den Zweifel als neuen Glauben« verkündet und »sogar das Wetter und die Auserwähltheit des Volkes Israel in Frage stellt« (WA IV, 281), wird ein religiös besetzter Begriff durch die Koordinierung karikiert, wie an anderer Stelle die Beichtformel in Frage gestellt wird:

Da ich in Gedanken, Worten und Werken, ja, selbst in einer Super one-eleven kategorisch am Boden hafte [...] (WA IV, 271)

Im Zusammenhang mit Enzensbergers »ideologische[m] Tourismus« spricht Zweifel von Leuten, »die mit Neuigkeiten aus der nächsten Kreisstadt oder aus Kuba heimkehren« (WA IV, 390 f.). Indem durch die Koordination die Gleichrangigkeit beider Erfahrungsräume behauptet wird, offenbart sich zugleich eine entscheidende Implikation. Grass geht von anthropologischen Konstanten aus, die sich systemresistent verhalten, so daß die Erkenntnis menschlichen Verhaltens auch in der ›Provinz‹ zu gewinnen ist.

Die Gleichrangigkeit zweier Eigenschaften wird auch behauptet, wenn es von der linken Studentenschaft heißt:

Da stehen sie deutsch und gesendet: wollen dem Meer bis zum Horizont den dialektischen Materialismus einpauken; es möge sich dem System fügen ... (WA IV, 435 f.)

Dabei werden beide Attribute nicht komplementär verwendet; d. h., das »Deutsche« und das Sendungsbewußtsein werden in einem Implikationszusammenhang gesehen, der sich für Grass in der philosophischen Tradition des deutschen Idealismus mit Hegel als Hauptrepräsentanten manifestiert.

Ebenso stehen die »Gewalttätigen und die Gerechten« (WA IV, 287) nicht komplementär zueinander. Wenn Grass in diesem Zusammenhang seine Kinder auffordert: »seid nicht allzu gerecht. Man könnte eure Gerechtigkeit fürchten [...]« (WA IV, 287), wird vor der Gewalttätigkeit als Folge übergroßen Gerechtigkeitsstrebens gewarnt.

Zweifel hingegen lehrte vor Obersekundanern, die später in Nordafrika, an der Eis-
meerfront und als U-Boot-Fahrer keine Gelegenheiten hatten, älter als dreißig und
skeptisch zu werden [...] (WA IV, 288)
Zurückgeblieben waren in Mehrzahl alte, verarmte, immer schon arme, kranke, an
ihren Möbeln, Hoffnungen und Gewohnheiten hängende Leute [...] (WA IV, 371)
Mein Ekel vor dem Absoluten und ähnlichen Daumenschrauben. (WA IV, 401)
Dann gab es Kartoffelsalat und Bildstörung bei Apollo Elf. (WA IV, 425)
Er hinterließ schriftliche Überreste, Spekulationen und seine Familie [...] (WA IV, 466)
[...] den beiden ältesten Söhnen hat er [...] geholfen: als Pazifist und mit Sachkenntnis.
(WA IV, 478)
Auch in der *Danziger Trilogie* findet sich dieses Stilmittel:
Ein gutes Herz hatte Laubschad und half allen müden Menschen, kranken Tieren und
kaputten Uhren wieder auf die Beine. (WA II, 239)
Als aber der Sommer mit Erdbeeren, Sondermeldungen und Badewetter kam [...] (WA
III, 55)
Das war mit Kindergeschrei und Seekrankheit überbelegt, lief westlich Bornholm auf
eine Mine, ging sehr schnell unter, nahm Geschrei, Übelkeit und Frau und Schwester
des Müllers mit sich [...] (WA III, 639)
[...] bringen Lärm, Begabung und Unwissenheit mit [...] (WA III, 643)

4.2 Neue und ungewöhnliche Wortbildungen

4.2.1 Forschungssituation

Häufig wird als stilistische Auffälligkeit von Günter Grass' Prosa die innovative,
kreative Seite seines Sprachgebrauchs in den Vordergrund gestellt und in diesem
Zusammenhang die große Zahl der Neubildungen hervorgehoben.
    Wilhelm Schwarz geht dabei so weit, Grass als Former und Erneuerer der
deutschen Sprache auf eine Stufe mit Luther und Döblin zu stellen.[1]
    Heiko Büscher sieht den Zweck dieser »vielen Neuprägungen und kompakten
Wortkoppelungen« darin, »ein Maximum an sinnlicher und gegenständlicher
Vielfalt sprachlich zu erfassen«.[2] Formen wie »jazzwiederkäuend[]« (WA II,
629), »Kolonialwarenhändlerinsünden« (WA II, 398), »Familienvatersorgenfalten«
(WA II, 298), »Bindfadenknotengeburten« (WA II, 378), »Hausputzbackwaschund-
bügelsonnabend« (WA II, 11) dienen grundsätzlich dazu, der »Mannigfaltigkeit
von Sachen, Menschen und Situationen, ihrer verwirrend bunten Fülle im Neben-
und Durcheinander Ausdruck zu geben«.[3]

---

1 Schwarz 1969, S. 80.
2 Büscher 1968, S. 469.
3 Ebenda, wobei die dort angeführten Belege Büschers keinesfalls erschöpfend sind. Vgl.
  Wortindex zur »Blechtrommel« von Günter Grass.

Besonders ausführlich hat Michael Harscheidt die »Innovation des Wortbestands« innerhalb seiner Analyse der *Hundejahre* dargestellt.[4] Harscheidt unterscheidet bei den von Grass neugeschaffenen »Kunstwörtern« zwischen »Zusammensetzungen (vorwiegend Substantive und Adjektive)« sowie »Ableitungen (vorwiegend Verben)«[5]. Dabei werden neue Substantive zumeist aus mehreren »traditionellen Nomina zusammengesetzt«, wie Harscheidt u. a. mit den folgenden Beispielen demonstriert:[6]

Naslochhaare (WA III, 164)
Altmännermund (WA III, 287)
Tauwettermond (WA III, 401)
Zapfenstreichhimmel (WA III, 506)
Büroschlußmänner (WA III, 690)

Die funktionale Bedeutung dieses stilistischen Mittels sieht Harscheidt im Anschluß an Heiko Büscher darin, daß »der Leser durch Bildungen wie ›Tauwettermond‹ oder ›Zapfenstreichhimmel‹ direkt mit einem fiktiven Sachverhalt konfrontiert [wird], der sonst nur mittelbar und durch den zusätzlichen Einsatz mehrerer Nebensätze hergestellt werden könnte«[7]. Harscheidt stellt die intendierte Funktion der Verdichtung der sprachlichen Beschreibung in den Vordergrund.

Für Adjektivneubildungen (zumeist aus Nomina und infiniten Verben) nennt Harscheidt u. a. die folgenden Belege:[8]

[...] ein formloses Geraufe, kurzbehost kniebestrumpft schulterberiemt braunbefetzt wimpelverrückt runenbenäht koppelverrutscht führergeimpft pimpfenmager heisergesiegt [...] (WA III, 368)
[...] worauf Stille ausbrach, ohrenauslöffelnde. (WA III, 518)
[...] warme strengsüßriechende heilige katholische Männertoilette [...] (WA III, 594)

Verbneubildungen wie in den folgenden Beispielen werden von Harscheidt nicht einheitlich interpretiert:

Durch Löcher sternte der Nachthimmel. (WA III, 401)
[...] die Knaben [...] klappdeckelten mit den Wimpern [...] (WA III, 496)
[...] es regnet schneit mondscheint nicht [...] (WA III, 614)

Während in einem Satz wie »Zum Rundtisch hin [...] heisert es Worte« (WA III, 781) statt z. B. »Er spricht mit heiserer Stimme« »der erzählte Vorgang [...] eine Verlebendigung, mehr Eigenleben«[9] erfährt, so wird in einem Satz wie »die Knaben [...] klappdeckelten mit den Wimpern« »sporadisch eine Wirklichkeit der latenten Störeffekte« signalisiert und damit die Nähe zur Groteske hergestellt.[10]

---

4 Harscheidt 1975, S. 97–102, hier S. 98.
5 Ebenda.
6 Ebenda, S. 99.
7 Ebenda.
8 Ebenda, S. 100.
9 Ebenda, S. 101.
10 Ebenda, S. 101 f.

»Schriftsprachliche Neubildungen« wie z. B. »Wenndunichtdann. Mitstumpf-
undstiel. Abheutefrühvieruhrfünfundvierzig«(WA III, 291) werden von Harscheidt
in einem eigenen Kapitel behandelt.[11]

4.2.2 Neubildungen in *Aus dem Tagebuch einer Schnecke*

Auch in *Aus dem Tagebuch einer Schnecke* sind solche Neologismen bzw. un-
übliche Wortverwendungen nachweisbar. Wie schon in den Werken der *Danziger
Trilogie* nutzt Grass besonders im Bereich der Bildung von Nominalkomposita die
dort liegenden Möglichkeiten sprachlicher Kreativität.

Die meisten neugebildeten Komposita sind »mögliche« Bildungen, die nach
bestimmten Regeln konstruiert werden, und sind nicht zuletzt auch mit Hilfe des
Textwissens einfach verstehbar.[12]

Die Wortmeldung eines APO-Sprechers kommentiert Grass mit der Behauptung:

Er [...] hatte eine Verkünderstimme. (WA IV, 463)

Aufgrund des zuvor dargestellten sprachlichen Gestus des Redners ist der Leser
leicht in der Lage, die zugrundeliegende Struktur als »Stimme eines Verkünders«
zu rekonstruieren und die mit der Neubildung erfaßte religiöse Aura zu erkennen.

Wenn Grass die Nominalisierung »Zeitzerstreuer« (WA IV, 408) verwendet,
bündelt er darin sein zuvor dargelegtes spezifisches Zeitverständnis und sein
Selbstverständnis als Schriftsteller, der das chronologische Zeitbewußtsein zugunsten einer vierten Zeit, der »Vergegenkunft« (WA VI, 233), aufgegeben hat. In
gleicher Weise bezeichnet Grass die Parole »vorwärts« mit dem neugebildeten
Kompositum »Fingerzeigwort« (WA IV, 289).

Auch die Allegorisierungen wie »kommunale[] Mief- und systemüberwindende
Seminarschnecken«, »Hauruckschnecken«, »jusohafte Übersollschnecken« und
»strukturgetrimmte[] und rundum pragmatische[] Reförmchenhausschnecken« (WA
IV, 541) oder die Komposita »Schrumpfgröße« (WA IV, 420) und »Kriegsbilder-
buchtraum« (WA IV, 421) sind unproblematisch zu verstehen. Sie tragen jedoch
ebenso wie die auffälligeren Neubildungen wie »Graupenfreiheit« (WA IV, 333),
»Großkaliberwort« (WA IV, 372)[13], »engstehende Bibberworte« (WA IV, 406),
»Zähneschütteln« (WA IV, 406), »Lachgrubensteller« (WA IV, 431), »Melancholieverdacht« (WA IV, 432), »Kostümworte« (WA IV, 451), »Besorgnisverkün-
der« (WA IV, 512) oder »Wortfallen« (WA IV, 532) zu einer innovativen Sprachverwendung bei.

---

11 Ebenda, S. 102–104. Vgl. Kapitel 4.4.1 »Zusammenschreibungen«, S. 80 f. dieser
Arbeit.
12 Vgl. Grewendorf/Hamm/Sternefeld 1989, S. 266.
13 Vgl. S. 64 f. dieser Arbeit.

Bemerkenswert sind die Fälle, in denen Neologismen analog zu bekannten Lexemen gebildet werden. Von Analogiebildung im Gegensatz zu morphologischer Bildung läßt sich dann sprechen, wenn »ein konkretes lexikalisches Vorbild bei der Bildung eine Rolle gespielt hat«[14]. Während die Unterscheidung zwischen Analogiebildung und morphologischer Regel in der Forschungsliteratur vielfach ein Problem zu sein scheint, weil »kein konkretes Wort als Vorbild auszumachen ist«[15], sind viele Neubildungen bei Grass bewußt auf die Wiedererkennung des Vorbildes hin konstruiert. Einige solcher neugebildeter Ausdrücke ergeben sich dabei aus dem Austausch eines nominalen Bestandteils innerhalb bestehender Komposita, wobei sich die Vorlage und die Neubildung sogar in der Silbenzahl oder phonetisch entsprechen, wenn aus »Zeitvertreib« »Schlafvertreib« (WA IV, 410), aus »Teufelsbeschwörungen« »Zweifelsbeschwörungen« (WA IV, 484) werden oder Grass »gegen Sprechchöre anschweig[t]« (WA IV, 486). Wenn Lisbeth und Zweifel »umarmt umbeint« (WA IV, 522)[16] liegen, wird der Neubildung die Matrix vorangestellt.

Im *Butt* wird die politische Haltung Lena Stubbes mit der Neubildung »bebelkundig« (WA V, 22) deutlich. In *Kopfgeburten* bildet Grass in konkretisierender Analogie zu »Augenweide« das Kompositum »Kameraweide« (WA VI, 193), während für die Neubildung »deutschartig« (WA VI, 251) »bösartig« wie »gutartig« als Matrix zur Wahl stehen. In allen Fällen dient die Neubildung der erzählerischen Absicht, »komplexe Sachverhalte (in komplexen Wörtern) kurz auszudrücken«[17].

Die Funktion der sprachlichen Verdichtung steht auch bei den Formen innovativer Verbverwendung gerade komplexer Verben im Vordergrund wie im folgenden Beispiel, wenn Grass die Fahrt durch den Westerwald zu einem Wahlkampftermin beschreibt:

Fünfundsechzig Kilometer lang schlafe ich mich zurück in die Weichselniederung, querfeldein über Weizenboden und Entwässerungsgräben, an denen Weiden stehen und Grimassen schneiden; so wird die Behauptung widerlegt, daß Körper nur jeweils an einem Ort sein können, und gleichzeitig eine Gegend vermieden, die im Soldatenlied vorkommt und reich ist an Niederschlägen. (WA IV, 347 f.)

Die einzelnen Gedankenschritte – eine Fahrtstrecke von fünfundsechzig Kilometer als Zeitdauer, Schlaf, Traum, Zurückversetzen als Trauminhalt –, werden zusammengezogen in dem Verbkompositum »(sich) zurückschlafen«, unter der Annahme der Satzkonstanz sogar fortgeführt in »(sich) querfeldeinschlafen«. Durch die Bündelung aller Ereignismomente erscheint »schlafen« in einer ungewöhnlichen Bedeutungsverwendung.

---

14 Becker 1990, S. 29.
15 Ebenda.
16 Vgl. auch WA V, 120.
17 Grewendorf/Hamm/Sternefeld 1989, S. 266.

Die gleiche stilistische Funktion der Verdichtung mehrerer Beobachtungen in einem Ausdruck findet sich in den folgenden Beispielen:

Drautzburg flucht sich durchs Flachland. (WA IV, 483)

Jetzt freut er sich über Besuch, raucht heiser und erzählt einen Witz [...] (WA IV, 512)

Auch hier werden zwei Beobachtungen sprachlich kontaminiert, wie wenig später deutlich wird: »Und raucht und ist heiser.« (WA IV, 513) Durch die Tilgung der Konjunktion und der Kopula entsteht die vorangegangene ungewöhnliche Verbindung »raucht heiser«. Formal gesehen wird in den aufgeführten Beispielen in das jeweilige Verb ein Bewegungsaspekt hineinprojiziert.[18]

Von Zweifel als Gegner der Philosophie Hegels heißt es in Analogie zu »zerstören«: »Er zerlachte Systeme [...]« (WA IV, 307). In gleicher Weise kontaminieren andere Verbverwendungen mehrere Ereignismomente:

Ich beginne, mir auszudenken, laufe dem Faden nach, gerate ins Garn, lüge mich frei [...] (WA IV, 335)

[...] schrieb ich mich fluchtartig in ein Schneckengelände [...] (WA IV, 426)

Geduld, ich hafte vorwärts, ich komme. (WA IV, 304)[19]

Im *Butt* und in den *Kopfgeburten* heißt es entsprechend:

Während die Filmtechnik ihre Zeit [...] verbrauchte, tranken wir uns [...] zurück. (WA V, 143)

So jammern wir uns ins nächste Jahrzehnt. (WA VI, 200)

Ungrammatische Bildungen sind »verironisiert« (WA IV, 316), »verlinkert sich« (WA IV, 483) oder in *Kopfgeburten* »verschlanken« (WA VI, 240).

In *Aus dem Tagebuch einer Schnecke* lassen sich nur wenige Beispiele für ungewöhnliche Adjektivbildungen finden, wie »unparadiesisches Verhalten« (WA IV, 420) oder die zu »leichenfleddernd« bzw. »bibelsinnig« analogisch gebildeten »sprachfleddernd[]« (WA IV, 291) und »bebelsinnig« (WA IV, 526).

Neologismen entstehen in *Aus dem Tagebuch einer Schnecke* auch aus dem Spiel mit Namen. Vornehmlich die Namen von Personen, die Grass negativ bewertet, wie die CDU- bzw. CSU-Politiker Rainer Barzel und Franz Josef Strauß, dienen dabei als Grundlage, wie innerhalb einer Polemik gegen Rainer Barzel:

Sein Verhalten hat seinen Namen gebräuchlich gemacht: jemand barzelt, benimmt sich barzelhaft, gehört zur Barzelei. (WA IV, 362)

Das formale Spielen mit dem Namen soll hier auch auf die mangelnde Persönlichkeit Barzels verweisen, der »zu etwas gemacht« wird und den Grass nur als »Ersatz« und »Umschreibung« wahrnimmt:

Er ist zu benutzen. Zum Beispiel Strauß (der nicht zu benutzen ist) wirkt in ihm, macht ihn zum Strauzel. (WA IV, 362)

---

18 Vgl. dazu Neuhaus 1979, S. 13, und Neuhaus ²1988, S. 109–111. Dieses Verfahren kann allerdings auch als ein Tilgungsprozeß gedeutet werden, bei dem ein vom Sprecher als informationell redundant angesehenes Verb eliminiert wird.

19 Vgl. Kapitel 4.10.2.3 »Paradoxon«, S. 186–190 dieser Arbeit.

50

Grass gesteht an späterer Stelle selbst: »Meine Sprache verengt sich« (WA IV, 401), wenn er in die Erzählung vom Besuch in Böhmen nach der Niederschlagung der tschechoslowakischen Demokratiebewegung »Rückfälle der Geschichte« beschreibt und analogisiert, »wie aus Strauß und Barzel Strauzel werden könnte« (WA IV, 401). Gleichfalls pejorativ konnotiert sind »Nennwert Strauzel« (WA IV, 450), »barzelhafte[] Mittvierziger« (WA IV, 486) und »Strauzeleien« (WA IV, 513).

Für die das ganze Buch durchziehenden Anspielungen auf die Philosophie Hegels dient Grass ebenfalls das Spiel mit dessen Namen. Wenn er den von ihm beobachteten modischen Einfluß Hegels auch auf christliches Denken beschreibt, spricht er von »neuerdings berufsmäßige[n] Gottesstreiter[n], die Christi Blut in hegelförmigen Flaschen abfüllen« (WA IV, 305). An gleicher Stelle heißt es in Hinblick auf den »hochtrabend[en]« Begriffsaufwand des von Hegelscher Philosophie bestimmten Jargons:

Denn welches Ohr an den Walzstraßen und Drehbänken versteht ein Wort, wenn alles, was die Arbeit und ihren Gewinn betrifft, verhegelt ist, taub macht. (WA IV, 305)

Grass nutzt die mit »ver-« verbundene pejorative Bedeutung, ähnlich wie in Theodor Fontanes *Stechlin* Czako Auflösungserscheinungen traditioneller gesellschaftlicher Strukturen wahrnimmt und vor den aufkommenden Sozialdemokraten warnt:

Richtige Prinzen können sich das leisten, die verbebeln nicht leicht.[20]

Wie bereits die Ausführungen zu Beginn dieses Kapitels deutlich machten, sind Neubildungen nicht nur für *Aus dem Tagebuch einer Schnecke,* sondern allgemein für Grass' Prosa ein typisches Stilmittel, für das sich leicht weitere Belege finden lassen. Dabei erweist sich das Bemühen um Konkretisierung und Kreativität als stilistische Hauptfunktion.

4.3   Die Verwendung »vorgeprägter Sprachmuster«[1]

4.3.1   Forschungssituation

Gegenstand dieses Kapitels ist der Gebrauch bestimmter bestehender Wendungen wie z. B. Sprichwörter, Idiome, Redensarten und Schlagwörter, die ich in Anlehnung an Pilz 1981 allgemein als »phraseologische Einheiten« im umfassendsten Sinne verstehe. Dabei ist allerdings sowohl der Terminus als auch die genaue Abgrenzung des Gegenstandsbereiches innerhalb der Linguistik alles andere als unumstritten.[2]

---

20 Nymphenburger Ausgabe 1969, Bd. 13, S. 22.
1 Mieder 1978, S. 4.
2 Vgl. Pilz 1981, S. 25 ff., Pilz 1978, S. 929–1036. Pilz gibt einen Überblick über die Problematik, einen genauen Gegenstandsbereich zu bestimmen.

In der Forschungsliteratur zum Prosastil von Günter Grass erzielte die Verwendung vorgeprägter Sprachmuster vergleichsweise große Aufmerksamkeit. Wilhelm Schwarz hat Günter Grass als »Meisterjongleur der Parodie« bezeichnet und verweist in diesem Zusammenhang auf die Heidegger-Parodien in *Hundejahre* sowie auf »das eingesprenkelte parodierende Schlagwort«[3]. Außerdem nennt Schwarz zahlreiche Beispiele aus der *Blechtrommel*, in denen Grass »Namen, Phrasen, Floskeln und geflügelte Worte aus ältester wie jüngster deutscher Vergangenheit« aufgreift, wie »die Rentenmark, Eintopfsonntage, ›Heim ins Reich‹, ›Jungvolk‹« etc.

Daß es sich hier nicht nur um Verwendungen bestimmter Ausdrücke (im Sinne von Termini) infolge eines stofflichen Bezuges handelt, sondern daß es Grass darum geht, die Anschauungen einer Figur oder Gruppe anhand von deren Sprachverwendung darzustellen, belegt Schwarz mit einem Satz aus der *Blechtrommel*, in dem die Kindergärtnerin Fräulein Kauer in bester Absicht sagt: »Er kann doch nicht dafür, daß er ein kleiner Pole ist.« (WA II, 83)[4] Schwarz betont zwar die herausragende Bedeutung dieses Stilmittels, doch eine weitere Auseinandersetzung z. B. in Form genauerer Einzelanalysen oder einer Differenzierung bestimmter Konstruktionsformen findet bei ihm nicht statt. Zum formalen Aspekt dieses Verfahrens bemerkt Schwarz, daß Grass

> nur selten mit Abwandlungen des parodierten Materials arbeitet. Nicht Addition, sondern Subtraktion betreibt er, um den komischen Effekt zu erzielen. Wenig wird verändert, nichts wird hinzugefügt, viel wird weggelassen: am Ende bleibt ein scheinbar wahlloses Gemenge von Stichwörtern und Phrasenfetzen, die im ursprünglichen Kontext vielleicht voller Pathos und Dramatik waren, aus dem Zusammenhang gerissen jedoch lächerlich, allenfalls erheiternd wirken.[5]

Volker Neuhaus weist darauf hin, daß wörtliche Reden zumeist auf Schlagworte und kurze Sätze beschränkt sind und grundsätzlich dazu dienen, daß »das geschilderte Milieu auch in seiner Sprache vergegenwärtigt« wird.[6] Dabei werden »bestimmte Floskeln und Stereotypen kommentarlos angewendet oder zitiert«[7]. Durch Zusammenschreibungen wie »ohtannenbaumohtannenbaumwiegrünsinddeineklingglöckchenklingelingelingallejahrewieder« (WA II, 315) oder »Jenedienachunskommen«, »Undindieserstunde« (WA III, 53) erfolgt »Kritik allein von der Form her«[8].

Neuhaus macht auch auf das Verfahren von Grass aufmerksam, in spielerischer Weise Sondersprachen oder bestimmte Jargons zu verwenden, um damit

---

3 Schwarz 1969, S. 68.
4 Ebenda, S. 69.
5 Ebenda, S. 68 f.
6 Neuhaus 1979, S. 14.
7 Ebenda, S. 15.
8 Ebenda. Vgl. Kapitel 4.4.1 »Zusammenschreibungen«, S. 80 f. dieser Arbeit.

52

eine ganze Ideologie zu treffen, wie z. B. im Rahmen der Heidegger-Parodien in den *Hundejahren*.[9] Die Verwendung des Sprichwortes vor allem in der *Danziger Trilogie* hat erstmals Wolfgang Mieder in sehr knapper Form genauer untersucht.[10] Dabei strebt er allerdings keine formale Systematisierung an und analysiert nur wenige Funktionen. Doch beschreibt Mieder bereits die wesentlichen Merkmale der Sprichwortverwendung. So äußert sich gerade in Sprichwörtern der bewußte Gebrauch der Umgangssprache, wobei der volkstümliche Charakter zum Teil durch die Verwendung von »Einführungsformeln« wie »sag ech immer«, »alte Bauernregel« und »man sagt ja« besonders verdeutlicht wird.[11]

Ein weiteres Ergebnis Mieders ist, daß im Gegensatz zu anderen Autoren das Sprichwort bei Grass kein didaktisches Stilmittel ist, sondern »meist einen einfachen, feststellenden Funktionswert übernimmt, wie etwa ›Unkraut väjeht nech‹ [...] ›nichts kann eine Mutter ersetzen‹«[12].

Das auffälligste Merkmal des Sprichwörtergebrauchs besteht für Mieder jedoch darin, »ein altüberliefertes Sprichwort zu verzerren und zu entstellen«, wie etwa in: »Der Krug ging immer wieder zum Wasser; was blieb ihm übrig, als zu brechen.«[13] (WA II, 30)

Mieder stellt abschließend fest, daß Sprichwörter besonders in abgeänderter Verwendungsform in den betrachteten Werken Grass' zum Teil »Schlüsselfunktionen« besitzen[14], somit also inhaltliche Funktionen übernehmen können.

In einem späteren Aufsatz untersucht Wolfgang Mieder »Kulinarische und emanzipatorische Redensarten in Günter Grass' ›Der Butt‹«[15], wobei er den konstanten Gebrauch von Redensarten und Sprichwörtern hervorhebt, die durch Grass' »vitale Sprachgewalt oft abgewandelt werden, ohne jedoch ihre Formelhaftigkeit und die damit verbundene Prägnanz zu verlieren«[16].

Mieder unterstreicht mit dieser Untersuchung wiederum die Bedeutung des Sprichwörter- bzw. Redensartengebrauchs für Grass' Prosastil. Auch hier wird die Erfassung und gelegentlich eine sehr knappe funktionelle Beschreibung von Sprichwörtern in den Vordergrund gestellt. Von insgesamt 280 ermittelten Sprichwörtern zitiert Mieder nach eigenen Angaben 71[17], so daß der heuristische Wert dieser Untersuchung dominiert.

---

9 Ebenda, S. 17. Vgl. zu diesen Aspekten auch Büscher 1968, S. 468.
10 Mieder 1973.
11 Ebenda, S. 65.
12 Ebenda.
13 Ebenda, S. 65 f.
14 Ebenda.
15 Mieder 1978.
16 Ebenda, S. 4.
17 Ebenda, S. 5, Anmerk. 4.

Die wichtigste Dissertation, die zum Aspekt sprachlicher Phänomene bei Grass vorliegt, ist der Verwendung von Idiomen gewidmet: Blanche-Marie Schweizer versteht dabei unter Idiomen »im Wesentlichen [...] in ihrem Wortbestand unveränderliche, feste Wortgruppen [...], die mit einer idiomatischen Gesamtbedeutung verbunden sind, die nicht rein additiv aus der eigentlichen Bedeutung der einzelnen Wörter resultiert«[18]. Sprichwörter behandelt Schweizer nur im Rahmen eines Exkurses.

Auf ein wichtiges Ergebnis dieser Untersuchung verweist bereits der Titel *Sprachspiel mit Idiomen:* Grass verwendet idiomatische Wendungen stets in abgewandelter Weise. Das wesentliche Ziel solcher »Sprachspiele« erkennt Schweizer darin, »die idiomatische und die wörtliche Bedeutung in ein Spannungsverhältnis zu bringen«[19], wobei die idiomatische Bedeutung dominiert.[20]

Schweizer ordnet die verschiedenen Abwandlungsmöglichkeiten[21] den beiden Hauptgruppen »Syntagma-internes Sprachspiel«[22] und »Syntagma-externes Sprachspiel«[23] zu. Die einzelnen Kategorien sind dabei allerdings nicht überschneidungsfrei[24] und enthalten zum Teil lediglich einen einzigen Beleg für das Gesamtwerk.[25]

Schweizer hat sicherlich mit ihrer Untersuchung »ein nicht unwesentliches Charakteristikum seines [Grass'] Stils beschrieben«[26]. Allerdings macht sie selbst darauf aufmerksam, daß ihre Arbeit »nicht den Weg von einzelnen Beobachtungen zu allgemeinen Einsichten« nachzeichnet, so daß »der Eindruck einer Vielfalt von Einzelbeobachtungen entstanden« sein könnte.[27] Darüber hinaus weist die Autorin darauf hin, daß die »Gruppierung der Beispiele [...] nicht wiedergeben [kann], wie die Sprachspiele im Handlungsablauf der Romane auftreten. Auch wurde ihr stilistisch unterschiedliches Gewicht nicht berücksichtigt.«[28]

---

18 Schweizer 1978, S. 4. Schweizer stützt sich dabei auf Burger 1973, hier S. 17 f.

19 Schweizer 1978, S. 5.

20 Darauf allerdings, was aus diesem Spannungsverhältnis nun folgt, geht Schweizer nicht ein.

21 Hierbei orientiert sie sich wiederum an Harald Burger und an Überlegungen Werner Kollers (Koller 1977).

22 Zum Beispiel »Austausch eines Wortes«, »Erweiterung des Nominalteils verbaler Idiome«, »Erweiterung durch Bildung von Komposita«, »Abtrennung«. Schweizer 1978, S. III.

23 Zum Beispiel »Aktualisieren der wörtlichen Bedeutung«, »Häufung von Idiomen«. Ebenda.

24 Schweizer spricht selbst die Schwierigkeiten der Abgrenzung an. Ebenda, S. 9.

25 Vgl. ebenda I.7., S. 43: »Affirmative Variante«, sowie I.8., S. 44: »Idiom-Vermischung«.

26 Ebenda, S. 114.

27 Ebenda, S. 111.

28 Ebenda, S. 112.

54

Somit stellt sie selbst den heuristischen Wert ihrer Arbeit in den Mittelpunkt, die Bereitstellung einer »Beispielsammlung [...], die mit den vorliegenden Analysen keineswegs abgeschlossen ist«[29]. Auf eine Interpretation der Beispiele verzichtet sie weitgehend.

Neben der mangelnden analytischen Präzision bei der Interpretation einzelner Konstruktionen, bei der beispielsweise die Stellung im Handlungsablauf unberücksichtigt bleibt,[30] ist in funktionaler Hinsicht die Trennung von z. B. Idiomen und Sprichwörtern nicht befriedigend. Schweizer bestätigt dies implizit, wenn sie ihren Exkurs zum Sprachspiel mit Sprichwörtern damit begründet, daß Grass »in der Art der Veränderung, Verfremdung keine Unterschiede macht zwischen Idiomen und Sprichwörtern«[31].

Auch wenn es sicherlich Unterschiede zwischen diesen Formen gibt, ist in funktionaler Hinsicht die gemeinsame Behandlung dieser sprachlichen Mittel sinnvoll, wie das folgende Beispiel zeigt.

Unter dem Aspekt der Idiomanhäufung zitiert Schweizer[32] einen umfangreichen Satz aus der *Blechtrommel:*

Man versuchte, ins Gespräch zu kommen, schaffte es aber nicht, redete, trotz bester Absicht, an den eigentlichen Problemen vorbei, hätte sich gerne einmal Luft gemacht, hatte vor, mal richtig auszupacken, wollte frisch von der Leber, wie einem ums Herz ist, aus voller Lunge, den Kopf aus dem Spiel lassen, die blutige Wahrheit, den nackten Menschen zeigen, konnte aber nicht. (WA II, 646)

Die Hervorhebungen Schweizers offenbaren das Problem der Abgrenzung von Idiomen und der funktionellen Interpretation derartiger Phänomene. Zwar handelt es sich um eine Häufung phraseologischer Wendungen, jedoch besteht das entscheidende Merkmal dieses stilistischen Mittels im Beispielsatz nicht in einer spezifischen »Idiomatizität« der unterstrichenen Phrasen (im engeren Sinne), sondern das übergreifende Merkmal ist das verfremdet[33] zitierte sprachliche Klischee. Unter funktionalem Gesichtspunkt sind die Wendungen »mal richtig auszupacken« und »den nackten Menschen zeigen« im Gegensatz zu Schweizers Vorgehensweise nicht auszugrenzen.[34]

Entscheidend für den von ihr bei diesem Beispiel interpretierten paradoxen Sachverhalt, daß die »Sehnsucht nach einem unkonventionellen Verhalten durch den Gebrauch konventioneller Wendungen ausgedrückt wird«[35], ist diese Art der Anhäufung phraseologischer Einheiten und nicht etwas spezifisch Idiomatisches,

---

29 Ebenda.
30 Vgl. ebenda.
31 Ebenda, S. 61.
32 Ebenda, S. 98.
33 In diesem Fall durch aposiopetische Verkürzung.
34 Vgl. zu einem vergleichbaren Beispiel aus *Aus dem Tagebuch einer Schnecke* S. 69 dieser Arbeit.
35 Schweizer 1978, S. 98.

55

wie Schweizer es beschreibt. Es sei denn, der Gegenstandsbereich »idiomatische
Wendungen« würde umfassender aufgefaßt. Dann allerdings hätte Schweizer
insgesamt zu viele Phänomene in ihrer Untersuchung ausgeklammert.[36]
An anderer Stelle äußert sich Schweizer in genau diesem Sinn, wenn sie feststellt, daß Grass »nicht nur Idiome und Sprichwörter in veränderter Form in den
Kontext [integriert], auch andere feste Fügungen wie geflügelte Worte, literarische
und biblische Zitate, Bruchstücke aus Volksliedern sind in Variationen dem jeweiligen inhaltlichen Zusammenhang angepasst«[37].

Mit einer deutlichen Erweiterung des beobachteten Phänomenbereichs im
Vergleich zu Blanche-Marie Schweizer untersucht Renate Bebermeyer 1978 den
Butt. Ohne eine strenge theoretische Differenzierung vorzunehmen, umschreibt sie
ihren Gegenstand mit der »Umfunktionierung überlieferter Formeln«[38], wozu sie
dann Redensarten, Sprichwörter, Zitate, aber auch Schlagwörter und geflügelte
Worte zählt.

Für den *Butt* kommt Bebermeyer zu der Schlußfolgerung, daß Grass die Redensart bevorzugt und daß Sprichwörter oder Zitate keine besondere Rolle als Ab-
wandlungsvorlagen spielen.[39] Abschließend unterscheidet Bebermeyer drei Varianten der Abwandlung: 1. Der sinntragende Begriff wird zum Kompositum
erweitert:[40] »Die Pistole auf die Wohlstandsbrust setzen.« 2. Formelabwandlung
durch Hinzufügung eines Adjektivs: »Spiel mit dem politischen Feuer.« 3. Unter
Nutzung der offenen Struktur eine breitere Auffüllung: »ein Haar in der bayrischen Parteisuppe«.[41]

Bebermeyers Differenzierung ist sicherlich in theoretischer Hinsicht nicht
hinreichend begründet. So ist im zitierten Beispiel zu 3. lediglich sowohl die erste
als auch die zweite Variante zusammen angewendet worden. Bebermeyer erfaßt
also im wesentlichen die Formen der Erweiterung innerhalb Schweizers Systematik.[42] Der interessante Aspekt ihres Ansatzes liegt aber in der gemeinsamen Behandlung von Idiomen, Redensarten, Schlagwörtern, Zitaten etc.

---

36 Abgesehen davon, daß sprachliche Ausdrücke durch bestimmte Gebrauchsbedingungen
   zu idiomatischen Wendungen werden können.
37 Ebenda, S. 64.
38 Bebermeyer 1978, S. 68.
39 Ebenda, S. 69. Drei Seiten später heißt es allerdings: »[...] zahlreich sind auch die
   Abwandlungen sprichwörtlicher Redensarten.«
40 Diese Variante ist laut Bebermeyer im *Butt* nur selten zu finden.
41 Vgl. ebenda, S. 76.
42 Schweizer 1978, S. 34–42, »Erweiterung des Nominalteils verbaler Idiome« und »Erweiterung durch Bildung von Komposita«.

56

4.3.2 Phraseologische Einheiten in *Aus dem Tagebuch einer Schnecke*

In den folgenden Analysen wird davon ausgegangen, daß es unter funktionalen Gesichtspunkten unerheblich ist, ob ein Sprichwort oder eine idiomatische Wendung in einer bestimmten Weise verwendet wird. Der spezifische Beobachtungsgegenstand dieses Kapitels ist die jeweilige Art der Verwendung »vorgeprägter Sprachmuster« und deren funktionale Bedeutung im jeweiligen Kontext.

Aus diesem Grund werden in den Untersuchungen zu *Aus dem Tagebuch einer Schnecke* neben Sprichwörtern, Idiomen und Redensarten auch andere Formen »phraseologischer Einheiten« wie zum Beispiel Zitate, Schlagwörter und Sprachfloskeln betrachtet.[43]

Dabei entsteht das methodologische Problem der Selektion eines sprachlichen Ausdrucks als »vorgeprägtes Sprachmuster«. Da z. B. aktuelle Schlagwörter, sprachliche Versatzstücke eines politischen Diskurses etc. nicht wie etwa etablierte Sprichwörter in lexikalisierter Form zusammengefaßt sind, ist die Identifizierung solcher Formen teilweise an intuitive und interpretierende Verfahren gebunden.

Wie in den bisher dargestellten Ansätzen übereinstimmend festgestellt wurde, integriert Grass vorgeprägte Wendungen grundsätzlich in abgewandelter Form. Die unterschiedlichen Möglichkeiten solcher Abwandlungen, die im folgenden betrachtet werden, wie der Austausch eines bestimmten lexikalischen Elementes innerhalb einer Konstruktion, die Erweiterung etc., greifen zum Teil Schweizers Systematik auf.

Schweizer ermittelt für *Aus dem Tagebuch einer Schnecke* insgesamt acht idiomatische Ausdrücke sowie ein Sprichwort, die allerdings zum Teil lediglich im Anhang nachgewiesen werden. Im ausführenden Teil ihrer Arbeit berücksichtigt sie nur die in ihre Systematik passenden Belege, die sie jedoch zumeist, wenn überhaupt, nur knapp diskutiert.

4.3.2.1 Austausch eines Bestandteils innerhalb einer phraseologischen Einheit

Bei diesem Verfahren wird ein Bestandteil einer festen Wendung ausgetauscht,[44] wobei die grundsätzliche phraseologische Bedeutung aufrechterhalten bleibt, wie im folgenden Beispiel:

> (Es stimmt Laura: oft schreibe ich nur, um mir zu beweisen, daß ich bin, und daß ich es bin, der da Wörter auf Zettel und aus dem Fenster heraus schreibt.) (WA IV, 487)

---

43 Auf eine linguistisch exakte Abgrenzung dieser unterschiedlichen Phänomene kann hier verzichtet werden, da es in diesem Kapitel nur um die allen Phänomenen gemeinsame Eigenschaft als vorgeprägtes Sprachmuster geht.

44 Vgl. auch die analoge Bildungsweise von Komposita, S. 47–50 dieser Arbeit.

Schweizer erkennt hier die Abwandlung der Wendung »etwas zum Fenster hinaus-
sprechen/reden« und erklärt die Funktion folgendermaßen:
> Das Idiom (1. in den Wind reden 2. für die Oeffentlichkeit, mehr propagandistisch
> reden) wird abgewandelt auf die aktuelle Situation des Schreibenden, wobei beide
> Bedeutungen mitspielen.[45]

Möglicherweise liegt hier auch eine Abwandlung der Wendung »etwas aus sich
herausschreien« im Sinne eines Hilferufes vor. Die vorgenommene formale Abwandlung besteht in diesem Fall lediglich im Austausch von »sich« und »dem Fenster« sowie von »schreien« und »schreiben«, die graphisch und phonetisch weitgehend übereinstimmen. Mit dieser lautlichen Ähnlichkeit wird in der abgewandelten
Form eine für den Schriftsteller Grass spezifische Haltung konkretisiert. Auf
sprachlich originelle Weise gelangt damit die biographisch belegbare Grundbedeu-
tung des Schreibens als eines Existenzials für Grass im Sinne eines »Scribo, ergo
sum« im zitierten Satz zum Ausdruck. Ähnlich heißt es bereits in dem Gedicht
Schreiben:
> Im Vakuum heiter bleiben.
> Nur Eigenes stehlen.
> Das Chaos
> in verbesserter Ausführung.
> Nicht schmücken – schreiben: (WA I,147)

Das Gedicht endet mit einem Doppelpunkt[46] nach dem Verb »schreiben«, das bezeichnenderweise nicht im Sinne von »beschreiben« verwendet wird, sondern nur
sich selbst bezweckt.

Auch die folgenden, von Schweizer nicht erfaßten Beispiele in *Aus dem Tagebuch einer Schnecke* entsprechen diesem Verfahren, durch den Austausch eines
wichtigen Lexems ein vorgeprägtes Sprachmuster abzuwandeln.

Aus dem gleichen Kontext wie das erste Beispiel stammt die Formulierung:
> Ich schreibe, während ich irgendein Schnitzel zerkaue, über Kies laufe, schwitzend
> eingekeilt bin, gegen Sprechchöre anschweige [...] (WA IV, 486)

Hier wird Grass' Gegenposition zur Neuen Linken mit Hilfe eines Paradoxons
formuliert, wobei die Neubildung »anschweigen« auch lautlich analog zu »an-
schreien« gebildet ist, ähnlich paradox, wie es bereits an anderer Stelle heißt:
> Muß leiser sprechen, um durchzukommen, weil überall Lautsprecher. (WA IV, 283)[47]

Das gleiche Verfahren findet sich in dem folgenden Beispiel[48]:
> Er zerlachte Systeme und ließ jedes absolute Gehabe über seinen Witz springen. (WA
> IV, 307)

Die zugrundeliegende idiomatische Redewendung »jemanden über die Klinge
springen lassen« bildet die deutlich erkennbare Grundlage für die Interpretation

---

45 Schweizer 1978, S. 33.
46 Vgl. S. 86 dieser Arbeit.
47 Vgl. S. 187 dieser Arbeit.
48 Blanche-Marie Schweizer stellt dieses Beispiel zwar dem Kapitel »Austausch eines Wortes« (Schweizer 1978, S. 28) voran, analysiert es aber nicht.

der abgewandelten Konstruktion. Der vorgenommene Austausch des Nomens »Klinge« gegen »Witz« bei völliger Beibehaltung der idiomatischen Fügung in syntaktischer Hinsicht rückt die beiden ausgetauschten Elemente »Witz« und »Klinge« in einen direkten Zusammenhang, der in der Eigenschaft der Schärfe sein gemeinsames tertium besitzt. Dabei wird die mit dem Nomen »Klinge« evozierte idiomatische Bedeutung nicht etwa getilgt, sondern notwendig mitverstanden und zugleich durch die Abwandlung in origineller und präzisierender Weise dem Kontext angepaßt.

Die dem Ausdruck »Witz« vererbten Eigenschaften der Schärfe und der ›Liquidation‹ qualifizieren ihn ebenso wie das »Zerlachen der Systeme« als eine von Ott geübte skeptizistisch-zynische Methode des Zweifelns. Zugleich dient auch dieses Verfahren dazu, in origineller Weise einen Zusammenhang möglichst knapp darzustellen.

An anderer Stelle wird zum Zwecke einer bildlichen Darstellungsweise eine vorgeprägte Wendung abgewandelt, indem das Abstraktum »Haß« konkretisiert wird:

Jemand, der Franz Josef Strauß heißt, hat den Haß von der Kette gelassen. (WA IV, 523)

Damit gelingt es Grass zugleich, in bezug auf die zuvor erzählte anonyme Morddrohung gegen seine Familie implizit eine direkte Urheberschaft Strauß' mitzubehaupten. Die Abwandlung der zugrundeliegenden Wendung »Hunde von der Kette lassen« läßt auf suggestive Weise offen, inwiefern Strauß lediglich rhetorische Aggressivität demonstriert oder inwieweit von ihm aktiv Gewalt ausgelöst wird, wie Grass im darauffolgenden Satz unterstellt:

»Wenn wir gewinnen, wird er Ziele markieren.« (WA IV, 523)

Wiederum konkret auf die Situation des Schriftstellers bezogen, heißt es in einer weiteren abgewandelten Wendung, die allein einen Absatz bildet:

Augst ein Denkmal schreiben. (WA IV, 496)

Eine weitere idiomatische Konstruktion wird in »Gesichter auf Treu und Glauben« (WA IV, 525) aufgegriffen und durch den Austausch des Lexems »Versprechen« abgewandelt.

Ein besonders bemerkenswertes Beispiel für das beschriebene Verfahren der Abwandlung durch den Austausch eines Bestandteils ist im folgenden Fall die Konversion der zugrundeliegenden idiomatischen Bedeutung, indem der Ausdruck »befreundet« durch das Antonym »verfeindet« ersetzt wird:

Als er [Zweifel] zu Beginn der dreißiger Jahre den Weltgeist in einer Seminararbeit als ein Gespenst beschrieb, das in Kleppergestalt dem Kopf eines spekulierenden Roßtäuschers entsprungen sein müsse, befeindeten ihn gleichlaut die intim verfeindeten Linkshegelianer und Rechtshegelianer; denn die Linken und die Rechten wollten den Weltgeist beritten und galoppieren sehen [...] (WA IV, 307)

Mit Hilfe der Abwandlung des Ausdrucks »intim befreundet« wird sowohl die Gegnerschaft beider philosophischer Richtungen bezeichnet als auch auf die gemeinsame idealistische Konzeption beider Schulen angespielt.[49] Stellvertretend für die über die von Schweizer genannten Belege hinausgehenden vielfältigen Abwandlungen im *Butt* sei die Ausdrucksweise des Butt genannt, wenn er jenen »Dunst« in »Margrets Schlafkiste« vor dem feministischen Tribunal in ironischer Umkehrung von »streng katholisch« als »streng heidnisch« bezeichnet (WA V, 242 f.). Nach dem gleichen Verfahren wird innerhalb eines einzigen Satzes aus »bibelkundig« und aus dem Faustischen »Grau [...] ist alle Theorie« im *Butt:*

So bebelkundig sie sich belesen hatte, blieb sie doch immer von grauer Praxis umwölkt.
(WA V, 22)

Ein besonders interessantes Beispiel für die Abwandlung einer Redewendung durch den Austausch eines Bestandteils findet sich in der *Rättin:*

»[...] Doch ohne sie [Oskars Großmutter], die immer blieb, wo sie von Anbeginn war, auf jenen kaschubischen Äckern, die – wir wissen es mittlerweile – die Welt bedeuten, wäre er, unser Außenseiter und äußerst fragwürdiger Held, ohne Ort, wie verloren gewesen.« (WA VII, 445)

In sprachspielerischer Weise werden durch die Abwandlung der Redewendung »die Bretter, die die Welt bedeuten« in dichtester Weise mehrere Bezüge hergestellt: Tatsächlich sind die kaschubischen Äcker der konkrete Lebensraum, den Anna Koljaiczek nie verläßt und der ihre Welt bedeutet, und zugleich dienen Danzig und die kaschubischen Äcker Grass als Weltbühne (im barocken Sinne), wo in verzögerter Weise alles stattfindet: »zum Mitschreiben für später« (WA IV, 274).

Formal interessant ist die phonetische Ähnlichkeit der ausgetauschten »Äcker« und »Bretter«[50] sowie die doppelte Erweiterung durch die konkretisierende Angabe »kaschubisch« und die metakommunikative Parenthese.

Kennzeichnend für dieses Verfahren ist grundsätzlich die Aufrechterhaltung der formalen Struktur der zugrundeliegenden phraseologischen Einheit, so daß die Identifizierbarkeit gewährleistet ist. Mit dem ausgetauschten Bestandteil tritt zur idiomatischen Bedeutung die zusätzliche Bedeutung der auf die jeweilige Situation hin konkretisierten abgewandelten Wendung hinzu.

---

49 Grass hat dies in einem Gespräch mit Gertrude Cepl-Kaufmann näher erläutert: »[...] es gibt Links- und Rechtshegelianer, aber interessanterweise haben beide, Links- wie Rechtshegelianer, sich die Hegelsche Staatsphilosophie zum Vorspann genommen und die Absolutsetzung des Staates und der staatlichen Macht in beiden Bereichen, im rechten wie im linken, bis ins Totalitäre hineingesteigert.« (WA X, 115)
50 Vgl. S. 48 dieser Arbeit.

60

4.3.2.2 Erweiterung phraseologischer Einheiten

Sowohl Bebermeyer als auch Schweizer weisen auf das stilistische Verfahren der Erweiterung einer idiomatischen Wendung hin, bei dem das so veränderte Idiom »eine bestimmte Situation pointiert charakterisiert«[51]. Schweizer veranschaulicht dies mit dem folgenden Beispiel aus der *Blechtrommel:*

Dabei hast du bei all deiner zum halbbewölkten Himmel schreienden Unwissenheit vor, diese Stundenplanschule nie wieder zu betreten. (WA II, 95)

Neben der aufrechterhaltenen idiomatischen Struktur »zum Himmel schreiend« ist durch die attributive Erweiterung »halbbewölkt« ganz konkret der Himmel bezeichnet, wie ihn Oskar an diesem Tag erlebt.[52] Es tritt also zur idiomatischen die literale Bedeutung hinzu.[53]

Die entscheidende Funktion besteht allerdings nicht darin, eine für den epischen Ablauf (bei aller Detailfreudigkeit) eher nebensächliche Information zu liefern. Wichtiger ist vielmehr, daß Oskar mit Hilfe dieses Verfahrens auch seinen eigenen Sprachgebrauch bewußt ironisiert. Oskar reflektiert als Künstler ständig seine Darstellungsmittel und mithin seine Sprache. Mit der Verfremdung bestehender Redemuster demonstriert er sowohl seine eigene souveräne Sprachbeherrschung als auch die Klischeehaftigkeit bestimmter Sprachformen. Diese Funktion der Abwandlung bezweckt damit auch die permanente Reflexion seitens des Lesers. Volker Neuhaus weist im Anschluß an Bernhard Böschenstein[54] auf diese »auf Jean Paul zurückgehende Distanzierung ›von allem, was er schildert‹«, hin.[55]

Für *Aus dem Tagebuch einer Schnecke* nennt Schweizer für diese Abwandlungsform der Erweiterung als einziges den folgenden Beleg:

Niemand stellt uns mit nacktem Finger zur Rede: [...] (WA IV, 344)

Schweizer kommentiert diese Formulierung lapidar: »Durch die adverbiale Erweiterung wird die Situation konkretisiert: wie stellen sie uns zur Rede – mit nacktem Finger.«[56] Sie übersieht die implizite Wendung »mit nacktem Finger auf jemanden weisen«, die kontextuell den späteren Gegensatz zum Verhalten Danziger Marktfrauen vorwegnimmt, die »ihre Zahnlücken zu zeigen« beginnen, als Zweifel beim jüdischen Händler Laban einkauft (WA IV, 345). In formaler Hinsicht kann

---

51 Schweizer 1978, S. 34.

52 Auch der Erzähler Pilenz erinnert sich in *Katz und Maus* an den »zumeist halbbedeckte[n] Himmel« (WA III, 15) seiner Jugend in Danzig.

53 Allerdings gehören Erweiterungen auch einfacher Ausdrücke (wie »Stundenplanschule«, WA II, 95) zum Zweck der Konkretisierung zu den grundsätzlichen stilistischen Mitteln Grass': Im *Butt* benutzt der Erzähler u. a. die Wendung »Einen jungsteinzeitlichen Tag lang« (WA V, 114) bzw. »Eine gute kaschubische Stunde lang« (WA V, 363), während in *Kopfgeburten* von dem »leistungsfähigen Fluch des westlichen [...] Wirtschaftssystems« (WA VI, 173) die Rede ist.

54 Vgl. Böschenstein 1971.

55 Neuhaus 1979, S. 12.

56 Schweizer 1978, S. 37.

somit diese Konstruktion auch als ein Beispiel für das Phänomen der »Idiomvermi-schung«[57], wie Schweizer es nennt, angesehen werden.

Gerade für das Verfahren der »Erweiterung« vorgeprägter Sprachmuster finden sich in *Aus dem Tagebuch einer Schnecke* eine ganze Reihe von Beispielen, wenn man nicht nur Idiome im engeren Sinne erfaßt. So werden in den beiden folgen-den Sätzen die festen Verbindungen »tiefe Kenntnis« bzw. »tiefe Erkenntnis« erweitert:

(Dabei ist er Vorsitzender der Jungsozialisten im westlichen Westfalen und gesättigt von karteikastentiefen Personalkenntnissen.) (WA IV, 316)

Er berichtet von seinem Plan, die Zeit im Keller forschend zu verringern und über die Mittlerrolle zwittriger Schnecken im Verhältnis zur Melancholie und zur Utopie keller-tiefe Erkenntnisse zu sammeln. (WA IV, 391)

In beiden Fällen werden die bezeichneten Wendungen durch Erweiterungen je-weils auf die spezifische Verwendungssituation hin präzisiert. Dabei wird im ersten Beispiel in ironischer Weise auf den administrativen Charakter der Perso-nalkenntnisse Erdmann Lindes angespielt, während im zweiten Fall der Bezug der Angabe »tief« auf das Abstraktum »Erkenntnis« in der zugrundeliegenden phraseo-logischen Einheit durch die Erweiterung »keller-« nunmehr auf die konkrete Situation Zweifels verschoben ist, der seine Forschungen in Stommas Keller betreiben muß.

An anderer Stelle beschreibt Grass in witziger Form, wie er Raoul nicht mit eiligen, sondern »mit voreiligen Schritten« (WA IV, 294) kommen sieht.

In »(Der stundenlang Vorsitzende wird nicht abgelöst [...])« (WA IV, 330) wird durch die pränominale Spezifizierung der zumeist als Funktionsbezeichnung verwendete Ausdruck »Vorsitzender« auf einen Handlungsaspekt verschoben und mit dieser literalen Gebrauchsweise konkret Wehners ausdauernde Sitzungsleitung bezeichnet.

Während bei den bisherigen Beispielen durch eine Erweiterung die Konkreti-sierung einer phraseologischen Einheit auf den jeweiligen Kontext im Vordergrund steht, bewirkt in den folgenden Fällen die Erweiterung eine Konversion der phra-seologischen Bedeutung ins Gegenteil

Ohne Zuhause, weil aus zu gutem Hause. (WA IV, 278)

[...] zugutbehauste Söhne, die vom Proletariat wie von einer Marienerscheinung schwärmen. (WA IV, 305)

In sprachspielerischer Weise vermittelt Grass an dieser Stelle seine Einschätzung der Studentenbewegung, mit der er sich im Rahmen seines Wahlkampfes ständig auseinanderzusetzen hat. Dabei ist die hier vorliegende Konstruktion »aus zu gutem Hause« unter formalem Aspekt eine Kontamination der abgetrennten Be-standteile des vorangehenden Ausdrucks »Zuhause« und der phraseologischen Wendung »(jemand ist) aus gutem Hause«, die auf eine bestimmte Herkunft und Erziehung verweist. In dieser vorliegenden neuen Verbindung erscheint »zu« nun

---

57 Ebenda, S. 44 f.

62

in der Funktion einer übersteigernden Partikel, die die zugrundeliegende Wendung erweitert und deren eigentliche Bedeutung auf diese Weise negiert.

Grass unterstellt grundsätzlich der tragenden Schicht dieser Studentenbewegung eine privilegierte Herkunft und verbindet damit psychisch-soziale Defizite solcher »vergrämte[n] Streichelkinder« (WA IV, 278), die als Studenten in einem »ungerechten Bildungssystem« bevorzugt werden und »zumeist aus bürgerlichem bis großbürgerlichem Haus« (WA X, 108) kommen.[58] Psychologisch-kompensatorische Gründe betrachtet Grass dementsprechend zumeist als entscheidende Motivation für solch ein ideologisches Engagement.

In der beschriebenen sprachspielerischen Konversion einer phraseologischen Bedeutung verbindet Grass also in dichtester Form zugleich Kritik an der Ideologie der Neuen Linken als auch Wertekritik an dieser bürgerlichen Lebens- bzw. Erziehungskonzeption, ebenso erneut im *Butt*, wenn Grass von »ein paar linke[n] Söhne[n] aus rechtem Haus« (WA V, 506) spricht.

Erzählstrukturell interessant ist an dieser Stelle der konzeptionelle Kontrast zu der Figur Zweifel, der als Student »seinen Unterhalt selbst verdienen muß« (WA IV, 280) und – an Schopenhauers skeptizistischer Philosophie orientiert – im Gegensatz steht zu Vertretern der Neuen Linken, die auf das »Zauberwort Hegel« hören (WA IV, 303).

Durch die Kontamination der Redewendung »jemand redet daneben« und des Unfehlbarkeitsdogmas der katholischen Kirche konstruiert Grass den folgenden Satz:

Heitere Bischöfe, die unfehlbar daneben reden. (WA IV, 360)

Dieser innerhalb einer Auflistung des Fernsehprogramms eingefügte Satz korrespondiert einem im gleichen Jahr wie *Aus dem Tagebuch einer Schnecke* veröffentlichten Beitrag für die *Süddeutsche Zeitung*, in dem Grass die Haltung des Vatikans zum § 218 anprangert:

Zweimal sprach sich der Vatikan unüberhörbar aus – und zweimal sprach er unfehlbar daneben. (WA IX, 560)

Bemerkenswert ist die Tatsache, daß Grass im aktuellen Zeitungsbeitrag den politischen Sachverhalt expliziert, während im Roman der konkrete Bezug verdeckt bleibt, Grass aber die Formulierung selbst für aussagekräftig hält.

---

58 Vgl. WA IV, 607, die Anmerkung zu S. 278.

4.3.2.3 Anspielung auf bestehende Wendungen

Eine weitere Form der Abwandlung behandelt Schweizer unter dem Aspekt »Freie Verwendung einzelner Idiom-Elemente, Anspielung auf Idiome«, worunter sie vielfältige Möglichkeiten versteht, »Idiome nur noch fragmentarisch, in Andeutungen und Anspielungen zu verwenden«[59]. Dabei werden Teile einer phraseologischen Einheit frei verwendet, wie in den folgenden Beispielen aus der *Danziger Trilogie:*

> Sie aßen Apfelkuchen, den Frau Raubal gebacken hatte, und sprachen von Stiel und Stumpf, von Strasser, Schleicher, Röhm, von Stumpf und Stiel. (WA III, 326)[60]
>
> [...] die Herren von der Pike auf: Münnemann und Schlieker, Neckermann und Grundig [...] (WA III, 649)
>
> [...] wohin man auch trat, Porzellan, das nach einem Elefanten verlangte [...] (WA II, 100)

Die herausragende Bedeutung dieses Stilmittels demonstriert Schweizer anhand des folgenden Beispiels aus den *Hundejahren:*[61]

> Matern schrieb Präsens: Jeder Feldweg ist ein Holzweg. (WA III, 621)

Grass verbindet in diesem Satz den lexematischen Kern der Titel der beiden Heideggerschriften »Der Zuspruch des Feldweges« (1949) und »Holzwege« (1950) zu einer Gleichsetzungskonstruktion, die mit der Anspielung auf die Redewendung »Jemand befindet sich auf dem Holzweg« den philosophischen Anspruch der Schriften »verballhornt«[62].

Schweizer listet insgesamt für das Gesamtwerk eine Fülle solcher Anspielungen auf, übersieht allerdings die Anwendung dieses Verfahrens in *Aus dem Tagebuch einer Schnecke* wie im folgenden Beispiel:

> Also die langsame Verschiebung eines Grundstücks beschreiben: wie es bei Tageslicht auf Rollen gesetzt wird, bei Stammtischbeleuchtung in den Bereich günstiger Bodenpreise rollt, wie es ohne zu wachsen fett wird, wie die andere Hand gewaschen wird, [...] wie die Affäre aufgedeckt und nach Preisgabe ihres Geruches von jenen, die sich für unbeteiligt gehalten hatten, wieder luftdicht gemacht wird [...] (WA IV, 483)

Der thematische Gegenstand dieser Satzperiode (die »Verschiebung« eines Grundstückes) wird mit Hilfe paralleler Sätze dargestellt, wobei die syntaktische Struktur des zugrundeliegenden Sprichwortes »Eine Hand wäscht die andere« durch die Passivierung vollständig aufgelöst worden ist und auf diese Weise in die parallel konstruierte Sequenz integrierbar ist. Die so (im Sinne Bertolt Brechts) bis zur Kenntlichkeit verfremdete Konstruktion greift in spielerischer Weise den grundsätzlich euphemistischen Duktus dieser Redewendung an und damit das Prinzip gegenseitiger Vorteilsgewährung. Der vorliegende Abwandlungstyp er-

---

59 Schweizer 1978, S. 52–59, hier S. 52.
60 Allein der Chiasmus betont auf ausschließlich formale Weise, daß immer wieder von Ausrottung gesprochen wurde.
61 Schweizer 1978, S. 55.
62 Pröbsting 1972, S. 43.

möglicht somit die formale Integration in eine jeweilige syntaktische Struktur und leistet zugleich Sprach- und Handlungskritik.

In der elliptischen Konstruktion »Gaus, dessen Finger keine Wunde gering genug ist« (WA IV, 462) werden die beiden Nomina »Finger« und »Wunde« frei verwendet. Dabei bildet die Redewendung »den Finger in die Wunde legen« die Interpretationsgrundlage für die abgewandelte Konstruktion, die auf diese Weise eine Steigerung erfährt: Gaus legt seinen Finger in jede Wunde, womit Grass auf eine bis zur Streitsüchtigkeit und Rechthaberei gehende Eigenart von Gaus anspielt.[63]

Neben diesen Fällen der freien Verwendung einzelner Elemente einer phraseologischen Wendung lassen sich in *Aus dem Tagebuch einer Schnecke* weitere Formen der Anspielung auf vorgeprägte Sprachmuster nachweisen.

In einem Beispiel sichert Grass das Verständnis der Neubildung »Großkaliberwort«, indem die phraseologische Wendung, auf die dieses Kompositum anspielt, in ebenfalls abgewandelter Form vorangestellt wird:

Wenn die Waffen zu sprechen beginnen. Am 1. September 1939 wurden in Danzig, wo das erste Großkaliberwort fiel, die Wohnungen vieler Juden durchsucht. (WA IV, 372)

Die einleitende Wendung bezeichnet das Thema des folgenden Abschnittes, den Beginn des Krieges in Danzig mit den konkreten Folgen für die jüdische Bevölkerung Danzigs. Die nur aus diesem Phraseologismus heraus sinnvoll deutbare Neubildung greift deren Bedeutung wieder auf und bleibt somit im vorgegebenen Bildbereich. Wenn »zu sprechen« begonnen wird, fällt folgerichtig das erste Wort, und analog assoziiert »Großkaliber« einen konkreten Bezug auf »Waffen«. Auch in dieser Konstruktion zeigt sich das Bestreben Grass', eine originelle Sprachgestaltung mit einer weitgehenden Konkretheit zu verbinden: Schließlich begann der Zweite Weltkrieg mit dem Großkaliberbeschuß der »Schleswig-Holstein«.[64] Die so interpretierbare Neubildung enttarnt aber gleichzeitig durch die verfremdende

---

63 Vgl. auch eine frühere Stelle, wo Grass mit Hilfe einer parataktischen Konstruktionsweise typische Persönlichkeitsmerkmale der Gründungsmitglieder der gerade entstandenen Wählerinitiative ironisiert: »Nachdem Gaus seinen Streit gehabt hatte, Sontheimer keiner Entscheidung fähig gewesen war, Baring nicht sich aber seinen Beitrag für unerheblich gehalten hatte, ich penetrant stur gewesen war, und alle einmal, Gaus mehrmals recht gehabt hatten, sprach Jäckel d. Ä. [...]« (WA IV, 292) Vgl. auch: »Gaus [...] sprach analytisch. Seine Stimme trug. Er hatte erstens bis fünftens recht.« (WA IV, 514)

64 Vgl. WA II, 262 und Anmerkung. Vgl. auch die Verlautbarungen dieses ersten Kriegstages von polnischer und deutscher Seite (zit. nach Joachim C. Fest. Hitler. Eine Biographie. Frankfurt/Berlin/Wien 1973, S. 823): »Um 4.45 Uhr hat der Panzerkreuzer ›Schleswig Holstein‹ das Feuer gegen die ›Westerplatte‹ aus allen Rohren eröffnet. Die Beschießung dauert an.« (Major Sucharski, polnischer Kommandeur der Westerplatte) »[...] heute nacht zum erstenmal auf unserem eigenen Territorium auch durch reguläre Soldaten geschossen. Seit 5.45 Uhr wird jetzt zurückgeschossen! Und von jetzt ab wird Bombe mit Bombe vergolten.« (Hitler in seiner Reichstagsrede am 1.9.1939)

Wiederaufnahme der phraseologischen Wendung deren euphemistischen Charakter.

Daß die vorrangige Intention Grass', einen bestimmten Sprachgebrauch zu kritisieren, die sprachliche Konstruktion des zitierten Abschnittes entscheidend motiviert hat, beweisen die folgenden hypothetischen Formulierungsvarianten:

(1) »Wenn die Waffen zu sprechen beginnen. Am 1. September 1939 wurden in Danzig die Wohnungen vieler Juden durchsucht.«

(2) »Am 1. September 1939 wurden in Danzig, wo das erste Großkaliberwort fiel, die Wohnungen vieler Juden durchsucht.«

(3) »Am 1. September 1939 wurden in Danzig, wo die Waffen zu sprechen begannen, die Wohnungen vieler Juden durchsucht.«

Während unter rein informationellem Aspekt die Alternativen (2) und (3) der Grassschen Formulierung weitgehend entsprechen, fehlt in (1) die explizite Lokalisierung des Kriegsbeginns. Bei Variante (2) entstehen durch den Wegfall der einleitenden Redewendung »Wenn die Waffen ...« Probleme bei der Interpretierbarkeit der Neubildung »Großkaliberwort«.

Entscheidend ist jedoch, daß es sich in allen hier angenommenen Alternativen, besonders deutlich in (3), um rein objektsprachliche Verwendungen handelt. Erst die von Grass realisierte sprachliche Gestaltung thematisiert zusätzlich zum erzählerischen Fortgang den euphemistischen Sprachgebrauch selbst, wie ihn in *Hundejahre* noch der diensthabende Adjutant Hitlers in wörtlicher Rede verwendet:

»Der Führer kann zur Zeit niemanden empfangen. Große und entscheidende Aufgaben sind zu bewältigen. Da heißt es zurückstehen und schweigen, denn an allen Fronten sprechen die Waffen für uns alle, also auch für Sie und Sie und für Sie!« (WA III, 446 f.)

Die folgende Anspielung auf bestimmte phraseologische Wendungen ist vor allem unter erzählerischem Aspekt von Interesse:

Aber den Kleinmeister aus Köln hat alles gedrechselt. Vielleicht kommt daher jene allen Sozialdemokraten geläufige Wendung: »Ach was! Das drechseln wir schon.« Bebel drechselte Nürnberg, Eisenach, Gotha und ab Erfurt (1891) mehrere Parteitage, deren Tagesordnung vom Revisionismusstreit bestimmt wurde. (WA IV, 363)

Ausgehend von einer Wahlkampfveranstaltung in Köln auf der Gegenwartsebene verknüpft Grass die Lokalität mit einem Detail der Biographie Bebels, das ihm Anlaß gibt zum Rekurs in die Geschichte der Sozialdemokratie. Das weitere biographische Detail des Drechslerberufes wiederum assoziiert Grass mit der Redewendung »Das drechseln wir schon«, die in diesem Kontext im ersten zitierten Satz die Fähigkeit Bebels zur Bewältigung der innerparteilichen Richtungsstreitereien bezeichnet. In der Metonymie »Bebel drechselte Nürnberg [...]« wird auf diese Redewendung mit Hilfe des Verbs angespielt. Grass erzielt so zwei bemerkenswerte Wirkungen. Zum einen impliziert die zugrundeliegende phraseologische Bedeutung wiederum sowohl die Schwierigkeiten der Parteitagsdurchführung als auch gleichzeitig die Führungsqualitäten Bebels. Zum anderen bleibt Grass konsequent im zuvor aufgebauten Assoziationsbereich.

An diesem Beispiel wird eine zentrale Bedeutung der Sprache für Grass' Prosa deutlich. Die Analyse zeigt, daß Grass, ausgehend von der Beobachtung biogra-

66

phischer, historischer, motivischer und selbstverständlich gegenständlicher Details, ganz bewußt bestehende Sprachmuster aufsucht und von da aus heterogene Bezüge herstellt.

Im weiteren Sinne verwendet Grass dieses Verfahren auch im folgenden Zitat, das in *Aus dem Tagebuch einer Schnecke* zunächst nur aus sich selbst heraus erklärbar ist und sich erst am Ende des Werkes als versteckte Anspielung auf eine vorgeprägte Formulierung entpuppt:

> Jetzt bei Flut einfach leugnen. Ich will nicht, was ich weiß. Den Handschlag mit mir verweigern. Oder mit Zweifel Cidre trinken. Wir siezen uns, zahlen getrennt. Er will, was ich nicht weiß. (WA IV, 428)

In der dem Werk angehängten Rede »Vom Stillstand im Fortschritt« zitiert Grass den italienischen Philosophen und Dürer-Zeitgenossen Marsilio Ficino:

> »Ich weiß in diesen Zeiten so zu sagen gar nicht, was ich will, vielleicht auch will ich gar nicht, was ich weiß, und will, was ich nicht weiß.« (WA IV, 550)

Als ein Beispiel für die Verwendung dieses Stilmittels in späteren Werken sei eine Stelle aus der *Rättin* herangezogen, an der Grass mit dem Satz »Aus allen Wipfeln fallen Zitate« (WA VII, 48) auf »Wandrers Nachtlied« von Goethe verweist. Die vorliegende Form der Anspielung diskreditiert die in Goethes Gedicht evozierte und innerhalb ihres Kontextes in der *Rättin* vom Kanzler herbeigeredete idyllische Stimmung des heilen Waldes.

4.3.2.4 Trennungen fester Verbindungen

In Anlehnung an Harald Burger[65] übernimmt Schweizer den Terminus »Abtrennung«, mit dem sie »das Abtrennen des Nominalteils (Verbergänzung) verbaler Idiome in einem Relativsatz« bezeichnet.[66]

Schweizer findet für dieses Verfahren allerdings lediglich zwei (!) Idiome im Gesamtwerk, die zudem noch fragwürdig sind. Im Gegensatz zu Schweizer handelt es sich meines Erachtens bei dem folgenden Satz nicht um eine Abtrennung:

> Noch gilt es Schmuh auf jene Finger zu schauen, mit denen Schmuh gelegentlich ein Kleinkalibergewehr hielt. (WA II, 646)

Vielmehr liegen innerhalb Schweizers eigener Systematik die Verfahren des Austauschs eines Bestandteils und gleichzeitig der Erweiterung vor. Dabei wird der Artikel »die« durch das Demonstrativum »jene« ersetzt, das bei der hier gegebenen kataphorischen Verwendung einen notwendigen Relativsatz verlangt, der die vorangehende Präpositionalphrase »auf jene Finger« spezifiziert. Zu der idiomatischen Bedeutung »jemandem auf die Finger schauen« kommt mit Hilfe des beschriebenen Verfahrens die konkrete wörtliche Bedeutung hinzu.

---

65 Burger 1973, S. 84 f.
66 Schweizer 1978, S. 46–48, hier S. 46.

Auch das zweite Beispiel ist unter dem Gesichtspunkt der »Abtrennung« problematisch, da die idiomatische Lesart meines Erachtens voll bestehen bleibt:[67]

> Dann mußte er von Mama und Jan Bronski getröstet werden, und sie nannten mich, Oskar, ein Kreuz, das man tragen müsse, ein Schicksal, das wohl unabänderlich sei [...] (WA II, 96)[68]

Aus theoretischen Gründen kann an dieser Stelle überdies gegen Schweizer eingewendet werden, daß bei aller notwendigen Differenzierung eine zusätzliche Kategorisierung (wie hier die der »Abtrennung«) nur dann als sinnvoll erscheint, wenn sich bestimmte Phänomene mit bereits bestehenden Kategorien nicht adäquat erfassen lassen.

Während das konkrete Stilmittel der Abtrennung des Nominalteils im Sinne Schweizers als Form der Abwandlung bei idiomatischen Wendungen i.e.S. keine Rolle spielt, wird dieses Verfahren der Trennung rein nominaler phraseologischer Einheiten in dem in dieser Arbeit erweiterten Phänomenbereich »Verwendung vorgeprägter Sprachmuster« in *Aus dem Tagebuch einer Schnecke* mehrfach benutzt.

Dabei greift Grass feste Verbindungen auf, wie z. B. den Blochschen Werktitel »Das Prinzip Hoffnung«:

> Aber da ist kein Notnagel; denn unsere Hoffnung, selbst wenn wir sie zum Prinzip erhärten, will nicht als fester Körper dienen: [...] (WA IV, 432)

Durch die Lösung beider Bestandteile aus ihrer festen Verbindung und die getrennte Verwendung mit unterschiedlichen grammatischen Funktionen im gegebenen Satz wird der Leser gezwungen, selbständig das vorgeprägte Sprachmuster wieder zusamenzufügen, wodurch ihm bewußt gemacht wird, daß der Buchtitel als Schlagwort eine philosophische Konzeption kennzeichnet.

Das Verfahren der Abtrennung reduziert die schlagwortartig behauptete Tatsache (daß es prinzipiell Hoffnung gibt) wieder auf einen bestimmten Prozeß (»die Erhärtung zum Prinzip«), der zur Tat-Sache führte. Mit Hilfe des stilistischen Mittels der Abtrennung stellt Grass somit die prästabilierte Existenz eines Prinzips Hoffnung in Frage.

Die Bedeutung des philosophischen Ansatzes von Bloch für die Neue Linke veranlaßt Grass vielfach zum Sprachspiel mit diesem Buchtitel. Zu Beginn einer Rede aus dem in *Aus dem Tagebuch einer Schnecke* beschriebenen Wahlkampf heißt es:

> Bürger der Stadt Osnabrück, ich habe vor, Skepsis zu verbreiten. Nach wie vor besteht kein Anlaß, aus Prinzip hoffnungsvoll zu sein. (WA IX, 395)

In den *Kopfgeburten* werden die Veteranen der Studentenbewegung Harm und Dörte nach wie vor »[...] von Hoffnungen geködert [...], hinter denen sie – na was schon! – das Prinzip vermuten« (WA VI, 246).

---

67 Schweizer selbst führt dann auch aus, »dass die Anspielung auf den Literalsinn nicht im Vordergrund steht«. Ebenda, S. 47.

68 Vgl. die ausführliche Analyse einer *Blechtrommel*-Stelle (WA II, 194) durch Werner Koller, Koller 1977, S. 200–205.

68

Die Gläubigkeit der Anhänger Blochs wird auch noch von der Rättin als
Erzählerin lächerlich gemacht, wenn sie in ironisierender Anspielung die fünf
Bücher Mose im Alten Testament mit den fünf Teilen des Blochschen Hauptwerks
analogisiert:

> Sogar der kostbarsten Weisheiten, von Salomos Sprüchen bis zum letzten Buch Bloch,
> wart ihr am Ende überdrüssig. (WA VII, 165)[69]

Seine Kritik an solchen Hoffnungskonzeptionen erneuerte Grass auch in einem
Gespräch von 1985:

> Wir Heutigen, die wir mit der manifesten Möglichkeit endgültiger Vernichtung kon-
> frontiert sind, fielen, wenn wir uns an ein »Prinzip Hoffnung« klammern wollten, auch
> wenn dies ein christliches wäre, ins Bodenlose. Wer seine Existenz auf Hoffnung
> gründet, der verliert jeden Halt, wenn diese Hoffnung sich als Illusion erweist. Ich kann
> in dieser Situation nur die Camussche Haltung empfehlen, diese Sisyphoshaltung, die
> gegen Resignation und zynische Hoffnungslosigkeit gefeit ist. (WA X, 328)

So wie Grass in *Aus dem Tagebuch einer Schnecke* konkret diese Formel angreift,
haben bereits die Erzähler in *Hundejahre* dieses Verfahren der Auflösung fester
Einheiten benutzt, um auf diese Weise Heideggers zentrales Werk »Sein und Zeit«
stellvertretend für dessen philosophischen Ansatz zu treffen, indem von »Heideggers Sein und Heideggers Zeit« (WA III, 790) die Rede ist. Mit der Auflösung
der zugrundeliegenden Wendung wird ein komplexer philosophischer Denkansatz
thematisiert und angegriffen, ohne daß eine explizite argumentative Auseinandersetzung stattfindet.

In ähnlicher Weise werden die Grundwörter etablierter Komposita voneinander
abgetrennt, wie in den folgenden Beispielen aus der Dürerrede:

> Nur wer genau hinhört, hört, wie sich am Arbeitsplatz, überall dort, wo die Stückzahl
> regiert und Leistung Prinzip ist, partikelklein Wut speichert, Platz nimmt, noch keinen
> Auslauf findet, aber ihn sucht. (WA IV, 547)

> Werbend sprechen Prospekte von einem »Markstein in der Behandlung der Melancho-
> lie«. (WA IV, 553)

> Denken über Gedachtes, bis nur noch der Zweifel gewiß ist. Erkenntnis, die Ekel
> bereitet. (WA IV, 557)

> Ekel, nach letzter, vor neuer Erkenntnis. (WA IV, 567)

Durch diese Abwandlungen bestimmter schlagwortartiger Begriffe werden etablierte Zusammenhänge in Frage gestellt (wie z. B. das Leistungsprinzip) bzw.
Sprachgebrauchsweisen bewußt gemacht.

---

69 Vgl. WA VII, 479, Anmerkung zu S. 165, und das *Protokoll des Übersetzer-Kolloquiums zu Günter Grass DIE RÄTTIN* zu S. 184 der Originalausgabe der *Rättin*.

4.3.2.5 Literale Verwendungen

In sprachspielerischer Weise werden einige Wendungen so eingesetzt, daß ihre wörtliche Bedeutung in den Vordergrund tritt, wie schon an Formen wie »der stundenlang Vorsitzende« (WA IV, 330) nachgewiesen werden konnte. So verändert Zweifel im Rahmen seines Kellertheaters Biographica und Charakteristika des Grafen Egmont, um das Freiheitspathos des Dramas und damit Anton Stommas »revolutionären Eifer« abzuschwächen. Grass beschreibt diesen Eingriff Zweifels und Stommas Reaktion mit dem Satz:

> Weil Zweifel aus der Rolle gefallen war und Anton Stomma gehindert hatte, die Kaschubei zu befreien, eilte der Lederriemen aus seinen Schlaufen [...] (WA IV, 459)

Die Redewendung umschließt hier gleichzeitig die phraseologische Bedeutung (Zweifels Verfehlung) und die Bezeichnung der tatsächlichen Abweichung Zweifels von seiner Theaterrolle.

Im folgenden Zitat spielt das Verb »gehen« in der Redewendung »jemand geht seinem Willen nach« in ironischer Weise auf die tatsächlich eingeschränkte Bewegungsmöglichkeit Zweifels in seinem Versteck an:

> In seinem Keller ging Zweifel (da ihm sonst wenig Auslauf blieb) seinem Willen nach. (WA IV, 415)

Im Vordergrund steht dabei der spielerische Gebrauch vorgeprägter Wendungen, die in diesen Fällen nicht auf formale Weise verfremdet werden, sondern aufgrund des bestehenden Kontextes auf ihre wörtliche Bedeutung verweisen.

Vielfach stilisiert Grass umfangreiche Passagen, indem z. B. bestimmte stilistische Mittel in besonders dichter Anhäufung eingesetzt werden. Dies trifft auch für das Verfahren der Abwandlung phraseologischer Einheiten zu.

Die folgende Passage, die als eine umfangreiche Satzperiode realisiert ist, enthält mehrere solcher Wendungen:

> Er entsteht, wo sie sich zusammenraufen und einander das Wort erteilen, wo sie hakeln rangeln mitmischen hemdsärmelig sind, wo sie sich unter vier Augen besser (schon etwas besser) verstehen, wo sie alle in einem Boot und keine Krähe der anderen, wo sie von sich abzusehen bemüht sind und zwinkernd das Ganze im Auge haben, wo Proteste (chronisch) scharf ausgesprochen und Bedenken nachdrücklich geäußert werden, wo man sich abstimmt, bevor man abstimmt, wo [...], wo [...], wo [...], wo man sich im Verlauf vieler Sitzungen schätzengelernt hat, wo es stinkt ... (WA IV, 498)

Neben den oben beschriebenen Formen der Abwandlung werden die idiomatischen Wendungen und Redensarten »wir sitzen alle in einem Boot«[70] und »eine Krähe hackt der anderen kein Auge aus« sowohl durch die elliptische Verwendungsweise und gleichzeitige Koordination als auch durch die Anhäufung und damit die kontextuelle Umgebung verfremdet gebraucht. Auch z. B. »wo sie [...] zwinkernd das Ganze im Auge haben, [...] Bedenken nachdrücklich geäußert werden« können als

---

70 Vgl. Mieders Aufsatz zu dieser Redewendung, Mieder 1990.

stilisierte, ursprünglich wörtliche Rede aufgefaßt werden im Sinne von Redebeiträgen wie: »Ich möchte hier nachdrücklich Bedenken äußern.«[71]

4.3.3 Der Gebrauch von Schlagwörtern

Es wurde bislang für *Aus dem Tagebuch einer Schnecke* eine Vielzahl von phraseologischen Wendungen behandelt, die bei Schweizer nicht erfaßt sind. Außer idiomatischen Wendungen im engeren Sinne wurden besonders Redensarten, Sprichwörter, feststehende Verbindungen aus Werktiteln, aber auch begriffliche Klischees betrachtet.

Ein weiterer Aspekt der Verwendung vorgeprägter Sprachmuster ist der Gebrauch bestimmter Schlagwörter. Obwohl z. B. Pilz Schlagwörter lediglich zum Randbereich phraseologischer Einheiten zählt[72], handelt es sich unter funktionalem Gesichtspunkt um ein entsprechendes Stilmittel im Sinne der bisherigen Ausführungen.

Dieckmann definiert das Schlagwort unter funktionalem Aspekt, um es als sprachliches Mittel der Meinungsbeeinflussung z. B. von Modewörtern abzugrenzen.[73] Das Schlagwort ist nicht als solches lexikalisiert, »sondern wird dazu immer erst in bestimmten Situationen«[74]. Als entscheidende Merkmale werden der Eigenwertcharakter von Schlagwörtern genannt, die ganze Programme in kondensierter Form bezeichnen, und sein Einsatz als ein »Mittel emotiven Sprachgebrauchs«.[75]

Grass macht in *Aus dem Tagebuch einer Schnecke* die Signalfunktion aktueller Schlagwörter zum Thema. Dabei werden u. a. wesentliche sprachliche Versatzstücke aufgegriffen, die zentrale ideologisch-politische Zusammenhänge bezeichnen und kontextuell verfremdet in den Text integriert werden, so wie in dem folgenden Satz mit »Bewußtsein« eines der zentralen Schlagwörter der ideologischen Auseinandersetzung zur Zeit der Studentenbewegung aufgegriffen wird:

> Auf der Stelle tretende Ohnmacht, der in windstillen Seminaren Zensuren erteilt werden: mangelndes fehlendes falsches Bewußtsein – gemessen am Weltgeist, dem durchgegangenen Gaul. (WA IV, 305)

Neben der vorweggenommenen impliziten Bewertung innerhalb des Einleitungssatzes (»in windstillen Seminaren«)[76] wird der Begriff »Bewußtsein« formal verfremdet eingesetzt durch die asyndetische Reihung der steigernd angeordneten

71 Vgl. zu solchen Akkumulationen auch: »Damit, Kinder, beginnt es: Die Juden sind. Die Fremdarbeiter wollen. [...]« (WA IV, 277) Vgl. S. 164 dieser Arbeit.
72 Pilz 1981, S. 102.
73 Dieckmann 1969, S. 102.
74 Ebenda.
75 Ebenda, S. 104.
76 Vgl. WA IV, 610, die Anmerkung zu S. 305.

Adjektivattribute⁷⁷, die in dieser Form der Summation nun nicht mehr ihren eigentlichen ideologischen Zusammmenhang bezeichnen, sondern als austauschbare
Leerformeln zur Schau gestellt werden. Auf diese Weise ironisiert Grass ein
ideologisches Erklärungsmuster, das ausbleibende revolutionäre Gestimmtheit in
der Diskrepanz zwischen objektiver Klassenlage und subjektivem Bewußtsein
begründet sieht.

Seine Absicht, die gerade für das Schlagwort typische unzulässige Vereinfa-
chung eines vielschichtigen Zusammenhanges anzugreifen, führt Grass im Zusammenhang mit dem ihm unverständlichen Selbstmord Augsts vor, wenn er für
die Frage nach der Ursache rhetorisch-hypothetisch klischeehafte Erklärungsmuster auflistet:

> Wenn man Augst gefragt hätte [...]
> Also die Abhängigkeit von und die Unterdrückung aller ... Jadoch, ja. Die sprichwörtli-
> che, kleidsame und jedem Zündschlüsselbesitzer plausible Entfremdung. (Auch die nicht
> oder zu spät und auch dann nur ersatzweise befriedigten, ohnehin kümmerlichen Be-
> dürfnisse.)
> Das schwache schiefe verrutschte, das nicht vorhandene oder verdrängte, das falsche
> Bewußtsein. (WA IV, 427)

In dieser durchgehend stilisierten Passage stellt Grass eine Vielzahl von Schlagwörtern und klischeehaften Wendungen zusammen. In der formal dialogischen
Struktur dieser Passage wird auf wiederkehrende Fragen (»Was noch? Und wer
noch?«) mit aposiopetisch verkürzten Phrasen geantwortet.

Wie im obigen Beispiel (WA IV, 305) werden Schlagwörter wie »Entfremdung«, »Bedürfnisse« und »Bewußtsein« durch die vorangestellte Akkumulation
möglicher Attribute ironisiert. Indem z. B. »schwach«, »schief«, »verrutscht«,
»nicht vorhanden«, »verdrängt«, »falsch« hier als Elemente einer Paradigmenklasse
gemeinsam aufgelistet werden, offenbart sich deren uneigentliche Verwendungsweise im Text, mit der Grass auf die Austauschbarkeit und Klischeehaftigkeit
eines solchen Sprachgebrauchs aufmerksam macht, der zur wirklichen Erklärung
eines Sachverhaltes nicht mehr taugt und damit geradezu erkenntnisfeindlichen
Charakter annimmt.

Die Klischeehaftigkeit wird weiterhin durch das arrangierte Nebeneinander
abstruser Erklärungen (»[...] denn wie das Wetter so auch die Werbung, [...] die
vielen Eisverkäufer auf dem Kirchentag [...]« (WA IV, 427)) vorgeführt. Die
Summation derartig vieler unterschiedlicher Versatzstücke offenbart deren Beliebigkeit, die auch in der auswechselbaren Reihenfolge innerhalb elliptischer Kau-
salgefüge, in denen die eigentliche Satzaussage getilgt ist, zum Ausdruck kommt:

> Die Mutter, weil der Vater. [...] Der Vater, weil die Mutter. (WA IV, 427)

In gleicher Weise werden ganze Versatzstücke als Teile eines jargonhaften Sprachgebrauchs zum Thema gemacht:

---

77 Vgl. S. 114 dieser Arbeit.

72

Mehrmals fuhr ich Kettenkarussell: ein Vergnügen, so rundum sinnlos schön, daß es bei Marx nicht vorkommt und deshalb als »gesellschaftlich nicht relevant« bezeichnet werden kann. (WA IV, 440)
Ausgehend von einem Kirmesbesuch im Anschluß an eine Wahlveranstaltung bewertet Grass das eigene private Vergnügen mit Hilfe der zitierten Floskel, deren metakommunikativer Gebrauch durch die Verwendung der Anführungsstriche angezeigt wird. Durch den vorhergehenden Satz »daß es bei Marx nicht vorkommt« wird die ideologische Zuordnung sichergestellt. Indem Grass mit dem (scheinbar) affirmierenden Gebrauch der Floskel ausdrücklich die gesellschaftliche Irrelevanz seiner privaten Zufriedenheit bestätigt, die in keiner Weise gesellschaftliche Bedeutung reklamiert, kritisiert er gleichzeitig den generellen Ansatz der dahinterstehenden ideologischen Konzeption, die gesellschaftliche Relevanz als das entscheidende Bewertungskriterium menschlichen Handelns betrachtet.

Am Ende dieses Passus kommentiert Grass die zuvor erzählte Episode von einer bayrischen Wahlveranstaltung und dem anschließenden Besuch eines Festes, bei dem »das Kettenkarussell nicht aufhörte, privates Glück zu produzieren«, mit den Versatzstücken:
(Richtig kleinbürgerlich, leider. Angepaßt und systemimmanent.) (WA IV, 441)
Hier wird die verfremdete Gebrauchsweise formal angezeigt durch das Adverb »leider«, das die mit den aufgegriffenen Wendungen vorgenommene Beurteilung des vorherigen Karussellvergnügens eben nicht bezweifelt, sondern (scheinbar) bestätigt.

Das mit dem Adverb »leider« bekundete Bedauern kann allerdings ebenfalls nur die Diskrepanz zwischen dem zuvor beschriebenen Glücksempfinden und dessen ideologischer Bewertung bezeichnen. Daraus leitet sich aber direkt die ebenfalls ironische Verwendungsweise dieser Versatzstücke ab. Indem Grass auf positiv bewertete subjektive Befriedigung die bezeichneten Beurteilungen bezieht, diskreditiert er auf diese Weise den Wahrheitsanspruch der damit angesprochenen Ideologie.[78]

Auch hier zeigt sich, daß Grass solche Kritik mit formalen Mitteln gestaltet, indem einzelne sprachliche Versatzstücke pars pro toto für das Sprach- und Denkverhalten einer jeweiligen Gruppe stehen.[79]

Bemerkenswert ist an gleicher Stelle die subtile Anspielung auf Herbert Marcuses Aufforderung zur »Großen Weigerung«[80], die innerhalb des gegebenen Kontextes lächerlich gemacht wird:

---

78 Mit dem nachgestellten »leider« zitiert Grass selbst wiederum eine beliebte Wendung seines Sohnes Bruno, mit der er im vorhergehenden längeren Abschnitt (WA IV, 439 f.) gespielt hat. Vgl. zur tektonischen Funktion einzelner Ausdrücke Kapitel 5.2 »Aus dem Tagebuch einer Schnecke« als ›Sprachroman‹«, S. 228–232 dieser Arbeit.

79 Grass kommentiert dies in einem Gespräch: »Es ist oft nur ein einzelnes Wort, das eine Wendung beschreibt, und das mit Bewußtsein.« (WA X, 8)

80 Vgl. WA IV, 598, die Anmerkung zu S. 108.

(Später noch Achterbahn: Drautzburg verweigerte sich.) (WA IV, 440) Auf die Bedeutung dieser Parole für den Studentenprotest geht Grass in seiner Rede *Vom Stillstand im Fortschritt* (vgl. WA IV, 562) ein. Auch dem feministischen Tribunal im *Butt* ist diese Diktion noch geläufig (»Verweigern müssen wir uns. Und nicht nur im Bett. Überhaupt und total!« WA V, 602), ebenso wie in *Kopfgeburten* Harm und Dörte Peters einer Generation angehören, »die sich vor zehn Jahren dem Prinzip der Verweigerung verschrieben hatte« (WA VI, 186).

Im Rahmen einer längeren Sequenz vielfach parallel konstruierter Sätze, mit denen sich Grass in *Aus dem Tagebuch einer Schnecke* direkt an seine Kinder wendet, werden ähnliche Versatzstücke und Schlagwörter zitathaft verwendet:

Es könnte sein, Franz und Raoul, daß euch später, wenn ihr was sucht, der Kommunismus Hoffnung macht; er lebt davon, Hoffnung auf den kommenden, den wahren Kommunismus zu machen.

Ihr könntet eines Tages, weil in Deutschland die Theorie vor die Wirklichkeit gestellt ist, in jenem totalen System, das in sich zu stimmen vorgibt und schmerzlose Übergänge verspricht, die Lösung finden wollen. (Das befriedete Dasein.)

[...]

Es könnte euch Unrecht als Vorleistung für die große, alles umfassende Gerechtigkeit billig werden. (Subjektivismus hält uns nur auf.)

Es könnte sein, daß euch das Ziel alles ist und euch die Wünsche weniger Böhmen nichts bedeuten. (Kleinbürgerlich.) (WA IV, 403)

Die zitierten Schlagwörter (»Das befriedete Dasein«[81], »wahrer Kommunismus«) bzw. zitathaften Redeteile (»Subjektivismus hält uns, nur auf«) werden jeweils einem Satz nachgestellt, in dem in antithetischer Weise vor der Rechtfertigung von Unrecht zugunsten ideologischer Zielsetzungen gewarnt wird. Diese kontextuelle Einbettung der beschriebenen Wendungen negiert die positive Konnotation dieser Versatzstücke innerhalb ihres ursprünglichen ideologischen Bezugsrahmens.

Weitere Schlagwörter aus dem gleichen ideologischen Umfeld sind »vorwärts« (WA IV, 289 und WA IX, 534) oder auch die Kritk an »ungerechter Verteilung«, die Grass mit der Formulierung »bei gerecht verteilter Hitze«[82] (WA IV, 420) auf dem Kirchentag in Stuttgart lächerlich macht.

Die durch die Einbettung in einen neuen Kontext verfremdet wiedergegebenen Schlagwörter zeigen deutlich, daß sie zu einer Erklärung eines Sachverhaltes nicht taugen, sondern geradezu erkenntnisfeindlichen Charakter annehmen können.

Im Zusammenhang mit der Verwendung sozialer Topoi macht Theodor Lewandowski auf einen doppelten Aspekt solchen Sprachgebrauchs aufmerksam:

Soziale Topoi vermitteln rationale Bewältigung komplizierter ökonomischer und politischer Vorgänge, indem sie Erfahrung strukturieren; sie hemmen jedoch Erkenntnis, wenn sie als vorgegebene Deutungsmuster gesellschaftlicher Wirklichkeit fungieren und damit ›Erfahrung‹ steuern.[83]

---

81 Vgl. WA IX, 990 f., die Anmerkung zu S. 352.
82 Vgl. S. 41 dieser Arbeit.
83 Lewandowski 1985, Bd. III, S. 934.

Doch greift Grass nicht nur den Jargon der Neuen Linken an, sondern kritisiert auch konservatives Vokabular mit Hilfe solcher verfremdenden Mittel. In einer auch graphisch abgesetzten, stilisierten Passage steht die Ludwig Erhard zugeschriebene Formel »Wir sind wieder wer« im Mittelpunkt, die mit weiteren zitierten Versatzstücken in Beziehung gebracht wird:

»... und haben nach nunmehr fünfundzwanzig Jahren. Haben aus Schutt und Asche. Haben wir aus dem Nichts. Und sind heute wieder. Ohne unbescheiden zu sein. Was auch überall in der Welt. Hat keiner erwartet. Sich sehen lassen kann ...«
Jadochja. Steht vielstöckig und hat gekostet. Soviel und noch mehr ins Futter genäht. Alles läuft, fließt, rollt und schmiert sich selbsttätig. Nicht nur die Sieger von gestern, Gott nimmt bei uns Kredit auf. Wir sind wieder, sind wieder wer, sind wieder, sind ... Und warten auf das Echo. Es möge rückläufig reden und gnädig sein: Sind, wieder sind, wieder sind wir ...
[...]
Über alles, was steht und gekostet hat, über Soll Haben Mehrwert, über alles, was leerläuft und sich aus Gewohnheit schmiert, gleitet die Schnecke und läßt ihre Kriechspur zurück: eine Schleimhaut, die knisternd trocknet, durchsichtig bleibt und uns, wie wir sind, wieder wer sind, still und anschaulich macht. (WA IV, 374)

Eingeleitet wird der Abschnitt mit als wörtliche Rede gekennzeichneten aposiopetischen Assertionen. Die dreifache parallele Wiederholung der Verbindung des Verbs »haben« mit jeweils einer Präpositionalphrase betont deutlich den insistierenden Charakter des Anspruchs, wieder etwas darzustellen. Dabei sind in der gesamten wörtlichen Rede sowohl Verben und Objekte, die das Geleistete näher spezifizieren könnten, als auch Subjekte, die auf die Urheberschaft verweisen könnten, ausgelassen. Die durch diese Verkürzung verfremdeten Zitate lassen sich vom Leser problemlos vervollständigen und offenbaren auf diese Weise ihre Klischeehaftigkeit.

Auch die folgende affirmierende Weiterführung (»Jadochja. Steht vielstöckig und hat gekostet«) dieser Ansprüche nach dem Sprecherwechsel spezifiziert nicht dasjenige, was den Stolz hervorruft, sondern will in die dem Sprachspiel zugrundeliegende, bündige Formel »Wir sind wieder wer« münden. Doch mißlingt die vollständige Nennung dieser Gleichsetzungsformel, die zusehends zerfällt, bis nur noch die Kopula »sind« verbleibt.

Folgerichtig stammelt auch das Echo nur wieder Fragmente der gemeinten Formel. Bevor sich die vollständige syntaktische Struktur durch die Besetzung der notwendigen Argumentstelle mit »wer« aufbauen kann, bricht das Echo ab: Die erhoffte Selbstbestätigung »Wir sind wieder wer« kommt nicht zustande. Das Sprachspiel transformiert somit die vollmundige Exklamation »Wir sind wieder wer« durch das beschriebene Verfahren in einen impliziten Fragemodus »Wer sind wir wieder?«, der nunmehr das Fragepronomen »wer« und das Modaladverb »wieder« fokussiert und damit die historische Dimension der Identität der »Wir«-Gruppe als Problem auffaßt.[84]

---

84 Vgl. Neuhaus 1979, S. 16.

Im letzten Abschnitt dieser betrachteten Passage werden dann bereits genannte Versatzstücke (»was steht und gekostet hat«) innerhalb eines anaphorischen Parallelismus (»über alles [...]«) wiederholt; doch wird nun die positiv gemeinte Dynamik der korrespondierenden Stelle (»Alles läuft, fließt, rollt und schmiert sich selbsttätig«) aufgehoben in der skeptischen Bewertung »was leerläuft und sich aus Gewohnheit schmiert«. »Unser« erstarktes Selbstwertgefühl gründet ausschließlich auf der wirtschaftlichen Leistungsfähigkeit. Diese kritisierte materialistische Haltung bleibt durch die Schleimhaut der Schneckenspur hindurch transparent. Die abschließende Variation der Erhard zugeschriebenen Formel ist um das Fragepronomen »wie« erweitert, das jedoch nicht einen modalen Aspekt erfragt, sondern im Rahmen der gegebenen syntaktischen Fügung ein entscheidendes Charakteristikum als faktisch gegeben behauptet: »Auf diese Art sind wir wieder, wie wir schon einmal waren.«

Neben der fortlaufenden Variation des zugrundeliegenden Zitats wird die Geschlossenheit der Komposition dieses Sprachspiels in der Korrespondenz von Anfang und Schluß der Passage deutlich. Den lautstarken Aussprüchen zu Beginn (»... und haben [...]«) steht am Ende die stille Passivität entgegen. Während im letzten zitierten Satz der wörtlichen Rede zu Beginn der anonyme Sprecher mit Stolz auf den eigenen Wohlstand verweist, der »sich sehen lassen kann ...«, wird am Ende die »Wir«-Gruppe schließlich selbst Gegenstand der Anschauung.

Für Grass bündelt sich in dieser Formel die restaurative Entwicklung nach 1945. Wenn in der *Rättin* die beiden deutschen Staaten betrachtet werden, heißt es:

Ruckzuck war man wieder wer, wiederbewaffnet. (WA VII, 72)

Auferstanden aus Ruinen! Wir sind wieder wer! singt, ruft man und schlägt sich auf die Schulter. (WA VII, 429)

Mit Hilfe des beschriebenen Verfahrens, mit dem Grass wichtige sprachliche Versatzstücke (vor allem der Neuen Linken) verfremdend darstellt, wird das Jargonhafte eines solchen zitierten Sprachgebrauchs vorgeführt.

Auf die Eignung eines Jargons für demagogische Zwecke hat Theodor W. Adorno 1964 (in bezug auf den Sprachduktus der Philosophie Heideggers) hingewiesen:

Was Jargon sei und was nicht, darüber entscheidet, ob das Wort in dem Tonfall geschrieben ist, in dem es sich als transzendent gegenüber der eigenen Bedeutung setzt; ob die einzelnen Worte aufgeladen werden auf Kosten von Satz, Urteil, Gedachtem. Demnach wäre der Charakter des Jargons überaus formal: er sorgt dafür, daß, was er möchte, in weitem Maß ohne Rücksicht auf den Inhalt der Worte gespürt und akzeptiert wird durch ihren Vortrag. Das vorbegriffliche, mimetische Element der Sprache nimmt er zugunsten ihm erwünschter Wirkungszusammenhänge in Regie.[85]

Genau gegen diesen Mechanismus einer selbstverständlichen »Aufladung« setzt Grass die beschriebene Abwandlung bestehender Redemuster. Im Sinne seines

---

85 Adorno 1964, S. 11.

76

aufklärerischen Selbstverständnisses führt Grass spezifische Schlagwörter, aber
auch umfassendere sprachliche Klischees vor allem mit Hilfe von kontextuellen
Verfremdungen als jargonhaftes Sprechen vor, das nicht die Problematik eines Zusammenhangs reflektieren hilft, sondern lediglich vorgefaßte Denkschemata ab-
ruft. Adorno formuliert diese Einsicht wie folgt:

> Kommunikation schnappt ein und wirbt für eine Wahrheit, die durchs prompte kollek-
> tive Einverständnis eher verdächtig sein müßte.[86]

Die Aufdeckung dieses Automatismus ist eine zentrale Wirkungsabsicht in *Aus
dem Tagebuch einer Schnecke*. Grass thematisiert explizit den Jargon der studenti-
schen Protestbewegung, die »in den Sog ihrer Reizworte« geriet und »ihren
Sprachgebrauch als Wärmezone« bezog (WA IV, 502 f.)[87]. Tätig zu werden,
»bevor Ideen Gewalt bekommen« (WA IV, 404), bedeutet für Grass primär auch
sprachliche Sensibilität, um »Symptome jener Polarisierung« wahrzunehmen, »die,
wenn sie nicht aufgehoben wird, in Rechts- und Linksradikalismus umschlagen
wird. Heilslehren füllen Sprechblasen, das blubbert so vor sich hin.« (WA IX,
323)

Obwohl die Kritik an der APO-Bewegung ein zentrales Thema des Werkes ist,
findet die Auseinandersetzung primär auf einer sprachlichen Ebene statt. Die
(verfremdende) Nennung von »Sprachfetzen« steuert so die Identifizierung und
Bewertung dieser Bewegung als ein geschlossenes Kollektiv. Eine differenzierende
figurative Ausgestaltung findet in *Aus dem Tagebuch einer Schnecke* nicht statt;
nur sporadisch kommt es zu einer Individualisierung wie im Falle der »kölschen
APO-Jungfrau«[88] und des »Apostel[s] aus Lörrach« (WA IV, 462), die allerdings
auch wiederum nur im Sinne einer Typisierung verstanden werden kann.

Die beschriebene sprachspielerische Abwandlung vorgeprägter Sprachmuster
verwendet Grass als eines der entscheidenden Mittel seiner Kritik an ideologischen
Positionen. Volker Neuhaus hat bereits darauf hingewiesen, daß das »Spiel mit der
Sprache [...] Grass auch dort als Mittel zur Auseinandersetzung mit vorgefaßten
Meinungen [dient], wo er in einer *Sondersprache* eine ganze Ideologie zu treffen
meint«[89].

Der gleiche Zusammenhang von Sprach- und Ideologiekritik wurde von Wilfried van der Will für Oskars Sprachverhalten festgestellt:

---

86 Ebenda.
87 Daß die Sprache ein entscheidender Anknüpfungspunkt ist in dem Bestreben, aufkläre-
risch tätig zu sein, geht u. a. auch aus der Rede *Schwierigkeiten eines Vaters, seinen
Kindern Auschwitz zu erklären* hervor, in der Grass besonders das »Sprachklima« anprangert, das »verrät, daß ein neuer Irrationalismus Zukunft zu haben droht« (WA IX,
460).
88 Garde 1988, S. 27.
89 Neuhaus 1979, S. 17. Zur Zusammenschreibung von jargonhaft gebrauchten Phrasen
vgl. S. 80 f. dieser Arbeit.

Auch die Sprache, die ihm sein Autor mitgibt, ist ein antijargoneskes, antiideologisches Werkzeug und damit geeignet, ihm ein eigenes Bewußtsein zu verschaffen, das sich selbst wieder in dem Jonglieren mit Worten ausdrückt.[90] Sprachkritik (immer zu verstehen als Sprachgebrauchskritik) erweist sich damit als Ideologiekritik. Da die Grasssche Kritik von wenigen bedeutsamen Schlagwörtern aus entfaltet wird, die pars pro toto eine vollständige Ideologie bezeichnen sollen, erhält die verfremdende Abwandlung solcher Redemuster ihrerseits suggestiven Charakter, indem sich eine solche Form der Kritik als »dargestellte Wirklichkeit« einem Diskurs entzieht.[91]

Es wurde oben darauf hingewiesen, daß Adorno in *Jargon der Eigentlichkeit* 1964 den Sprachduktus der Philosophie Heideggers problematisiert hat. Bereits in den 1963 erschienenen *Hundejahren* thematisierte Grass Heideggers Philosophie mit den in diesem Kapitel dargestellten Mitteln.[92] Zentrale philosophische Begriffe werden kontextuell verfremdet und in zum Teil umfangreichen Passagen parodiert, wie z. B. bei der Rattenjagd Störtebekers:

> Oh, mannigfaltiges Warum! Warum so und nicht anders? Warum Wasserratten und nicht ähnlich Seiende? Warum überhaupt etwas und nicht nichts? Diese Fragen enthielten schon die erst-letzte Urantwort für alles Fragen: »Das Wesen der Ratte ist die transzendental entspringende dreifache Streuung der Ratte im Weltentwurf oder in der Kanalisation.« (WA III, 512)

An gleicher Stelle flüstert Störtebeker »ontologische Rattenwahrheiten« und kommentiert das Stapeln getöteter Ratten:

> »Die Ratte entzieht sich, indem sie sich in das Rattige entbirgt. So beirrt die Ratte, es lichtend, das Rattige mit der Irre. Denn das Rattige ist in die Irre ereignet, in der es die Ratte umirrt und so den Irrtum stiftet. Er ist der Wesensraum aller Geschichte.« (WA III, 512)

Die Verfremdung bestimmter Schlagwörter durch die Veränderung des gewohnten Kontextes findet sich auch in Phrasen wie »volkseigene[r] Hafer«, »kapitalistische[r] Roggen«, »klassenbewußte[] Scheuchen« (WA III, 769) oder »aufbauwilliges Elbsandsteingebirge« (WA III, 774).

In *Der Butt* und *Kopfgeburten* beherrschen die Feministinnen bzw. Harm und Dörte Peters als »anhaltend sich selbst reflektierende Veteranen des Studentenprotestes« (WA VI, 144) noch dessen Wort- und Begriffsaufwand, die »extravaganten Reizwörter[] der längst verebbten Studentenbewegung« (WA V, 43), wenn

---

90 van der Will 1967, S. 60.
91 Barbara Garde weist im Zusammenhang mit der Flagellantenschilderung auf Grass' »Gleichsetzungstechnik« hin: »Wie er die Frauenbewegung mit der APO verbindet, indem er ihnen denselben Sprachgestus unterschiebt, so vergleicht er das Geißlervolk mit modernen Jugendbewegungen durch den Einsatz von Begriffen wie ›modisch‹, ›kiffen‹, ›Schlagrhythmus‹, ›Großbaustelle‹ [WA V, 137 f.], Begriffe, die aus dem Kontext aktueller Berichterstattung über heutige Jugendproteste stammen.« Garde 1988, S. 24.
92 Vgl. dazu Pröbsting 1972.

zum Beispiel die Rede des Butt vor dem Tribunal »einmal post-, zweimal präfaschistisch genannt« (WA V, 89) wird.

4.3.4   Zusammenfassung

In den bisherigen Betrachtungen wurden die vielfältigen Verfremdungsformen vorgeprägter Sprachmuster durch zahlreiche Einzelanalysen nachgewiesen. Dabei konnte gezeigt werden, daß Grass bestehende Wendungen mit Hilfe unterschiedlicher Verfahren abwandelt.

Blanche-Marie Schweizer hat innerhalb ihres enggefaßten Gegenstandsbereichs »Sprachspiel mit Idiomen« auf einen zentralen sprachlichen Aspekt von Grass' Prosa aufmerksam gemacht. Doch wurde deutlich, daß viele verwandte Phänomene von Schweizer nicht erfaßt wurden. Geht man gar wie in dieser Arbeit mit der Beobachtung »phraseologischer Einheiten« im umfassenden Sinn von einem erweiterten Phänomenbereich aus, so läßt sich Schweizers Feststellung eines »Stilwandels zum unspielerischen Gebrauch« in den späteren Werken[93] nicht aufrechterhalten.

Ganz im Gegenteil zeigt sich hier, daß unter entsprechender Berücksichtigung des veränderten Erzählstoffes ein grundsätzliches stilistisches Verfahren im Prosawerk Grass' konstant geblieben ist bzw. daß der Autor und Erzähler Grass auf das gleiche Stilmittel zurückgreift wie seine früheren Erzähler Oskar, Pilenz, Matern, Liebenau und Brauxel.

Damit ist auch ein Aspekt des Verhältnisses von sprachlicher Form und inhaltlicher Funktion genauer beschreibbar.

Während *Die Blechtrommel* stofflich die Vergangenheit behandelt, dominiert in *Aus dem Tagebuch einer Schnecke* die gegenwartsbezogene politische Auseinandersetzung besonders mit der Neuen Linken. Gemäß der stofflichen Unterschiede greift Oskar in der *Blechtrommel* sowohl den Jargon der Nazis auf als auch den Sprachgebrauch des Kleinbürgertums[94], den er besonders anhand vielfältiger idiomatischer Wendungen reflektiert, während der Autor Grass in *Aus dem Tagebuch einer Schnecke* u. a. die ihm im Wahlkampf auf der Gegenwartsebene begegnenden Floskeln, Schlagwörter etc. aktueller politisch-ideologischer Auseinandersetzungen thematisiert.

Gemeinsam ist beiden Werken das stilistische Verfahren, bestimmte Sprachmuster der jeweiligen erzählten Bezugszeit zu aktualisieren und durch die Auf-

---

93 Schweizer 1978, S. 114.
94 Helmut Koopmann: »Es ist die Sprache des Kleinbürgertums, die es erlaubte, die Sachverhalte umzukehren und derart zu entlarven, die Optik der kleinen Leute, die spießbürgerliche Mittelklassenerwartung, die sich an den Nationalsozialismus geknüpft hatte [...]« Koopmann 1977, S. 173.

nahme solcher dann zumeist verfremdeter Redewendungen eine jeweilige Gruppe sowie deren Anschauungen anhand von deren Sprachgebrauch darzustellen.

Ein zusätzlicher, erzählfunktional wichtiger Aspekt dieser Verfahren ist die Tatsache, daß neben der Bedeutung der abgewandelten Konstruktion die zugrundeliegende Wendung erheblich dazu beiträgt, den Werken von Grass ein bestimmtes Lokal- und Zeitkolorit zu verleihen. In bezug auf die Zusammenschreibung bestimmter Phrasen wie »Wirliebendiestürme« hat Grass in einem Gespräch auf dieses Verfahren aufmerksam gemacht:

> Das ist natürlich kein beliebiges Stilmittel, sondern bewußt gesetzt: Teilweise werden Klischees übernommen, teilweise werden Formulierungen vom Autor, also vom Erzähler her, zusammengefaßt und zu einem Begriff geformt. Beides zusammen ergibt ein Zeitkolorit und zwingt gleichzeitig den Leser zu stutzen, innezuhalten, eine Sekunde lang nochmals zu überfliegen [...] (WA X, 7 f.)

Während die in diesem Kapitel beschriebenen Verwendungen bestehender Sprachmuster vor allem ein Zeitkolorit erzeugen, rufen dialektale Formen eher eine bestimmte lokale Situierung auf. Wilhelm Schwarz geht in seiner Bewertung dieses stilistischen Aspektes im Hinblick auf die *Danziger Trilogie* sogar so weit, daß er sagt:

> Wenn je ein moderner deutscher Autor seinem Werk überzeugendes Lokalkolorit verliehen hat, dann ist es Günter Grass. Allein durch seine Sprache legitimiert sich Grass als Deutscher, der in der erzählten Zeit am Ort der erzählten Handlung lebt.[95]

Die in diesem Kapitel untersuchte sprachspielerische Verwendung phraseologischer Wendungen dient ebenso wie die Arbeit mit Zitaten, Dialekten und »bestimmten Sprachgesten« (WA X, 78) dazu, Sprache als »Hohlspiegel«[96] zu verwenden, so »daß sich die so beschriebene Wirklichkeit in ihrer sprachlichen Darstellung von selbst entlarvt«[97].

4.4   Zur Funktion graphischer Mittel

Grass nutzt in seinen Werken in vielfältiger Weise graphische Möglichkeiten zu funktionalen Zwecken. Dazu zählen in *Aus dem Tagebuch einer Schnecke* vor allem Gedankenpunkte, Doppelpunkte und Klammern sowie Zusammenschreibungen. Aber auch die Gestaltung der Abstände zwischen verschiedenen Abschnitten, Zeilensprünge und die Isolierung von Satzgliedern als selbständige Sätze sind als wichtige formale Mittel Grass' anzusehen, die in der bisherigen Forschung bis auf die Zusammenschreibung klischeehafter Redeteile wie z. B. Liedanfänge und kommatafreie Reihungen nicht die entsprechende Beachtung fanden.

---

95 Schwarz 1969, S. 69.
96 Büscher 1968, S. 476.
97 Koopmann 1977, S. 173.

80

4.4.1   Zusammenschreibungen

Besonders für die Werke der *Danziger Trilogie* wird in der Forschungsliteratur die Zusammenschreibung von Redewendungen und Phrasen als auffälliges Stilmittel herausgestellt, mit dem Grass klischeehafte und ritualisierte Sprachverwendungen angreift.

Michael Harscheidt zählt dabei die »Kontraktion klischierter Wendungen« zu den »schriftsprachlichen Novitäten« in den *Hundejahren*, die besonders bei Liedanfängen als »wiederholbare[s] Kollektivgut« in Erscheinung treten:[1]

> Nicht alle Jungs haben Uniform an, aber alle singen mit [...]. »Wirliebendiestürme ...« singen alle [...] Jetzt singen sie: »Unddiemorgenfrühedasistunserezeit.« Danach was Lustiges: »Einmanndersichkolumbusnannt.« (WA III, 295)

Aber auch »Wendungen [...], die [...] individuellen Ursprungs und als historisches Zitat von ›punktueller‹ Gültigkeit sind«[2], werden graphisch verfremdet:

> Wenndunichtdann. Mitstumpfundstiel. Abheutefrühvieruhrfünfundvierzig. (WA III, 291)

Volker Neuhaus belegt mit Beispielen aus der *Blechtrommel* und *Katz und Maus* die kritische und entlarvende Funktion dieses formalen Mittels.[3] Mit »Ohtannenbaumohtannenbaumwiegrünsinddeineklingglöckchenklingelingelingallejahrewieder« (WA II, 315) wird die Weihnachtsfeier als immer gleiches Ritual allein durch die formale Gestaltung dargestellt.

Grass weist selbst auf den phonetischen Aspekt bei diesen Zusammenschreibungen hin.[4] Dabei sind die Wortgrenzen für den Leser zunächst nur schwer zu erkennen. Die dadurch erzwungene sukzessive Identifizierung bewirkt eine leiernde Satzmelodie, die das automatisierte, unbewußte Mitsingen nicht zuläßt. Die sprachliche Substanz dieser Phrasen ist damit losgelöst von der Aura des Pathetischen.

Wichtig ist in diesen Zusammenhang, daß Verse, Liedtitel u. ä. nicht einfach nur zusammengeschrieben werden, sondern zusätzlich verfremdet werden durch aposiopetische Verkürzungen und zum Teil mit anderen Titeln zum Potpourrie vermischt werden.

Für *Aus dem Tagebuch einer Schnecke* ergeben sich zwei unterschiedliche Formen der Zusammenschreibung. Einmal handelt es sich dabei um konkrete Zitate, die als gesprochene Sprache unverändert übernommen werden:

> Später mal, Franz, wenn du enttäuscht bist,
> wenn du den Kehrreim des Liedchens »Zwecklos«,
> der die Zeile »Hatjadochkeinenzweck« wiederholt [...] (WA IV, 289)
> [...] etwas Scharfes [...] zum Gurgeln. Half sofort und hieß: Weißnichtmehrwie. (WA IV, 520)

---

1   Harscheidt 1975, S. 102.
2   Ebenda.
3   Vgl. Neuhaus 1979, S. 15.
4   Vgl. WA X, 7.

In anderen Fällen handelt es sich um Zusammenschreibungen, die eine infinite Verbform enthalten und in dieser Form nicht als tatsächlich gesprochene Sprache anzusehen sind und normalerweise mit Bindestrich geschrieben würden:

Dieses sich öffentlich Mitteilenkönnen, dieses Zuwortkommen. [...] Dieses Infragestellendürfen, dieses Nocheinmaldaraufhinweisenwollen. (WA IV, 471)

Die Zusammenschreibungen beziehen sich auf Augsts Suche nach Gemeinschaft in öffentlichen Diskussionen und sind zum Teil von möglichen typischen Redeeröffnungen abgeleitet wie beispielsweise: »Ich will noch einmal darauf hinweisen ...« Die vorrangige Funktion dieser Bildungen muß jedoch darin gesehen werden, daß sie in größter Verknappung psychologische Begründungen für Augsts Verhalten liefern.

Die zusammengeschriebene Form im folgenden Satz ist eine Abstraktion und Konstruktion aus Äußerungen während der Wahlkampfveranstaltungen wie »Der Kapitalismus muß abgeschafft werden«, »Wenn der Kapitalismus abgeschafft würde ...«

Immer die gleichen Fragen: D-Mark-Aufwertung, Vorbeugehaft, Kapitalismusabschaffen. (WA IV, 361)

Die Zusammenschreibung bildet aus dem Nomen und der Verbform ein Nominalkompositum, das sich auf diese Weise in die Aufzählung wiederkehrender Stichwörter einfügen läßt.

An anderer Stelle beschreibt Grass den Überdruß der ständigen Autoreisen während des Wahlkampfes, die inzwischen keine spontanen Späße mehr kurzweilig machen:

Alles, besonders das Witzewissenerzählenschonkennen strengt an: ich kann nicht mehr lachen und mit den Ohren wackeln. (WA IV, 347)

Auch hier liegt keine in dieser vorliegenden Form gesprochene Rede zugrunde; vielmehr bündelt die Zusammenschreibung eine mögliche Abfolge in einer Kommunikationssituation mit der Ankündigung, daß jemand »einen Witz weiß«, dem Erzählen und der Reaktion, daß ihn alle »schon kennen«.

Im Vergleich zu der wesentlich häufigeren Verwendung in der *Danziger Trilogie* treten diese Formen in *Aus dem Tagebuch einer Schnecke* eher selten auf. Das zeigt deutlich, daß zwar einerseits ein bestimmtes Stilmittel konstant im Werk verwendet wird, daß aber zugleich der unterschiedliche Erzählstoff allein schon die quantitative und qualitative Bedeutung dieses Stilmittels beeinflußt. In der *Danziger Trilogie* geht es Grass mit der Verwendung dieser Form vorrangig darum, ein bestimmtes Zeitkolorit der Nazizeit wiederzugeben[5], in dem das mit solchen Phrasen, Liedanfängen und Parolen evozierte Pathos ein wichtiges irrationales Moment darstellt. In *Aus dem Tagebuch einer Schnecke* liegt die primäre Funktion in der möglichst verdichteten Darstellung eines Gegenstandes (vgl. z. B. »Witzewissenerzählenschonkennen«).

---

5 Vgl. ebenda.

82

4.4.2   Kommatalose Reihungen

Michael Harscheidt weist für *Hundejahre* neben Reihungen, »die auf dem Boden der normativen Orthographie stehen«[6], auf die Verwendung kommataloser Reihungen als »Spiel mit der Interpunktion« hin, wie Substantivreihungen, Adjektivreihungen oder Verbketten:

> Ihr Blick hing in den Birken Trauerweiden Edeltannen [...] (WA III, 474)
> [...] in jenem fließenden treibenden untergehenden verlorenen Moment [...] (WA III, 152)
> Da läuft steht wedelt er. (WA III, 523)

Eine genaue funktionale Interpretation dieser Formen gibt Harscheidt allerdings nicht und spricht lediglich von »einem uneinheitlichen, ja spielerischen Umgang mit den Kommata«[7]. Er verweist statt dessen auf die Parallelen zu Stifter sowie Döblin und mögliche Bezüge zum futuristischen Simultanstil.[8]

Jürgen Stenzel sieht die funktionelle Bedeutung fehlender Kommata in der »Betonung der Einheit, die das Mannigfaltige bindet«[9]. In *Aus dem Tagebuch einer Schnecke* finden sich dafür vielfältige Belege mit unterschiedlichen Wortarten:

> Es schachteln sich [...]: Kursäle Saalbauten Gemeindesäle. (WA IV, 535)
> [..] mangelndes fehlendes falsches Bewußtsein [...] (WA IV, 305)
> Seitdem sah Lisbeth, wo sie ging stand lag [...] (WA IV, 394)

Der Wegfall der Interpunktion (und damit auch der Pausengebung) rückt die einzelnen Elemente eng aneinander und läßt sie als ein zusammengehörender Block erscheinen, dem die zumeist große semantische Ähnlichkeit der einzelnen Ausdrücke entspricht, wie z. B. auch in »Bier Wein Schnaps« (WA IV, 534).

Besonders deutlich wird die Funktion, ein bestimmtes Phänomen als eine Einheit darzustellen, im folgenden Beispielsatz:

> (Und das sind die Zahlen: Mit den 512 Stimmen der Sozialdemokraten und Freidemokraten gegen die 506 Stimmen der CDU CSU NPD hat am 5. März 1969 [...] die Bundesversammlung Dr. Dr. Gustav W. Heinemann zum Bundespräsidenten gewählt.) (WA IV, 267)

Während Grass die Sozialdemokraten und Freidemokraten als eigenständige Parteien kenntlich macht, wird durch die kommatalose Reihung der abgekürzten Parteinamen deren engste Verbundenheit als Rechtsparteien unterstellt, die sich »zwinkernd als Kumpane erkannt« haben (WA IV, 266). Was Grass hier mit Hilfe des graphischen Mittels in einem schriftlichen Text subtil zum Ausdruck bringt, bezeichnet er in seiner *Rede von den begrenzten Möglichkeiten* explizit als die »Wählergemeinschaft CDU/CSU/NPD« (WA IX, 407), wobei auch in dieser Nie-

---

6 Harscheidt 1975, S. 105.
7 Ebenda, S. 107.
8 Vgl. ebenda, S. 106.
9 Stenzel 1970, S. 78.

derschrift der Rede zwischen den Parteikürzeln Schrägstriche verwendet werden, wie sie bei Fraktions- oder Koalitionsgemeinschaften üblich sind.

Auch die Auslassung von Kommata erweist sich damit als ein stilistisches Mittel, das Grass nicht beliebig verwendet, sondern in genau berechneten Funktionen.

4.4.3 Gedankenpunkte

Unter Gedankenpunkten sind nach Jürgen Stenzel Auslassungszeichen zu verstehen, die die Unabgeschlossenheit eines Satzes bezeichnen.[10] Während ein Punkt das Satzende artikuliert, wird es von <u>drei</u> Punkten suspendiert.

So verweisen die Gedankenpunkte am Ende des Satzes »Die Protestwelle auffangen, umleiten ...« (WA IV, 291) auf den schwierigen Umgang der SPD mit der Protestbewegung und die Skepsis gegenüber dem Erfolg des Versuchs, diesen Protest in der Wählerinitiative aufzufangen. Ebenso endet die Aposiopesensequenz »Weil er, ist Anna, bin ich ...« (WA IV, 405) mit Gedankenpunkten, die eine problematische Situation anzeigen, aber zugleich die Verweigerung einer Erläuterung andeuten.

Meist verwendet Grass Gedankenpunkte im Anschluß an eine syntaktisch vollständige Konstruktion, die durch diese Interpunktion gedanklich weiter verweist:
Mein Ruhm, liebe Kinder, ist jemand, für den ich um Nachsicht bitte ... (WA IV, 337)
Unterwegs nach Burgsteinfurt legte ich mich im VW-Bus lang, machte ich Sehschlitze, hörte ich nicht mehr Kurzberichte im Mittagsmagazin, sondern, je mehr ich mich dem Haus Schichaugasse 6 näherte, Worte und Widerworte ... (WA IV, 370 f.)[11]
Am Satzbeginn zeigt das graphische Mittel der Gedankenpunkte zusammen mit der Kleinschreibung des ersten Wortes formal an, daß inhaltlich-thematisch an etwas Vorheriges angeknüpft wird.

Dabei ist in *Aus dem Tagebuch einer Schnecke* aufgrund der Mehrsträngigkeit aus dem Text heraus oft nur sehr schwer zu erkennen, woran angeknüpft wird; zum Teil ist der Bezug nur durch das pragmatische Wissen bzw. Textwissen des Lesers herzustellen.
... oder wollen wir Leine ziehen? (WA IV, 293; Beginn von Kapitel 4)
... und gratuliere euch zum Geburtstag. (WA IV, 510; Beginn von Kapitel 26)
... und bringe am Wochenende in meiner Reisetasche nur wenig Gewißheit mit [...] (WA IV, 289)
... denn als wir uns [...] in der Niedstraße vor einem Jahr zu treffen begannen [...] (WA IV, 290)

---

10 Ebenda, S. 13.
11 Weitere Beispiele zur Verwendung von Gedankenpunkten am Satzende in *Aus dem Tagebuch einer Schnecke* finden sich z. B. WA IV, 274, 277, 287, 288, 318, 327, 350, 373, 394, 407, 459, 461.

84

Die Auslassungspunkte im letzten Beispiel zeigen an, daß der Satz und damit die beschriebene Gründungssituation der Wählerinitiative nahtlos an die im vorhergehenden Gedicht *Später mal, Franz* (das mit drei Gedankenpunkten endet) geschilderte Haltung anküpft, sich nach erlittenen Enttäuschungen hoffnungslos vorwärts zu bewegen.

Besonders in *Katz und Maus* verwendet Grass Gedankenpunkte zur Satzeinleitung, nicht zuletzt beginnt die Novelle mit derartigen Auslassungspunkten:

... und einmal, als Mahlke schon schwimmen konnte, lagen wir neben dem Schlagball-feld im Gras. (WA III, 6)

Die Auslassungspunkte verweisen zusammen mit der signalhaften Formel »und einmal« darauf, daß Pilenz »nur einen Ausschnitt von Wirklichkeit exemplarisch vorführt, einen der Orte, der Mahlkes Adamsapfel ›siegen oder verlieren sah‹«[12] (WA III, 7). Nach genau dem gleichen Muster leitet Pilenz weitere zentrale Episoden ein: Mit »... und einmal« beginnt Pilenz einen sechzehn Zeilen langen Satz, in dem er den Fund des englischen Schraubenziehers beschreibt (WA III, 14), in gleicher Weise beginnt eine ebenfalls sechzehn Zeilen umfassende Satzperiode mit dem Fund der Medaille der Schwarzen Madonna (WA III, 17), ebenso die Entdeckung der Funkerkabine (WA III, 56) sowie das letzte Treffen mit Tulla (WA III, 124).[13]

4.4.4 Doppelpunkte

Birgit Stolt weist nach, daß die vielfältigen Funktionen des Doppelpunktes grundsätzlich über die Rechtschreibungsregeln im Duden hinausgehen.[14] Dementsprechend vielfältig benutzt Grass den Doppelpunkt in sehr unterschiedlichen Konstruktionsformen und Funktionen.[15]

Eine wesentliche Funktion besteht in der Verknappung, indem der Doppelpunkt den Verzicht auf lexikalische Mittel wie Kopula, Verb, Konjunktion, Konjunktionaladverb, Demonstrativpronomen[16] ermöglicht, wie in den folgenden Beispielen:

Hermann Ott [...] war dreißig Jahre alt, als er sich [...] mit dem deutschnationalen Gemüsehändler Isaak Laban [...] am Gartenzaun befreundete: sogleich Streit und Besserwissen. (WA IV, 311)
Sich entscheiden: schwierig für Zweifel. (WA IV, 375)
Zweifel nahm den mit und den: so viele Rollen. (WA IV, 456)

---

12 Hermes 1991, S. 171.
13 Vgl. ebenda.
14 Stolt 1988, S. 1.
15 Vgl. Kapitel 4.5.2 »Ausklammerung«, S. 98, 4.5.3 »Rechtsversetzungen«, S. 105, 4.8 »Ellipsen«, S. 154, und 4.12 »Kataphora«, S. 221 f. dieser Arbeit.
16 Stolt 1988, S. 10.

Tagsdrauf: Eibelstadt – Weinprobe mit geladenen Gästen – Ochsenfurt auf dem Markt-
platz – dann kirchenreich Würzburg. (WA IV, 519)
In diesen Fällen ermöglicht die Interpunktion eine Tilgung redundanter grammatischer Funktionswörter (wie Kopula) und komprimiert auf diese Weise die sprachliche Gestaltung. Das letzte Beispiel zeigt, daß die »Verdichtungstendenz« so weit
gehen kann, daß der einleitende Satz auf ein ankündigendes Element verkürzt
wird.[17] Zugleich entsteht durch die Auslassung lexikalischer Elemente wie »nämlich«, »denn« eine strukturelle Offenheit, die eine Interpretationsaufforderung an
den Leser richtet, gegebenenfalls selbsttätig z. B. kausale Relationen zu explizieren, für die der Doppelpunkt stehen kann.[18]
    Häufig steht der Doppelpunkt auch anstelle eines Kommas, z. B. im Zusam-
menhang mit ausgeklammmerten bzw. rechtsversetzten Phrasen, die auf diese
Weise besonders hervorgehoben werden.

Manches verschweige ich: meine Löcher. (WA IV, 333)

Es ist mein Recht zu befürchten, ihr könntet euch [...] das Ziel setzen, die Befreiung
der Menschheit durch den Kommunismus (den wahren) zu erzwingen: um jeden Preis.
(WA IV, 403)

Lange abwesend, kam es zu ihm: Glück. (WA IV, 469)

Die Funktion des Doppelpunktes besteht in diesen Konstruktionen darin, durch die
»Staupause, die der Doppelpunkt erzwingt, [...] fokussierende Wirkung«[19] zu erzielen und damit die Aufmerksamkeit des Lesers zu erhöhen.
    Stolts abschließende Feststellung, daß die wichtigste stilistische und pragmati-
sche Funktion des Doppelpunktes in der Verdichtung und der Erweckung von
Aufmerksamkeit besteht[20], veranschaulicht das folgende Beispiel:

(Augst war kein Schläger. Nur einmal, am Ende, wurde er aggressiv: gegen sich.) (WA
IV, 493)

Auch ohne den zweiten Doppelpunkt wäre der Satz grammatisch völlig korrekt,
hätte aber eine zusätzliche Implikation. Die Alternative »Nur einmal, am Ende,
wurde er aggressiv gegen sich« würde zwar die Einmaligkeit der Aggression
Augsts gegen sich selbst in gleicher Weise bezeichnen, aber nicht ausschließen,
daß er bereits gegenüber anderen aggressiv wurde. Die von Grass gewählte Version dagegen fokussiert darüber hinaus die Erstmaligkeit der Aggressivität Augsts
überhaupt. Der Doppelpunkt enthält also eine zusätzliche Textinformation und
steht somit alternativ zu: »Nur einmal [...] wurde er aggressiv, nämlich/und zwar
gegen sich.« Die von Grass verwendete Konstruktion ist somit deutlich kompakter
bei gleicher Eindeutigkeit der Redeabsicht. Zugleich stellt die bewußte Abweichung von einer gewohnten Syntax ein zusätzliches Aufmerksamkeitssignal für
den Leser dar.

---

17 Vgl. ebenda, S. 7.
18 Vgl. ebenda, S. 5 f.
19 Ebenda, S. 9. Stolt verwendet diesen Begriff in Anlehnung an Ortner 1982, S. 123 f.,
   der in der melodischen Gestaltung die wesentliche Funktion des Doppelpunktes sieht.
20 Stolt 1988, S. 14.

Ebenfalls der Hervorhebung dient die Konstruktionsform, bei der dem Doppelpunkt ein Satz mit Hauptsatzwortstellung folgt. Diese Form steht alternativ zu einer Hypotaxe mit einer subordinierenden Konjunktion:

Ihr werdet verstehen, Kinder: das Wort Paradies ängstigt meine Schnecke. (WA IV, 420)

Der grammatisch notwendige Objektsatz mit Hauptsatzwortstellung ist durch den Doppelpunkt ebenso hervorgehoben wie die vorangehende Konstruktion. Durch den Doppelpunkt wird der Lesefluß deutlich unterbrochen; es entsteht wiederum eine »Staupause«, die zugleich »Erwartungspause« ist und fokussierende Wirkung besitzt. Durch die formale Gestaltung erreicht Grass, daß mehrere Informationsschwerpunkte innerhalb einer Konstruktion gebildet werden können.

Birgit Stolt weist darüber hinaus auf die grundsätzlich kataphorische Funktion des Doppelpunktes hin, der im Gegensatz zum Punkt am Satzende auf die Fortführung eines Gedankens, Verlaufs, eines Textes etc. verweist.[21]

Abschließend sei auf die besondere Funktion des Doppelpunktes in dem Gedicht *Schreiben* (WA I, 146 f.) hingewiesen, in dem Grass den Gebrauch des Doppelpunktes reflektiert und auf formale Weise eine interessante inhaltliche Funktion erzielt:

Diese Geschichte muß aufhören.
Mit einem Doppelpunkt schließen:
Ich komme wieder. Ich komme wieder.
Im Vakuum heiter bleiben
Nur Eigenes stehlen.
Das Chaos
    in verbesserter Ausführung.
    Nicht schmücken – schreiben: (WA I, 147)

Das Gedicht endet mit einem Doppelpunkt, der aufgrund seiner kataphorischen Eigenschaften geradezu programmatisch auf das Gesamtwerk verweist.[22]

4.4.5 Klammern

Ein allein schon quantitativ besonders bemerkenswertes graphisches Mittel in *Aus dem Tagebuch einer Schnecke* ist die Verwendung von Klammern. Nach Dieter Nerius besitzen Klammern die Funktion, »Einzelwörter, Satzteile oder Sätze aus dem übrigen Satzverband herauszuheben und als zusätzliche Information zu kennzeichnen«[23].

Grass verwendet vielfach Klammern alternativ zu Gedankenstrichen und hebt auf diese Weise bestimmte Satzelemente als Parenthesen von der eigentlichen

---

21 Ebenda, S. 13 f.
22 Vgl. Neuhaus 1985, S. 30.
23 Nerius 1987, S. 196.

Satzbasis ab.[24] Darüber hinaus kommt es aber auch zur Einklammerung ganzer Sätze und sogar umfangreicher Passagen (z. B. WA IV, 482). Grass verschafft sich mit der Einklammerung vielfältige Ausdrucksmöglichkeiten. Häufig wird dadurch kenntlich gemacht, daß es sich in bezug auf den aktuellen Kontext um Nebeninformationen handelt, die zusätzliche Details oder Modifizierungen enthalten, wie beispielsweise auch die zeitlich vorgreifenden Ergebnisse der Wahl im Anschluß an eine Veranstaltung in Kleve:

> (Wenig Industrie – Kinderschuhe und Margarine. Daher viele Pendler. Wir kletterten, als es soweit war, von 25,9 auf 30,1 Prozent: eine Gegend mit Zukunft ...) (WA IV, 277)

Auch im Zusammenhang mit einer Wahlkampfveranstaltung in »Schnecklingen« nutzt Grass das Mittel der Einklammerung eines Textabschnittes dazu, einen Erzählstrang kurzfristig zu unterbrechen und spätere, vergleichbare Ereignisse zu assoziieren:

> (Später kam ich in ähnlich um ihren Ruf und Stillstand besorgte Städtchen, die winklig und enggeführt vom Durchgangsverkehr verstopft waren, in Abgasen konserviert zu sein schienen und Schnecklar, Schneckstetten hätten heißen können.) (WA IV, 302)

Mehrfach werden im selben Abschnitt zum Teil umfangreiche Textteile eingeklammert wie der »über sein Entstehen erstaunte[] Beifall« für Willy Brandt (WA IV, 302) oder die Ironisierung eines APO-Sprechers während einer Diskussion:

> (Ich nannte das Zauberwort Hegel und erlaubte mir zwei ausführliche Engelszitate, von denen nur das erste erfunden war.) (WA IV, 303)

Auch der Aufbau der Wählerinitiative in »Schnecklingen« (WA IV, 303) und am Ende dieser Episode wiederum die späteren Wahlergebnisse (WA IV, 304) sind eingeklammerte Textteile.

Typisch für *Aus dem Tagebuch einer Schnecke* sind Passagen, in denen der eingeklammerte Text quantitativ überwiegt und sogar ganze Abschnitte eingeklammert stehen.

Während im »Haupttext« z. B. in vier Zeilen erwähnt wird, daß Bernhard Rosenbaum für ein Purimfest das Stück »Amalek« geschrieben hat, wird im eingeklammerten Text über insgesamt acht Zeilen der Inhalt wiedergegeben (WA IV, 299).

Im Anschluß an die Darstellung der »sogenannte[n] Kristallnacht« berichten die eingeklammerten acht Zeilen von der Flucht Rosenbaums (WA IV, 352 f.).

In einem weiteren Beispiel wird die Erzählung der Fluchtvorbereitungen Zweifels durch einen längeren Klammertext unterbrochen:

> Er bereitete seine Flucht vor, indem er seine Terrarien ausräumte. (Am Nachmittag noch hat er die Steinpicker, Egel- und Wegschnecken, sogar die nach Sandboden verlangenden Heideschnecken überall dort ausgesetzt, wo es ihnen gefallen mochte: im Olivaer Mischwald, in den Brösener Stranddünen, auf den Wiesen hinter Kneipab ...) Keine Schnecke durfte ihn auf der Flucht begleiten. (WA IV, 375)

---

24 Vgl. S. 120–129 dieser Arbeit.

Deutlich wird hier die Korrespondenz zwischen der formalen Gestaltung und der Aussageabsicht: Weil die jetzigen Fluchtvorbereitungen im Vordergrund stehen und keinen Aufschub dulden, wird die Aussetzung der für Verzögerung stehenden Schnecken nur noch in einem umfangreichen eingeklammerten Satz erwähnt.

Wenn Anton Stommas Biographie erzählt wird, verwendet Grass mehrfach Klammern dazu, um ausführliche Anekdoten als Abschweifungen kenntlich zu machen, die umfangreicher sind als der Basistext (WA IV, 396 ff.).

Besonders deutlich wird das vielfache Überwiegen des eingeklammerten Textes auch im folgenden Absatz, wenn der lapidaren Erwähnung Theresienstadts eine eingeklammerte Episode folgt:

> Wir fuhren an Theresienstadt vorbei, einem als Denkmal gepflegten deutschen Konzentrationslager. (Ab Januar 1942 wurden die im Danziger Speicherghetto Mausegasse lebenden Juden, alte Leute wie David Jonas, der letzte Vorsteher einer in Angst kümmernden Gemeinde, nach Theresienstadt deportiert. Dort starben die Alten weg. Man mußte nicht tätig werden. David Jonas erlebte die Befreiung und starb wenig später an Flecktyphus.) (WA IV, 399)

Wenn Grass in Säckingen nur »knapp« über Kiesinger spricht, stellt er äußerst kurz die dortige Veranstaltung dar, während er in umfangreicheren eingeklammerten Passagen mehrfach Kiesingers Vergangenheit einblendet, obwohl die »nicht in den Wahlkampf gehört[]« (WA IV, 464).[25]

Auch in anderen Fällen wird damit der Wechsel zwischen verschiedenen Zeitebenen vereinfacht, wenn durch die Einklammerung analoge Konstellationen in Gegenwart und Vergangenheit parallelisiert werden:

> (Was man damals sang: »Kornblumenblau« – was man jetzt singt: »So ein Tag, so wunderschön wie heute ...«) (WA IV, 276)

Ein Beispiel dafür, daß keine oberflächliche bzw. nebensächliche Benutzung eines formalen Mittels vorliegt, sondern daß Grass mit der Möglichkeit der Einklammerung in sehr kunstvoller Weise verfährt, findet sich im 13. Kapitel:

> Zweifel hatte kein Ziel, aber ausreichend Angst. (Die Kaschubei, als deren Zentrum und Hauptstadt das Kreisstädtchen Karthaus, heute Kartuzy, gilt, wird in Reiseführern auch Kaschubische oder Kassubische Schweiz genannt.) Die Angst ist ein zuverlässiger Mitfahrer. (Leicht gehügelt erstreckt sich die Kaschubei von Dirschau an der Weichsel bis Stolp in Pommern, vom Putziger Wiek und aber der Halbinsel Hela bis in den Kreis Berent.) Unterwegs lachte Zweifel vor sich hin, weil er Angst hatte. (In Reiseprospekten steht: Die Kaschubei ist reich an Seen, in denen Taschenkrebse zahlreich sind.) Zwischen Zuckau und Seeresen fuhr Zweifel [...] (Für dich, Raoul, [...] schreibe ich belehrend: [...]) (WA IV, 384)

Im vorherigen Kontext wird die Situation Zweifels erzählt und der Fluchtweg aus Danzig heraus beschrieben. In dem vorliegenden stilisierten Absatz kontrastiert Grass zunächst abwechselnd die Angst Zweifels, die in knappen Sätzen dargestellt wird, mit der idyllischen Landschaftsbeschreibung in Reiseführern, die sich in

---

25 Weitere längere Klammertexte in *Aus dem Tagebuch einer Schnecke* finden sich z. B. WA IV, 304, 326, 391, 430.

umfangreichen Passagen eingeklammert befindet. Der Fluchtweg Zweifels wird auf diese Weise kommentierend auf einer anderen Erzählebene begleitet (Anrede an Raoul), bis Zweifel Karthaus erreicht hat. Die Erinnerung an Zweifels frühere Schulausflüge nach Karthaus führt schließlich beide Erzählstränge zusammen.

Mit Hilfe dieser Darstellungsform wird die Angst Zweifels vor dem Hintergrund der trügerischen Landschaftsidylle besonders hervorgehoben, ähnlich dem im Text später folgenden Bekenntnis Grass' während seiner Rückfahrt aus Böhmen:

Man sieht der Gegend nicht an, wieviel Angst ich hatte. Überhaupt sieht man Gegenden wenig an. (WA IV, 403)

Darüber hinaus kommt den eingeklammerten Redeteilen eine retardierende Funktion zu,[26] indem sie die Erzählung des Handlungsverlaufs ständig unterbrechen und damit die Erzählzeit verlängern.

Ein formal vergleichbar gestalteter Abschnitt findet sich im 23. Kapitel, wenn Augst und Zweifel wechselweise dargestellt werden.[27] Dort benutzt Grass dieses Verfahren dazu, um die Handlungen von Augst und Zweifel zunächst parallel zu führen und schließlich aufeinander zuzuführen. Während Augst das eigentliche Thema der Passage ist, beziehen sich die eingeklammerten Sätze auf Zweifel. Der Vergleich dient dazu, den völligen Gegensatz beider Figuren hervorzuheben.

Mit Hilfe der Klammern, die vielfach als ikonisches Mittel zur Bezeichnung von Nebeninformationen anzusehen sind, erzielt Grass auch ironische Wirkungen:

Während Bruno neben der Vorgartentür hockt und auf den täglichen Knall wartet, Laura Wunschpferde malt, Raoul einen Tauchsieder umbaut, Franz bei Jules Verne ist, ich unterwegs bin, Anna Briefe schreibt, Bettina ihre Haare trocknet (und dabei Hegel liest), nähern sich schon die beiden VW, die gleich darauf Ecke Handjery–Niedstraße zusammenstoßen [...] (WA IV, 341)

Während alle Familienmitglieder bei einer augenblicklichen Beschäftigung beobachtet werden, fügt Grass einzig für Bettina eine zweite Beobachtung hinzu. Durch die Satzstellung (zunächst wird das Haaretrocknen genannt) und die zusätzliche Einklammerung »(und dabei Hegel liest)« wird die Lektüre Hegels als oberflächliche Beschäftigung während der Körperpflege diskreditiert. Indem Grass das Trocknen der Haare als Bettinas Hauptbeschäftigung in den Vordergrund stellt, wird zugleich das Interesse für Hegels Philosophie als nebensächliche Attitude lächerlich gemacht; ein für Grass modisches Verhalten »höhere[r] Töchter auf der Suche nach einem so linken wie exklusiven Tennisclub« (WA IV, 305).

Es lassen sich keine stilistischen Unterschiede zwischen der sprachlichen Gestaltung von eingeklammerten Redeteilen und dem »eigentlichen freien« Text nachweisen. Der Text in Klammern enthält in gleicher Weise elliptische Strukturen, seinerseits Parenthesen, unterschiedliche Satzlängen, Figuren etc.

---

26 Vgl. Schwarz 1969, S. 77.
27 Der Abschnitt wird S. 193 dieser Arbeit ausführlich zitiert.

Zusätzlich zu den beschriebenen stilistischen Möglichkeiten übernehmen Klammern vielfach eine ordnungsstiftende Funktion, da sie es gestatten, weitere Assoziationen, Details, möglicherweise auch Kommentare etc. in die jeweiligen Erzählstränge mit hineinzunehmen. Die extensive Verwendung von Klammern ist damit auch ein stilistisches Verfahren eines extrem abschweifenden Erzählers, der seinen Text bereits so mit Details angereichert hat, daß ein zusätzliches formales Mittel erforderlich wird, um das Verständnis des Lesers sicherzustellen.

Grass selbst weist in *Aus dem Tagebuch einer Schnecke* auf dieses graphische Ausdrucksmittel hin, bezeichnenderweise in einem eingeklammerten Satz:

(Seit vier Jahren stelle ich Sätze und einzelne Wörter zwischen Klammern: etwas, das mit dem Älterwerden zu tun hat.) (WA IV, 338)

Tatsächlich verwendet Grass dieses Stilmittel erst seit dem Roman *örtlich betäubt* aus dem Jahre 1969. Was Grass biographisch mit dem Älterwerden begründet, entspricht poetologisch einer veränderten Erzählerposition in *Aus dem Tagebuch einer Schnecke,* bei der Autor und Erzähler nicht mehr deutlich zu differenzieren sind, sondern weitgehend kongruieren. Der Ich-Erzähler Günter Grass erzählt auch dort, wo er als »Ich« nicht erscheint.

Während die Verwendung von Klammern auch in den späteren Werken *Der Butt* und *Die Kopfgeburten oder Die Deutschen sterben aus* in gleicher Weise für alle Erzählebenen und Motive zu belegen ist, finden sich in der *Rättin* Passagen mit Einklammerungen nahezu ausschließlich im Zusammenhang mit der Film- und Märchenhandlung. Dadurch wird signalisiert, daß die Rättin als Erzählerin der auktorialen Kontrolle weitgehend entzogen ist, was Grass auch mit der eigentümlichen Medialkonstruktion »Mir träumte [...]« immer wieder in diesem Werk zum Ausdruck bringt. Es gibt innerhalb dieser Passagen keine kommentierenden, bewertenden, ironisierenden oder analogisierenden Zusätze des Autors mehr.

Die veränderte Zeit- und Erzählauffassung Grass' wird in der *Rättin* formal deutlich zum Ausdruck gebracht: Während Oskar nach wie vor »Satzkaskaden« liebt (WA VII, 410) und in früheren Werken Zeit für das abwegige Erzählen von Nebensächlichkeiten blieb, ist das Erzählen der Rättin äußerst stringent und konzentriert.[28]

---

28 Vgl. S. 146 dieser Arbeit.

4.4.1   Zusammenfassung

In diesem Kapitel wurden einige wichtige graphische Mittel, die Grass in seinen Werken verwendet, betrachtet und die besonderen Funktionen bestimmter Formen analysiert. Es handelt sich hierbei um ein in der Forschung bislang weitgehend wenig beachtetes formales Mittel; lediglich die Zusammenschreibung bestimmter Phrasen sowie kommatalose Reihungen verschiedener Wortarten wurden bisher untersucht.

Die wichtige Bedeutung graphischer Mittel für *Aus dem Tagebuch einer Schnecke* zeigt sich auch in der Kennzeichnung der Gedichte, die hier erstmals innerhalb eines Erzähltextes von Grass erscheinen. Da sich weder stilistisch noch motivisch solche lyrischen Passagen vom Prosatext unterscheiden lassen und auch nicht durch Gedichttitel kenntlich gemacht werden, dient die graphische Gestaltung als ausschließliches Kriterium der Ausgrenzung. Lediglich durch die Absatzgestaltung in Verbindung mit dem Zeilensprung erweisen sich z. B. die Passagen »Nachruf auf Vladimir? [...]« (WA IV, 405) oder »Es kommt nicht, kommt bei ihr nicht. [...]« (WA IV, 446 f.) als Gedichte.

4.5   Stilistische Aspekte der Wortstellung

Für die folgenden Beschreibungen der Satzstruktur bietet sich als Grundlage die sogenannte topologische Feldertheorie an.[1] Dabei wird von der Einteilung des Satzes in drei Felder sowie zwei Verbklammerteile (linke und rechte Satzklammer; LSK und RSK) ausgegangen, die das Mittelfeld (MF) umschließen. Das Vorfeld (VF) ist die Position vor der linken Satzklammer, das Nachfeld (NF) folgt der rechten Satzklammer. Die folgenden Varianten eines Beispielsatzes (WA IV, 321) veranschaulichen diese Strukturbeschreibung:

VF	LSK	MF	RSK	NF
Er	hat	nur Landschnecken	gesammelt.	
Nur Landschnecken	hat	er	gesammelt.	
Gesammelt	hat	er nur Landschnecken		

Es zeigt sich, daß alle Veränderungen aufgrund der relativen Wortstellungsfreiheiten im Deutschen grammatisch sind. Von besonderem Interesse für die Überlegungen dieses Kapitels ist die Besetzung des Vorfeldes. Während die Stellung des Subjektes im Vorfeld als Normalstellung anzusehen ist,[2] sind Topikalisierungen anderer Konstituenten mit einer besonderen Fokussierung verbunden.

---

1   Vgl. hierzu z. B. Grewendorf 1985, S. 17–28, und Reis 1980.
2   Vgl. Grewendorf 1985, S. 21.

4.5.1 »Schon« als Satzeinleiter

Die Besetzung des Vorfeldes mit dem alleinstehenden Temporaladverb »schon«, das nicht zusammen mit weiteren Elementen (z. B. »Schon wenn ...«, »Schon als Kind hat ...«) verwendet wird, fällt in *Aus dem Tagebuch einer Schnecke* quantitativ und in funktionaler Hinsicht besonders auf.

So erfährt Grass während einer Wahlveranstaltung die ablehnende Haltung des Auditoriums und muß spontan sein Redekonzept verlassen:

> Da komme ich mit ausgeklügeltem Manuskript und sehe einen Saal Bergarbeiterfrauen: abweisend unbetroffen. Schon wird mir Geschriebenes komisch. (WA IV, 527)

Am Ende von *Aus dem Tagebuch einer Schnecke* bemerkt Grass Indizien des kommenden Wahlkampfes zur Bundestagswahl 1972:

> Es geht ja weiter und kommt immer näher, wird bald wieder beginnen. Schon hat Veronika Schröter [...] Wahlkreiskarten aufgezogen [...] (WA IV, 537)

Auslassungs- bzw. Ersetzungsproben ergeben, daß »schon« nicht die Wahrheitsbedingungen des jeweiligen Satzes verändert.[3] Die besondere stilistische Funktion besteht vielmehr darin, daß durch die Topikalisierung ins Vorfeld »schon« und damit der Beginn einer Veränderung besonders hervorgehoben werden; das Moment des Wandels wird auf diese Weise als Aussageschwerpunkt fokussiert.

Grass verwendet Konstruktionen mit »schon« in Spitzenstellung besonders häufig, um einen Umschlag bzw. die Entwicklung eines Geschehens anzudeuten, die sich in der Gegenwart bereits wahrnehmen läßt. »Schon« besitzt in diesen Fällen auch die syntaktische Funktion eines Satzeinleiters, der das Thema der vorhergehenden Darstellungen aufgreift. So heißt es von dem Ruhm, den Grass als »Begrüßgustav« beschäftigt:

> Dick ist er geworden. Schon beginnt er, sich selbst zu zitieren. (WA IV, 337)

Wenn Zweifel »vom Willen der rankenden Pflanzen« berichtet, »einen festen Körper [zu] finden, um den sie sich ranken, wenn sie ihn finden«, heißt es:

> Zweifel versucht, eine Ranke zu sein. Schon denkt er ellipsenförmig. (WA IV, 432)

Grass leitet auf diese Weise Sätze ein, in denen Konsequenzen aus zuvor beschriebenen Verhältnissen zum Referenzzeitpunkt aktuell werden.

Die besondere Funktion dieses Stilmittels bleibt auch dann erhalten, wenn der dargestellte Zeitpunkt in der Vergangenheit liegt. So heißt es, wenn Grass die schnell einsetzenden Folgen des Wahlsieges der Nationalsozialisten von 1933 erzählt:

> Schon hatte man die Gewerkschaften [...] mit der nationalsozialistischen Betriebszellenorganisation gleichgeschaltet [...] (WA IV, 288)

Diese Darstellungsweise zeigt das Bemühen von Grass, ein zurückliegendes Ereignis im Erlebnismoment zu beschreiben, wobei der Erzähler zugleich die Folgen vollständig überblickt. Auch hier erweist sich die spezifische Konzeption

---

3 Vgl. Abraham 1976, S. 4.

von *Aus dem Tagebuch einer Schnecke,* alle drei Erzählebenen als gegenwärtig darzustellen.[4]

Wenn Zweifel den jüdischen Händler Isaak Laban auf dem Danziger Wochenmarkt aufsucht, begegnen ihm zunehmend Anfeindungen:

Schon begannen benachbarte Marktfrauen ihre Zahnlücken zu zeigen. (WA IV, 345)

Zu Zweifels Entwicklung einer Utopie vom Zwitterglück heißt es:

Am Beispiel zweier Weinbergschnecken [...] schulte Zweifel seine Spekulation vom Zwitterwesen der Melancholie und Utopie. Tabellen und Kurven: schon zeichnete sich (schematisch) das Ende der Geschlechter, Erlösung ab. (WA IV, 355)

Auch bei der Erzählung vergangener Kriegsereignisse wird mit Hilfe des topikalisierten »schon« eine zum Referenzzeitpunkt aktuell werdende Veränderung angezeigt:

Die Zeitung berichtet von Abwehrschlachten im Kurland und der immer näherrückenden Ostfront. Schon könnte man meinen, Zweifel sitzt sicher in seinem Ohrensessel. (WA IV, 499)

Schon war Insterburg in Ostpreußen gefallen, die letzte deutsche Offensive in den Ardennen zusammengebrochen. (WA IV, 529)

Der auf diese Weise betonte Aspekt der Veränderung bewirkt zugleich eine Dynamisierung der Erzählung, wie besonders in den folgenden anaphorischen Wiederholungen von »schon« innerhalb paralleler Sequenzen deutlich wird:

Schon war es Sommer. Schon war im Kampfraum Kursk die letzte deutsche Offensive zusammengebrochen. Schon war Stomma seinem Gast gegenüber freundlicher, als er es, laut Wehrmachtsbericht, hätte sein dürfen [...]. Schon begannen die Schneckenwettläufe komplizierter [...] zu werden [...] (WA IV, 492)

Ebenfalls eine Sequenz paralleler Sätze mit anaphorischem »schon« verwendet Grass, wenn Hermann Ott

[...] grundsätzlichen Zweifel verkünde[t]: Schon kam Teer mit der Flut, schon wurde von vorzeitiger Abreise gesprochen, schon stand der Badebetrieb unter Melancholieverdacht. (WA IV, 434)

---

4 *Schreiben nach Auschwitz,* S. 34. Dem Phänomen der Vergegenwärtigung korrespondiert auch der auffällig häufige Gebrauch des Temporaladverbs »jetzt« auf allen Erzählebenen, wie beispielsweise in »Jetzt erzähle ich euch [...]« (WA IV, 274); Zweifel »ist jetzt Klassenlehrer der Untertertia« (WA IV, 313); »[...] jetzt äußert er ernste Bedenken, jetzt nimmt er die Brille ab und ölt Gedankenstriche, jetzt, wieder mit Brille, fließt alles an ihm ab« (WA IV, 347); »Jetzt, bei Flut [...]« (WA IV, 428); »Jetzt bei Ebbe [...]. Jetzt, bei Flut [...]« (WA IV, 429). Das im Schreibprozeß aktuell werdende Vergangenheitsereignis erlebt bereits Pilenz in *Katz und Maus* (»Jetzt erst fällt mir ein [...]«, WA III, 11), wenn er die gegenwärtige Niederschrift und das zurückliegende Geschehen um Mahlke zusammenführt: »Während ich schwamm und während ich schreibe, versuchte und versuche ich an Tulla Pokriefke zu denken, denn ich wollte und will nicht immer an Mahlke denken. Deswegen schwamm ich in Rückenlage, deswegen schreibe ich: Schwamm in Rückenlage. [...] Und zwischen zwei Stößen notiert – das Wasser trägt ja: [...]« (WA III, 79)

Einen besonders auffälligen Parallelismus enthält eine Passage aus dem Eröffnungskapitel.[5] In dieser Engführung der im folgenden Werk entfalteten Motive vergegenwärtigt Grass mit Hilfe der »schon«-Anapher das Entstehungsmoment von *Aus dem Tagebuch einer Schnecke,* das damit von vornherein auch als »work in progress« kenntlich gemacht wird.

In anderen bemerkenswerten Fällen dient die Verwendung von »schon« im Vorfeld als Merkmal ad hoc verfügbarer auktorialer Kontrolle. In einer fiktionalen Begegnung mit Grass während eines Urlaubs holt Zweifel sich sogleich einen Sonnenbrand. Dem Einwand der Kinder: »Das haste davon. Was holste ihn raus aussem Keller!«« (WA IV, 429), folgt Grass zwei Seiten später:

> Aber gut, wie ihr wollt: schon hockt er wieder im Keller. (WA IV, 431)

Dem Wunsch seiner Kinder entsprechend, verwendet Grass seine auktoriale Macht dazu, die Kellerexistenz Zweifels fortzusetzen. Durch die Verwendung von »schon« im Vorfeld wird der Veränderungsaspekt besonders hervorgehoben, der an dieser Textstelle darin besteht, daß Grass auf seine Gestaltungsmöglichkeiten verweist.

Das gleiche ist der Fall, wenn Zweifel und Augst miteinander verglichen werden und Grass Maßnahmen erwägt, die den Selbstmord Augsts hätten verhindern helfen können:

> Und wenn ich nun doch beide an einen Tisch? [...] Schon ist es Mai in Karthaus und überall im Kaschubischen. (WA IV, 497)

Auch die ansetzende Beschreibung des Schülers Fritz Gerson wird sogleich abgebrochen:

> Der Schüler Fritz Gerson war ... – Schon muß ich mich [...] grundsätzlich korrigieren: [...] (WA IV, 322)

In gleicher Weise vermittelt der Erzähler Pilenz in *Katz und Maus* die Fiktion der Spontaneität seiner Niederschrift:

> Alles, vom Tauchen bis zu den späteren, mehr militärischen Leistungen, hat er für sie getan oder aber – schon muß ich mir widersprechen – um von seinem Adamsapfel abzulenken. (WA III, 36)

Grass benutzt dieses stilistische Mittel vielfach, um zukünftige Entwicklungen zu antizipieren und aus seiner skeptischen Grundhaltung heraus vor in seinem Sinne gefährlichen Tendenzen zu warnen. Wenn Grass während des Wahlkampfes »religiöse Miefproben« aus Bayern und dem Münsterland mit dem Kommunismus assoziiert, heißt es:

> Der Kommunismus, zum Beispiel, könnte als Religion Zukunft haben. Schon rieche ich, wie es ihm nach zwitterhafter Begegnung mit dem Katholizismus gelingt, einen Großmief aus Mystik und Materialismus zu züchten. Windstille könnte dann herrschen. Unbewegte Zeiten kämen. Kein Platz für Zweifel. Nur regelmäßige Heiligsprechungen und ab und zu Wundermeldungen aus der Zentrale. (WA IV, 504)

Die hier formulierte Affinität von Glaube und Ideologie wird von Grass vielfach so zugespitzt, daß Religion und z. B. die kommunistische Ideologie unidentifizier-

---

5 Der Abschnitt wird S. 168 dieser Arbeit vollständig zitiert.

bar und damit austauschbar werden, wie in »Wundermeldungen aus der Zentrale«
christlicher Wunderglaube und der Aspekt des kommunistischen Zentralismus
konstruktionell kontaminiert werden.[6] Gemeinsam ist beiden das Bedürfnis ihrer
Anhänger, an etwas glauben zu dürfen:

> Viel barfüßige und jetzt, da es zu spät ist, frühchristliche Jugend hungert nach neuem
> Mythos, will irgendwas glauben können, hat schon den paradiesischen Blick und wird
> die Schranke Vernunft überhüpfen ... (WA IV, 420)

Auch in diesem Beispiel vollzieht sich ein Wechsel von der gegenwärtigen Schilderung zu einer sich abzeichnenden Irrationalität.

Wenn Grass sich selbst beschreiben soll, listet er lediglich Bestimmungen auf,
die bewußt jede positive Festlegung vermeiden. Das damit verbundene Bekenntnis
zum Skeptizismus mündet in die Befürchtung:

> Weil immer noch unbestimmt, werde ich langsam zum Schneckenprinzip.
> Schon eigne ich mich für Spekulationen. (WA IV, 325)[7]

Im folgenden Beispiel wird mit »schon« ebenfalls auf eine irrationale, resignative
Haltung angespielt:

> Alles hängt, auch das Gegenteil.
> Schon wird das Wörtchen »sinnlos« reihum geraucht. (WA IV, 347)[8]

Für die Gedichte im *Butt* hat Manfred Jurgensen auf Grass' Gewohnheit hingewiesen, »das zeitlose Zeitzeichen ›schon‹ als sprachmanipulierenden Wendepunkt
zu verwenden«[9].

Das Gedicht *Vorgeträumt* veranschaulicht den dargestellten Aspekt der Antizi-
pation gefährlicher Entwicklungen besonders gut, wenn der wahrgenommene Zeitumbruch in den Temporalbestimmungen »noch« und »schon« erscheint:

> Vorsicht! sage ich, Vorsicht.
> Mit dem Wetter schlägt auch das bißchen Vernunft um.
> Schon ist Gefühl zu haben, das irgendwie ist:
> irgendwie komisch, unheimlich irgendwie.
> Wörter, die brav ihren Sinn machten,
> tragen ihr Futter gewendet.
> Zeit bricht um.
> [...]
> Und die ihr Vernünftlein noch hüten,
> schrauben die Funzel kleiner.
> Ausbrüche von Gemütlichkeit.
> Gruppendynamische Tastversuche.
> Wir rücken zusammen: noch vermuten wir uns.
> Etwas, eine Kraft, die noch nicht, weil kein Wort taugt,

---

6 Vgl. auch »berufsmäßige Gottesstreiter, die Christi Blut in hegelförmigen Flaschen
abfüllen« (WA IV, 305).
7 Vgl. S. 208 f. dieser Arbeit.
8 Weitere Konstruktionen mit »schon« im Vorfeld finden sich in *Aus dem Tagebuch einer
Schnecke* z. B. WA IV, 402, 407, 429, 445, 501.
9 Jurgensen 1980, S. 137.

benannt worden ist, verschiebt, schiebt.
[...] (WA V, 49)[10]
Doch nicht nur in lyrischen Passagen des *Butt* läßt sich das Stilmittel nachweisen. In diesem Werk verwendet Grass »schon« besonders häufig.[11] Die beschriebene Stellung von »schon« im Vorfeld trägt dazu bei, die in der Gegenwart erzählten Vergangenheitsereignisse zu aktualisieren, dynamisierend darzustellen. So heißt es z. B. in der Erinnerung des Erzählers an den Tod Adalberts im Jahre 997:
> Glaubwürdig war die Annahme, es hätten den Adalbert die heidnischen Pruzzen erschlagen. Schon lief eine Staffette, um dem Polenkönig Bericht zu geben. (WA V, 122)

Die Möglichkeit, mit »schon« auf eine sich im Referenzzeitpunkt anbahnende, zumeist negativ bezeichnete Entwicklung zu verweisen, findet sich bereits in der *Blechtrommel* in Oskars Gedicht *Am Atlantikwall* am Vorabend der Invasion:
> Noch waffenstarrend, mit getarnten Zähnen,
> Beton einstampfend, Rommelspargel,
> schon unterwegs ins Land Pantoffel,
> wo jeden Sonntag Salzkartoffel
> und freitags Fisch, auch Spiegeleier:
> wir nähern uns dem Biedermeier!
> Noch schlafen wir in Drahtverhauen,
> verbuddeln in Latrinen Minen
> und träumen drauf von Gartenlauben,
> von Kegelbrüdern, Turteltauben,
> vom Kühlschrank, formschön Wasserspeier:
> wir nähern uns dem Biedermeier! (WA II, 416)

Grass benutzt die enge Bedeutungsbeziehung zwischen »noch« und »schon«[12] mit hier sich teilweise überlappender Zeitreferenz, um den nahtlosen Übergang von Nazi-Deutschland in die restaurative Nachkriegsepoche, »unser heute in Blüte stehendes Biedermeier« (WA II, 422), anzuprangern, die eben nicht traditionslos in der Stunde Null begann, denn kein »Zusammenbruch fand statt. Keine Stunde Null schlug uns. Trüb fließend waren die Übergänge.« (WA VI, 155)[13]

Genau dieser Restaurationsaspekt erscheint in der *Rättin* wieder, wenn Oskar in einer längeren Rede das Hineinflüchten beider deutscher Staaten in die jeweiligen Siegerlager anprangert:
> Schon heißen die staatlichen Trugbilder Republik, die Wandmalereien: das Wunder von Lübeck. (WA VII, 428)
> Schon sind sie militärisch zurechnungsfähig aufs neue. (WA VII, 429)[14]

---

10 Vgl. Neuhaus 1985, S. 42.
11 Belege für »schon« im Vorfeld finden sich im *Butt* z. B. WA V, 30, 100, 107, 116, 122, 305, 314, 321, 331, 347, 377, 378, 385, 388 etc.
12 Vgl. Abraham 1976, S. 15 f.
13 Vgl. Neuhaus 1985, S. 37. Weitere Belege für »schon« im Vorfeld finden sich in der *Blechtrommel* z. B. WA II, 71, 88, 164, 470.
14 Weitere Belege für »schon« im Vorfeld finden sich in der *Rättin* z. B. WA VII, 30, 68, 84, 165, 276, 291.

4.5.2   Ausklammerung und Einbettung als Stilmittel

Unter Ausklammerung ist die Möglichkeit im Deutschen zu verstehen, Elemente eines Satzes (Wörter, Phrasen, Gliedsätze) hinter die rechte Satzklammer zu stellen. Dabei sind zwei stilistisch bemerkenswerte Verwendungen zu unterscheiden.[15] Einmal handelt es sich um den Fall der sogenannten »echten« Ausklammerung, bei der fakultativ Elemente ins Nachfeld gestellt werden (meist Präpositionalphrasen, Adverbialphrasen[16]). Im zweiten Fall, der »notwendigen« Ausklammerung, werden mehr oder weniger obligatorisch Nebensätze, Infinitive sowie Teile von Vergleichskonstruktionen ausgeklammert,[17] um ein »Nachklappen« der rechten Verbklammer zu vermeiden. Die Ausklammerung »ist bereits zur Norm geworden in folgenden Fällen: (a) Häufung komplexer Satzglieder, die eine zu schwerfällige Klammerkonstruktion ergeben würden [...]; (b) Eingeleitete Nebensätze und Infinitivkonstruktionen [...]; und vor allem (c) bei besonders hervorzuhebenden Satzgliedern.«[18] Die Tendenz zur Ausklammerung ist dabei um so größer, je größeren Umfang der Satz besitzt.[19]

Zunächst werden in *Aus dem Tagebuch einer Schnecke* Beispiele auffälliger Ausklammerungen untersucht, die fakultativ aus stilistischen Gründen vorgenommen werden. So sagt Grass im Zusammenhang mit dem Selbstmord Augsts:

Er will nicht Fußnote sein, will auftreten (figürlich) immer wieder mit seinen Fläschchen. (WA IV, 449)

In diesem Beispielsatz steht der rechte Verbklammerteil direkt neben dem finiten Verb, so daß alle folgenden Satzglieder aus dem Satzrahmen ausgeklammert sind. Die Diskontinuität des Satzes wird durch die parenthetisch verwendete freie Angabe »(figürlich)« noch verstärkt. Die beiden hintereinanderfolgenden Verbteile »will auftreten« bilden den direkten Gegensatz zu »Er will nicht Fußnote sein«[20] und dienen der positiven Bestimmung Augsts, während die ausgeklammerten Satzglieder die Art und Weise seines Auftretens näher umschreiben.

Durch die Ausklammerung kommt es auch zu intonatorischen Veränderungen, indem nun jede einzelne Phrase für sich akzentuiert wird.[21] Durch die Wortstellung werden alle Modifizierungen des Verbs sukzessive fokussiert. Zugleich wird auf diese Weise ein retardierender Effekt erzielt.

Die Fokussierung der Verbbedeutung ist auch die primäre Funktion in:

---

15 Vgl. Lewandowski 1984, Bd. I, S. 108. Vgl. zu den Bedingungen für die Ausklammerung auch Lenerz 1979, S. 84.

16 Vgl. Duden 1973, S. 626.

17 Vgl. Lenerz 1979, S. 84.

18 Bußmann 1990, S. 112.

19 Vgl. Beneš 1968, S. 296.

20 Wie vielfach bei Grass ist die Konjunktion – in diesem Fall ein adversatives »sondern« – ausgelassen.

21 Der gesamte Satz wird meines Erachtens erst durch eine besonders hervorhebende Betonung der nachgestellten Satzglieder grammatisch.

98

Sie wollen abschaffen, irgendwas, das System, ersatzweise mich. (WA IV, 278)
Im nächsten Beispiel besteht die Funktion der Ausklammerung wiederum in der Isolierung der einzelnen Satzglieder zur Hervorhebung zusätzlicher Informationen:
Worüber ich rede, jetzt dreimal täglich? (WA IV, 450)
Auch hier werden mehrere Aufmerksamkeitsschwerpunkte innerhalb eines Satzes gebildet und deutlich voneinander unterschieden.[22]

Die beschriebene Funktion der Hervorhebung und der Retardation zeigt sich auch in den folgenden Fällen:
Wird es reichen diesmal? (WA IV, 512)
Doch jetzt wollte Lisbeth wissen, alles, klitzeklein. (WA IV, 517)
Sehr häufig werden ausgeklammerte Satzglieder durch eine bestimmte Interpunktion (meist durch Doppelpunkte[23] oder Kommata) zusätzlich besonders gekennzeichnet:
Ihr Plan schmeckt nach Barzel, gegen den ich versagt habe, gestern in Köln. (WA IV, 365)
Ich will es ihm nachrufen, später. (WA IV, 405)[24]
Ich laufe mir hinterdrein: lästig ... (WA IV, 407)
Soweit er sich verfolgte, selbst seiner Willenlosigkeit war Wille ins Futter genäht worden, willentlich. (WA IV, 415)
Auf Papier oder blank in die Luft: ich schreibe. (WA IV, 484)
Auch in anderen Prosawerken benutzt Grass die Ausklammerung in stilistischer Funktion. So gibt es beispielsweise in *Butt*[25] und *Rättin* viele Textstellen, an denen Grass mit diesem Stilmittel arbeitet. *Die Rättin* beginnt sogar mit einem Satz, in dem ein pronominales Objekt ausgeklammert ist:
Auf Weihnachten wünschte ich eine Ratte mir [...] (WA VII, 5)[26]
Bei dem zweiten stilistisch interessanten Aspekt der Ausklammerung in *Aus dem Tagebuch einer Schnecke* handelt es sich um Konstruktionen, bei denen die Ausklammerung mehr oder weniger obligatorisch wäre, Grass aber zum Teil recht umfangreiche Gliedsätze gerade nicht ausklammert.
Heute saß ich bei ihm eine Stunde und hätte ihm die Streichhölzer, weil sein Spiel abgeguckt und zur lähmenden Mode wird, klauen mögen. (WA IV, 285)

---

22 Vgl. Beneš 1968, S. 294. Hans Altmann differenziert zwischen Ausklammerungen und Nachträgen, die typischerweise mit Einleitungsfloskeln wie »und zwar«, »nämlich« auftreten und intonatorisch durch eine Satzpause vom vorausgehenden Satz getrennt sind. Vgl. Altmann 1981, S. 71.
23 Vgl. S. 84–86 dieser Arbeit.
24 Vgl. *Der Butt*, WA V, 75: »Ich werde ihm nachrufen, später.«
25 Belege für die stilistische Ausklammerung im *Butt* finden sich z. B. WA V, 304, 315, 318, 323, 389, 400.
26 Weitere Belege für die stilistische Ausklammerung in der *Rättin* finden sich z. B. WA VII, 9, 10, 22, 26, 36, 38, 40, 41, 141, 173, 174, 191, 425, 441.

Es kommt durch die Einrahmung des kausalen Nebensatzes zum sogenannten
»Nachklappen« der rechten Verbklammer, etwas, das standardsprachlich vermieden wird.[27]
Durch die weite Öffnung der Satzklammer wird das Verständnis dieser Konstruktion erschwert, weil die vor dem Gliedsatz liegenden Elemente vom Leser
lange im Gedächtnis gespeichert werden müssen, bis die infiniten Verbformen am
Satzende erscheinen.

Auch die folgenden Einbettungskonstruktionen verstoßen meines Erachtens
mehr oder minder gegen »die stilistische Tendenz, Sätze ohne hinten geschlossene
Satzklammer möglichst nicht auf ein ›gewichtsloses‹ Satzglied enden zu lassen«[28],
und werden als bewußtes Stilmittel aufgefaßt, das dazu beiträgt, ein schnelles
Lesen zu verhindern:

> Zweifel trug, wenn er auf den Wällen der ehemaligen Befestigungsanlage Bastion
> Kaninchen spazierenging, karierte Knickerbocker. (WA IV, 283)
> (Schlug sich, weil Linsen eine Nachricht sind, in fünfzig Zeitungen nieder.) (WA IV,
> 293)
> Zweifel begriff, daß Stomma sein Automobil, wie sonst nichts auf der Welt, geliebt
> hatte. (WA IV, 397)
> Auch blieb die Stallaterne, wenn Stomma treppauf stieg, im Keller. (WA IV, 445)
> Denn Lisbeth Stomma wurde, seitdem sie gesund und normal war, Ackerland erben und
> Sauerkirschbäume besitzen wollte, ganz normal zänkisch. (WA IV, 529)
> Die alten Synagogenvorsteher [...] sollen, nachdem unterschrieben worden war, geweint
> haben. (WA IV, 354)

Die syntaktische Gestaltung des letzten Beispiels korrespondiert zugleich der
dargestellten Chronologie des Unterschreibens und der anschließenden Reaktion.

Auch im folgenden Beispiel zeigt sich Grass' Bemühen um einen Zusammenhang zwischen der Aussage und der sprachlichen Form:

> Bettina, geduldig bei den Kindern, ist, weil ihr Freund sie politisiert hat, neuerdings
> streng mit mir. (WA IV, 282)

Eine Funktion der Einbettung des Kausalsatzes läßt sich in diesem Beispiel auch
darin sehen, eine bestimmte Figurenkonstellation mit Hilfe syntaktischer Mittel
darzustellen. Daß dies nicht zufällig ist, wird an zahlreichen Beispielen ersicht-
lich. So deutet Grass einzig durch die Abfolge der Pronomen in Aposiopesen
persönliche Beziehungen zwischen Vladimir Kafka und Anna Grass an:

> Weil er, ist Anna, bin ich ... (WA IV, 405)[29]

Wenn Zweifel verhindert, daß Anton Stomma seine Tochter Lisbeth schlägt,
korrespondiert dem auch die Abfolge der Namen innerhalb einer Sequenz kurzer
Sätze mit der Mittelstellung Zweifels zwischen Stomma und dessen Tochter[30],

---

27 Vgl. Drosdowski/Henne 1980, S. 627.
28 Lenerz 1977, S. 63.
29 Vgl. S. 165 dieser Arbeit.
30 Vgl. S. 148 f. dieser Arbeit.

wie auch die ethnische Mittelposition der kaschubischen Minderheit zwischen Polen und Deutschen allein anhand der syntaktischen Gestaltung deutlich wird.[31]

In der *Blechtrommel* findet sich bereits dieses Verfahren, wenn im folgenden Beispiel Oskars Mutter in der Abfolge Matzerath–Mama–Jan–Mama–Matzerath immer zwischen Jan Bronski und Matzerath steht:

»Dienst ist Dienst«, sagte Matzerath, »und Schnaps ist Schnaps!«, verließ, nachdem er den Mittagsbraten vorbereitet hatte, jeden Sonntagmorgen Mama und brachte mich in eine peinliche Situation, weil Jan Bronski, der ja den Sinn für die neue sonntägliche politische Lage besaß, auf seine zivil eindeutige Weise meine verlassene Mama besuchte, während Matzerath in Reih und Glied stand. (WA II, 135)

Für den Beginn von *Katz und Maus* weist Daniela Hermes nach, wie sorgfältig die Dreiecksbeziehung Katze–Pilenz–Mahlke in der Satzabfolge komponiert ist.[32] Die Wortstellung erweist sich dabei als ein ikonisches Mittel, personale Beziehungen zu veranschaulichen.

Auch im nächsten Beispiel lassen sich inhaltliche Funktionen der Beibehaltung der Satzklammer erkennen:

Anton Stomma wurde, wie er sagte, im Dreikaiserjahr, 1888, als Wilhelm I. starb, dann Friedrich III. starb und Wilhelm II. aufrückte, in Gussin, Kreis Karthaus, geboren. (WA IV, 396)

Grass erzielt durch das Nachklappen der isolierten rechten Verbklammer am Ende des Satzes eine besondere Akzentuierung von »geboren«, woraus sich ein deutlicher Gegensatz zwischen dem voraufgehenden Sterben der Kaiser Wilhelm I. und Friedrich III. und der Geburt Stommas ergibt. Da es sich um eine indirekte Rede Stommas handelt, ist dieser Vergleich ironisch zu verstehen.

Im folgenden Beispiel verweist die Einbettung des Nebensatzes auf die Gleichzeitigkeit der Ankunft Kiesingers und der Handlung im Restaurant:

Das Servierfräulein löste sich von der Fensterfront, lächelte wie erlöst, brachte den Pfeffer und nahm, während draußen Kiesinger vorfuhr und der Beifall der Jungen Union klappte, die restlichen Bestellungen auf. (WA IV, 502)

Durch die Einbettung des Nebensatzes wird die Ankunft Kiesingers von der Hauptsatzhandlung überlagert und als untergeordnet dargestellt.[33]

Grass verwendet zumeist mit »während« eingeleitete Sätze in einbettenden Konstruktionen, wodurch auf die Gleichzeitigkeit mehrerer Ereignisse auch syntaktisch verwiesen wird:

Ich will jetzt keine Stimmung auspinseln und Strichmännchen kritzeln, obgleich sich draußen, während die Stühle uns steif werden ließen, Pathos auf Breitwand auslebte. (WA IV, 291)

---

31 Vgl. S. 173 f. dieser Arbeit.
32 Vgl. Hermes 1991, S. 174 f.
33 Grass präsupponiert hier mit dem Verb »klappen«, daß der Beifall der Jungen Union organisiert und einstudiert ist. Ebenso präsupponiert der Satz »als […] draußen die Schwarzen ihre Junge Union schon mit Fackeln bestückten« (WA IV, 534) eine von oben gesteuerte Parteijugend.

Franz und Raoul pinseln auf alles »I love peace!« und streiten sich, während sie pinseln, bis kurz vorm Brudermord. (WA IV, 314) Er meldete sich, noch während ich redete, unübersehbar zu Wort und hatte eine Verkünderstimme. (WA IV, 463) Wenn Grass sagt, daß er »immer schon [...] gleichzeitigen Ereignissen hinterdrein« (WA IV, 341) war, demonstriert er die stilistische Absicht mit formalen Mitteln:

In Burghausen fand, während ich im Lindacher Hof eine Pressekonferenz gab, draußen (bei schönem Wetter) eine Schießerei statt: Der Arbeiter Norbert Schmitz verfolgte seine geschiedene Frau, schoß, während er verfolgte, den Schreiner Josef Wohlmannstetten nieder, schoß dann, schon selber verfolgt, auf Landpolizisten, die sich, während er noch seine geschiedene Frau verfolgte, mit einem Funkstreifenwagen genähert hatten, schließlich, als Wohlmannstetten schon blutete, am Tatort waren, und wurde, während ich im Lindacher Hof aktuelle Fragen beantwortete, von Landpolizisten mehrmals in den rechten Oberschenkel getroffen. (WA IV, 342)

Gerade durch die häufige Verwendung von Parenthesen und spezifizierenden Relativsätzen, aber auch anderen Nebensatztypen kommt es zu der für Grass' Prosa typischen Distanzstellung der Elemente eines Satzes. Durch die Kontaktstellung dieser Einschübe mit ihren jeweiligen Bezugsphrasen ist vielfach keine sinnvolle Ausklammerung möglich. Dies veranschaulicht auch das folgende Beispiel:

Gestern noch, als ich das Bimswerk Meurin in Kruft besichtigte und einen Wahlkreis beackerte, der bis in die Eifel reicht und entsprechend schwarz ist, überlegte ich, zwischen dem Abstecher nach Mayen und dem Gespräch mit den Benediktinermönchen in Maria Laach, ob es sich lohne, euch mehr und Peinliches von Zweifels Verlöbnis mit der Bibliothekarin Erna Dobslaff zu erzählen oder ob die Mitteilung genüge: [...] (WA IV, 381)

Die unterstrichenen Satzteile bilden das »eigentliche« Gerüst des Satzgefüges, das mehrfach unterbrochen wird. Die Unterbrechungen des »eigentlichen Hauptsatzes« spiegeln die Dauer der Zeit zum Überlegen (und dessen »Nischenstellung im Wahlkampf«) wider. Auch hier verweist die gewählte syntaktische Form also auf einen inhaltlichen Aspekt.

Die Wortstellung erweist sich dadurch als eine Folgeerscheinung des erzählerischen Bemühens, einen Text phänomenal möglichst stark anzureichern. Syntaktisch entspricht dem eine Expandierung des Satzes um eine Vielzahl von insbesondere Relativsätzen, Gliedsätzen und Parenthesen.

Durch eine ständige Spezifizierung entsteht die mehrfache Unterbrechung einer Konstruktion:

Schon am ersten Kriegstag war das Kind, ein dreijähriger Junge, unter die Räder eines Militärfuhrwerks geraten, dessen Pferde, wie die Pferde anderer Fuhrwerke, durchgingen, als die Kolonne auf dem Rückzug, kurz hinter Karthaus, von deutschen Sturzkampfflugzeugen bombardiert wurde. (WA IV, 394)

Gerade durch die Einbettung von Relativsätzen ist vielfach der Matrixsatz deutlich unterbrochen, wobei eine Ausklammerung nur unter bestimmten Bedingungen akzeptabel ist:

An jenem Sonnabend, an dem Zweifel in der Häkergasse einen Salatkopf, der später zweimal durchstochen wurde, für wenige Pfennige gekauft hatte, begann auf allen

Danziger Märkten und gleichfalls in den Geschäftsstraßen die Gewalt volkstümlich zu werden [...] (WA IV, 346)

> Einer Studentin, die beim Kirchentag in der Halle I neben ihm saß, zeigte Augst, nachdem er daraus getrunken hatte, das Fläschchen. (WA IV, 477)

> Im August brachte Lisbeth Stomma, nachdem sie Zweifel schon viele und leicht zu benennende Schnecken gebracht hatte, eine Nacktschnecke, die er, der alle Mollusken der Klasse Gastropoda beim Namen kannte, nicht bestimmen konnte. (WA IV, 500)

In *Katz und Maus* werden in einen Satz Erläuterungen sowie Zitate Mahlkes aus einem Feldpostbrief integriert:

> Zusätzlich bat er, beim Heiligen Judas Thaddäus – einem Neffen zweiten Grades der Jungfrau Maria; Mahlke kannte die heilige Familie – Gebete einzulegen und eine Messe für den verunglückten Vater – »Er verließ uns ja, ohne versorgt gewesen zu sein« – lesen zu lassen. (WA III, 105)

Das stilistische Bestreben, mit Hilfe der Wortstellung inhaltlichen Aussagen zu entsprechen, zeigt sich erneut deutlich in der folgenden Satzperiode:

> Plötzlich, nach leiser Beschwörung von Sachzwängen, speit er erschreckend das Wort »nüchtern«, hackt nun den Satz, als sei er Langholz, zu gleich kurzen Klaftern, besteigt eine himmelstürmende Leiter, die er (wohl schwindelfrei) weiter, noch weiter ausfahren läßt, steigt jetzt – mitten im Satz – zögernd, als genieße er seine Verstiegenheit, ab, stapelt unten, kaum angekommen zwischen den gleichkurzen Klaftern, eine Pyramide aus Konjunktiven, läßt sie langsam (zum Mitschreiben) einstürzen, lacht nun – warum lacht er? – und bleibt mit seinem Gelächter alleine. (WA IV, 329)

Wenn Grass Herbert Wehners rhetorischen Duktus beschreibt, bildet er dessen »Zerhacken« eines Satzes nach; tatsächlich entsprechen den »gleich kurzen Klaftern« sechs Konstruktionen mit jeweils genau vier Elementen. Ebenso wird das allmähliche Ausfahren der Leiter formal nachgestaltet durch die Erweiterung der Korrekturform »noch weiter«; dem zögernden Abstieg korrespondiert der retardierende, eingebettete Satz.

Durch die Einbettung des Temporalsatzes in den Gliedsatz folgt die Darstellungsweise im folgenden Beispiel der eskalierenden Chronologie des Überfalls. Zugleich wird durch die rechte Satzklammer am Satzende der direkte Bezug der anschließenden Krankenhauseinlieferung Semmelmanns ermöglicht:

> In keinem Bericht, auch nicht im Bericht des Völkerbundkommissars Burckhardt, stand zu lesen, daß man den Koffermacher Semmelmann, nachdem seine Koffer geschlitzt, die Dampfpresse und die Lederstanze mit Brechstangen und Vorschlaghämmern zu Schrott zerschlagen waren, gleichfalls mit Walkhölzern zerschlagen hatte: ins Marien-Krankenhaus eingeliefert, starb er nach einem Herzanfall am 20. November 1937. (WA IV, 346)[34]

Auch diese Beobachtungen lassen sich für andere Grass-Werke, beginnend mit der *Blechtrommel*, bestätigen:

---

34 Weitere Belege für die Nicht-Ausklammerung in *Aus dem Tagebuch einer Schnecke* finden sich z. B. WA IV, 295, 330, 346, 354, 380, 383, 409, 410, 411, 414, 415, 472, 488, 533.

Da Oskar nicht die erforderliche Größe hatte, auch nicht gewillt war, <u>hinter dem Laden-</u> <u>tisch zu stehen</u>, Knäckebrot, Margarine und Kunsthonig zu verkaufen, <u>nahm Matzerath</u>, den ich der Einfachheit halber wieder meinen Vater nenne, <u>Maria Truczinski</u>, meines armen Freundes Herbert jüngste Schwester, <u>ins Geschäft</u>. (WA II, 316) Die unterstrichenen Satzteile bilden das eigentliche Satzgerüst, das ständig durch Zusatzinformationen unterbrochen wird.[35]

Auch in späteren Werken wie *Butt* und *Rättin* verzichtet Grass bewußt auf die stilistisch geforderte Ausklammerung wie in den folgenden Beispielen:
Also erzählte die Äbtissin ihren nach Leben juckärschigen Nonnen, während der süße Hirsebrei auf dem langen Tisch weniger wurde, was Leben ist und wie rasch es zer- bröselt. (WA V, 229)
Der syntaktisch notwendige Objektsatz (»was Leben ist [...]«) der Hypotaxe folgt dem eingebetteten Nebensatz. Der durch die Konjunktion »während« angezeigten Gleichzeitigkeit entspricht syntaktisch die Erhaltung der Satzklammer. Zudem steht zwischen den beiden Bezügen auf Leben im Nebensatz ein konkretes Beispiel für die Grasssche Auffassung von Leben, in der der »Genuß des Essens« einen »sinnlichen Trost im Chaos der Welt«[36] darstellt.
[...] <u>daß ich</u>, als ich unserm Kind [...] oder [...] oder als ich [...] und [...], <u>regelrecht</u> <u>fröhlich wurde</u> [...] (WA V, 322)
<u>(Von mir</u>, der ich, nach hastiger Rückkehr aus Tuchel, als einziges Leichengefolge Amanda auf dem ehemaligen Klosterfriedhof beerdigt habe, <u>kein Wort</u>.) (WA V, 381)
<u>Nachdem wir unsere Liebe</u>, die, trotz allem, stark war, <u>geprüft hatten</u>, sagte Lena wie ohne Verdacht: [...] (WA V, 490 f.)[37]
[...] <u>doch ist man der runden Zahl wegen</u>, die, historisch verbrieft, auch kirchlicherseits angemessen gefeiert werden soll, <u>guter Dinge</u>. (WA VII, 51)
<u>Ich</u> warf ihr blindwütige Rattenkriege, [...], viel Angelesenes ohne Beweis vor und <u>wollte</u>, während sie meine Anwürfe geduldig widerlegte – nur euch angepaßt, konnte das Rattige überleben – <u>fliehen</u>, raus aus dem Traum. (WA VII, 167)[38]

35 Weitere Belege für die Nicht-Ausklammerung in der *Blechtrommel* finden sich z. B. WA II, 72, 89, 102, 118, 254, 275, 463, 490, 491.
36 Neuhaus 1985, S. 32.
37 Weitere Belege für die Nicht-Ausklammerung im *Butt* finden sich z. B. WA V, 239, 380.
38 Weitere Belege für die Nicht-Ausklammerung in der *Rättin* finden sich z. B. WA VII, 17, 18, 66, 79.

104

4.5.3 Rechtsversetzungen

Von der Ausklammerung werden in der Linguistik die Fälle der sogenannten Rechtsversetzung unterschieden. Darunter sind nach Hans Altmann satzgliedwertige Ausdrücke zu verstehen, die isoliert am Satzende stehen, meist durch Kommata abgetrennt.[39] Der rechtsversetzten Phrase geht eine koreferierende Pro-Form voraus, eine »pränominale Kopie«[40], wie im folgenden Beispiel aus *Aus dem Tagebuch einer Schnecke:*

Ich kann das, Kinder, mir deutlich was ausdenken. (WA IV, 267)

Die Funktion solcher Rechtsversetzungen sieht Altmann darin, eine Pronominalisierung aufzulösen, »die den Hörer nach Einschätzung des Sprechers überfordert«[41]. Allerdings trifft diese Beobachtung vorwiegend auf gesprochene Sprache zu, denn in den hier vorliegenden Fällen wird nicht eine in der Sprechsituation entstandene Komplexität nachträglich aufgelöst, sondern eine bestimmte Konstruktion bewußt geschaffen.

Die als Stilphänomen von Grass' Prosa entscheidende Funktion ist darin zu sehen, bestimmte Phrasen oder Sinnabschnitte durch eine Rechtsversetzung besonders hervorzuheben. Das geschieht einmal durch eine kataphorische Pro-Form, deren Textbezug also zunächst unklar ist und den Leser zu einem Deutungsprozeß zwingt, und außerdem intonatorisch, da die Grenzen eines rechtsversetzten Ausdrucks »fast immer durch deutlich ausgeprägte Pausen markiert«[42] sind.

Im Vergleich mit der Ausklammerung wird auf diese Weise noch deutlicher ein zusätzlicher Informationsschwerpunkt innerhalb eines Satzes gebildet, wie z. B. im folgenden Fall:

[...] seit Bebel hat er sich frischgehalten, der Streit der Schnecken, die springen wollen. (WA IV, 363)

Die Rechtsversetzung ermöglicht im vorangehenden Teilsatz die hervorhebende Endstellung von »frischgehalten«. Durch die kataphorisch verwendete Pro-Form wird die Wahrnehmung des Lesers zudem auf die koreferente Nominalphrase »der Streit der Schnecken« gerichtet, womit der identifizierende Relativsatz gleichzeitig an das hervorhebende Ende der Gesamtkonstruktion gerückt wird im Gegensatz zur folgenden Formulierungsvariante:

[...] seit Bebel hat sich der Streit der Schnecken, die springen wollen, frischgehalten.

Die spezifische Wortstellung übernimmt damit zugleich die Funktion, innerhalb einer informationell sehr dichten und bildhaften Sprache ein konzentriertes Lesen zu steuern. Das bestätigt auch das folgende Beispiel, in dem Grass sich erinnert:

---

39 Zum Begriff und den hier gegebenen Darstellungen vgl. Altmann 1981, S. 54.
40 Vater 1985, S. 37.
41 Altmann 1981, S. 55.
42 Ebenda.

Nie wieder werde ich so lesen können, wie ich als Vierzehnjähriger gelesen habe: so
absolut. (WA IV, 335 f.)[43]
Darüber hinaus läßt sich auch in diesem Fall Grass' Bestreben nachweisen, der
dargestellten Absolutheit des Lesens durch die syntaktische »Losgelöstheit« des
Adverbs zu entsprechen.

In einem besonderen Fall in *Aus dem Tagebuch einer Schnecke* wird sogar ein
Verb rechtsversetzt:[44]

Aber die Schwarzen können das nicht, verlieren. (WA IV, 541)

Wie in den zuvor beschriebenen Beispielen wird mit Hilfe dieser syntaktischen
Konstruktion die von Grass konstatierte Unfähigkeit der »Schwarzen«, Niederlagen
fair hinzunehmen, besonders hervorgehoben.

Insgesamt erweisen sich Rechtsversetzungen in *Aus dem Tagebuch einer
Schnecke* nicht als quantitativ, aber für geschriebene Sprache als qualitativ auffäl-
liges Stilmittel, das auf die durchgehende Geformtheit der Grassschen Prosa in
Hinsicht auf konkrete Funktionen verweist. So wird im nächsten Zitat auf diese
Weise das Sprachspiel mit den antithetischen »leicht« und »schwer« herausgestellt
und der Aussageschwerpunkt des Satzes besonders verdeutlicht:

Bebel schrieb Briefe nach London, Zürich und London. Denn es war gar nicht so
leicht, dem Kaufmann Engels zu erklären, wie schwer das ist: der Sozialismus in seiner
Praxis. (WA IV, 364)

Dem Widerspruch der Kinder begegnet Grass mit einem Satz, in dem durch die
Rechtsversetzungskonstruktion »zweifelt« und »Zweifel« nahezu die Eckpositionen
einnehmen:

Ihr zweifelt, Kinder, und sagt, den gibt es, gab es nicht, Zweifel. (WA IV, 532)

4.5.4   Nachstellung attributiver Adjektive

Zu den interessanten Wortstellungsphänomenen in *Aus dem Tagebuch einer
Schnecke* gehört auch die auffällige Nachstellung von attributiven Adjektiven hinter das jeweilige Bezugsnomen, wie in der folgenden satzwertigen Nominalphrase:

Post, nachgeschickte. (WA IV, 435)

Vielfach ist jedoch nicht wie in diesem Beispiel die Nachstellung morphologisch
durch die Kongruenz mit dem Bezugsnomen deutlich erkennbar, sondern das
Adjektiv weist sowohl syntaktisch als auch morphologisch Eigenschaften eines
Adverbs auf, obwohl semantisch-pragmatisch der nominale Bezug bestehen bleibt:

Nein, unheimlich ist nicht, daß Rainer Candidus Barzel seine Gegner verleumdet,
sondern der Wunsch allgemein, er möge verleumden. (WA IV, 362)

---

43 Weitere Belege für durch Doppelpunkt abgetrennte Rechtsversetzungen finden sich
    S. 85 f. dieser Arbeit.
44 Nach Altmann 1981, S. 54 handelt es sich bei rechtsversetzten Ausdrücken meist um
    Nominal- bzw. Präpositionalphrasen.

Wählerinitiative soll anlaufen, sagte (versprach) Veronika Schröter <u>hochschwanger</u> [...]
(WA IV, 442)

Die dargestellten Formen nehmen eine Mittelstellung ein, indem sie syntaktisch vom Verb kontrolliert werden, also adverbial verwendet werden und sich zugleich inhaltlich auf vorangehende Nomina beziehen. Die Textfunktion dieses Stilmittels ist auch in diesen Fällen darin zu sehen, daß Grass bewußt von Wortstellungsgewohnheiten abweichen will, um eine aufmerksame Lesehaltung zu erzwingen.

Eine Schnecke (wirklich) inmitten Spekulationen. (WA IV, 468)

In diesem Fall wird das nachgestellte »wirklich« als Attribut zusätzlich eingeklammert, wodurch Grass das antithetische Verhältnis von Realität und Idealität betont. Indem die Konstruktion einen vollständigen Relativsatz ersetzt, ist auch hier deutlich die Absicht der formalen Verknappung zu erkennen.

In »das Fritzchen‹ hager« (WA IV, 407) ist die Nachstellung erforderlich, da Grass die Verkleinerungsform zitathaft verwendet.

Wesentlich häufiger als in *Aus dem Tagebuch einer Schnecke* benutzt Grass diese auffällige syntaktische Konstruktion im *Butt*. Am Anfang bereits heißt es, daß die Frauen

zu oft nur stumm duldend und selten beredt – [...], für Männer <u>gestiefelt</u> oder mit schnalzenden Hosenträgern gekocht und was sonst noch getan haben [...] (WA V, 10)

Wenn Grass im daran anschließenden Gedicht *Worüber ich schreibe* die Motive des folgenden Romans engführt, wird auch angekündigt:

Über Ilsebill schwanger (die Sauregurkengier)
werde ich schreiben, solange es dauert.
Über den letzten Bissen geteilt,
[...] (WA V, 11)

Ebenso sieht der Ich-Erzähler »im fortgeschrittenen siebzehnten Jahrhundert die Küchenmagd des alternden Stadtmalers Möller schwanger über den Langen Markt kommen« und beschreibt, wie sie »ein Suppenhuhn ungerupft gekauft« hat (WA V, 131). Zuvor ist von Suchanzeigen die Rede, »in denen die Küchenmagd Agnes Kurbiella kraushaarig in barocken Allegorien vorkommt« (WA V, 129). Bei der Begegnung mit Opitz zeigt der junge Gryphius »dem gelobten Meister den soeben noch trommelnden Finger nackt« (WA V, 284).

Unter der Überschrift *Woran ich mich nicht erinnern will* listet der Erzähler zu Beginn eines Kapitels auf:

An Eisblumen (deine) und meinen Atem. [...] An Abwasch in Scherben, Fleisch unterschoben, [...] an das Schweigen, Jasagen taub. (WA V, 112)

Gerade in dieser Passage wird der lyrisch anmutende Charakter dieser Wortstellungsvariante deutlich. Inwiefern grundsätzlich rhythmische Gründe die syntaktische Gestaltung motivieren, kann an dieser Stelle nicht weiter verfolgt werden.

Bemerkenswert ist im ersten der folgenden Beispiele die Kontamination der Wendungen »lächerlich machen« und »in etwas hineinstecken«:

Wie drauf der Prediger Hegge erbärmlich bei den Birgittinen Unterschlupf sucht und sich die Nonnen erst reihum einen Spaß mit ihm machen, bis sich die dicke Gret erbarmt, ihn in Weiberröcke lächerlich steckt [...] (WA V, 347)
Was aß der Bauer leibeigen von dem, was ihm blieb? (WA V, 23)

Und der Butt [...] muß liefern und liefern: die größere Hütte, das steinerne Haus, das
Schloß königlich, des Kaisers Macht, den päpstlichen Stuhl. (WA V, 25)
Nicht erst die dicke Gret und Amanda Woyke verschränkten die Arme nackt und
hellbeflaumt unter der Brust [...] (WA V, 96)
Wenn nun Kopernikus treppauf oder der alte Schopenhauer schlohweiß gekommen und
verkannt worden wären? (WA V, 131)
Die folgenden Beispiele verweisen darauf, daß es sich auch bei der adverbiellen
Verwendung von Adjektiven um einen konstanten Sprachgebrauch seit der *Blech-
trommel* handelt, wobei der adverbielle Charakter in den folgenden Beispielen
stärker hervortritt, da ein oder mehrere Satzglieder zwischen dem Adjektivattribut
und dem Bezugsnomen stehen. So beschreibt Oskar das Aussehen des ängstlichen
Jan Bronski vor der Rückkehr in die Polnische Post:
Blau war sein Auge, braun sein Haar, gepflegt zitterten seine Hände [...] (WA II, 263)
Oskar vermeidet die gewohnte Wortstellung »... zitterten seine gepflegten Hände«
oder die von Grass häufiger verwendete Abfolge »... zitterten seine Hände gepflegt« und behält auf diese Weise in allen drei Teilsätzen die Erststellung des
beobachteten Charakteristikums und die Endstellung des Beobachtungsgegenstan-
des bei. Zugleich verbleibt Oskar in der für ihn typischen Wahrnehmungsweise,
indem er die äußere Erscheinung Jans nüchtern weiterbeschreibt und die am
Zittern der Hände ablesbare Angst nicht ausdeutet, sondern lediglich wie beiläufig
erwähnt. Auch bei diesem Stilmittel wird Oskars Bestreben deutlich, Distanz zum
erzählten Stoff zu schaffen und damit auf seine Erzählweise aufmerksam zu
machen.
Die Absicht der sprachlichen Verfremdung verbindet sich mit einer verdichten-
den Darstellungsweise, wenn im folgenden Beispiel aus den *Hundejahren* sogar
eine Satzgrenze zwischen Bezugsnomen und Adjektivattribute tritt:
Die Sonne schien vorsichtig auf Feiertagskleider. Tiedes Schwiegertöchter fröstelten
rosa lindgrün veilchenblau und hätten gerne die Umhängetücher der Witwen gehabt.
(WA III, 172)
In der *Rättin* heißt es in ähnlicher Weise von
des Ratmeisters Lambert Rike jüngste[r] Tochter [...]; ein stilles und in sich gekehrtes
Mädchen von sechzehn Jahren, das Gret gerufen wurde, mit ihren Zöpfen dem Sohn
des reichen Wassermüllers Hornemule versprochen war und weizenblond schön beten
konnte [...] (WA VII, 397)
Unser Herr Matzerath lächelt zwergwüchsig. (WA VII, 27)
[...] jetzt, seitdem das Ende von Tag zu Tag nur vertagt wird, sind Frauen strickend die
letzte Gegenkraft [...] (WA VII, 36)
Im letzten Beispiel muß »strickend« als ursprüngliches Adjektivattribut zu »Frau-
en« interpretiert werden. Nicht das »Stricken« ist die entscheidende Gegenkraft,
sondern Frauen, die die Geduld zu stricken aufbringen. Die erzählfunktionale
Bedeutung stilistischer Mittel bei Grass wird hier sehr deutlich. Durch die Nachstellung werden sowohl das Kopfnomen der Phrase als auch das spezifizierende
Adjektiv als gleichwertig wahrgenommen: Einerseits sind Frauen die letzte Gegenkraft, und andererseits wird die spezifische Art ihres Widerstandes betont.

108

4.5.5   Weitere stilistisch auffällige Wortstellungsphänomene

Bei den beobachteten syntaktischen Phänomenen in Grass' Prosa handelt es sich meist um Formen, die vollständig im Einklang mit den grammatischen Regeln der deutschen Sprache stehen. Grass' Konstruktionen fallen nicht durch Abweichungen von der Grammatik auf. Das Besondere besteht eher darin, daß Grass von den stilistischen Möglichkeiten besonders vielfältigen Gebrauch macht und vielfach unerwartete Formen verwendet.

Zu den auffälligen Wortstellungsphänomenen ist auch die ungewöhnliche Voranstellung von Genitivattributen vor ihre jeweilige Bezugsphrase zu zählen:

[...] des Pudelfreundes Schopenhauer »Skeptische Ansicht«. (WA IV, 288)
[...] anderer Leute Bewußtsein [...] (WA IV, 305)
[...] seine und seines Partners Briefe [...] (WA IV 380 f.)
[...] meine und anderer Leute Kinder [...] (WA IV, 567)

Diese Wortstellung widerspricht nicht den grammatischen Regeln des Deutschen, sondern ist lediglich als stilistisch außergewöhnlich anzusehen.[45] Grass macht in *Aus dem Tagebuch einer Schnecke* wie auch in der *Blechtrommel* und im *Butt* nur gelegentlich von dieser Voranstellung Gebrauch:

[...] des Postsekretärs Bronski empörtes, beleidigtes Gesicht. (WA II, 296)
[...] meines armen Freundes Herbert jüngste Schwester [...] (WA II, 316)
[...] keines Mannes Geflüster [...] (WA V, 311)
[...] aus des verstorbenen Dichters Werken [...] (WA V, 331)[46]

Dagegen finden sich in der *Rättin* außergewöhnlich viele solcher Formen:

[...] Festumzüge [...], in denen der heutigen Bürger Kinder [...] (WA VII, 50 f.)
Unübersehbar erfüllt sich der Sprüche Weisheit ... (WA VII, 67)
Des Königsberger Lehrlings Skizzenbücher waren behilflich [...] (WA VII, 99 f.)
[...] in des geteilten Landes gemeinsamer Tradition [...] (WA VII, 109)
Des Malers Bosch Garten der Lüste [...] (WA VII, 177)
Man muß nur brav sein und der Großsieger Lieblingskind bleiben [...] (WA VII, 429)[47]

In diesem Werk dient das häufige Vorkommen u. a. dazu, eine archaisierende Wirkung hervorzurufen. Parallel zum Text der Lutherbibel, wo Gott von »des Menschen Bosheit [...] und ihrer Hertzen Tichten und Trachten« (WA VII, 9; Zitat 1. Mose 6,5) spricht, verwendet die Rättin im gleichen Satz die Form: »der verderbten Menschheit zahlreicher Rest« und ahmt damit den biblischen Sprachduktus nach.

Ein weiteres Wortstellungsphänomen in Grass' Prosa ist die Besetzung des Vorfeldes, durch die bestimmte Satzglieder deutlich hervorgehoben werden. Im

---

45 Drosdowski/Henne 1980, S. 624.
46 Weitere Belege für vorangestellte Genitivattribute im *Butt* finden sich z. B. WA V, 97, 121, 238, 300, 307, 312.
47 Weitere Belege für vorangestellte Genitivattribute in der *Rättin* finden sich z. B. WA VII, 10, 11, 17, 21, 28, 30, 40, 51 (2x), 52, 67, 69, 73, 82, 83, 98, 100, 106, 123, 131, 246, 261, 263, 272, 284, 353.

ersten Satz eines Textabschnitts in *Aus dem Tagebuch einer Schnecke* erscheint das Akkusativobjekt »Den Fahrradhändler Anton Stomma« in der Vorfeldposition:

Den Fahrradhändler Anton Stomma kannte Zweifel, weil er in dessen Laden und Werkstatt mehrmals [...] Räder geliehen hatte. (WA IV, 385)

Indem Grass die bis zu diesem Zeitpunkt nicht kontextuell vorerwähnte Figur Stomma voranstellt, weist er deutlich auf einen Perspektivenwechsel hin. Während zuvor Zweifel auf seiner Flucht beobachtet wird, wird nun Anton Stomma als das neue inhaltliche Thema der folgenden Passage hervorgehoben. Grass verlangt dadurch vom Leser, eine wichtige Implikation zu rekonstruieren, nämlich die, daß Zweifel sich an Anton Stomma wendet, als er auf seiner Flucht in Karthaus eintrifft. Somit erzielt Grass auch eine sprachliche Verdichtung dieser Passage, indem er mit Hilfe der Wortstellung die aktive Rekonstruktion einer unausgesprochenen, aber zum Verständnis notwendigen Information durch den Leser steuert.

Besonders auffällig sind die häufigen Vorfeldbesetzungen mit Adverbialen und Adjektiven:

Wechselnd bildeten die Deutschnationalen und die Sozialdemokraten Koalitionsregierungen. (WA IV, 275)

Froh wäre ich, wenn alle, die mich ausdauernd lehren wollen, richtig zu leben, auch gerne lebten. (WA IV, 338)

Dankbar lobe ich das von Ort zu Ort verschieden geratene Bier [...] (WA IV, 343)

Spöttisch anspielend kam er mit seinem Freund ins Gespräch [...] (WA IV, 345)

Beengt von seinem Wortschutt, sprach er von verlorengegangener Kriegskameradschaft. (WA IV, 422)

Laut und unter der Trachtenjacke ängstlich geht es dort zu. (WA IV, 440)[48]

Auch in *Blechtrommel*, *Butt* und *Rättin* gehört diese Art der Vorfeldbesetzung zu den typischen Wortstellungen der Grassschen Prosa:

Brav Kohlen fressend machte die »Radaune« ihren Weg [...] (WA II, 27)

Längere Zeit mütterliches und väterliches Versprechen gegeneinander abwägend, beobachtete und belauschte ich, Oskar, einen Nachtfalter [...] (WA II, 47)

Mit meiner Trommel über die Dielen rutschend, ein Bein unterschlagend, das andere gegen die Möbel stemmend, schob ich mich in Richtung des großmütterlichen Berges [...] (WA II, 258)

Aufgemacht wurde die Nadel erst in meiner geschlossenen Hand. Sperrig und stechend gab ich den klebenden Bonbon an Matzerath ab [...] (WA II, 498)[49]

Schlechtgemacht wird er deshalb. (WA V, 239)

Sanft abgeweidet wollen die Hügel sein. (WA V, 239)

48 Weitere Belege für die Vorfeldbesetzung mit Adverbialen und Adjektiven in *Aus dem Tagebuch einer Schnecke* finden sich z. B. WA IV, 302, 348, 380, 383, 396, 413, 415, 417, 419, 421, 423, 458, 459, 488.

49 Weitere Belege für die Vorfeldbesetzung mit Adverbialen und Adjektiven in der *Blechtrommel* finden sich z. B. WA II, 8, 29, 46, 48, 113, 237, 252, 253, 263 267, 268, 274, 276 287, 296, 305, 459, 461, 476, 496, 498.

110

Schön sah sie aus [...] (WA V, 393)[50]
Von Affen und Schweinen verspottet, gaben sie schließlich auf. (WA VII, 22)
Zum Träumen auf Schaumgummi schön waren Sitzgarnituren [...] zu haben. (WA VII, 71)[51]

Eine Funktion dieser Wortstellung besteht darin, daß Grass mit Hilfe syntaktischer Mittel gegen präferierte Lesarten (wie die gewohnte Normalstellung) und damit auch gegen Wahrnehmungs- und Denkgewohnheiten »anschreiben« will.

Wie genau Grass die gegebenen Wortstellungsfreiheiten des Deutschen im Hinblick auf inhaltliche Funktionen ausnutzt, zeigt sich deutlich im folgenden Beispiel aus der *Rättin:*

Nach rückwärts wandern singend die Handwerksburschen. In den Stall zurück treiben die Gänse die Magd. Hinter sich betteln will fortan der Bub. (WA VII, 423)

Dem Rückschritt der Märchenfiguren in die Vergangenheit entsprechend (wie im rückwärtslaufenden Film), treten die agenshaften Satzglieder an das Satzende. Hingegen werden die »zurückweisenden« Lokalangaben an den Satzanfang gestellt.

Ein Beispiel dafür, wie sehr Grass auch intonatorische Eigenschaften in Verbindung mit der Wortstellung als wichtige Rezeptionsleistung des Lesers mitberechnet, ist der folgende Satz aus *Aus dem Tagebuch einer Schnecke:*

Seine Kaninchen hatten es gut bei ihm; Lisbeth mußte sie schlachten. (WA IV, 396)

Bei normaler Akzentuierung wäre diese Konstruktion nicht plausibel zu interpretieren. Erst die Hervorhebung von »Lisbeth« führt zum sinnvollen Verständnis der gesamten Aussage. Durch diese Betonung werden rückbezüglich auch die Implikationen des gesamten Satzes aufgedeckt. Die »Güte« Stommas besteht lediglich darin, daß er seine Kaninchen nicht selbst schlachtet. Der Satz ist also ironisch zu verstehen. Mit einer zweiten Implikation ironisiert Grass, daß Stomma zwar »gut« zu den Kaninchen war, aber nicht zu Lisbeth, die die Schlachtung übernehmen mußte.

Die hervorhebende Akzentuierung stellt eine wichtige Information zum vollständigen Verständnis des Satzes dar, wird aber vielfach erst nachträglich, d. h. bei nochmaligem Lesen möglich. Genau solch eine Rezeptionsweise ist von Grass beabsichtigt, wie er 1963 in einem Gespräch hervorgehoben hat:

Das ist also dieses Unterhalten, den Leser unterhalten, aber ihn dabei gleichzeitig aktiv halten, damit er sich nicht von der Prosa wegtragen läßt und die Seite frißt als handlungsfördernden Stoff, sondern damit er wach bleibt, oder wenn er ermüdet wird, innehalten und einen neuen Anlauf nehmen muß. (WA X, 8)

---

50 Weitere Belege für die Vorfeldbesetzung mit Adverbialen und Adjektiven im *Butt* finden sich z. B. WA V, 119, 121, 122, 123, 229.

51 Weitere Belege für die Vorfeldbesetzung mit Adverbialen und Adjektiven in der *Rättin* finden sich z. B. WA VII, 23, 24, 27, 30, 33, 84, 91, 99, 108, 111, 113, 134, 141, 225, 239, 257.

4.6 Formen der Satzerweiterung

Wenn in der Forschungsliteratur überhaupt syntaktische Phänomene im Zusammenhang mit dem Prosastil von Günter Grass angesprochen werden, wird zumeist die Verwendung besonders umfangreicher Sätze als das stilistisch Besondere herausgestellt.[1]
Die insgesamt ohnehin spärlichen Betrachtungen zur Syntax bleiben jedoch in der Regel oberflächlich auf intuitiv wahrgenommene Wirkungen beschränkt, ohne daß näher auf die syntaktische Konstruktionsweise selbst eingegangen wird.
Im folgenden sollen nun einige wichtige Formen der Erweiterung innerhalb einer Satzkonstruktion beschrieben werden. Dazu zählen besonders die Erweiterungen von Nominalphrasen, die prädikative Reihung von Adjektiven, verschiedene Formen der Parenthese sowie anaphorische Erweiterungsformen.
Ein für Grass' Prosa häufig bemerktes Stilmittel ist die Reihung gleicher Satzglieder, durch die viele Sätze umfangreich erweitert werden.[2] Es finden sich insgesamt vielfache Belege für Reihungen verschiedener Wortarten, die hier nicht weiter aufgeführt werden sollen. Besonders fallen Beispiele auf, in denen die Interpunktion gänzlich ausgelassen wird und die aufgezählten Satzteile ungetrennt nebeneinander stehen, wie in Kapitel 4.4.2 »Kommatalose Reihungen« bereits dargestellt wurde. Auch das in Kapitel 4.1.2.4 »Aufzählung imkompatibler Ausdrücke« unter semantischen Aspekten beschriebene Phänomen gehört zu den Formen der Satzerweiterung.

4.6.1 Erweiterungen von Nominalphrasen

Zu den für Grass' Prosa typischen syntaktischen Phänomenen gehören die umfangreichen Erweiterungen von Nominalphrasen.[3]
Grundsätzlich bestehen Phrasen, wie z. B. die Nominalphrase »ein [...] unermüdlicher Pazifist« (WA IV, 476), aus einem Kopf bzw. einem Kern (bei Nominalphrasen ein Nomen) sowie Komplementen und Modifikatoren mit spezifizierenden Elementen. Solche Modifikatoren können ebenfalls als Phrasen beschrieben werden, die ihrerseits wieder ein Kopfelement sowie Modifikatoren und Komplemente besitzen, wie das folgende Beispiel verdeutlicht:

1 Vgl. S. 134–136 dieser Arbeit.
2 Harscheidt 1975, S. 114–118; Neuhaus 1979, S. 12 f. Vgl. vor allem auch Durzak ³1979, S. 319 f., wo Durzak auf die Einflüsse von Arno Holz und Alfred Döblin aufmerksam macht.
3 Vgl. zur Beschreibung von Phrasenstrukturen im Rahmen der generativen Grammatik Fanselow/Felix 1987, Bd. II, S. 40–60; speziell zur Struktur der Nominalphrase Vater 1985, S. 12–30.

112

[...] ein Anhänger der soldatischen Kameradschaft und – ohne die Brille wechseln zu müssen – ein überzeugter und in seinem Drang, bekehren zu wollen, unermüdlicher Pazifist. (WA IV, 476)

Der Kern der Nominalphrase »Pazifist« wird spezifiziert von zwei koordinierten Adjektivphrasen, wobei der Kern der zweiten Phrase »unermüdlich« selbst wieder die Spezifizierung »in seinem Drang, bekehren zu wollen« dominiert.[4]

Stilistisch bemerkenswert sind nun in *Aus dem Tagebuch einer Schnecke* solche Nominalphrasen, die durch mehrere Adjektivphrasen erweitert werden:

Zurückgeblieben waren in Mehrzahl alte, verarmte, immer schon arme, kranke, an ihren Möbeln, Hoffnungen und Gewohnheiten hängende Leute, denen nur noch die Mittelstandsküche in der Schichaugasse hilfreich war. (WA IV, 371)

Dem Kopf der Nominalphrase (»Leute«) gehen insgesamt fünf Adjektivphrasen voraus, die ihrerseits zum Teil wieder spezifiziert sind (»immer schon (arme)«) oder erweiternde Ergänzungen enthalten wie die koordinierten Nomina »an ihren Möbeln, Hoffnungen und Gewohnheiten hängende«.[5]

Die gewählte Konstruktion der pränominalen Erweiterung zeigt das Bestreben, eine äußerst detaillierte Beschreibung mit knappsten formalen Mitteln zu erreichen. In kompaktester Weise werden die Gründe differenziert, warum diese Gruppe der Juden nicht ebenfalls ausgewandert ist. Neben der Unfähigkeit aufgrund des Alters oder der Armut spielt Grass mit Hilfe der Koordinierung disparater Ausdrücke subtil auch auf die Bequemlichkeit (»an ihren Gewohnheiten hängende«), die kleinbürgerliche Mentalität (»an ihren Möbeln«) und den Illusionismus dieser Gruppe als Ursache des Verharrens an. Die gesamten Spezifizierungen begründen umfassend die vorausgehend genannte Schwächung der Gemeinde. Interessant ist die pränominale Darstellung der Vorgeschichte der Zurückgebliebenen, während der angeschlossene Relativsatz die aktuelle Notlage beschreibt.

Aus dem Tagebuch einer Schnecke enthält eine Reihe solcher Erweiterungsformen, die bisweilen äußerst umfangreich sind. In der abschließenden Rede »Vom Stillstand im Fortschritt« wird die Melancholie wie folgt beschrieben:

[...] nicht übersättigt, sondern Fraß und Überfraß verweigernd, mager, vielleicht dem Hunger noch letzte Lust abgewinnend, sitzt ein auch sonst jeder Kurzweil, der Liebe und ihren Wechselfällen, der Neugierde und auch der Mode entwöhntes Mädchen. (WA IV, 565)

Die »rasch wegtrocknenden Spuren« seiner gezeichneten Schnecken als Ausdruck des Fortschritts beschreibt Grass als:

Ein reicher, das heißt gebrochener, sich spleißender, streckenlang stotternder, hier verschweigender, dort dick verkündender Strich. (WA IV, 334)

Anhand des letzten Beispielsatzes läßt sich zeigen, daß derartige Konstruktionen neben der äußerst dichten Darstellungsweise darüber hinaus zum Teil ikonisch auf ihre Aussage verweisen. Der »Strich« wird in einer einzigen umfassenden Nominalphrase (in Satzfunktion) beschrieben, dessen »Reichtum« durch die Anhäufung

---

4 Vgl. zur Struktur von Adjektivphrasen Vater 1985, S. 49–55.
5 Vgl. Kapitel 4.1.2.4 »Aufzählung inkompatibler Ausdrücke«, S. 43–45 dieser Arbeit.

von insgesamt sechs Adjektivphrasen abgebildet wird; der stotternden Gebrochen-
heit des Striches korrespondiert der ständig unterbrochene Satzverlauf.

Im folgenden Satz wird auf den Nominalkomplex »Verbesserung der Welt« zunächst kataphorisch verwiesen mit »was ohne auskommt«:

> Wie harmlos oder beängstigend sind die wechselnden Sprecher nahe am Mikrofon,
> wenn sie das Kleingeschriebene des Würgeengels – hart total ganz rein scharf – auf-
> zählen und sich zu dem bekennen, was ohne auskommt: zur bedingungslos unversöhnli-
> chen, ausnahmelos unbeirrten, zur unaufhaltsamen Verbesserung der Welt ohne Gnade?
> (WA IV, 278)

Die ersten beiden der drei spezifizierenden Adjektivphrasen sind jeweils modifi-
ziert mit einem Attribut, das die dargestellte Kompromißlosigkeit der nachfolgenden Adjektivphrase steigert, wobei das negierende Suffix »-los« jeweils auf das
Präfix »un-« trifft. Die pränominal angehäuften Spezifizierungen warnen vor einer
Verbesserung der Welt, die dann zuletzt auch ohne Gnade auskommen muß: eine
gnadenlose Verbesserung ergibt eine gnadenlose Welt.

Ein gleichfalls ikonisches Verhältnis zwischen syntaktischer Gestaltung und
Aussage des Satzes besteht im folgenden Beispiel, in dem Grass den insistierenden
Bitten seiner Kinder, über sich Auskunft zu geben, zunächst ausweicht:

> Vorerst Ausflüchte, Hakenschlagen auf dem Papier: Lieber doch über Schnecken und
> Bernstein […]; denn […] sein Leugnen der Existenz eines Endzieles, besonders aber
> seine Hinweise auf einen evolutionären, in sich verzögerten, phasenverschobenen,
> insgesamt schneckenhaften Prozeß … […]« (Wa IV, 332)

Wie das anschließende ungeduldige Unterbrechen der Kinder »Über dich sollste«
zeigt, ist der angesprochene schneckenhafte Prozeß seinerseits durch die Reihung
der Adjektivphrasen »in sich verzögert« dargestellt. Beachtenswert ist zudem die
übereinstimmende Länge der einzelnen Phrasen mit jeweils sechs Silben.

In der *Blechtrommel* veranschaulicht Oskar die Überladenheit der Scheffler-
schen »Bäckerwohnung« auch formal durch die pränominale Reihung von insgesamt fünf derartigen Modifikatoren:

> Zu dieser süßniedlichen, entzückend gemütlichen, erstickend winzigen, im Winter
> überheizten, im Sommer mit Blumen vergifteten Behausung fällt mir nur eine Erklärung
> ein: Gretchen Scheffler hatte keine Kinder […] (WA II, 100)

In gleicher Weise wie im vorherigen Beispiel zeigt sich die genaue sprachliche
Gestaltung in der fast identischen Silbenzahl der ersten vier Adjektivphrasen sowie
der rhythmischen und sogar lautlichen Entsprechung.

In *Katz und Maus* bildet der Erzähler Pilenz mit Hilfe der asyndetischen
Reihung von insgesamt fünf Adjektivphrasen das »Hin- und Herschwappen« des
Kinderlärms nach, das er als Einheit wahrnimmt und wiedergibt. Auch hier
stimmen die ersten vier Adjektivphrasen in der Silbenzahl überein und verstärken
damit auf formale Weise die Intensität des »Quengelns«. Das Abflauen dieses
Lärms findet in der gegenüber den ersten vier Adjektivphrasen erweiterten Phrase
»in Schlaf übergehendes« seine formale Korrespondenz:

> Einsetzendes abebbendes gesteigertes unterdrücktes und in Schlaf übergehendes Kinder-
> greinen und Quengeln schwappte vom Vorder- zum Hinterperron und zurück – […]
> (WA III, 85)

114

Bisweilen stellen solche pränominalen Erweiterungsformen ganze Entwicklungen auf knappste Weise dar, wie z. B. Lisbeths Verhalten nach ihrer Heilung:

Alles [...] war ihr Häkchen genug, um Grund für kleinen, sich hinziehenden und in endloses Gemähre auslaufenden Streit zu finden. (WA IV, 529)
Die vorher gelbliche Kriechsohle begann, sich zu bräunen und glitt nicht mehr auf glasig grünem, sondern anfangs auf milchig farblosem, später ergrautem Kriechschleim. (WA IV, 503)

Auch zu diesem spezifischen Aspekt finden sich Entsprechungen in anderen Werken. So heißt es in der *Rättin:*

Es fehlten der alten, immer wieder von Menschenhand zerstörten, danach kostspielig aufgebauten Stadt kein Turm und kein Giebel. (WA VII, 190)
Die Rede der Frauen wechselt, doch was sie reden, meint immer die gleiche Geschichte, in der es um abgelegte, zermürbte, um harte und müde, zugreifende, versagende, um zeitweilig liebenswerte, nun abgedroschene, um vergangene Männer geht. (WA VII, 137)[6]

Die additive Reihung der einzelnen Adjektivphrasen im zweiten Beispielsatz bündelt letztendlich die im *Butt* umfassend erzählte Geschlechtergeschichte (»immer die gleiche Geschichte«) in einer einzigen Konstruktion.

Eine weitere spezifische Funktion besitzen solche Reihungen von Adjektivphrasen bei der Verwendung bestimmter Schlagwörter wie im folgenden Beispiel, wo innerhalb einer stilisierten Passage klischeehafte Erklärungsmuster vorgeführt werden:

Die sprichwörtliche, kleidsame und jedem Zündschlüsselbesitzer plausible Entfremdung. (Auch die nicht oder zu spät und auch dann nur ersatzweise befriedigten, ohnehin kümmerlichen Bedürfnisse.)
Das schwache schiefe verrutschte, das nicht vorhandene oder verdrängte, das falsche Bewußtsein. (WA IV, 427)
Auf der Stelle tretende Ohnmacht, der in windstillen Seminaren Zensuren erteilt werden: mangelndes fehlendes falsches Bewußtsein – [...] (WA IV, 305)

In diesen Fällen geht es nicht um die Konkretisierung oder detailreiche Beschreibung eines Phänomens, sondern es wird durch die Reihung einer Vielzahl möglicher Modifikatoren die Austauschbarkeit solcher Ausdrücke angeprangert, besonders deutlich im Falle der asyndetischen Reihungen »das schwache schiefe verrutschte [...] Bewußtsein« und »mangelndes fehlendes falsches Bewußtsein«. Die Koordination von Elementen einer Paradigmenklasse verweist hier auf deren uneigentliche Verwendungsweise, womit Grass den Schlagwortcharakter derartiger Verbindungen deutlich macht.[7]

Weitere Beispiele umfangreicher Erweiterungen von Nominalphrasen in *Aus dem Tagebuch einer Schnecke:*

---

6 Weitere Belege für die Reihung von Adjektivphrasen in der *Rättin* finden sich z. B. WA VII, 49, 64, 102, 151, 227, 241, 281.
7 Vgl. S. 71 f. dieser Arbeit.

Seine in Stein gehauene, an Geäst Wurzeln Hausgalgen baumelnde Signatur. Sein in der Holzschnittpassion zumeist im Vordergrund spielender wedelnder schlafender Pudel [...] (WA IV, 270)

Ein über Gräber und Massengräber springendes, in alle Sprachen übersetztes, jedem Lautsprecher geläufiges Fingerzeigwort [...] (WA IV, 289)

[...] das unabänderliche, schon programmierte, wie auf der Achterbahn Tempo vortäuschende und doch nur gezirkelte Schicksal und Schneckendasein ... (WA IV, 377)[8]

Außergewöhnliche Erweiterungen von Nominalphrasen gehören auch in anderen Werken Grass' wie beispielsweise der *Blechtrommel* zu den auffälligen und wichtigen Stilphänomenen:

Dieser Eindruck wurde noch durch den knappsteifen, Halsfalten ziehenden, am Kehlkopf schließenden und, wie ich zu bemerken glaubte, abwaschbaren Hemdkragen verstärkt. (WA II, 88)

Ich will Sie nicht mit der Beschreibung eines vieltürmigen, mit Glocken läutenden, altehrwürdigen, angeblich noch immer vom Atem des Mittelalters durchwehten, auf tausend guten Stichen abgebildeten Panoramas, mit der Vogelschau der Stadt Danzig langweilen. (WA II, 118)

Aufwärts vom Rand der Unterhosen bis zu den Halsmuskeln bedeckten den Rücken wulstige, den Haarwuchs unterbrechende, Sommersprossen tilgende, Falten ziehende, bei Wetterumschlag juckende, vielfarbige, vom Blauschwarz bis zum grünlichen Weiß abgestufte Narben. (WA II, 212)[9]

Eine Begrenzung der Anzahl solcher spezifizierenden Phrasen innerhalb von Nominalphrasen wird in der Linguistik nicht angegeben. Allerdings weist Heinz Vater darauf hin, daß die Verständlichkeit und Akzeptabilität eines Satzes eingeschränkt sein können, »je mehr man ihn mit aneinandergereihten APs [Adjektivphrasen] überlädt«[10]. Inwiefern die Akzeptabilität in den bisherigen Beispielen betroffen ist, soll an dieser Stelle nicht bewertet werden.

Allerdings können einige Grasssche Konstruktionen sicherlich als Grenzfälle betrachtet werden, die zumindest stilistisch markiert sind, wie das zuletzt zitierte Beispiel aus der *Blechtrommel*. Dies veranschaulichen auch die folgenden Beispiele, besonders ein Satz aus dem *Treffen in Telgte*, dessen syntaktische Gestaltung die Umständlichkeit der barocken Sprache Simon Dachs nachbilden soll: Die wechselhafte Stimmung des Briefes, den Simon Dach zu Beginn des Dichtertreffens in Telgte an seine Frau verfaßt, wird mit Hilfe solcher Erweiterungsformen dargestellt:

Sein anfangs verzweifelter, dann über die Umstände der Quartiersuche belustigter, zum Schluß den Verlauf des Treffens Gottes Rat und Güte empfehlender Brief sollte in Königsberg Bericht geben [...] (WA VI, 17)

---

8 Weitere Belege für umfangreiche Erweiterungen von Nominalphrasen in *Aus dem Tagebuch einer Schnecke* finden sich z. B. WA IV, 279, 306, 333, 371, 442, 489, 554.

9 Weitere Belege für außergewöhnliche Erweiterungen von Nominalphrasen in der *Blechtrommel* finden sich z. B. WA II, 85, 88, 100, 111, 114, 120, 261, 274, 275, 278, 294, 309 (2x).

10 Vater 1985, S. 52.

Die pränominalen Adjektivphrasen (»[...] verzweifelter«, »[...] belustigter« und »[...] empfehlender«) werden ihrerseits wiederum durch komplexe Phrasen spezifiziert (»über die Umstände der Quartiersuche belustigter«, »den Verlauf des Treffens Gottes Rat und Güte empfehlender«). Nicht allein die Anzahl und der Umfang der vor dem Kopf der Phrase befindlichen Modifikatoren scheint hier ausschlaggebend für die Akzeptabilität zu sein, sondern wohl auch die interne strukturelle Komplexität der Konstruktion.

Weitere prägnante Beispiele für umfangreich erweiterte Nominalphrasen finden sich beispielsweise in den *Hundejahren* und im *Butt:*

[...] baute Eduard Amsel seine erste und im Frühjahr drauf, als aller Schnee seinen Sinn verlor und sich erwies, daß der Mennonit Simon Beister die katholische Bockwindmühle aus religiösen Gründen in Brand gesteckt hatte, seine zweite mechanische Vogelscheuche. (WA III, 222)

Bevor ich ahnte: Amsel heißt jetzt anders, stattete ich der leeren, womöglich immer noch, mittels langfristigen Mietvertrags, für Amsel leerstehenden Villa im Steffensweg vielleicht einen tatsächlichen, gewiß einen eingebildeten Besuch ab. (WA III, 426)

Anhand seiner Biographie wurde ein abwechslungsreiches, abenteuerliches, zunehmend auch zwielichtiges, durch doppelte Agententätigkeit eingetrübtes Leben datiert. (WA V, 297)[11]

Es zeigt sich, daß die in diesem Kapitel untersuchten Formen der umfassenden Erweiterung von Nominalphrasen zu den typischen Konstruktionsformen im gesamten Werk von Günter Grass zählen. Wie gerade auch das letzte zitierte Beispiel aus dem *Butt* veranschaulicht, dient dieses Stilmittel unter anderem dazu, einen bestimmten Begriff oder ein gedankliches Konzept in seiner Heterogenität möglichst detailreich zu erfassen und in sehr verdichteter Form darzustellen.

Was zunächst formal als Erweiterung innerhalb einer Satzkonstruktion erscheint, stellt sich zugleich als ein wichtiges stilistisches Mittel der Verkürzung heraus, indem Grass wesentliche Aspekte eines Sachverhaltes in den syntaktischen Rahmen einer einzigen Phrase einpaßt und nicht in eigenständigen Sätzen oder gar Episoden darstellt.

---

11 Weitere Belege für umfangreich erweiterte Nominalphrasen im *Butt* finden sich z. B. WA V 306, 313, 352; auch 122, 250, 295, 301, 343.

4.6.2   Prädikative Reihung von Adjektiven

Eine zweite stilistisch auffällige Form der Erweiterung besteht in der Verwendung mehrerer modifizierender Adjektive innerhalb eines Satzes, zum Teil in der Funktion von Adverbialen:[12]

> [...] Mietersorgen der Rentner [...]: wie sie verbraucht verbittert einer Gesellschaft lästig sind, in der Jugend und Leistung als Mythos den Markt bestimmen. (WA IV, 314)
> Manchmal bin ich fertig allein und möchte in etwas weich warm Feuchtes kriechen [...] (WA IV, 333)
> Was Hotelzimmer so hellhörig grabähnlich macht. (WA IV, 480)

Es handelt sich in diesen Fällen zunächst um nebengeordnete Adverbiale, die in solchen asyndetischen Reihungen einen Gegenstand genau beschreiben und dabei umständliche Verwendungen von Konjunktionen vermeiden:

> Man sagt, er [Herbert Wehner] sei dünnhäutig verletzlich und – wie alle Konvertierten – angestrengt gläubig. (WA IV, 330)

Auch dieses stilistische Mittel verwendet Grass zum Teil dazu, einen ikonischen Bezug zwischen der Satzaussage und der formalen Gestaltung herzustellen, indem wie im folgenden Beispiel die asyndetische Abfolge »rasch laut« die überhastete Sprechweise formal abbildet:

> Rasch laut reden sie wie vor Gericht und befürchten Wortentzug. (WA IV, 524)

Die beschriebenen Formen sind ein von Grass bewußt gesuchtes Stilmittel, auf das zuletzt Werner Frizen in einem Vergleich der *Blechtrommel* mit Passagen der *Urtrommel* aufmerksam machte.[13] Während es in der frühen Version noch syndetisch »süßen und schmerzensreichen Katholizismus«[14] heißt, kniet Maria nunmehr »vor, unter und zwischen süß schmerzensreichem Katholizismus« (WA II, 436). Diese Form beinhaltet sowohl die ursprüngliche Nebenordnung von »süß« und »schmerzensreich« als auch die hierarchische Lesart als Oxymoron.

In *Aus dem Tagebuch einer Schnecke* heißt es in vergleichbarer Weise:

> (So schön ist Deutschland. So überschaubar und undurchdringlich. So unheimlich harmlos [...]) (WA IV, 344)

Zunächst wird Deutschland in paradoxer Gleichzeitigkeit durch die mit der Konjunktion »und« nebengeordneten Phrasen »überschaubar« und »undurchdringlich« beschrieben. Das anschließende »unheimlich harmlos« läßt sich nun sowohl als nebengeordnete Abfolge zweier Phrasen auffassen, »unheimlich und harmlos«, als auch als Oxymoron mit einer hierarchischen Struktur, wobei »unheimlich« dann Modifikator zu »harmlos« ist.

Stilistisch auffällig sind (vielfach asyndetische) Reihungen mit drei Phrasen:

> Nur nicht tragisch heldisch wehleidig werden. (WA IV, 310)
> [...] den lebenslänglichen Kassierer, nicht aufzuhalten, auch im Zweifelsfall (Widerstand) pünktlich ernüchternd beispielhaft. (WA IV, 450)

---

12 Vgl. Duden 1973, S. 220–225.
13 Vgl. Frizen 1991.
14 Zitiert nach ebenda, S. 163.

Eine Gegend, so schwarz katholisch vernagelt, daß selbst Kohlensäcke keinen Schatten werfen mögen. (WA IV, 536)
Außer diesen nebenordnenden Reihungen ist in anderen Fällen zugleich auch eine hierarchische Struktur denkbar:

[...] wie Friedhelm Drautzburg, der sich gerne oft rasch verlobt, hatte auch Zweifel den Hang, Verhältnisse zu Verlöbnissen werden zu lassen, mehrere nacheinander und jedes total: [...] (WA IV, 325 f.)

Der Leser kann nicht unmittelbar entscheiden, ob es sich um drei nebengeordnete Modifizierungen des Verbs handelt (»Er verlobt sich gerne und oft und rasch«) oder »gerne oft« selbst Modifikator von »rasch« ist. Beide Lesarten sind möglich, es liegt eine strukturell ambige Form vor. An anderer Stelle beschreibt Grass »Ängste und Kümmernisse der Rentner« ebenfalls mit einer solchen Reihung:

Ihre Sorgengesichter. Ihre (von Amts wegen) verwirrte Sprache. Abgeschoben unverstanden vertröstet verengt. (WA IV, 518)

Auch hier ist zwar zunächst eine lineare Lesart naheliegend, doch gleichzeitig läßt Grass mit dieser Reihung offen, in welchem Verhältnis diese Prädikate zueinander stehen können. Ursache und Wirkung werden nicht vom Autor gekennzeichnet, so daß mögliche logisch-kausale Verknüpfungen vom Leser selbsttätig hergestellt werden müssen. Im unmittelbar folgenden Absatz heißt es dann:

[...] ob sich der Kapitalismus elastisch, der Kommunismus pausbäckig straff gab, überall regierte das Soll und das Übersoll und saßen unnütz, weil abgeschoben (abgeschoben, weil unnütz) die Alten und erzählten von vergangener Leistung. (WA IV, 519)

Es handelt sich also um die Bezeichnung einer Wechselwirkung, die in der Nebeneinanderreihung bereits implizit vorweggenommen wurde.

In einem etwas anderen Konstruktionstyp ist die strukturelle Identifizierung (und damit das Verständnis des Satzes) dadurch verzögert, daß der syntaktische Status der zuerst erscheinenden modifizierenden Angabe aufgrund der Distanzstellung zunächst »falsch« erkannt wird und beim Vorliegen der gesamten Konstruktion vom Leser korrigiert werden muß:

Vielgestuft ist der Mief allgemein. (WA IV, 498)
Wie höflich du nachsichtig bist [...] (WA IV, 294)

Aufgrund seiner sprachlichen Erfahrungen erwartet der Leser im letzten Beispielsatz zunächst, daß das in der linearen Abfolge zuerst erscheinende »höflich« die Modalbestimmung eines finiten Verbs ist. Durch die dann folgende Prädikation »(du bist) nachsichtig« erweist sich »höflich« als Modifizierer von »nachsichtig«; die präferierte Lesart führt somit zu einer falschen Interpretation. Dadurch wird der Aufbau einer neuen syntaktischen Struktur erforderlich, in der »höflich« tiefer eingebettet ist als »nachsichtig«. Eine einfache Darstellung der Strukturen[15] dieser Verbalphrase (VP) veranschaulicht dies:

---

15 Diese Beschreibung folgt der Annahme, daß Sätze nicht als eine lineare Wortfolge strukturiert sind, sondern eine »hierarchische« Struktur besitzen, die vom menschlichen Parser beim Verstehen eines Satzes erkannt werden muß. Siehe dazu z. B. Fanselow/-Felix 1987, Bd. I, S. 174–189, sowie Dies., Bd. II, S. 21–38.

(1) präferierte Lesart   (2) richtige Struktur

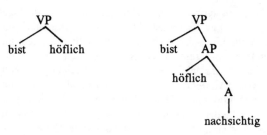

Wichtig in diesem Zusammenhang ist, daß nicht die tiefe Einbettung, sondern die notwendige Reanalyse zu einer perzeptuellen Erschwerung führt. Die Verzögerung in der Interpretation solcher Konstruktionen wird auch durch semantisch-pragmatische Eigenarten hervorgerufen:

> Ich bin ganz gut schlecht erzogen worden. (WA IV, 339)
> Wie er federt, konzentriert nervös ist. (WA IV, 389)
> [...] zweifelsfrei und nahezu närrisch gläubig. (WA IV, 326)[16]

Der irritierende Effekt solcher Sätze entsteht besonders dadurch, daß Grass in ungewöhnlicher Form Elemente einer paradigmatischen Klasse nebeneinander verwendet (»konzentriert nervös«, »gut schlecht«). Erst nach der Erfassung der gesamten Konstruktion ist der Leser in der Lage, die genaue syntaktische Beziehung zwischen den beiden semantisch oppositionellen Attributen korrekt festzulegen. Erst dann läßt sich erkennen, daß z. B. »konzentriert« eine modale Spezifizierung zu »nervös« ist.

Daß sich prädikative Reihungen von Adjektiven auch in anderen Grass-Werken wie *Hundejahre, örtlich betäubt, Kopfgeburten* oder *Zunge zeigen* finden lassen, zeigen die folgenden Beispiele:

> Dabei ging es nüchtern kraftprotzend zu [...] (WA III, 203)
> Als Anton Matern geprüft wurde, ging es [...] eher geheimnisvoll geistreich zu [...] (WA III, 203)
> Wir arbeiten zu schmerzlos unauffällig. (WA IV, 128)
> [...] erschreckend fröhlich [...] (WA IV, 173)
> [...] so genau ungenau [...] (WA VI, 195)
> Müde hellwach sind beide [...] (WA VI, 238)
> Die verzweifelt lustigen Kinder. (WA VI, 242)
> Anvar, der kleine Djerul und ich sehen (männlich distanziert) dem Strickwunder zu. *(Zunge zeigen, 22)*

---

16 Weitere Belege für prädikative Reihungen von Adjektiven in *Aus dem Tagebuch einer Schnecke* finden sich z. B. WA IV, 276, 279, 327, 455.

120

4.6.3   Parenthesen

Quantitativ eines der auffälligsten syntaktischen Merkmale in *Aus dem Tagebuch einer Schnecke* sind die zahlreichen Satzkonstruktionen mit Einschüben in den Basissatz. Besonders typisch für Grass ist auch in diesem Fall die mannigfaltige Anwendung dieses Stilmittels bis hin zum innovativen Gebrauch. Die graphische Markierung solcher Einschübe wird nicht einheitlich gehandhabt. Parenthesen können sowohl mit Hilfe von Klammern, Gedankenstrichen als auch Kommata markiert werden, ohne daß sich funktionale Unterschiede beschreiben lassen.[17]

Im folgenden werden verschiedene Formen der Parenthese betrachtet, wobei allerdings eine einheitliche Bestimmung dessen, was eine Parenthese ist, in der Grammatiktheorie nicht vorliegt.[18] Zum Teil werden als »echte Parenthesen« nur selbständige Satzkonstruktionen angesehen.[19] Andere Auffassungen berücksichtigen sowohl Satzparenthesen, elliptische Einschübe als auch Wortparenthesen[20], der Duden darüber hinaus auch den Anredenominativ sowie die Interjektion.[21]

Altmann geht von einem weiten Parenthesenbegriff aus, der sowohl »satzgliedähnliche Strukturen wie z. B. Satzadverbien«, »Satzgliedstrukturen« als auch »Satzstrukturen« umfaßt.[22] Lediglich Vokative und Interjektionen werden nicht zu diesem Phänomenbereich gezählt.[23]

Schindler bezeichnet »parentheseverdächtige Erscheinungen« als »HOSPITAN-TEN in Gastsätzen«, wobei er zwei »Großklassen« differenziert. »EINSCHÜBE (z. B. Schaltsatz, Interjektion, Anrede)« verhalten sich syntaktisch variabel, während »ZUSÄTZE (z. B. Appositionsprototyp, Rechtsversetzung, Nachtrag)« dagegen in ihrem Stellungsverhalten stark eingeschränkt sind und entweder ein Satzglied als Bezugselement besitzen oder selbst innerhalb des Trägersatzes eine syntaktische Funktion haben.[24]

Bei den weiteren Betrachtungen werden die knapp angesprochenen Abgrenzungsüberlegungen nicht weiter problematisiert. Es wird ein weiter Parenthesenbegriff zugrundegelegt, bei dem die Unterbrechung des Basissatzverlaufs sowie die für Parenthesen damit verbundenen typischen intonatorischen Verhältnisse mit einer deutlichen Pause vor und hinter der Parenthese als entscheidendes Kriterium angenommen werden.[25]

17 Vgl. Sowinski ²1978, S. 139; Sommerfeldt 1984, S. 244.
18 Vgl. die Untersuchung von Betten 1976, S. 217 f.; Grundzüge 1981, S. 835; Hartmann 1984, S. 314; Schindler 1990, S. 208 f.
19 Betten 1976, S. 217.
20 Vgl. Lewandowski 1985, Bd. II, S. 752.
21 Vgl. Duden 1973, S. 594.
22 Altmann 1981, S. 63 f.
23 Vgl. ebenda, S. 64.
24 Schindler 1990, S. 210 und 221.
25 Vgl. Sommerfeldt 1984, S. 243. Vgl. zur Intonation Altmann 1981, S. 202 f.

Untersucht werden also im folgenden die Funktionen von »Einschüben« und »Zusätzen« (im Sinne Schindlers), die als solche graphisch erkennbar sind.

4.6.3.1 Satzparenthesen

Zu den Satzparenthesen zählen diejenigen Einschübe, die innerhalb des umhüllenden Satzes syntaktisch und morphologisch selbständig sind[26], wie die folgenden Beispiele in *Aus dem Tagebuch einer Schnecke:*
(Zweifel – ich bin sicher – hätte paar Schnirkelschnecken gefunden.) (WA IV, 351)
Nach der Diskussion – ich versuchte, üblichen Geschichtsklitterungen den Leim abzuklopfen – baten mich einige der Scharfrichter um Autogramme. (WA IV, 277)
Kennzeichnend für diese sogenannten »echten« Parenthesen[27] ist die Möglichkeit der Verschiebung aufgrund der grammatischen und thematischen Unabhängigkeit vom Basissatz. Im Gegensatz zu z. B. Appositionen oder parenthetischen Zusätzen muß eine Kontaktstellung nicht notwendig vorliegen.

Bassarak sieht die spezifische pragmatische Leistung der Parenthese darin, daß der Sprecher auf diese Weise einen nebenrangigen Gedanken äußert, der von »geringerer Wichtigkeit ist als die Haupthandlung«[28].

Die folgenden Beispiele illustrieren diese Beobachtung:
Für Lisbeth, die stumme Siegerin, gab es ein Tütchen Glasperlen (sie spielte seltsam damit) und für Zweifel, den erfinderischen Veranstalter der Wettkämpfe, spendierte der Fahrradhändler Süßigkeiten, zum Beispiel Pfefferminzdrops. (WA IV, 493)
In der Wohnküche unseres gemieteten Ferienhauses – wir kochen mit Butan-Gas – hängt ein Gezeitenkalender. (WA IV, 427)
Während in diesen beiden Fällen die Einschübe vor allem die Funktion besitzen, den erzählten Hauptgedanken durch Zusatzinformationen zu erweitern, erfüllen in den folgenden Sätzen die Parenthesen zudem »verstehensstützende«[29] Funktion:
Vorsichtig (denn das nun folgende Adjektiv büßt gerne Lücken) nannte ich es komisch, bei Augst am Familientisch einen geräumten Platz vorzufinden [...] (WA IV, 466)
Die eingeschaltete Parenthese enthält eine Erklärung für die Verwendung von »vorsichtig« als Satzadverb und reflektiert in metakommunikativer Weise einen bestimmten Sprachgebrauch.

Die »verstehensstützende« Funktion der Satzparenthesen in den beiden folgenden Beispielen besteht darin, die Wahl der Modalverben »mögen« und »sollen« (hier in epistemischer Lesart) zu begründen, mit denen Grass seine unsichere Kenntnis bezüglich der besprochenen Sachverhalte bekundet:[30]

---

26 Vgl. Betten 1976, S. 217; Schindler, S. 210.
27 Vgl. Betten 1976, S. 217.
28 Bassarak 1986 S. 174.
29 Bassarak 1986, S. 168.
30 Vgl. zur Verwendung von Modalverben in epistemischer Lesart S. 157 dieser Arbeit.

122

Es mögen, wir wissen es nicht genau, noch vierhundert Juden, die bald darauf den
Gelben Stern an ihren Kleidern tragen mußten, zurückgeblieben sein [...] (WA IV, 411)
[...] sogar sein Parteisekretär [...] soll – wie Zeugen später berichteten – ziemlich
glücklich gewesen sein [...] (WA IV, 440)

Neben der allgemeinen Funktion solcher Satzparenthesen, den jeweiligen Basissatz
zu erweitern, soll noch eine weitere spezifische Funktion anhand des nächsten
Satzes dargestellt werden:

Bei mir zu Hause wurden gegen Ende Oktober 1937 – zehn Jahre war ich alt und
begriff nicht – die jüdischen Händler vom Danziger Wochenmarkt vertrieben. (WA IV,
344)

Die Parenthese ist exakt zwischen die Zeit- und Ortsangaben (Danzig 1937) und
die eigentliche Satzaussage eingeschaltet und hebt dadurch die Vertreibung der
jüdischen Händler besonders hervor. Aufgrund der grundsätzlichen Stellungs-
freiheit syntaktisch mögliche Stellungsvarianten dieser Parenthese (z. B. hinter »zu
Hause« oder »die jüdischen Händler«) würden die Aussage dieses Satzes nicht
verändern, könnten aber die mit der gewählten Stellung intendierte Fokussierung
der Vertreibung nicht leisten.

Darüber hinaus wird durch die teilweise elliptische Konstruktion der Parenthese selbst, in der ein strukturell erforderliches Argument des Verbs »begreifen«
ausgelassen ist und auch keine plausible habituelle Lesart gestattet ist, die Über-
legung des Lesers evoziert, was denn nicht begriffen wurde.

Eine zusätzliche inhaltliche Absicht Grass' muß auch darin gesehen werden,
die Darstellung dieser historischen Ereignisse permanent zu subjektivieren und
nicht »das Ergebnis, die vielstellige Zahl zu nennen« (WA IV, 274), sondern
Geschichte »allenfalls im privatisierten Einzelfall« (WA IX, 459) darzustellen.[31]

4.6.3.2 Parenthetische Zusätze

Es wurde eingangs bereits auf die relativ freie graphische Markierungsmöglichkeit
von Parenthesen hingewiesen. Ein besonderer Typ der Parenthese in Grass' Prosa
wird nun gerade erst durch die graphische Kennzeichnung konstituiert. Meist mit
Hilfe von Einklammerungen[32] werden einzelne Wörter oder Phrasen, die syntaktisch durch ihr Stellungsverhalten, morphologisch durch ihre Kongruenz mit
Bezugselementen und semantisch vollständig im Basissatz integriert sind, als
Parenthesen markiert:

[...] sie könnte mich (versuchsweise) an den Tisch locken. (WA IV, 333)

---

31 Weitere Belege für Satzparenthesen in *Aus dem Tagebuch einer Schnecke* finden sich z.
   B. WA IV, 295, 315, 329, 350, 375, 411, 438, 440, 469, 482, 488.
32 Wie S. 86–90 dieser Arbeit genauer dargestellt ist, benutzt Grass seit dem Roman
   örtlich betäubt häufig Klammern sowohl für längere Passagen als auch in der hier
   dargestellten Form.

123

Ende Februar hatten noch acht Schüler und Schülerinnen ihr (vom Senat bestätigtes) Abitur machen können. (WA IV, 357) Es handelt sich in diesen Fällen um freie Angaben, z. B. im ersten Satz um eine vom Subkategorisierungsrahmen des Verbs nicht notwendig geforderte Ergänzung, die erst durch das zusätzliche Mittel der Einklammerung und aufgrund ihres Intonationsmusters als Parenthese verwendet wird.[33]

Je nach Art des Ansatzes ist die Beschreibung dieser Formen als Parenthesen sicherlich nicht unproblematisch. Aufgrund der intonatorischen Verhältnisse und der Interpunktion erscheint diese (unter funktionalem Gesichtspunkt vorgenommene) Einstufung jedoch gerechtfertigt zu sein. Der entscheidende Aspekt ist die Ausgrenzung eines Satzelementes.

Gerade in *Aus dem Tagebuch einer Schnecke* gehören solche parenthetischen Zusätze allein schon quantitativ zu den kennzeichnenden stilistischen Mitteln, mit denen Grass eine Reihe unterschiedlicher Funktionen erzielt.

Zunächst handelt es sich meist um Zusatzinformationen, die einen bestimmten Sachverhalt präzisieren:

Man war sich einig, daß man ihn nicht gekannt habe, daß er fremd (und befremdlich) dazwischen gestanden sei [...] (WA IV, 470)

Eine weitere Funktion solcher parenthetischer Zusätze besteht in vielen Fällen darin, die Präsenz des auktorialen Erzählers bzw. des Autors selbst anzuzeigen, der erkennbar kommentierend und bewertend hervortritt:

Natürlich ging es während der anschließenden Diskussion [...] um die Deutung der Schnecke an sich und – nach deutscher Art – ums Schneckenprinzip. (WA IV, 303)

Warum spricht sich sein (verheißenes) Glück so verbissen aus? (WA IV, 434)

So hieß der Untertitel seiner (leider) unvollendet gebliebenen Schrift über das Verhältnis der Schnecken zur Melancholie und Utopie. (WA IV, 493)

Grass benutzt die Einklammerung als »Meinungsnische«, in der er in knappster Weise persönliche Einstellungen bekundet, ohne an dieser Stelle Begründungen zu entfalten. So wird zudem mit sparsamsten Mitteln ein Maximum an Informationen geliefert, wie in den folgenden Beispielen, in denen der Autor bestimmte Ereignisse darstellt und zugleich auf spätere Folgen verweist:

Zwischen der Weichselmündung und dem Frischen Haff entstand (und wuchs rasch) das Konzentrationslager Stutthof [...] (WA IV, 372)

Zweimal war es am Klostersee zu (folgenlosen) Schießereien gekommen. (WA IV, 459)

Es wurde bereits darauf hingewiesen, daß Grass parenthetische Zusätze auch dazu verwendet, mit deren formalen Isolierung innerhalb des Basissatzes bestimmte Aspekte zusätzlich zu fokussieren, also eine hohe Informationsdichte mit mehreren Foki zu erzielen.

Durch die einschränkende Information »neuerdings« im folgenden Beispiel wird die für sich genommen triviale Tatsache der Kenntnis des eigenen Geburtsdatums besonders hervorgehoben; die graphische Ausgrenzung dient somit als

---

33 Vgl. Altmann 1981, S. 63.

124

Mittel der Aufmerksamkeitssteuerung[34], mit dem der Leser auf mehrere Informationsschwerpunkte des Satzes hingewiesen wird:

> Sie [Lisbeth] war jetzt vierundzwanzig Jahre alt und wußte (neuerdings), wann sie Geburtstag hatte. (WA IV, 516)

Daß Grass die Interpunktion nicht stringent handhabt, läßt sich ausgehend vom folgenden Beispiel zeigen:

> Plötzlich [...] speit er erschreckend das Wort »nüchtern« [...], stapelt unten, kaum angekommen zwischen den gleichkurzen Klaftern, eine Pyramide aus Konjunktiven, läßt sie langsam (zum Mitschreiben) einstürzen [...] (WA IV, 329 f.)

Die Redewendung »zum Mitschreiben« erscheint mehrfach in *Aus dem Tagebuch einer Schnecke*, und zwar mit jeweils unterschiedlicher Interpunktion und in unterschiedlicher Satzposition:

> [...] in Danzig, das vor Kriegsbeginn nicht zum Deutschen Reich gehörte, verzögerten sich die Vorgänge: zum Mitschreiben für später ... (WA IV, 274)
>
> Nachdem Zweifel seinen Gastgeber das Schreiben gelehrt hatte, sprach er ihm langsam, zum Mitschreiben, Äsopsche Tierfabeln vor. (WA IV, 409)

Bereits in dem 1967 erstveröffentlichten Gedicht *Schreiben* findet sich diese Parenthese:

> Die Brücke langsam,
> zum Mitschreiben,
> einstürzen lassen. (WA I, 146)

Wie konsequent Grass in *Aus dem Tagebuch einer Schnecke* mit parenthetischen Zusätzen arbeitet, zeigt das folgende Beispiel:

> Wir plauderten (bei bretonischem Cidre) und stritten (bei Ebbe am Strand) [...] Wir zitierten Benjamin und Proust, den konservativen Gehlen und dessen linken Schüler Lepenies, Zweifel (mit Vorliebe) seinen Pudelfreund, ich (mit Vorliebe) den buckligen Meister der Pfennigwahrheiten. Wir erwähnten (am Rande) den maximilianischen Humanistenkreis [...] (WA IV, 433 f.)[35]

Auch im *Butt* finden sich häufig die beschriebenen Formen, wie z. B.:

> Bis spät in die Nacht wurde Zukunft herbeigeredet: die große Krise und der Zusammenbruch der (männlichen) Systeme. (WA V, 397)[36]

Die Funktion der Parenthese als Mittel der Hervorhebung wird in diesem Beispiel besonders deutlich. Durch das graphische Mittel der Einklammerung bildet Grass zwei Informationsschwerpunkte: 1. Der Zusammenbruch der Systeme, 2. Die Verantwortung der Männer. Mit der Einklammerung eines einzigen Elementes ersetzt Grass also eine umfangreichere spezifizierende Satzkonstruktion. Auch diese Form wird somit als ein stilistisches Mittel der Verkürzung erkennbar.

---

34 Vgl. Bublitz/Kühn 1981, S. 56.
35 Stellvertretend für das äußerst häufige Aufteten von parenthetischen Zusätzen in *Aus dem Tagebuch einer Schnecke* seien noch die folgenden Belege genannt: WA IV, 277, 286, 291, 310, 311, 327, 328, 333, 350, 400.
36 Weitere Belege für parenthetische Zusätze im *Butt* finden sich z. B. WA V, 593, 594, 599, 603, 610, 611, 618, 625, 641, 642.

Während Grass in *Zunge zeigen* ebenfalls häufig die beschriebene Form verwendet, tritt sie in der *Rättin* überhaupt nicht auf.[37]

4.6.3.3 Appositionen

Appositionen können als Spezialfall von Parenthesen aufgefaßt werden.[38] Dabei liegt in der Regel Kontaktstellung, meist Nachstellung, zwischen einem Bezugselement innerhalb der sogenannten Satzbasis und der Apposition vor. Unterschieden werden lose Appositionen wie »ein halbes Jahrhundert« in »50 Jahre – ein halbes Jahrhundert – (sind viel im Leben eines Menschen)«[39] von engen Appositionen wie »Hans« in »Unser lieber Onkel Hans (kommt zu Besuch)«. Lose Appositionen können komplexer sein und unterscheiden sich darüber hinaus von engen Appositionen »dadurch, daß sie mit Sprechpause nach er Kern-NP [Nominalphrase, Th. A.] gesprochen werden können«[40]. Im Folgenden werden lediglich lose Appositionen unter funktionalen Gesichtspunkten betrachtet.

Grass verwendet in *Aus dem Tagebuch einer Schnecke* die Apposition überaus häufig in vielfältiger Textfunktion, ohne daß dieses syntaktische Mittel seinen Prosastil charakteristisch vom gewöhnlichen Sprachgebrauch abheben würde. Neben Kommmata benutzt Grass – wie auch sonst in *Aus dem Tagebuch einer Schnecke* – Gedankenstriche und Klammern zur Abtrennung der Apposition. Sie dient der Spezifizierung, der Kommentierung und der Ironisierung:

Jetzt, bei Flut, einfach leugnen. (WA IV, 428)
Für Lisbeth, die stumme Siegerin, gab es ein Tütchen Glasperlen [...] (WA IV, 493)
[...] der Geschichte (dem Popanz) [...] (WA IV, 419)
[...] Jesus (geboren von der Jungfrau) [...] (WA IV, 420)
[...] durch den Kommunismus (den wahren) [...] (WA IV, 403)

Neben den genannten Funktionen kommt es zu der übergeordneten Wirkung der Appositionen, die Satzkontinuität zu unterbrechen und die jeweilige Bezugsbasis im Satz besonders hervorzuheben. Die Apposition verzögert die Rezeption, was im Bereich der Intonation an einer deutlichen Pausengebung zu erkennen ist.[41] Es kommt zu einem gewissen »Verharren« bei einer Phrase, auf die der Leser auf diese Art aufmerksam gemacht wird, damit er nicht einfach über die jeweilige Stelle hinwegliest:

Doch wenn ich genau rechne und jede Verzögerung – nicht nur die Panne beim ersten Auszählen – in mein Sudelbuch schreibe [...] (WA IV, 266)
Parallel zu uns (nicht einzusehen) soll der Rhein fließen. (WA IV, 315)

---

37 Vgl. S. 90 dieser Arbeit.
38 Vgl. Altmann 1981, S. 63.
39 Vater 1985, S. 24.
40 Ebenda, S. 28.
41 Altmann spricht von einem »Stauakzent«. Ebenda, S. 62 f.

126

Der Inhalt aller Briefe (auch der Antworten) war den verhörenden Kriminalbeamten bekannt. (WA IV, 380)
Am 26. August 1940 (einem Montag) begann die letzte Auswanderung der Danziger Juden. (WA IV, 411)
Alles (nicht nur das Glück und das Kreuz) wurde diskutiert. (WA IV, 420)

4.6.3.4 Sonderfälle

Durch den graphisch ausgegrenzten Redeteil wird auch der entsprechende Bezugsbereich des Satzes besonders hervorgehoben. Gelegentlich verstärkt Grass die Hervorhebung zusätzlich, indem er eine Parenthese mit Fragesatzfunktion verwendet:

Ich könnte darüber (nun was schon?) ein Buch schreiben ... (WA IV, 338)
Denn an den Arbeitsplätzen, wo Akkord herrscht, die Stückzahl alles und Überstunden (für wen?) Gewinn sind, sammelt sich Wut, die keine Sprache findet, der niemand das Wort gibt, deren Bodensatz in keiner Gewerkschaftszeitung zu Druckerschwärze wird. (WA IV, 305)
Mehrmals habe ich (wo überall) Fußnoten zu Zweifel und Augst, Notizen zur Strafrechtsreform [...] (WA IV, 480)[42]

Während im ersten Beispielsatz Grass mit Hilfe dieses Einschubes in rhetorischer Weise darauf aufmerksam macht, daß ihm seiner Begabung entsprechend bereits einzelne Motive grundsätzlich potentielle Erzählanlässe bieten, dient im zweiten Satz die Parenthese dazu, einen bestimmten Zusammenhang in knappster Form darzustellen und zugleich zu problematisieren.

Parenthesen in Fragesatzfunktion finden sich auch in anderen Grass-Werken wie *Katz und Maus* oder *Der Butt:*

Aber wie mich hatte sie den Cousin – womit wohl? – mit ihrer verfilzten Wolle, mit ihrem unauflöslichen Tischlerleimgeruch verseucht. (WA III, 87)
Nicht etwa dumme (oder sagte er damals schon) weibliche Neugierde sei sein Antrieb gewesen, sondern ein wohlbedachter Entschluß aus männlichem Willen. (WA V, 28)

Die Funktion der Parenthese im zweiten Beispielsatz liegt vor allem darin, auf das sprachliche und gedankliche Klischee von der »weibliche[n] Neugierde« hinzuweisen. Indem Grass die Parenthese mit den Temporaladverben »damals schon« zwischen die Attribute »dumm« und »weiblich« stellt, wird auf das Gewordensein dieses Sprach- und Bewußtseinsklischees angespielt.

Auch in *Kopfgeburten oder Die Deutschen sterben aus* findet sich dieses Parenthesenmuster wieder:

Mit dir will ich Harm und Dörte Peters zusehen, wie sie [...] in ihr tägliches Stimmungstief verloch und von Hoffnungen geködert werden, hinter denen sie – na was schon! – das Prinzip vermuten. (WA VI, 246)

---

42 Weitere Belege für Parenthesen in Fragesatzfunktion finden sich in *Aus dem Tagebuch einer Schnecke* z. B. WA IV, 297, 330.

Der rein rhetorische Fragesatzcharakter der Parenthese ist durch das Ausrufezeichen angezeigt. Die eigentliche Verwendungsfunktion besteht darin, die »Gläubigkeit« Harms und Dörtes an ein »Prinzip Hoffnung« hervorzuheben.[43]
Eine unter linguistischem Aspekt besonders interessante Verwendungsweise von Parenthesen liegt dort vor, wo Parenthesen grammatisch notwendige Verbargumente darstellen:

Etwas, das (wer?) beschreiben sollte: [...] (WA IV, 436)

Der Satz wäre ohne das parenthetische Fragepronomen ungrammatisch und auch semantisch unplausibel:

* Etwas, das beschreiben sollte.

Dennoch handelt es sich um ein Satzglied mit selbständiger Funktion, wie an der Interpunktion und der damit verbundenen Fragesatzintonation erkennbar ist. Grass erzielt diese interessante Wirkung, indem er durch eine Konstruktion die Funktion zweier Satztypen verwendet, nämlich zum einen die Funktion eines Deklarativsatzes (»Das sollte jemand beschreiben«) und darüber hinaus gleichzeitig die Fragesatzfunktion (»Wer sollte das beschreiben?«).

Das gleiche gilt für das folgende Beispiel, mit dem Grass die Darstellung eines Jungsozialisten abschließt, der demonstrativ sein Parteibuch zerriß:

Einmal werde auch ich – aber was? – zerreißen. (WA IV, 366)

Auch in diesem Satz besetzt die Parenthese eine vom Subkategorisierungsrahmen des Verbs »zerreißen« geforderte notwendige Argumentstelle (»etwas zerreißen«), ohne die der Satz ungrammatisch wäre.

Geht man davon aus, daß Parenthesen keine obligatorischen syntaktischen Funktionen innerhalb eines Satzes übernehmen können,[44] so erweisen sich diese Konstruktionen als Beispiel einer innovativen Sprachverwendung von Grass. Die besondere stilistische Funktion ist darin zu sehen, daß mit Hilfe einer einzigen Konstruktion zwei unterschiedliche Sprechakte realisiert werden.

Ein weiteres Beispiel, bei dem die Parenthese zwar nicht strukturell, jedoch unter semantischem Aspekt als notwendig erscheint, lautet:

Denn manchmal, Kinder, beim Essen, oder wenn das Fernsehen ein Wort (über Biafra) abwirft, höre ich Franz oder Raoul nach den Juden fragen: [...] (WA IV, 273)

Die zusätzliche Angabe »Biafra«, die für den Terror gegen ein ganzes Volk steht, ist notwendig für den Zusammenhang mit der Frage der Kinder nach der Judenverfolgung.[45]

---

43 Vgl. zu dem damit verbundenen Verfahren der Auftrennung bestehender formelhafter Verbindungen S. 67 f. dieser Arbeit.

44 Vgl. Schindler 1990, S. 225.

45 Grass spielt hier (in innerhalb dieses Kontextes nicht vollständig auflösbarer Weise) konkret auf das Wort »Völkermord« an, wie aus seinem Appell an die Bundesregierung hervorgeht, der unter dem Titel »Völkermord vor aller Augen« am 11.10.1968 in der Zeit erschien. Grass' Offener Brief an Leopold Senghor aus Anlaß der Verleihung des Friedenspreises an den seneghalesischen Staatspräsidenten am 22.9.1968 trug die Überschrift »Auschwitz und Treblinka in Afrika«.

Die ebenfalls notwendige Ergänzung »(als nützlich)« wird in der folgenden Satzkonstruktion mit Hilfe der graphischen Markierung als Parenthese verwendet:

Was hat dem Sozialismus die Heiterkeit ausgetrieben und jenen (männlichen) Ernst anerzogen, der jeden Spaß ansäuert, ihn (als nützlich) erklärt haben will? (WA IV, 434)

Analog zu der Verwendung des Attributs »männlich«[46] wird mit Hilfe des parenthetischen Gebrauchs von »nützlich« die Satzkontinuität unterbrochen und ein zusätzliches Aufmerksamkeitssignal gesetzt.

Ungewöhnlich ist auch die folgende Verwendungsweise von Parenthesen:

Einen Klein-Hammerpark gab (gibt) es überall. (WA IV, 276)

Der Sammelbegriff Bonn soll (darf) uns nicht lähmen [...] (WA IV, 319)

Wählerinitiative soll anlaufen, sagte (versprach) Veronika Schröter hochschwanger [...] (WA IV, 442)

Auffällig ist dabei die grammatikalische Abweichung, indem einer Phrase ein eingeklammertes Element der gleichen paradigmatischen Klasse hinzugestellt wird.

4.6.3.5 Zusammenfassung

Parenthesen gehören zu den typischen Konstruktionsformen in *Aus dem Tagebuch einer Schnecke*. Sie tragen erheblich zur Gestaltung des Satzes bei und damit zur Repräsentation des Erzählstoffs.

Einige der bisher dargestellten Funktionen finden sich im folgenden Beispiel:

Nur einer der Söhne wollte den verstorbenen Vater für die Musik retten. Er erinnerte seine Brüder und (besonders) die Mutter an die Adventszeit des Vorjahres: Damals habe der Vater bei einer vorweihnachtlichen Kindermusik (Leopold Mozart) im Familienkreis mitgemacht; er habe die Rätsche, ein schnarrendes Instrument, außerdem die Wasserpfeife bedient. (WA IV, 468)

Neben den spezifischen Funktionen der Hervorhebung – »(besonders)« –, der Spezifizierung – »(Leopold Mozart)« – und der Erläuterung – »ein schnarrendes Instrument« – wird die allgemeine Funktion der Satzunterbrechung deutlich: Durch das beschriebene Stilmittel kommt es zu einer ständigen Retardation des jeweiligen Haupterzählstranges. Dem thematischen Anliegen, über den »Stillstand im Fortschritt« zu schreiben, korrespondiert somit in ikonischer Weise auch die strukturelle Gestaltung des Satzrahmens mit Hilfe von Parenthesen.

Grass verweist selbst auf die Absicht der Verzögerung:

Außer Geschichten und Geschichten gegen Geschichten erzählen, kann ich Pausen zwischen halbe Sätze schieben [...] (WA IV, 332)

Die intensive Verwendung von Parenthesen als Mittel eines Erzählers, der seine Erzählweise permanent unterbricht, um spezifizierende Details einzufügen, belegt der folgende Satz aus der Novelle *Katz und Maus*, bei dem das besondere Verhält-

---

46 Es handelt sich um eine Vorwegnahme der Kritik an männlichen Denk- und Verhaltensweisen, die später im *Butt* umfassend entfaltet wird.

nis von »Haupt-« und »Nebeninformation«[47] innerhalb eines Satzes sehr deutlich wird:

> ... und einmal – ich weiß nicht mehr, in welchem Sommer – war es während der ersten Großen Ferien auf dem Kahn, kurz nach dem Rummel in Frankreich, war es im Sommer danach? – an einem Tag, heiß dunstig, mit Gewühle im Familienbad [...], schlug ein etwa dreijähriger Balg monoton hölzern auf eine Kinderblechtrommel und ließ den Nachmittag zu einer höllischen Schmiede werden – da lösten wir uns [...] (WA III, 17)

Dem lediglich als Einleitungsfloskel dienenden »... und einmal« folgt eine äußerst umfangreiche Parenthese, in die wiederum weitere Parenthesen eingebettet sind. Durch diese Einschübe wird die gesamte zeitpolitische und auch die spezifische lokale Situation des Nachmittags umfangreich geschildert, bevor der Erzähler wieder auf den mit »... und einmal« bereits angekündigten Hauptreferenzstrang zu sprechen kommt.

Grass' Bemühen um eine möglichst verknappte Darstellungsweise dienen gerade auch Parenthesen als strukturelles Mittel der Verdichtung, da er mit ihrer Hilfe in der Lage ist, »sprachliche Inhalte vielfach ohne bestimmte Verknüpfungszeichen in Stammsätze einzubetten«[48].

Gerade in *Aus dem Tagebuch einer Schnecke* finden sich für diese Funktion zahlreiche Belege wie beispielsweise:

> Auch wenn er (immer seltener) Zweifel mit seinem Hosenriemen schlug, sagte er: [...] (WA IV, 453)
>
> Ich versuche einfach zu sprechen (bildhaft) möglichst für jeden und für Laura besonders. (WA IV, 360)
>
> Nur Engels hatte (in Briefen) ein Einsehen und schickte zehn englische Pfund für die verbotene Zeitung. (WA IV, 364)

Die parenthetischen Zusätze stehen vielfach stellvertretend für einen ganzen Satz und ersparen auf diese Weise zum Teil umständliche Konstruktionen mit Relativsätzen, Gliedsätzen etc.

4.6.4 Anaphorische Erweiterungen

Ein weiteres bemerkenswertes stilistisches Mittel, auf das Grass in nahezu allen Prosawerken häufig zurückgreift, sind Erweiterungsformen, die einen genannten Ausdruck mit zusätzlichen Spezifizierungen zum Teil mehrfach wiederholen und damit diese Form im Sinne der rhetorischen Figur der Amplifikation durch »eine (horizontale) Verbreiterung«[49] steigern:

---

47 Vgl. zu diesen Begriffen Hartmann 1984, S. 312 f.
48 Sommerfeldt 1984, S. 248.
49 Lausberg 1963, S. 37, § 72.

130

Zweifels Keller war Schulstube. [...] Für Zweifel Zeitgewinn: langsam lernte Stomma schreiben; aber lesen, die Zeitung, den »Danziger Vorposten« lesen, lernte er nie. (WA IV, 398)

Mit Hilfe der adversativen Konjunktion »aber« wird angezeigt, daß Stomma im Gegensatz zum mühevollen Schreibenlernen das Lesen erst gar nicht lernt. Bei der vorliegenden Konstruktionsweise handelt es sich um eine aufsteigende Konkretisierung des »Lesens«, die von der allgemeinen Leseunfähigkeit zu einer spezifischen Anwendungsmöglichkeit, der Lektüre des »Danziger Vorpostens«, sukzessive zunimmt.

Die von Grass gewählte sukzessive Erweiterung eines Ausdrucks ist zugleich ein Mittel der Verkürzung, da die Abfolge »lesen, die Zeitung, den ›Danziger Vorposten‹ lesen« einen Folgerungszusammenhang impliziert: Das prinzipielle Leseunvermögen versperrt dem Einzelgänger Stomma eigene Informationsmöglichkeiten und beläßt ihn damit in Abhängigkeit von Zweifel.

Der angesprochene »Zeitgewinn« für Zweifel wird darüber hinaus durch die formale Gestaltung des Satzes in ikonischer Weise nachgebildet, indem die sukzessive syntaktische Erweiterung eine tatsächlich retardierende Funktion veranschaulicht.

In den beiden folgenden Beispielen wird das beschriebene Verfahren der Erweiterung in nahezu identischen Konstruktionsverfahren eingesetzt:

An einem Sonntag, Franz, an einem gewöhnlichen langweiligen Sonntag, an einem Tag, so unbewegt, daß selbst die Schnecke beeilt erschien, stand der Studienassessor Hermann Ott in seiner Wohnung [...] und war beschäftigt. (WA IV, 375)

Die Zeitangabe »An einem Sonntag« nimmt den Bezug zum vorhergehenden Absatz auf, wo auf der Gegenwartsebene die sonntägliche Langeweile dargestellt wird. Durch die zunächst nicht erweiterte Phrase wird »Sonntag« fokussiert und auf diese Weise dem Leser signalisiert, daß »Sonntag« als motivisches Analogon beider Erzählebenen dient.[50]

Darüber hinaus korrespondieren auch in diesem Beispiel in ikonischer Weise Erzähltes und dessen sprachliche Gestaltung: Die Unbewegtheit und Langeweile des Sonntags ist an der verzögernden Beschreibungsweise mit Hilfe der sukzessiven Erweiterung ablesbar, wodurch die Tatsache, daß Zweifel »beschäftigt« war, am Ende des Satzes besonders hervorgehoben wird.

In nahezu identischer Weise wird auch im folgenden Satz das syntaktische Vorfeld durch diese Art der Erweiterung besetzt:

Und an einem Montag, Kinder, an einem Montag wie heute – der Tag, an dem Aldrin und Armstrong in ihre Mondfähre zurückgekehrt sind und es wieder gemütlich haben – gewann Zweifel seinen Gastgeber für ein System [...] (WA IV, 436)

Das gleiche Verfahren verwendet Grass auch im Zusammenhang mit der Reflexion des Ausdrucks »vorwärts«:

---

50 Zur texteinheitsstiftenen Funktion dieses Verfahrens vgl. S. 228–232 dieser Arbeit, vor allem S. 228 f.

Ein dummes Wort, das oft genug den Rückschritt beschleunigt hat. Ein geblähtes, deshalb rasch abschlaffendes Wort, dem die Begeisterung als Luft und der Glaube als Pumpe dienen. Ein über Gräber und Massengräber springendes, in alle Sprachen übersetztes, jedem Lautsprecher geläufiges Fingerzeigwort, das erst im nachhinein (Flüchtlingsgespäche) geprüft wird. (WA IV, 289)

Die Phrase »ein ... Wort« ist zunächst nur mit einem Adjektiv spezifiziert und wird anschließend in variierenden Wiederholungen zunehmend expandiert. In dieser quantitativen »Verbreiterung« der Phrase[51] liegt zugleich ein Aspekt der Steigerung von der zunächst nur als »dumm« bewerteten Verwendungsweise bis hin zum als Parole dienenden Schlagwort.

In dem sich diesem Passus direkt anschließenden Gedicht *Später mal, Franz* (WA IV, 289) wird dieses Verfahren am Schluß gleich zweifach eingesetzt:

[...] wenn du aufgegeben, endlich aufgegeben,
für immer aufgegeben hast, dann – Fränzeken –
nach einer Pause, die lang genug ist,
um peinlich genannt zu werden,
dann stehe auf und beginne dich zu bewegen,
dich vorwärts zu bewegen ...

Während im ersten Fall durch die Erweiterung von »aufgegeben« im Sinne einer Steigerung die Endgültigkeit des Aufgebens betont wird, steht im zweiten Fall die Absicht im Vordergrund, den Prozeß des Bewegens ganz bewußt zu akzentuieren. Zum einen wird auch hier durch die Wiederholung der nun mit »vorwärts« erweiterten Konstruktion der von Grass geschätzte Aspekt einer verzögerten, verlangsamten (schneckenhaften) Bewegung hervorgehoben, denn nur »wer den Stillstand im Fortschritt kennt und achtet, [...] kann Fortschritt ermessen« (WA IV, 567). In der wiederholten Form erhält »vorwärts« damit eine spezifische Lesart, die im Gegensatz steht zu Konnotationen wie Begeisterung und Glaube.

Wenn Zweifel seine Fluchtvorbereitungen treffen muß, heißt es innerhalb einer Parenthese:

[...] (er blätterte lange, zu lange in seinen Mappen) [...] (WA IV, 375)[52]

Durch die korrigierende Erweiterung wird die erste, als zu schwach gekennzeichnete Phrase (in diesem Fall das Adverb »lange«) gesteigert und gleichzeitig in den Mittelpunkt gerückt.

Stellvertretend für die Vielzahl von Belegen dieses Stilmittels im Gesamtwerk[53] sei abschließend eine der »leisesten, schönsten und endgültigsten Abschiedsszenen der Literatur« zitiert, wenn »der kranke Oskar seine ihm allen

---

51 Auf die hierarchische Struktur der Phrase soll hier nicht eingegangen werden.
52 Weitere Belege für anaphorische Erweiterungen in *Aus dem Tagebuch einer Schnecke* finden sich z. B. WA IV, 268, 329, 399, 451, 469, 567.
53 Belege für anaphorische Erweitungen im *Butt* finden sich z. B. WA V, 100, 107, 121, 251, 258, 304, 305, 324, 334, 346, 378, 397, 400 etc.; in der *Rättin* z. B. WA VII, 22, 38, 51, 76, 108, 123, 124, 128, 166, 206, 231, 249, 265, 273, 276, 278, 291 etc.

132

Schutz bedeutende Großmutter zum letztenmal sieht und auf kaschubisch ›Babka, babka‹ ›Großmutter, Großmutter‹ ruft und sie doch geht‹[54]:

[...] – und sie ging, ging ohne mich, ging ohne Oskar davon. (WA II, 513)

4.6.5 Zusammenfassung

Es wurden in diesem Kapitel vielfältige formale Möglichkeiten beschrieben, mit denen Grass die für seinen Prosastil typischen Satzerweiterungen gestaltet. Zum Teil wurden die konkreten inhaltlichen Funktionen für die jeweilige Textstelle angesprochen.

Vielfach läßt sich die formale Erweiterung einer Satzkonstruktion in stofflicher Hinsicht auch gleichzeitig als eine sprachliche Reduktionsform auffassen, indem Grass mit einem »grammatischen Minimum« eine maximale Informationsdichte erzielt. Dies veranschaulicht sehr deutlich der oben dargestellte Beispielsatz aus *Das Treffen in Telgte* (WA VI, 17)[55], in dem Grass eine komplexe attributive Erweiterung anstelle einer ganzen Passage mit möglicherweise mehreren einzelnen Sätze verwendet.

Gerd Ueding macht auf eine weitere Funktion solcher Erweiterungen aufmerksam, wenn er feststellt, daß

der abschweifende Erzähler immer auch der ironische Erzähler [ist], der zu seinem Gegenstand eine doppeldeutige, spielerische Distanz hält: Laurence Sterne und Jean Paul sind die beiden ebenbürtigen Meister dieser Kunstfertigkeit in der europäischen Literatur [...][56]

Genau in dieser Tradition steht auch Grass, dessen Erzählen immer auch als Erzählkunst erkennbar ist.[57]

Dabei liegt bei Grass' »Abschweifungen« kein spielerischer Selbstzweck zugrunde, sondern er benutzt, wie er in *Aus dem Tagebuch einer Schnecke* selbst programmatisch sagt, diese bewußt gewählte Form, um auf »Umwegen (Abwegen)« (WA IV, 271) zu erzählen.

Ähnlich Jean Pauls Erzähler von »Dr. Katzenbergers Badereise« schreibt Grass nicht für die

Kehrausleser, die Valetschmauser, die Jüngstentagwähler, welche an Geschichten, wie an Fröschen, nur den Hinterteil verspeisen und, wenn sie es vermöchten, jedes treffliche Buch in zwei Kapitel einschmelzten, ins erste und ins letzte, und jedem Kopfe von Buch, wie einem aufgetragenen Hechte, den Schwanz ins Maul steckten, da eben dieser

---

54 Neuhaus 1979, S. 62.
55 Vgl. S. 115 f. dieser Arbeit.
56 Ueding 1985, S. 77.
57 Neuhaus ²1988 (S. 114) weist für *Die Blechtrommel* auf diesen Aspekt hin. Die Aufmerksamkeit des Lesers wird von dem »dargestellten Vorgang auf den Darstellungsvorgang« gelenkt.

an Geschichten und Hechten die wenigsten Gräten hat [...] Sie mögen denn reisen, diese Epilogiker. Was hier bei mir bleibt – die zweite Partei – dies sind eben meine Leute, Personen von einer gewissen Denkart, die ich am langen Seile der Liebe hinter mir nachziehe. Ich heiße euch alle willkommen; wir wollen uns lange gütlich miteinander tun und keine Summuln sparen [...] Langen wir doch, nach den längsten verzögerlichen Einreden und Vexierzügen, endlich zu Hause und am Ende an, wo die Kehrausleser hausen, so haben wir unterwegs alles, jede Zoll- und Warnungstafel und jeden Gasthofschild gelesen, und jene nichts, und wir lachen herzlich über sie.[58]

Ebenso wie Jean Paul, dessen Einfluß für sein eigenes Prosawerk Grass selbst verschiedentlich herausgestellt hat,[59] fordert Grass mit seiner Erzählweise und den konkreten sprachlichen Mitteln der Erweiterung als Ausdruck eines ständig assoziierenden Erzählens die Tugend der Geduld von seinem Leser.

Die gleiche ästhetische Maxime leitet bereits in der *Blechtrommel* Oskars Erzählkunst, wenn er sagt, daß seiner Trommel »bei geschicktem und geduldigem Gebrauch alles einfällt, was an Nebensächlichkeiten nötig ist, um die Hauptsache aufs Papier bringen zu können« (WA II, 19).

Noch in der *Rättin* behält Oskar seine Vorliebe für »Satzkaskaden« bei und zieht weiterhin »Weitläufigkeiten Punktumgeschichten« (WA VII, 410) vor.

4.7   Satzumfang als Stilphänomen

In Kapitel 4.6 wurden einige wichtige Formen der Satzerweiterung dargestellt, die das Satzprofil in *Aus dem Tagebuch einer Schnecke* in besonderer Weise prägen. Im folgenden soll nun der Satzumfang selbst als ein eigenständiges Stilphänomen betrachtet werden.

Die Verwendung unterschiedlich langer Sätze in Prosatexten ist in der Regel unauffällig, auch wenn der Gebrauch von Sätzen »mittlerer Länge« mit etwa 4 bis 7 Satzgliedern und etwa 10 bis 15 Wörtern vorherrschen mag.[1] Variable Satzlängen verhindern stereotype Satzmusterwiederholungen, die ihrerseits allerdings gerade von Grass vielfach in stilisierten Passagen als besondere Ausdrucksform verwendet werden, wie z. B. parallele Formen[2] oder Sequenzen kurzer Sätze.

---

58 Jean Paul, *Katzenberger*, 8. Summula.
59 Vgl. Böschenstein 1971.
1   Sowinski ²1978, S. 80.
2   Vgl. S. 166–173 dieser Arbeit.

134

4.7.1 Zur stilistischen Funktion von Satzperioden

Bereits für frühere Werke wurde in der Forschung auf die für Grass' Prosa typische Verwendung besonders umfangreicher Sätze aufmerksam gemacht. Hermann Damian hat für *Die Blechtrommel* die Länge der Sätze als besonderes Stilphänomen untersucht.[3] Dabei bedeutet »Langsatz« nicht, »dass es ein komplizierter ›Schachtelsatz‹ sein muss«[4]. Solche »parataktische[n] Riesensätze, die meist durch Kommas angereiht sind, [deuten] immer auf die Spannung und geistige Erregung des Berichtenden, dem im Moment der nötige Abstand zum Ordnen seiner Gedanken fehlt‹[5]. Damian veranschaulicht dies anhand des folgenden Beispiels:

> Bevor ich dem verstocktesten aller Schüler Knüppel und Blech, ohne Rücksicht auf den Heiligenschein, abnehmen konnte, war Hochwürden Wiehnke hinter mir – meine Trommelei hatte die Kirche hoch und breit ausgemessen –, war der Vikar Rasczeia hinter mir, Mama hinter mir, alter Mann hinter mir, und der Vikar riß mich, und Hochwürden patschte mich, und Mama weinte mich aus, und Hochwürden flüsterte mich an, und der Vikar ging ins Knie und ging hoch und nahm Jesus die Knüppel ab, ging mit den Knüppeln nochmals ins Knie und hoch zu der Trommel, nahm ihm die Trommel ab, knickte den Heiligenschein, stieß ihm das Gießkännchen an, brach etwas Wolke ab und fiel die Stufen, Knie, nochmals Knie, zurück, wollte mir die Trommel nicht geben, machte mich ärgerlicher, als ich es war, zwang mich, Hochwürden zu treten und Mama zu beschämen, die sich auch schämte, weil ich getreten, gebissen, gekratzt hatte und mich dann losriß von Hochwürden, Vikar, altem Mann und Mama, stand gleich darauf vor dem Hochaltar, spürte Satan in mir hüpfen und hörte ihn wie bei der Taufe: »Oskar«, flüsterte Satan, »schau dich um, überall Fenster, alles aus Glas, alles aus Glas!« (WA II, 170 f.)

Gegen die Erklärung Damians, daß dem Berichtenden »der nötige Abstand zum Ordnen seiner Gedanken fehlt‹[6] spricht sicherlich, daß Oskar rückblickend erzählt (»im Bett meiner Heil- und Pflegeanstalt«, WA II, 158) und sich ansonsten seiner Darstellungsmittel sehr bewußt ist. Die stilistische Funktion dieses »Langsatzes« liegt vielmehr darin, die Aufgeregtheit aller Beteiligten und deren Bestreben, die allen peinliche Situation möglichst schnell zu bereinigen, in größter Unmittelbarkeit darzustellen.

Als weiterer Aspekt bemerkt Damian, daß im »parataktischen Langsatz [...] manchmal die einzelnen Teilsätze durch rhythmische Wortordnung und Wiederholung desselben Partikels betont«[7] werden, wie im folgenden Beispiel:

> Mit einem Sprung war der Hausmeister hoch, mit dem zweiten bei uns, über uns, packte schon zu, faßte Jans Stoff und mit dem Stoff Jan, hob das Bündel, schmetterte es zurück, hatte es wieder im Griff, ließ den Stoff krachen, schlug links, hielt rechts, holte

---

3 Vgl. Damian 1967, S. 201–211.
4 Ebenda, S. 203.
5 Ebenda.
6 Ebenda.
7 Ebenda, S. 204.

rechts aus, ließ links fallen [...] da klirrte es, [...], da sang es, [...], da traf es nicht den Bronski, da traf es Kobyella, da hatte sich eine Granate einen Riesenspaß erlaubt, da lachten Ziegel sich zu Splitt [...] (WA II, 282) Damian bemerkt hierzu, daß die »Betonung in jeder Unterabteilung des Langsatzes auf dem Verb« liegt, »das immer die erste Stelle einnimmt«[8]. Zusammen mit der anaphorischen Wiederholung von »da« und der Reihung von insgesamt neun Verben »steigert sich die Erregung zu einem besonderen Höhepunkt, indem sich der Schreiber wie fasziniert auf der Stelle dreht und wie mit dem Schuhabsatz in die Erde, das gleiche Wort, den gleichen Gedanken mit möglichster Variation dem Leser ins Gedächtnis eingräbt«[9].

Piirainen stellt für die Novelle *Katz und Maus* fest, daß die »langen Satzverbindungen«[10] und die »Schachtelung der Sätze [...] das charakteristische Merkmal des Textes«[11] sind. Als Beispiel für solche Satzzusammenfügungen in *Katz und Maus,* die »allein einen ganzen Abschnitt bilden können«[12], wird der folgende Satz zitiert:

Aber gerade das Sinnlose und bewußt Zerstörerische des tagelangen Umzugsspiels bewunderten wir; und Joachim Mahlkes Fleiß, nach und nach Bestandteile eines ehemaligen polnischen Minensuchbootes, die er zwei Sommer zuvor mit Mühe abmontiert hatte, wieder dem Boot zurückzugeben – den guten alten Pilsudski, die Bedienungsschildchen verpflanzte er nach unten –, ließ uns trotz der lästigen und kindischen Tertianer abermals einen unterhaltsamen, sogar spannenden Sommer auf jenem Kahn klein bekommen, für den der Krieg in vier Wochen gedauert hatte. (WA III, 61)

Als wesentliches Merkmal stellt Piirainen fest, daß solche Konstruktionen »Einfälle und Assoziationen [enthalten], die in der gesprochenen Rede häufig vorkommen«; »der Verfasser des Textes hat [...] bewusst die Art und Weise des unreflektierten Sprechens nachahmen wollen«, wodurch der Leser »zum Miterlebenden« aktiviert würde.[13]

Auch für *Hundejahre* hebt Piirainen die komplizierte »Satzzusammenfügung« mit immer neuen syntaktischen Verzweigungen als ein für Grass typisches sprachliches Mittel hervor[14], ohne allerdings die Bedeutung von Satzperioden als stilistisches Phänomen näher zu analysieren.

Hennig Brinkmann geht in seinen Betrachtungen des Phänomens komplexer Sätze in der Gegenwartsliteratur von einer detaillierten Analyse zweier komplexer Sätze in *Hundejahre* aus. Während nun im ersten Fall der komplexe Satz primär die Simultanität einer Situation zu erfassen sucht, so baut im zweiten Beispielsatz

---

8 Ebenda, S. 205.
9 Ebenda.
10 Piirainen 1968, S. 13. Vgl. zur Bewertung der Untersuchung Piirainens S. 25 f. dieser Arbeit.
11 Piirainen 1968, S. 15.
12 Ebenda, S. 12.
13 Ebenda, S. 13.
14 Vgl. ebenda, S. 64.

die Satzperiode aus der Sukzessivität einzelner Schritte ein Bild einer Veränderung auf:[15]

> Was da auf schrumpligen Salatblättern, auf der rücklings liegenden Schildkröte, auf Möbeln und Dielen ablagerte, war nur Staub des Eichenholzes; sie, die Schreckliche, lagerte nicht ab, stand knisternd und elektrisch, dabei grelldüster vom Wechselspiel der Windmühlenflügel getroffen, aufrecht inmitten Staub und Moder, knirschte von links nach rechts, machte aus dem Knirschen heraus den ersten Schritt: schritt aus Grellem ins Düstere, schritt grell, schritt düster, überschritt die beinahe mit sich fertige Schildkröte, deren Bauch schwefelgelb und schön war, machte nach neunjährigem Stillsitzen zielbewußt Schritte, glitt nicht auf Salatblättern aus, trat die Tür der Hängestube auf, stieg, ein Ausbund von Großmutter, in Filzschuhen die Stiege zur Küche hinab, war, nun auf Fliesen und Sägespänen, mit zwei Händen in einem Regal und versuchte mit großmütterlichen Kochtricks die bitterlich anbrennende Taufgans zu retten. (WA III, 164 f.)

Gemeinsam ist beiden Satzkonstruktionen, daß in der »Imagination eine komplexe Situation« entworfen wird, »die als Experiment angelegt ist und als eine Einheit aufgenommen wird«[16].

Auch in *Aus dem Tagebuch einer Schnecke* erzielt Grass mit der Verwendung unterschiedlicher Satzlängen vielfältige stilistische Wirkungen. Neben dem für dieses Werk auffälligen Gebrauch von Ellipsen und Aposiopesen finden sich häufig sowohl extrem lange als auch Sequenzen kurzer Sätze.

Dabei verstehe ich in diesem Zusammenhang unter einem Satz eine sprachliche Konstruktion, die mit einem Punkt abgeschlossen wird. Diese Satzdefinition, die unausgesprochen bereits in den oben dargestellten Forschungsansätzen zugrundegelegt wurde, geht davon aus, daß Grass die Interpunktion als ein wichtiges Stilmittel verwendet und mit dem Gebrauch von Kommata, Doppelpunkten und Semikolon bewußt die Kontinuität eines Satzes und damit eines Sinnzusammenhangs signalisiert.

Beim Gebrauch von Satzperioden läßt sich formal unterscheiden zwischen konstruktionell komplexen Sätzen, die z. B. durch tiefe Einbettungen von Nebensätzen gebildet sind, und zwischen umfangreichen, parataktischen Sätzen, die durch Attribute, Wiederholungen paralleler Konstruktionen, Parenthesen etc. erweitert worden sind und nicht aufgrund einer besonderen Einbettungstiefe im Sinne einer syntaktischen Hierarchie eine komplexe Struktur besitzen:

> Als wenig später die Testveranstaltungen zugesagt und die Flüge gebucht waren, als der Student Erdmann Linde unser Büro in Bonn bezogen hatte und mit Buntköpfen die Wahlreisen abzustecken begann, als das erste Redenpapier mit mittelfristigem Krimskrams beschrieben war und unser Wahlziel (ungefähr) feststand, als ich zwischen Berlin-Tempelhof und Köln-Wahn zu pendeln anfing, mit kleinem Gepäck ging und mit geschwollener Reisetasche (Mitbringsel) kam, als ich mal weg, mal da und wenn da, doch unterwegs, ein mobiler, regional zerstreuter, kaum faßbarer Vater war, wurde ich

---

15 Vgl. Brinkmann 1966, S. 23.
16 Ebenda, S. 26.

von euch, von jedem extra besonders, von allen gleichzeitig viermal vor Fragen gestellt und mit Fragen ins Taxi zum Flughafen abgeschoben: Wann, warum, wie lange, und gegen wen? (WA IV, 268)

Erst nach der insgesamt fünffachen Aneinanderreihung von Temporalsätzen, die allesamt mit der anaphorisch gebrauchten Konjunktion »als« eingeleitet sind, folgt der Hauptsatzkomplex (»wurde ich von euch [...] abgeschoben«). Daran schließt sich eine Aufzählung von vier Fragepronomen an, die zitathaft und verkürzt das viermalige Fragen der Kinder an den Vater wiedergeben, der aufgrund seiner Wahlreisen nunmehr selten zu Hause ist. Die Gesamtkonstruktion wird sowohl durch die Reihung paralleler Sätze erweitert als auch durch die Reihung von Adjektivphrasen (»ein mobiler, kaum faßbarer«) und freien Angaben (»ungefähr«, »viermal«).

Indem Grass den gesamten Wirklichkeitsausschnitt in einen umfangreichen Satz mit parallelen Teilsätzen faßt, werden die Vorbereitungen des Wahlkampfes als gleichzeitige Handlungen dargestellt. Darüber hinaus entsteht durch die Sequenz mehrfacher paralleler Nebensätze, die summarisch auf einen erst noch folgenden Hauptsatz bezogen werden, ein zusätzliches Moment der Spannung, dem auf der Inhaltebene die Spannung des Wahlkampfbeginns entspricht. Die Verwendung eines außergewöhnlich langen Satzes hat somit also neben der formalen Integration gleichzeitiger Vorgänge auch die inhaltliche Funktion, eine außergewöhnliche Situation anzuzeigen.

In gleicher Weise wird in einer umfangreichen Konstruktion mit der stereotypen Reihung paralleler Sätze die zunehmende Diskriminierung der Juden in Danzig beschrieben:

Ab März 1933 wurden in Danzig die jüdischen Geschäfte boykottiert, wurden jüdische Justizbeamte ohne Begründung in untergeordnete Positionen abgeschoben, wurden selbst dort, wo sie als Spezialisten nicht zu ersetzen waren, jüdische Ärzte entlassen und nicht mehr im Hartmannbund geduldet, durften bei den Zoppoter Waldfestspielen keine jüdischen Künstler beschäftigt werden, wurde den jüdischen Mitarbeitern beim Landessender Danzig gekündigt, durfte der Turnverein Bar Kochba keine städtischen Turnhallen mehr benutzen, wurde es für jüdische Schüler auf städtischen Schulen unerträglich: sie mußten gesondert sitzen. (WA IV, 296)

Wie in einem späteren Kapitel dieser Arbeit gezeigt wird,[17] verwendet Grass auch mit Hilfe des anaphorischen Parallelismus gebildete Sequenzen einzelner Sätze dazu, die Kumulation mehrerer gleichzeitiger Vorgänge zu veranschaulichen. Die Erklärung für die Wahl einer einzigen Satzperiode liegt hier darin, daß alle einzelnen Diskriminierungsakte auf die temporale Adverbialbestimmung »Ab März 1933« bezogen sind, die strukturell bis zur letzten Hauptsatzwiederholung (»[...] wurde es für jüdische Schüler [...]«) reicht. Dadurch wird auf formale Weise die besondere Funktion dieses Datums zum Ausdruck gebracht, das schlagartig die schnell zunehmende Diskriminierung und Verfolgung der Juden auslöste.

---

17 Vgl. S. 168 f. dieser Arbeit.

Zugleich veranschaulicht diese Satzperiode (im Sinne eines Zeitraffers) die mit subtilen sprachlichen Mitteln konstituierte ansteigende Dynamik der Diskriminierung: Der anfängliche Konsumboykott steigert sich über wachsende berufliche Benachteiligungen bis schließlich hin zur »unerträglich[en]« Diskriminierung in der Schule. Sprachlich entspricht dem die Wahl der Modalverben: Das Nichtdürfen formuliert als Akt der Ausgrenzung zunächst »lediglich« die Verweigerung der Teilnahme jüdischer Bürger und mündet dann am Ende des Satzes in den aktiv ausgeübten Zwang: »jüdische Schüler [...] mußten gesondert sitzen.«

Durch diese Reihung der Verbote in stereotyp wiederholten Satzmustern entsteht ein Summationseffekt, der die Unerträglichkeit der Situation für die Juden formal nachgestaltet. Die Unterbrechung des Satzes durch den Doppelpunkt ruft eine »Erwartungspause«[18] hervor, durch die die nachfolgende Aussage fokussiert wird. Darüber hinaus vermeidet es Grass durch die Verwendung von Modalverben und der Passivkonstruktion, eine Agensrolle zu besetzen. Aufgrund der Agensellipse bleibt die Urheberschaft anonym und zugleich vieldeutig; die dargestellte Diskriminierung der Juden wird in der Perspektive der Opfer belassen.[19]

Auch die Flucht Zweifels aus Danzig wird in einer umfangreichen syntaktischen Konstruktion dargestellt:

> Er schnallte den Koffer auf den Gepäckträger, fand, ohne grüßen zu müssen, durch den Hausflur auf die Straße, versicherte sich der Hosenklammern, stieg auf und fuhr mit seinem Fahrrad durch die Niederstadt über die Milchkannenbrücke und Grüne Brücke, die Lange Brücke hoch, dann durchs Heiligegeisttor in die Rechtstadt hinein, über gutberechnete Umwege durch die engen Gassen der Altstadt – an der Schneidemühle, am Nonnenhof vorbei, durch die Böttchergasse, Weißmönchenhintergasse – und jetzt erst, nachdem denkbare Verfolger zwischen Sankt Katharinen und der Großen Mühle aufgegeben haben mochten, am Hauptbahnhof vorbei, über die Irrgartenbrücke und (ab Olivaer Tor) ohne sich umzublicken durch die Hindenburgallee nach Langfuhr. (WA IV, 384)

Auch hier läßt sich die genaue formale Gestaltung des Stoffes erkennen, die mittels Intonation und Pausengebung die Anspannung und Angst Zweifels auf seiner Flucht durch eine lange offen gehaltene syntaktische Konstruktion widerspiegelt.

Ein weiteres Beispiel ist der über 24 Zeilen reichende Satz, mit dem Grass die Spannung und die Ergebnisse der Wahlnacht beschreibt (WA IV, 534). Mit dem Stilmittel des Parallelismus, bei dem mehrfach mit anaphorischem »als« eingeleitete temporale Nebensätze hintereinanderfolgen, vielfachen Reihungen (»Bier Wein Schnaps«), Adverbialbestimmungen, mehrfachen Parenthesen sowie wörtlichen Reden schildert Grass den Verlauf der Nacht, in der sich zunächst eine Niederlage

---

18 Vgl. Ortner 1982, S. 123, Stolt 1988, S. 14, sowie S. 85 f. dieser Arbeit.
19 Ähnlich wird an späterer Stelle in zynischer Weise die Täterschaft ausgeblendet: »Mehreren jüdischen Geschäften in der Altstadt fielen die Schaufensterscheiben in Scherben. Diebstahl in zwei Juweliergeschäften konnte zwar nachgewiesen werden, blieb aber ohne Richter.« (WA IV, 346)

der Sozialdemokraten abzeichnete. Grass signalisiert mit dem Gebrauch eines
einzigen Satzes auch in diesem Fall die besondere Bedeutung der dargestellten
Ereignisse, die erstmals einen Regierungswechsel in der bundesrepublikanischen
Geschichte brachten und »die Geschichte als rückfälligen Prozeß zu widerlegen
schienen« (WA IV, 534).

Ein weiteres Beispiel für einen umfangreichen, jedoch einfach konstruierten
Satz wird von Grass genau im oben beschriebenen Sinne kommentiert: »Immer
schon war ich gleichzeitigen Ereignissen hinterdrein.« (WA IV, 341)

> Während Bruno neben der Vorgartentür hockt und auf den täglichen Knall wartet,
> Laura Wunschpferde malt, Raoul einen Tauchsieder umbaut, Franz bei Jules Verne ist,
> ich unterwegs bin, Anna Briefe schreibt, Bettina ihre Haare trocknet (und dabei Hegel
> liest), nähern sich schon die beiden VW, die gleich darauf Ecke Handjary–Niedstraße
> zusammenstoßen, Franz aus seinem Buch reißen, Raoul vom Schrott abziehen, Anna
> aus ihrem Brief, Laura von ihren Pferden wegführen, Bettina ans Fenster und Bruno
> zum Tatort locken werden, während ich unterwegs bleibe. (WA IV, 341)[20]

Der Satz erfaßt die Simultaneität der einzelnen Ereignisse in zwei nacheinander
folgenden Phasen. »Während« leitet eine Sequenz paralleler Nebensätze (alle mit
Verbendstellung) ein, die jeweils ein Familienmitglied beschreiben. Zunächst
gehen alle ruhigen Beschäftigungen nach und werden dann gleichzeitig aus dieser
Ruhe herausgerissen. Sowohl die Ruhe als auch die anschließenden Aktivitäten
werden jeweils als gleichzeitige Vorgänge innerhalb einer Wirklichkeit geschildert, die nur in der situationellen Gemeinsamkeit scheinbar aufgehoben ist.

Im selben Kapitel folgt wenig später eine umfangreiche Satzperiode (»In Burghausen fand [...], WA IV, 342)[21] mit viermaligem »während«, in der Grass seine
Pressekonferenz im Lindacher Hof und die sich draußen ereignende Schießerei
bewußt als gleichzeitige Ereignisse herausstellt. An anderer Stelle wird auf die
Gleichzeitigkeit der Mondlandung und der Sudelbuchnotizen während eines Fluges
verwiesen (WA IV, 426).

Bereits in *Katz und Maus* bemühte sich Pilenz darum, die Simultaneität einzelner Ereignisse mit sprachlichen Mitteln darzustellen. So erinnert er seine Beobachtungen während der Rede des Kapitänleutnants in der Aula:

> Während die Vorrede abnahm, während unsere Zettelchen wanderten, während die
> Quartaner mit Taschenmessern, während der Blick des Führerbildes sich mit dem Blick
> des ölgemalten Freiherrn von Conradi traf, während die Morgensonne aus der Aula
> rutschte, befeuchtete der Kapitänleutnant unentwegt den leichtgeschwungenen Sprech-
> mund, starrte mürrisch ins Publikum und sparte die Oberschülerinnen angestrengt aus.
> (WA III, 65 f.)

Das im *Butt* programmatisch formulierte Bewußtsein für die Gleichzeitigkeit vielfältiger Vorgänge: »Auf unserem Papier findet das meiste gleichzeitig statt« (WA
V, 144) demonstriert bereits Oskar in der *Blechtrommel:*

---

20 Vgl. S. 89 dieser Arbeit.
21 Vgl. S. 101 dieser Arbeit, wo die Passage ausführlich zitiert ist.

140

Da tanzten Amerikaner und Japaner einen Fackeltanz auf der Insel Luzon. Da verloren Schlitzäugige und Rundäugige Knöpfe an ihren Monturen. Da gab es aber in Stockholm einen Schneider, der nähte zum selben Zeitpunkt Knöpfe an einen dezent gestreiften Abendanzug. Da fütterte Mountbatten die Elefanten Birmas mit Geschossen aller Kaliber. Da lehrte gleichzeitig eine Witwe in Lima ihren Papagei das Wörtchen »Caramba« nachsprechen. [...] (WA II, 472 f.)

Während in dieser Abfolge überwiegend kurzer Sätze mit Hilfe der Zeitangaben »zum selben Zeitpunkt« und »gleichzeitig« sowie mit dem Mittel des anaphorischen Parallelismus die Gleichzeitigkeit tragischer und banaler Geschehnisse an unterschiedlichen Orten dargestellt wird, führt Oskar an gleicher Stelle seinen Gedanken fort und integriert im folgenden die Darstellung simultaner Vorgänge in einer einzigen Satzperiode:

Natürlich hätte man auch voraussehen können, daß sich die Armeen Konjews und Schukows abermals in Bewegung setzen würden; während es in Irland regnete, durchbrachen sie die Weichselfront, nahmen Warschau zu spät und Königsberg zu früh und konnten dennoch nicht verhindern, daß einer Frau in Panama, die fünf Kinder hatte und einen einzigen Mann, die Milch auf dem Gasherd anbrannte. So blieb es auch nicht aus, daß der Faden des Zeitgeschehens, der vorne noch hungrig war, Schlingen schlug und Geschichte machte, hinten schon zur Historie gestrickt wurde. (WA II, 473)

Gleichzeitigkeit wird hier mit zwei unterschiedlichen formalen Mitteln dargestellt. Es zeigt sich in diesem Zusammenhang deutlich, daß ein bestimmtes sprachliches Mittel nicht notwendig inhärente funktionale Eigenschaften trägt, die eindeutige stilistische Wirkungen hervorrufen, sondern erst auf der Textherstellungsebene wird ein Zusammenhang zwischen einem Motiv/Thema und einer sprachlichen Form konstituiert. Dieser Zusammenhang wird auf der Rezeptionsebene im hermeneutischen Prozeß nachvollzogen. Das besagt nicht, daß die Funktionalität eines Stilmittels völlig beliebig ist, sondern lediglich, daß die Einbeziehung interpretierender Verfahren unerläßlich ist.

Neben diesen umfangreichen, weitgehend parataktischen Konstruktionen findet sich bei Grass auch die komplex strukturierte Satzperiode mit mehrfachen, zum Teil hierarchisch tiefen Einbettungen von Nebensätzen, Partizipialkonstruktionen, Parenthesen etc:

... denn als wir uns – lauter viereckige Männer – in der Niedstraße vor einem Jahr zu treffen begannen, um unseren langen Tisch zu belagern und einander unbequem zu sein, setzten wir zwischen überforderten Aschenbechern einen winzigen, von Anbeginn hinkenden Anfang, dem jedermann versicherte, daß er sich versuchsweise zu verstehen habe, weil sich jeder am Tisch, wenn auch jeweils anders gefärbt, mit der Absicht trug, eigentlich und demnächst aufzugeben oder schon lange, spätestens nach Abschluß der Großen Koalition, aufgegeben hatte; nur Jäckel d. Ä. sprach einig mit sich als Historiker und nannte die Lage normal. (WA IV, 290)

Grass wählt bewußt ein sehr komplexes Satzgefüge, das letztlich strukturell die Komplexität der Gründungssituation der Wählerinitiative widerspiegelt. Der einschränkenden Skepsis jedes einzelnen Teilnehmers korrespondiert das syntaktische Profil: In Abgrenzung gegen eine von Begeisterung getragene optimistische Haltung wird die Motivation des Treffens ausdrücklich mit der Intention »einander unbequem zu sein« beschrieben. Selbst der bereits skeptisch bewertete, »von

Anbeginn hinkende[] Anfang« wird durch einen nicht-notwendigen Relativsatz spezifiziert, in dem die pessimistische Grundhaltung weiter herausgestrichen wird. An den folgenden Objektsatz schließt sich ein erklärender kausaler Nebensatz an (»weil sich jeder am Tisch [...] mit der Absicht trug«), der seinerseits eine Partizipialkonstruktion in der Funktion eines nachgestellten modifizierenden Attributs zu »jeder« umschließt. Auch die davon abhängige Infinitivkonstruktion (»eigentlich und demnächst aufzugeben«) mit der Absicht der zukünftigen Aufgabe wird wiederum koordiniert mit dem Vergangenheitsaspekt der bereits vollzogenen Aufgabe. Selbst in der resignativen Absicht der Aufgabe des eigenen Engagements werden noch gegenseitige Abgrenzungen zum Ausdruck gebracht.

Der konjunktionelle Anschluß mit kausalem »denn« als Satzeinleitung bezieht sich auf den im vorhergehenden Gedicht *Später mal, Franz* angesprochenen Zusammenhang von totaler Desillusionierung und aktivem Gestaltungswillen der Zukunft als ein Grundthema des Buches. »Denn« indiziert, daß die formulierten Schwierigkeiten bei der Gründung der Wählerinitiative auf diese Grunderfahrung der Desillusionierung jedes einzelnen zurückführen.

Durch die strukturelle Komplexität des Satzes wird auf formale Weise einerseits die besondere Situation der Gründung beschrieben, und gleichzeitig wird durch die vielfältigen einschränkenden Einbettungen der optimistische Aspekt der Wählerinitiative in den Hintergrund gerückt zugunsten der skeptischen Vorbehalte.

In ähnlicher Weise versucht Grass seine persönliche »Abneigung« (»Plötzlich fing ich an, mich zu ekeln [...]« WA IV, 361) gegenüber Rainer Barzel auch mit Hilfe syntaktischer Mittel zum Ausdruck zu bringen:

> Selbst wenn du ihn vom Fernsehen her zu kennen meinst, auch wenn du glaubst, immun zu sein, klebt dir plötzlich das Hemd, denn nah dran, ohne Distanz, wenn dich gleichzeitig all das anatmet, was seit Jahren steht, absteht, abgestanden ist, ranzig und doch im Handel: die bigotten, jeden Schwindel einsegnenden Gesten, die leere, sich selbst nachlauschende Würde, die fixe, noch den windigsten Vorteil nutzende Schläue, das kasuistische Wegreden der Wirklichkeiten – immer unterschwellig, immer die dicke Lüge durch beinahe Wahrheiten meidend, arm an Gestalt und reich im Detail – wenn dich das alles – plötzlich da und in Skiläuferbräune – methodisch anhaucht, dir auf den Atem schlägt, wenn du nach Luft, nach einer Schüssel schreien möchtest, weil ... –
> (WA IV, 361 f.)

Im Anschluß an einige Ellipsen bzw. Aposiopesen (»Weiß nicht so richtig. Hätte wissen müssen, daß er und wie er. [...] Als wenn du Quecksilberkügelchen vom Teppich.«) folgt dieser wiederum extrem umfangreiche und gleichzeitig sehr komplexe Satz, der durch attributive Reihungen, mehrfache Unterbrechungen durch Parenthesen, Korrektur- und Steigerungsformen (»wenn du nach Luft, nach einer Schüssel schreien möchtest«) sowie einem Anakoluth strukturell sehr undurchsichtig ist und die von Grass empfundene diffuse Persönlichkeit Barzels auch syntaktisch repräsentiert: »Dabei wußte ich doch, daß er glatt ist, nicht faßbar.« (WA IV, 361 f.)

Wenn Barzel an dieser Stelle in antithetischer Weise als »arm an Gestalt und reich im Detail« dargestellt wird, steht er damit im übrigen im genauen Widerspruch zu Willy Brandt, den Grass als »zwar erkennbar im Umriß aber vage in

142

Einzelheiten« beschreibt (WA IV, 512).[22] Die gesamte Konstruktion bricht bezeichnenderweise mit der kausalen Konjunktion »weil« ab; eine sinnvolle Erklärung dessen, worin der Überdruß besteht, wird demonstrativ ausgeblendet. Durch die Interpunktion mit Gedankenpunkten (und zusätzlichem Gedankenstrich) als »Satzabschluß« betont Grass ebenfalls, daß ihm eine geradlinige gedankliche Erfassung der Persönlichkeit Barzels nicht möglich ist.

An einer späteren Stelle in *Aus dem Tagebuch einer Schnecke* bezeichnet Grass selbst diese Art der polemischen Beschreibung als »eine langatmige und immer wieder neu ansetzende Beschimpfung der barzelhaften Mittvierziger« (WA IV, 485 f.) und kumuliert dort parallele Attribuierungen für die Persönlichkeit Barzels mit zum Teil ähnlichen Bildern wie im zuvor dargestellten komplexen Satz:

> Ihre auf Schmierseife gleitenden Bekenntnisse,
> ihr Fummeln mit Brillen,
> ihre katholischen Seitenblicke in unzüchtiges Gelände,
> ihre graumelierte Beflissenheit,
> ihre steuerfreie Skiläuferbräune,
> ihr zwitterhaftes Selbstgenügen,
> ihr laues Zwitterwesen ... (WA IV, 486)[23]

Gerade die motivische Korrespondenz beider Stellen zeigt deutlich das für Grass typische Bestreben, besondere formale Gestaltungsmöglichkeiten zu suchen, auch wenn es (nur) um eine tagespolitische Polemik in diesem Fall geht.

Es wurde zu Beginn dieses Kapitels darauf hingewiesen, daß gerade die Verwendung umfangreicher Sätze als wichtiges Stilphänomen schon der frühen Prosawerke Grass' in der Forschungsliteratur bemerkt wurde. Die dargestellten Ergebnisse lassen sich leicht ergänzen.

Bereits für *Die Blechtrommel* (und *Hundejahre*) hat Heinrich Vormweg in allgemeiner und äußerst knapper Form auf die genau durchdachte Verwendung syntaktischer Mittel hingewiesen:

> Wo in diesem Roman die Syntax strapaziert wird, dient das, stets eindeutig vorbereitet, einer Steigerung des Ausdrucks, verweist es auf die Bedeutung einer Passage. Noch in den *Hundejahren* [...] ist das durchweg auf solche unmittelbar einsichtige Weise begründet.[24]

Diese von Vormweg nicht durch Beispiele veranschaulichte Feststellung läßt sich anhand der folgenden Textstellen aus der *Blechtrommel* belegen:

> Hecken, Hohlwege, eine Kesselkuhle mit Ginster, plan zwischen Einzelgehöften, geschaffen für Kavallerieattacken, für eine links im Sandkasten einschwenkende Ulanendivision, für über Hecken hetzende Husaren, für die Träume junger Rittmeister, für die

22 Vgl. zu diesem für Grass wichtigen Verfahren der Figuren- und Motivopposition S. 191–194 dieser Arbeit.
23 Weitere Belege für die besondere stilistische Funktion umfangreicher Sätze in *Aus dem Tagebuch einer Schnecke* finden sich z. B. WA IV, 291, 292, 301, 302, 306, 309, 316, 319, 321, 329, 339, 341, 342, 354, 381, 389, 480, 498, 517, 520, 532.
24 Vormweg 1973, S. 260.

Schlacht, die schon dagewesen, die immer wieder kommt, für das Gemälde: Tataren
flach, Dragoner aufbäumend, Schwertritter stürzend, Hochmeister färbend den Ordens-
mantel, dem Küraß kein Knöpfchen fehlt, bis auf einen, den abhaut Masowiens Herzog,
und Pferde, kein Zirkus hat solche Schimmel, nervös, voller Troddeln, die Sehnen
peinlich genau und die Nüstern gebläht, karminrot, draus Wölkchen, durchstochen von
Lanzen, bewimpelt, gesenkt und den Himmel, das Abendrot teilend, die Säbel und dort,
im Hintergrund – denn jedes Gemälde hat einen Hintergrund – fest auf dem Horizont
klebend, schmauchend ein Dörfchen friedlich zwischen den Hinterbeinen des Rappen,
geduckte Katen, bemoost, strohgedeckt; und in den Katen, das konserviert sich, die
hübschen, vom kommenden Tage träumenden Panzer, da auch sie ins Bild, hinaus-
dürfen auf die Ebene hinter den Weichseldeichen, gleich leichten Fohlen zwischen der
schweren Kavallerie. (WA II, 25 f.)

Der gesamte Satzkomplex besteht weitgehend aus einer Reihung von Nominalphrasen bzw. Partizipialkonstruktionen. Oskar als Erzähler vermeidet nahezu
vollständig Handlungsverben, so daß das Statische einer Bildbetrachtung deutlich
beibehalten wird. Allerdings integriert er in seine Beobachtungen auch Assoziationen, Kenntnisse und bewertende Kommentare, so wie er »in den Katen [...] die
hübschen, vom kommenden Tage träumenden Panzer, da auch sie ins Bild, hin-
ausdürfen [...], gleich leichten Fohlen zwischen der schweren Kavallerie« antizi-
piert und in sarkastischer Weise auf spätere Schlachtverläufe anspielt.

Die Verwendung einer einzigen Satzperiode zeigt das Bestreben, ähnlich der
relativen Gleichzeitigkeit der visuellen Wahrnehmung eines Gemäldes als Totale
das sukzessive Nacheinander der sprachlichen Darstellung zu durchbrechen.

Der Erzähler Oskar verwendet eine einzige umfangreiche Satzperiode, um
seinen Aufstieg auf den Stockturm über die Wendeltreppe zu erzählen:

Mein Blick war mir zu schade, ich nahm ihn zurück und benutzte ernsthaft, auch um
meinen Ärger loszuwerden, beide Trommelstöcke als Hebel: Die Tür gab nach und
Oskar war, ehe er sie ganz aufgestoßen hatte, schon drinnen im Turm, schon auf der
Wendeltreppe, stieg schon, immer das rechte Bein vorsetzend, das linke nachziehend,
erreichte die ersten vergitterten Verliese, schraubte sich höher, ließ die Folterkammer
mit ihren sorgfältig gepflegten und unterweisend beschrifteten Instrumenten hinter sich,
warf beim weiteren Aufstieg – er setzte jetzt das linke Bein vor, zog das rechte nach –
einen Blick durch ein schmalvergittertes Fenster, schätzte die Höhe ab, begriff die
Dicke des Mauerwerkes, scheuchte Tauben auf, traf dieselben Tauben eine Drehung der
Wendeltreppe höher wieder an, setzte abermals rechts vor, um links nachzuziehen, und
als Oskar nach weiterem Wechsel der Beine oben war, hätte er noch lange so weiter
steigen mögen, obgleich ihm das rechte wie linke Bein schwer waren. Aber die Treppe
hatte es vorzeitig aufgegeben. Er erfaßte den Unsinn und die Ohnmacht des Turmbaues.
(WA II, 117 f.)

Ebenso plötzlich, wie Oskar sich auf einmal im Turm befindet (»schon drinnen im
Turm, schon auf der Wendeltreppe«), beginnt er seinen Aufstieg. Die Darstellung
mit Hilfe einer einzigen Satzperiode veranschaulicht diesen ununterbrochenen
Aufstieg: Erst nachdem »die Treppe [...] es vorzeitig aufgegeben« hatte, endet
auch der Satz.

In einer einzigen Satzperiode erinnert Oskar auch das wöchentliche Treffen
zwischen seiner Mutter Agnes und Jan in der Tischlergasse:

144

Hatte ich sie doch eine Zeitlang in eine billige Pension der Tischlergasse begleiten dürfen, wo sie im Treppenhaus verschwand, um eine knappe Dreiviertelstunde wegzubleiben, während ich bei der meist Mampe schlürfenden Wirtin hinter einer mir wortlos servierten, immer gleich scheußlichen Limonade ausharren mußte, bis Mama kaum verändert wiederkam, der Wirtin, die von ihrem Halb und Halb nicht aufblickte, einen Gruß sagte, mich bei der Hand nahm und vergaß, daß die Temperatur ihrer Hand sie verriet. (WA II, 115)[25]

Der gedrängten Zeit (»eine knappe Dreiviertelstunde«), die Agnes und Jan für ihre eilige Liebe zur Verfügung steht, und den »eilige[n] Besorgungen« (WA II, 114) korrespondiert die formale Darstellung mit der Verwendung eines einzigen Satzes.

In *Katz und Maus* wird Mahlkes Abtauchen in einem sechzehnzeiligen Satz dargestellt (WA III, 14). Nur von drei satzwertigen Ellipsen unterbrochen, folgt eine achtzehnzeilige Satzperiode, die die spannungsvolle Erwartung bis Mahlkes Auftauchen enthält.

Auch im *Butt* finden sich Beispiele für die von Grass angestrebte Entsprechung von Form und Inhalt. So heißt es einmal:

Denn Amanda wußte, daß die Geschichten nicht enden können, daß immer wieder ein Dieb mit dem gestohlenen Kirchensilber querfeldein springt, daß noch vom vorigen Mäusejahr beim nächsten erzählt wird, daß die vor Jahren verstorbene letzte Prämonstratensernonne auf ewig bei Vollmond in der Mehlschütte ihre gezwirnte Lesebrille suchen wird, daß immer wieder die Schweden oder Kosaken mit ihren Spitz- und Schnurrbärten kommen werden, daß auf Johannis die Kälber sprechen, daß jede Geschichte erzählt werden will, solange Kartoffeln genug im Korb sind. (WA V, 342)

Dem angesprochenen Nicht-enden-Können der Geschichten entspricht die lange offen gehaltene Satzkonstruktion mit vielen parallelen Objektsätzen, von denen ein jeder für eine mögliche Geschichte steht. Wenig später wird das gleiche Bild erneut aufgenommen, denn Amanda Woyke »erzählte immer nur beim Kartoffelschälen« (WA V, 352), »diese[m] nur vom Augenstechen unterbrochene[n] Arbeitsvorgang« (WA V, 352).

1961 veröffentliche *Akzente* als »work in progress« aus einem Grass-Roman mit dem Arbeitstitel *Kartoffelschalen* ein Kapitel, das den ersten vier Frühschichten der *Hundejahre* entspricht und von dem der Anfangssatz hier ausschnittsweise folgt:

Von Sonnenuntergängen, Deichbrüchen, Wasserleichen und fabelhaften Lachsfängen erzähle ich meiner Luise, deklamiere ihr aus dem Stegreif [...], lege auf dem freien Teil der Küchentischplatte mit Luisens Kartoffelschalen mir und ihr den Lauf der Weichsel zurecht, sage, so lief sie früher, [...] und stelle nun, während ich noch aus dem Gedächtnis Luise und mir die drei Mündungen der Weichsel mehr versinnbildliche als verdeutliche, fest, wie sich [...] auch die [...] Deiche an den Rändern jener Kartoffelschalen abzeichnen, die Luise, beeindruckt von meiner Erzählung, in ihren Schürzenschoß münden läßt.[26]

---

25 Weitere Belege für außergewöhnlich lange Sätze in der *Blechtrommel* finden sich z. B. WA II, 139, 159, 168, 170 f., 315 f., 320.
26 *Akzente*, H. 3, 1961, S. 196–206, hier S. 196.

Der Satz umfaßt insgesamt 19 Zeilen, und die beiden weiteren Sätze des Kapitels, in denen der Erzählansatz deutlich wird, sind mit 14 bzw. 13 Zeilen nicht wesentlich kürzer.[27] Wie bewußt Grass die Korrespondenz von Form und Inhalt sucht, wird im Gespräch mit Klaus Stallbaum klar, wo Grass erläutert, warum er diesen Erzählansatz aufgab:

> Dieses Kartoffelschalenmotiv war der Versuch, der Stoffmasse, die später in »Hundejahre« zum Buch wurde, eine Erzählposition zu geben. Dem Fall der Kartoffelschale, wie sie abgeschält wird, einen Erzählfluß abzulesen, das war ein Einfall, der auf diese Distanz nicht trug, den mußte ich fallenlassen. [...] Aufgenommen habe ich dieses Motiv dann später wieder im »Butt«. Da gibt es ein Kapitel, in dem Arbeitsvorgänge, die mit dem Essen und dem Kochen zusammenhängen, wie den Mörser stampfen, Gänse rupfen und Kartoffel schälen, jeweils den Erzählstil und -fluß beeinflussen.[28]

An anderer Stelle des *Butt* wird in einer achtzehnzeiligen Satzperiode die anfänglich euphorische und später dann verschwundene Liebe beschrieben:

> Unsere Liebe, Ilsebill, was wir uns alles mit klammer Stimme geflüstert, in Briefen versteckt, von Türmen herab oder durchs Telefon trompetet haben: das Meer überdröhnend und leiser noch als gedacht, unsere Liebe, die wir so sicher umzäunt, so heimlich mit Krimskrams in einer Hutschachtel versorgt hatten, die so sichtbar war wie ein fehlender Knopf, die in jede Rinde unter wechselndem Namen geschrieben stand, sie, unsere Liebe, die gestern noch greifbar, Gegenstand zum Gebrauch, unser Alleskleber, das Stichwort, die Toiletteninschrift, der flimmernde Stummfilm, ein bibbernd im Hemdchen gesprochenes Nachtgebet, die Taste gewesen ist, unseren Schlager immer noch einmal süß sein zu lassen, sie, die barfuß durchs Zittergras lief, sie, die als Backstein (kaum bröckelnd) in Ruinengemäuer gefügt war, sie, die beim Hausputz verlorenging und, als wir anderes suchten, zwischen den üblichen Rechtfertigungen, verkleidet als Bleistiftspitzer, gefunden wurde, sie, unsere Liebe, die nie aufhören wollte, ist nicht mehr, Ilsebill. (WA V, 428 f.)[29]

Dem Wunsch nach unaufhörlicher Liebe entspricht die vielfache Reihung immer neuer Beteuerungen und Ausdrucksformen der Liebe. Die ganze Satzperiode besitzt eine lyrische Struktur, die sich allein mit Hilfe einer anderen graphischen Gestaltung sichtbar machen ließe, wobei die anaphorische Wiederholung von zunächst »unsere Liebe« und anschließend die pronominale Anapher »sie« jeweils als strophische Abschnitte aufgefaßt werden können.

Interessant ist dabei, daß, solange es »unsere Liebe« heißt, jeweils umfangreiche Abschnitte folgen, während die im »noch« angekündigte, verschwindende Liebe lediglich pronominal verkürzt mit »sie« bezeichnet wird und sich nur noch knappe Darstellungen anschließen. Erst am Schluß heißt es wieder, wie bereits im Wendepunkt in der Mitte der Passage, zur Hervorhebung: »sie, unsere Liebe, die nie aufhören wollte, ist nicht mehr, Ilsebill.«

---

27 Alle drei Passagen sind abgedruckt in Neuhaus/Hermes 1991, S. 92–94.

28 Grass/Stallbaum 1991, S. 23 f.

29 Weitere Belege für außergewöhnlich lange Sätze im *Butt* finden sich z. B. WA V, 241, 259, 306, 494.

146

Auch in der *Rättin* sind außergewöhnlich lange Sätze nachweisbar. Meist verwendet die Rättin als Erzählerin kurze Sätze genau in dem Sinn, wie die Ratten die Schachtelsätze der Scholastiker »kürzten und kürzten« (WA VII, 21). Wenn sie umfangreiche Sätze verwendet, so wird immer ein wichtiger funktionaler Zusammenhang unmittelbar deutlich.

Mit einem der für sie vergleichsweise seltenen langen Sätze erzählt die Rättin vom Auslösen des Countdown (WA VII, 132 f.) und beschreibt zu Beginn des fünften Kapitels die Situation nach der atomaren Vernichtung in einer zwanzigzeiligen Satzperiode (WA VII, 144), wobei im Protokoll des Übersetzer-Kolloquiums zur *Rättin* festgehalten ist, daß Grass ausdrücklich diese Rede in Übersetzungen als zusammenhängenden Satz beibehalten sehen möchte:[30]

> Während ich versuchte, Ferienprospekte zu träumen, sagte sie: Als schließlich die Zentralbunker der beiden Schutzmächte einander zum Ziel wurden und nach vorbestimmter Zeit ausgelöscht waren, so daß nichts blieb, das hätte Piep sagen können – denn unsere Spezialratten gingen ihrer Aufgabe bis zum Schluß nach –, als überall auf Erden, über den Wassern und hoch im Weltraum Betriebsstille herrschte, ausgenommen umlaufende Stürme, die den angefallenen Staub und Ruß global verbreiteten, so daß überall Finsternis herrschte, kurzum: als Ultimo war, blieb nur ein einziger, harmloser Beobachtungssatellit seiner Umlaufbahn treu, der sich allerdings als bemannt erwies, denn sein Insasse [...] hörte nicht auf, Erde! Antworten, Erde! zu rufen, so daß wir ihm schonungsvoll einflüstern mußten, wie gottverlassen er seiner Umlaufbahn folge, warum zwischen den Menschen Sendeschluß herrsche, und daß es auf Erden nur noch uns gebe. (WA VII, 144)

Ebenso hebt der Erzähler in der *Rättin* die inhaltliche Bedeutung der Rattenumzüge durch die Verwendung einer einzigen Satzperiode besonders hervor:

> Doch sobald Meldungen über den Ticker laufen und Rattenumzüge aus aller Welt bestätigen – in Moskau und Washington auch! – und der weltweite Zeitvergleich den Beweis bringt, daß das Rattengeschlecht rund um die Erdkugel an drei Tagen nacheinander pünktlich seinen Auftritt gehabt hat – und zwar allerorts nachmittags um halbfünf –, als daraufhin niemand mehr wagt, von Zufällen zu faseln und selbst führende Politiker keine Worte finden, geeignet, ihre vom Ekel geschüttelten Staatsvölker zu beschwichtigen und deshalb schweigen, grinsend schweigen, erst als die Flut verebbt ist, liest man Kommentare, die dem Sinn der weltweiten Rattenumzüge nahekommen; wenngleich die aufklärende Absicht der Ratten unbedacht bleibt. (WA VII, 75)

Grass' Intention, mit dem Stilmittel eines außergewöhnlich umfangreichen Satzes auf ein besonderes inhaltliches Moment zu verweisen, wird auch im folgenden Beispiel deutlich:

> Zwar werden hier wie drüben, so auch im Gewölbe des Hochchors Hakenkreuze weggemeißelt, zwar löffelt man hier wie dort den hier demokratisch, dort kommunistisch gesättigten Lernstoff, auf daß er eingeht wie Milchsuppe, aber noch lange hallt hinter neuen Fassaden das Geschrei von gestern; es stinken Leichen aus noch so sorgsam

---

30 *Protokoll des Übersetzer-Kolloquiums zu Günter Grass DIE RÄTTIN*, Anmerkung zu S. 160 der Originalausgabe der *Rättin*.

vermauerten Kellern; etlicher Lübecker Pfaffen kackbraunes Ansehen bereitet Mühe, in neuer Unschuld gottwohlgefällig zu sein. (WA VII, 428 f.)[31]
Die Verwendung des Semikolons anstelle von satzabschließenden Punkten mit einer folgenden neuen Satzkonstruktion ist als die ausdrückliche Absicht zu deuten, syntaktisch eine gedankliche Einheit anzuzeigen, auch wenn die gegebene Konstruktion nicht homogen ist.[32]
Insgesamt ermöglicht die Verwendung umfangreicher und komplexer Satzperioden die Darstellung einer komplexen, vielschichtigen, widersprüchlichen Wirklichkeit, ohne daß der bezeichnete Zusammenhang durch die Pausengebung bei sukzessiver Abfolge mehrerer Einzelsätze unterbrochen würde. Es läßt sich dies auch als ein Versuch ansehen, den Linearitätscharakter der Textfolge etwas aufzuheben zugunsten einer eher simultanen Darstellungsweise, die die Gleichzeitigkeit verschiedener Aspekte in der Wirklichkeit berücksichtigt.[33]

4.7.2 Zur stilistischen Funktion kurzer Sätze

Hermann Damian hat in seiner Untersuchung der *Blechtrommel* bereits auf die Auffälligkeit kurzer Sätze aufmerksam gemacht, »besonders, wenn mehrere von ihnen aufeinander folgen«[34].
In Anlehnung an Wolfgang Kayser erkennt Damian dabei die stilistische Funktion des Kurzsatzes besonders darin, die »Erregtheit des Erzählers« zum Ausdruck zu bringen.[35] Vielfach wird die Wirkung solcher Kurzsatzsequenzen durch weitere stilistische Mittel verstärkt wie die rhythmische Wiederholung eines Wortes, wodurch auch das Tempo beschleunigt wird, »das durch die Schlusspunkte an sich verringert wird«[36]. Stilistisch besonders auffällig ist dabei vielfach auch die Wortstellung:
> Es war früher Abend. Die Ostarbeiterinnen auf dem Bahndamm waren weg. Dafür wurde kurz vor dem Vorortbahnhof Langfuhr ein Güterzug rangiert. Mücken hingen traubenweise in der Luft. Von oben her kamen die Glocken. Rangiergeräusche nahmen

---

31 Weitere Belege für außergewöhnlich lange Sätze in der *Rättin* finden sich z. B. WA VII, 53, 231, 295.
32 Das in diesem Satz enthaltene Motiv der Leichen im Keller findet sich bereits am Ende des dritten Kapitels: »Ihre Weine und Leichen gut eingekellert.« (WA VII, 102) Es handelt sich dabei um ein konstantes Motiv, das schon in dem Gedicht »Der Neubau« (WA I, 202 f.) sowie in *Aus dem Tagebuch einer Schnecke* (WA IV, 480 f.) enthalten ist.
33 Vgl. Neuhaus ²1988, S. 114.
34 Damian 1967, S. 207.
35 Ebenda.
36 Ebenda, S. 208.

das Geläute. Mücken blieben in Trauben. Maria hatte ein verweintes Gesicht. Oskar hätte schreien mögen. Was sollte ich mit dem Jesus anfangen? (WA II, 440 f.)
Damian weist auf die Stellung der Subjekte in den ersten sechs Sätzen hin, die im regelmäßigen Wechsel am Ende und am Beginn des Satzes stehen, und deutet dies als Zeichen der geistigen Zerrissenheit Oskars: »[...] er kann zuerst keine klaren Gedanken fassen; alles drängt sich ihm auf.«[37] Wenn Oskar wieder zu sich selbst findet, beginnen die folgenden Sätze wieder mit dem Subjekt.[38]

Eine weitere Verwendungsart von Kurzsätzen besitzt die Funktion, den Abstand des Berichtenden auszudrücken, »der wie gleichgültig das Geschehende kalt, ohne irgend ein Gefühl registriert«[39]:

Wir mußten warten. Als dann der Zug einrollte, war es ein Güterzug. Menschen gab es, viel zu viel Kinder. Das Gepäck wurde kontrolliert und gewogen. Soldaten warfen in jeden Güterwagen einen Strohballen. Keine Musik spielte. Es regnete aber auch nicht. Heiter bis wolkig war es, und der Ostwind wehte. (WA II, 515)

Damians Deutung, daß der Erzähler in solchen Passagen es für zwecklos hält, auf Einzelheiten einzugehen[40], erscheint allerdings problematisch. Gerade die ironisierende Erwähnung dessen, was nicht ist, bedeutet zugleich eine Detailanreicherung.[41]

Auch für *Aus dem Tagebuch einer Schnecke* finden sich neben auffallend umfangreichen und komplexen Konstruktionen häufig Sequenzen kurzer Sätze:

Sie platzte seitlich vom Atemloch bis zum Kielende. Mit sattem Knall platzte sie. Auch innen war sie schwarz. Und tintig schwarz lief sie geruchlos aus. Stomma wollte seine Tochter schlagen. Zweifel hielt den Schlag auf und bat Stomma zu gehen. (WA IV, 522)

Während der dieser zitierten Passage vorhergehende, sehr umfangreiche Satz mit mehreren Parenthesen zunächst beschreibt, wie Lisbeth die Schnecke zertritt, wird nun jede Einzelbeobachtung in einem selbständigen Kurzsatz geschildert, wobei die jeweilige neue Beschreibung in die hervorhebende Vorfeldposition gestellt wird.

Interessant ist an dieser Stelle auch die strenge paarweise Anordnung der einzelnen Kurzsätze. Der Satzanfang des ersten Satzes erscheint spiegelbildlich wieder am Ende des zweiten Satzes. (»Sie platzte [...] / [...] platzte sie.«) Beim anschließenden Satzpaar findet sich am Ende des ersten sowie am Anfang des zweiten Satzes die Attribuierung schwarz; gleichzeitig beginnt der erste Satz mit der Innensicht und der zweite Satz endet mit dem »Auslaufen«. Im letzten Satzpaar sind Lisbeth (syntaktisch als Objekt des ersten Satzes) und Zweifel (als Subjekt des folgenden Satzes) innerhalb der Personenkonstellation eng aneinander gerückt, während Stomma innerhalb des Satzpaares die jeweilige Außenposition bezieht,

---

37 Ebenda.
38 Vgl. ebenda.
39 Ebenda, S. 210.
40 Vgl. ebenda.
41 Vgl. Kapitel 4.11.3 »Negation als Mittel der Verdichtung«, S. 209–212 dieser Arbeit.

einmal als Subjekt und einmal als Objekt. Zudem nimmt die erste Hälfte des letzten Satzes das letzte Wort des vorausgehenden Satzes substantiviert wieder auf. Gerade an diesem Beispiel wird die strenge formale Gestaltung der Prosa Grass' deutlich.

In der folgenden Passage wird die mangelnde städtebauliche Geschlossenheit Bonns auf formale Weise nachgestaltet, indem jeder einzelne Kurzsatz zumeist ohne Bezug auf einen Vorgängersatz (außer »diese Ansammlung«) eine knappe, eigenständige Beobachtung enthält:

> Wo ansetzen? Die Universität dünkelt für sich. Hinter Butzenscheiben giften die Pensionäre. Mit ihren zwei Hemden zum Wechseln reisen Parlamentarier an. Überall Zweigstellen und Deckadressen. Und durch diese Ansammlung zieht die Bundesbahn ihren Strich: zumeist geschlossene Schranken. Schräg gegenüber das Ernst Moritz Arndt-Haus. Es gibt kein Regierungsviertel, sondern boshaft verstreute Regierungsachtzehntel. Nur das Klima eint Bonn. Wir sind nicht von hier. (WA IV, 315)

Eine Sequenz kurzer Sätze verwendet Grass auch unmittelbar zuvor für die lokale Beschreibung des Wahlkampfbüros in Bonn:

> Unser Büro befindet sich in der Adenauerallee, die vormals Koblenzer Straße hieß. Der Tabakladen um die Ecke führt neuerdings »Schwarzer Krauser«. Parallel zu uns (nicht einzusehen) soll der Rhein fließen. Unten der Blumenladen hilft, Gisela Kramer zu versöhnen, wenn oben die Luft beleidigend wortgeladen ist. Bonn (als Begriff und Stadt) bleibt unfaßbar. (WA IV, 315)

Besonders häufig im Anschluß an umfangreiche Satzperioden folgen solche Sequenzen kurzer Sätze. Durch diesen stilistischen Kontrast erhalten beide Konstruktionsformen eine besondere Ausdrucksfunktion und machen wechselseitig auf sich aufmerksam. Während in umfangreichen Satzgebilden der thematische Fortgang oft durch vielfältige Einschübe, Erweiterungen verzögert wird, stellen die Sequenzen kurzer Sätze im Hinblick auf einen bestimmten Handlungsverlauf vielfach sehr konzentrierte Passagen dar, in denen unterschiedliche Aspekte isoliert erscheinen. Grass zeigt an solchen Stellen deutlich, daß er sehr bewußt nach Möglichkeiten sucht, strukturellen Mitteln eine inhaltliche Funktion zu verleihen. Da das Sprachsystem keine eindeutige Zuordnung von Struktur und Funktion zuläßt, handelt es sich um eine jeweils für einen neuen Stoff neu zu schaffende Ausdrucksmöglichkeit.

So kommt z. B. der folgenden Kurzsatzsequenz die Funktion zu, die Dynamik auszudrücken, mit der die Wahlkampfvorbereitungen abgeschlossen werden und der eigentliche Wahlkampf beginnen soll:

> Alles ist klar oder sieht so aus. Nau hat die Termine für die Druckerei bestätigt. Hermsdorf hat unter Zeugen genickt. Wischnewski meint, uns verstanden zu haben. Ehmke tut so, als habe er uns erfunden. Willy läßt grüßen. Die Espede will oder besser: will wollen. Und Onkel Herberts Segen haben wir (vorläufig). (WA IV, 319)

Die einzelnen Sätze sind nur durch den übergreifenden Bezug auf den Wahlkampf miteinander verbunden, aber strukturell weder durch Konjunktionen noch durch Koreferenz miteinander verknüpft. Dadurch ist jeder der einzelnen Sätze für sich ein abgeschlossener Gedanke. Die schnelle Abfolge der einzelnen Gedanken bewirkt die dynamische Funktion dieser Sequenz.

Dabei verweisen in vielen Fällen solche Kurzsatzsequenzen ikonisch auf die jeweilige Aussageabsicht:

Kurz vor Dresden holt uns ein Gewitter ein. Anna stellt den Motor ab. Der eine Scheibenwischer schafft es nicht. So still ist Bruno, wie das Gewitter laut ist. Auch Anna und ich wissen nicht viel zu sagen. (WA IV, 402 f.)

Die thematisch angesprochene, relative Sprachlosigkeit zwischen den Eheleuten (»Anna und ich wissen nicht viel zu sagen«) findet eine strukturelle Andeutung in der syntaktischen Verknappung.

Eine ähnliche Funktion liegt im vorangehenden Kapitel 14 vor:

Jetzt mach ich mal Pause. Immerzu reden macht stumm. (WA IV, 391)

Der angedeuteten Pause vom Wahlkampf korrespondiert auch hier formal die Verwendung kurzer Sätze, in denen der Erzähler auf Erweiterungen und abschweifende Nebensätze verzichtet.

Die Unterhaltung auf der Party des Verlegers Klett charakterisiert Grass als »Small-Talk« durch die Verwendung kurzer Sätze, in denen jeweils knapp ein Gesprächsthema angerissen wird und mit dem nächsten Satz bereits wieder gewechselt wird:

An Bord von Apollo Elf waren alle wohlauf. Partygeplauder am Rande des Kirchentages. (Erlösung, nur noch ein Farbenproblem.) Das Haupttriebwerk wurde zum zweiten Mal gezündet. Einige Gäste unterhielten sich gedämpft über den Gottesbegriff bei Karl Barth. Salzstangen knabbern. (Wer spricht noch von Lüge und Wahrheit, wenn Tatsachen sprechen: simultan übersetzt.) Natürlich war auch von Augst die Rede. Erdnüsse knabbern. (Jemand hat es geschafft, hat sich ins Ohrläppchen gebissen. Alle üben jetzt und hoffen wieder.) Aldrin – oder war es Armstrong – erzählte einen Witz, über den auf der Erde gelacht werden sollte. (Also, es bleibt bei Orange.) Ich suchte zwischen Kletts Büchern ein Lexikon: etwas über Blausäure. Knackmandeln knabbern. (Es gibt keine Schmerzen, nur Mittel gegen Schmerzen.) Soviel nette Jugend. Kletts Töchter, die Studentin aus Prag. Knabbern knabbern. Dann gab es Kartoffelsalat und Bildstörung bei Apollo Elf. (WA IV, 424)

Im Gegensatz zu komplexen Hypotaxen, die zumeist eine Einheit vielfältiger Aspekte herzustellen suchen, bewirken die beschriebenen Sequenzen extrem verknappter Sätze eine thematische Konzentration, da der einzige Informationsschwerpunkt des jeweiligen Satzes durch keine zusätzlichen Aspekte verdeckt wird. Das wird im nächsten Beispiel sehr deutlich:

Mich trägt keine Lehre. Die Lösung weiß ich nicht. Ich schenke euch Zweifel und rate zum Verlust. (WA IV, 407)[42]

Auch in anderen Werken zählen Sequenzen kurzer Sätze zu den typischen Stilmitteln, worauf Damian für *Die Blechtrommel* bereits aufmerksam gemacht hat.

Daniela Hermes konnte in ihrer Analyse der Eingangsepisode von *Katz und Maus* nachweisen, wie kunstvoll Grass mit Hilfe einer umfangreichen Sequenz

---

42 Weitere Belege für Kurzsatzsequenzen in *Aus dem Tagebuch einer Schnecke* finden sich z. B. WA IV, 271, 278, 290, 309, 322, 332, 342.

kurzer Sätze alle Motive dieser Novelle anschlägt.[43] Auch in dieser Eingangsepisode bedient sich Grass des ständigen Subjektwechsels von Satz zu Satz; von
neunundzwanzig Sätzen besitzen keine zwei aufeinanderfolgenden das gleiche Subjekt[44], wodurch die »Aufmerksamkeit des Lesers [...] ständig zwischen der Außen-
welt, der Katze und der Innenwelt des Ich-Erzählers mit seinen Zahnschmerzen
hin und her[schweift]«[45].

Im *Butt*[46] und vor allem in der *Rättin* finden sich ebenfalls vielfach solche
Kurzsatzsequenzen. So wird z. B. in der *Rättin* mit kurzen, hintereinanderfolgenden Sätzen die Situation nach der atomaren Katastrophe beschrieben:

> Also gibt es nichts zu bezeugen. Das Schreckliche muß nicht ausgemalt werden. Nichts
> Unvorstellbares ereignete sich. Die schlimmsten Prognosen bestätigt. Es reicht, wenn
> ich sage: Durch das erdzugewandte Klarsichtoval meiner Raumkapsel betrachtet, sah es
> überall, in Europa besonders, nein, durchweg schlimm aus. (WA VII, 126)[47]

Im Gegensatz zur auffälligen Redseligkeit der Rättin[48] bezeichnet hier die Verwendung von äußerst kurzen Sätzen die relative Sprachlosigkeit des Erzählers
angesichts des »Großen Knalls«.

Es konnte sowohl im Zusammenhang mit Satzperioden als auch bei der Verwendung kurzer Sätze Grass' Bestreben aufgezeigt werden, in ikonischer Weise
einen Inhalt in der formalen Gestaltung sichtbar zu machen.

Für die Verwendung komplexer Satzperioden hat Grass selbst die Forderungen
seines Lehrers Döblin zitiert:

> »Von Perioden, die das Nebeneinander des Komplexen wie das Hintereinander rasch
> zusammenzufassen erlauben, ist umfänglicher Gebrauch zu machen. Rapide Abläufe,
> Durcheinander in bloßen Stichworten; wie überhaupt an allen Stellen die höchste Exakt-
> heit in suggestiven Wendungen zu erreichen gesucht werden muß. Das Ganze darf nicht
> erscheinen wie gesprochen, sondern wie vorhanden.« (WA IX, 240)

Diese Berufung Grass' auf Döblin wird in der Forschung zurecht häufig hervorgehoben und erläutert bestehende Einflüsse auf Grass.

Wichtig ist allerdings auch bei diesem Stilmittel die Würdigung der produkti-
ven Umsetzung dieser Forderung. Wie gezeigt werden konnte, verwendet Grass
solche Konstruktionen in vielen Fällen an inhaltlich-thematisch zentralen Stellen.
Nicht nur ungewöhnlich lange Sätze, sondern ebenso Sequenzen kurzer Sätze sind
ein wichtiges Stilmittel von Grass. Gerade die Verwendung vielfältiger formaler
Mittel ist typisch für den Grassschen Prosastil.

---

43 Vgl. Hermes 1991, S. 171.
44 Vgl. ebenda, S. 174.
45 Ebenda.
46 Belege für Kurzsatzsequenzen im *Butt* finden sich z. B. WA V, 144, 240, 244, 265,
   304, 307, 317, 414, 464, 484, 491, 592, 607, 617.
47 Weitere Belege für Kurzsatzsequenzen in der *Rättin* finden sich z. B. WA VII, 38, 41,
   58, 59, 60, 77, 80, 88, 117, 119, 126, 160, 161, 228 f., 230, 234, 249.
48 Vgl. S. 146 dieser Arbeit.

4.8 Ellipsen

4.8.1 Forschungsüberblick

Elliptische Sätze gehören zu den häufigsten stilistischen Mitteln sowohl in der mündlichen Kommunikation als auch in der Literatur. Riesel/Schendels nennen z. B. für die moderne Dramenliteratur einen Anteil von 35,7 % strukturell unvollständiger Sätze.[1] Die Gründe dafür sind in der Nähe zur Alltagssprache und in der Dialogstruktur des Dramas zu suchen.

Für Grass' Prosastil ist die häufige Verwendung elliptischer Sätze als auffälliges Stilmittel verschiedentlich bemerkt worden. So sieht Fritz J. Raddatz »Grass' stärkstes stilistisches Mittel in der Ellipse, die sich im Kopf des Lesers füllen und fortsetzen soll«[2]. Wilhelm Schwarz stellt fest, daß der »Gebrauch der Ellipse [...] bei Grass zur Manie wird«[3]. Für Manfred Durzak handelt es sich bei der Zusammenziehung von Sätzen zu Ellipsen unter Aussparung des Prädikats um ein sehr konventionelles Stilphänomen. Durzak sieht in der Verwendung der Ellipse gerade nicht die Tendenz der Verkürzung, die Grass selbst anstrebt[4], sondern für ihn ergibt sich der Eindruck von oft unkontrollierter Fülle.[5]

Wie die kurze Reihung der wenigen Ansätze bereits erkennen läßt, blieb es in der Forschungsliteratur im wesentlichen bei der Feststellung, daß Grass dieses Stilmittel verwendet. Meist wird es allerdings nur als quantitatives Textphänomen einfach konstatiert im Gegensatz zur weit ausführlicheren Beschreibung der Aposiopese.

Der Begriff »Ellipse« ist seit langem umstritten.[6] Heinrich Lausberg beschreibt die Ellipse als ein Phänomen des Stilideals der brevitas und unterscheidet die rhetorische Ellipse als Gedankenfigur von der grammatischen Ellipse.[7] Wenn Lausberg die grammatische Ellipse als »Abweichung von der normalen Syntax«[8] bezeichnet, so geht er ebenso wie andere Stilistiken von der normativen Vorstellung einer »vollständigen« Syntax aus, die gegebenenfalls reduzierbar ist.[9] Eine Ellipse gilt unter diesem Aspekt oberflächensyntaktisch als »defekt« und wird in

---

1 Riesel/Schendels 1975, S. 168. Die grundsätzliche Aussagekraft und Problematik solcher Auszählungen können hier nicht betrachtet werden.

2 Raddatz 1973, S. 195.

3 Schwarz 1969, S. 65.

4 Siehe dazu das in diesem Zusammenhang immer zitierte Schulklassengespräch *Ein Reduzieren der Sprache auf die Dinglichkeit hin* (WA X, 7–15).

5 Durzak 1979, S. 318.

6 Zur langen Tradition der Ellipsenforschung und zur großen Problemvielfalt vgl. Ortner 1987.

7 Vgl. Lausberg 1963, S. 104, § 317.

8 Ebenda.

9 Vgl. Sowinski ²1978, S. 114.

einschlägigen Grammatiken als »geregelter Regelverstoß« im Bereich der Performanz behandelt.[10] Kennzeichnend für diese gegenüber der »normalen Struktur« verkürzten sprachlichen Äußerungen ist die Möglichkeit der Rekonstruierbarkeit. Die gegebene Struktur ist zwar oberflächensyntaktisch elliptisch. Mit Hilfe unterschiedlicher Kenntnissysteme (Kenntnis der Grammatik, pragmatisches Wissen) können solche Konstruktionen jedoch sinnvoll interpretiert werden.[11] Hanspeter Ortner sieht dagegen Ellipsen als funktional vollständig an und führt, wie er polemisch sagt, »generativistische Herleitungsakrobatik« darauf zurück, daß »der einfache, vollständige Satz« und »das situationslose Sprechen [...] als Ausgangspunkt aller Überlegungen herangezogen werden«[12].

Inwiefern Ellipsen auf Tilgungen zurückzuführen sind oder überhaupt als unvollständige Strukturen anzusehen sind, kann hier nicht weiter diskutiert werden.[13]

Im folgenden gehe ich davon aus, daß der Leser in erzählender Literatur grammatisch vollständige Sätze erwartet, und bezeichne die »Aussparung von sprachlichen Elementen, die aufgrund von syntaktischen Regeln oder lexikalischen Eigenschaften (z. B. Valenz eines Verbs) notwendig sind«[14], als Ellipsen. Dabei sollen besonders die Auslassungen redundanter Satzteile und obligatorischer Verbargumente sowie satzwertige Nominalphrasen untersucht werden. Abschließend wird auf die in der stilistischen Rhetorik als Sonderfall der Ellipse definierte Figur der Aposiopese eingegangen.

4.8.2 Ellipsen in *Aus dem Tagebuch einer Schnecke*

4.8.2.1 Fehlen grammatischer Funktionswörter

Schriftsprachlich auffällig sind in *Aus dem Tagebuch einer Schnecke* die häufigen Auslassungen von Konstituenten, die nicht bereits in Vorgängerkonstruktionen erschienen sind:

> Schwierig, einander aussprechen zu lassen. (WA IV, 290)
> Schwierig für Zweifel, [...] herauszufinden, wohin [...] (WA IV, 415)
> Knappes Direktmandat möglich. (WA IV, 442)
> Am Sonntag eine Tischdecke. (WA IV, 445)
> Im Keller nichts Neues. (WA IV, 451)
> Erstaunlich, daß er [...] solcher Ekstase fähig war. (WA IV, 458)

---

10 Vgl. Betten 1976, S. 209.
11 Vgl. ebenda, S. 212, Anmerkung 21.
12 Ortner 1987, S. 200 f.
13 Vgl. Meyer-Herrmann/Rieser 1985, Klein 1985, Fries 1987.
14 Bußmann 1990, S. 207.

154

Erstaunlich, daß die Augenfühler [...] viel zögernder, kaum, manchmal nie eingestülpt
wurden [...] (WA IV, 489)
Bei diesem Ellipsentyp werden grammatisch notwendige Konstituenten (z. B. Subjekt, finites Verb, sehr oft nur ein expletives »es«, die Kopula) ausgelassen. In
diesen Fällen kann der Leser zumeist die weitgehend determinierte vollständige
Struktur leicht erkennen. Die inhaltliche Aussage des Satzes ist vollständig erhalten, da die semantische Information der fehlenden Satzteile gering ist.

Zugleich besitzt allerdings auch das Fehlen leicht rekonstruierbarer Elemente
zumindest einen stilistischen Informationswert. Bei der Verwendung dieser der
mündlichen Kommunikation entsprechenden Formen dürfte die sprachökonomische
Funktion im Vordergrund stehen, die die Vermeidung von Umständlichkeiten
bezweckt und für redundant gehaltene Satzelemente ausläßt.

Ein Ellipsentyp, bei dem sowohl relativ eindeutig zu ersetzende grammatische
Funktionswörter ausgelassen werden als auch eine sehr offene Struktur gegeben
sein kann, sind Konstruktionen mit Doppelpunkten:[15]
(In Raouls Zimmer [...] entsteht ein Ersatzteillager: Scheibenwischer, Radnaben,
Lenkräder, das Gekröse ausgeweideter Totalschäden.) (WA IV, 389)[16]
Dem Doppelpunkt folgt eine Substantivreihung in der Funktion einer Präpositio-
nalphrase (»ein Ersatzteillager mit [...]«) bzw. in der Funktion eines attributiven
Relativsatzes. Diese Art der Interpunktion ermöglicht dann die Tilgung des Rela-
tivpronomens (als ein grammatischer Indikator des Relativsatzes) und der finiten
Verbform.

Besonders interessant sind solche Fälle, bei denen die elliptische Konstruktion
einen impliziten Vergleich konstituiert (»wir sind wie«)[17]:
Verzweifelte Langstreckenläufer, die sich um Witzeslänge zu überholen bemühen. (WA
IV, 291)
Trickspieler, die nicht müde werden, sich beim Schummeln zu ertappen. (WA IV, 311)
In den bisher beschriebenen Fällen dient die Auslassung strukturell und kontextuell weitgehend determinierter Redeteile vor allem der sprachlichen Verkürzung,
um eine umständlichere Ausdrucksweise zu vermeiden. Die vollständige Struktur
wäre meist stilistisch schwerfälliger. So verwies Grass 1963 im Gespräch mit
einer Berliner Schulklasse auf die seiner Ansicht nach »furchtbar umständlich[e]«
deutsche Sprache und legte dar, daß er mit seinem Stil ein »Reduzieren [...] der
Sprache auf die Dinglichkeit hin« anstrebt.

---

15 Vgl. zur Verwendung des Doppelpunktes S. 84–86 und S. 221 f. dieser Arbeit.
16 Weitere Belege für Ellipsen-Konstruktionen mit Doppelpunkten in *Aus dem Tagebuch
    einer Schnecke* finden sich z. B. WA IV, 323, 332, 338, 393.
17 Auf das Fehlen des »Wie-Vergleichs« als ein typisches »syntaktisches« Phänomen bei
    Grass hat bereits Wagenbach aufmerksam gemacht. Wagenbach 1963, S. 125.

Durch die formale »Ersparnis« entsteht zugleich eine informationelle Verdichtung des Textes[18], wobei bisweilen ein Stichwort einen umfassenden Zusammenhang repräsentiert:

> Wenn ich auf Wahlveranstaltungen vom Sandkasten erzähle, in dem verlorene Kriege und verlorene Provinzen nachträglich gewonnen, zurückgewonnen werden sollen, hören viele mit schräg gehaltenem Kopf zu: Sandkastenspieler. (WA IV, 410)[19]

4.8.2.2 Satzwertige Nominalphrasen

Die zuletzt betrachteten Konstruktionen sind häufig nicht mehr eindeutig determiniert, sondern aktivieren bereits zusätzlich kontextuelles Wissen bzw. weitere pragmatische Annahmen des Lesers. Diese Erscheinung tritt verstärkt in den folgenden Beispielen hervor:

> Zurück hinterm Ladentisch setzte er kurz die Spritflasche an: sein Adamsapfel. (WA IV, 386)
>
> Die Wegschnecke wäre für beide da: Partnerschaft. (WA IV, 497)

Die hier verwendeten Ellipsen deuten auf einen für *Aus dem Tagebuch einer Schnecke* typischen nominalen Stil, bei dem der Leser aktiv den gegebenen Text ergänzen muß, um einen plausiblen Verstehenszusammenhang zu konstituieren. Solche satzwertigen Nominalphrasen sind syntaktisch und kontextuell nicht vollständig determiniert, wie im folgenden Beispiel:

> Dieses sich öffentlich Mitteilenkönnen, dieses Zuvorkommen. [...] Dieses Infragestellendürfen, dieses Nocheinmaldaraufhinweisenwollen. (WA IV, 471)

Aufgrund seines Textwissens ist der Leser problemlos in der Lage, die Ellipsen an dieser Stelle thematisch auf Augst zu beziehen und auch sinnvoll zu interpretieren. Durch die elliptische Struktur entsteht jedoch ein erweiterter Spielraum für das Verständnis dieser Stelle. Verschiedene Katalysen sind möglich:

(a) Augst benötigte (wünschte sich, ersehnte sich) dieses sich öffentlich Mitteilenkönnen.

(b) Dieses sich öffentlich Mitteilenkönnen war für Augst das ersehnte Ziel (das Höchste, ein Bedürfnis, gab ihm Glücksmomente).

Da die Flexion den Kasus nicht eindeutig erkennen läßt (Nominativ oder Akkusativ), sind unter formalem Aspekt sowohl subjektivische als auch objektivische Lesarten möglich. Entscheidend ist aber, daß alle hier genannten (und zahlreiche andere) Rekonstruktionen mit nicht identischen Konnotaten in Frage kommen.

---

18 Durzak ³1979, S. 318. Der von Durzak festgestellte Widerspruch, daß sich nicht die »Tendenz der Verkürzung«, sondern daß sich »der Eindruck« von oft unkontrollierter Fülle ergibt, ist somit auflösbar.

19 Vgl. das Nachwort zu *örtlich betäubt*, WA IV, S. 572, und die *Rede von den begrenzten Möglichkeiten* (WA IX, S. 398).

156

Gerade der Verzicht auf die vollständige Struktur impliziert aber auch Grass' Schwierigkeit einer rationalen Erklärung von Augsts Tat und dabei auch die Einschätzung der psychologischen Bedeutung des »Sich öffentlich Mitteilenkönnen« etc. für Augst. Der strukturell gegebenen Vagheit dieser Konstruktion korrespondiert die Unsicherheit in der Bewertung der Figur Augst.[20] Grass überläßt es der Interpretation des Lesers, die Art und Weise der syntaktischen und inhaltlichen Beziehung zwischen Augst und den genannten Bedürfnissen genauer zu bestimmen.

Eine ähnliche Konstruktion folgt wenig später im Text mit einer weiteren Sequenz satzwertiger Nominalphrasen:

Das Bedürfnis, gekadert zu werden. Der Wunsch, gehorchen zu dürfen. Die Opferbereitschaft, das Prinzip Zweifel als Luxus zu verhökern. (WA IV, 472)[21]

Auch hier sind zwar plausible Rekonstruktionen möglich; sie bleiben aber dennoch in gewisser Weise wie im vorherigen Beispiel unbestimmt. Eine einfache Katalyse könnte etwa lauten: »Beide [Vater und Sohn Augst] haben das Bedürfnis, gekadert zu werden.« Aber auch hier ermöglicht sowohl die formale Offenheit als auch das Textwissen die Ergänzung zu z. B.: »Das Höchste war für beide das Bedürfnis, gekadert zu werden.« Grass gelingt es, durch die Verwendung einer elliptischen Konstruktion vielfältige Lesarten mit unterschiedlichen Konnotaten zu ermöglichen. Es wird Sache des Lesers, die nur implizite Kausalität zwischen den Handlungen Augsts und seines ältesten Sohnes und den psychischen Motiven selbständig zu explizieren.

Der Verzicht auf eine »ausformulierte« Syntax transzendiert zugleich den konkreten Bezug auf Augst und dessen Sohn, womit beide allenfalls noch prototypischen Charakter besitzen und ihrem individuellen Verhalten nunmehr anthropologisch konstante psychische Schemata unterstellt werden. Auf suggestive Weise wird so mit Hilfe der Nominalphrase ein Phänomen generalisiert, ohne daß der konkrete Bezug suspendiert wäre.

Wichtig für das Verständnis dieser Nominalphrasensequenz ist der kontextuelle Zusammenhang. Die vorangehende Passage lautet:

Augsts ältester Sohn war eine Zeitlang Mitglied beim Sozialistischen Deutschen Studentenbund. [...] Manchmal muß er den Vater verstanden haben, weil der SDS, mehr als andere studentische Gruppierungen, so etwas wie eine verschworene Gemeinschaft (zeitweilig) gewesen ist. (WA IV, 472)

Im Hauptsatz der Hypotaxe werden Vater und Sohn direkt zueinander in Beziehung gesetzt; »Vater« ist sowohl grammatisches Objekt als auch unter inhaltlichem Aspekt »Gegenstand« des Verstehens. Im darauffolgenden kausalen Nebensatz

---

20 Vgl. Neuhaus 1979, S. 123 f.
21 Weitere Belege für satzwertige Nominalphrasen in *Aus dem Tagebuch einer Schnecke* finden sich z. B. WA IV, 334, 360, 378, 389, 406, 472, 484, 485, 513.

wird dann jedoch die Perspektive gewechselt. Das epistemisch verwendete »muß«[22] verweist auf die Schlußfolgerung des Sprechers.

Der konjunktionell angezeigte Kausalzusammenhang wird durch keine anaphorische Beziehung auf den Hauptsatz hin realisiert. Denn die Bedingung der Möglichkeit, den Vater zu verstehen, liegt im unterstellten analogen Bedürfnis des Sohnes nach Gemeinschaft, das hier allerdings nicht explizit genannt wird. Es bleibt somit der assoziativen Fähigkeit des Lesers überlassen, die aus der Biographie des Vaters bekannte psychische Motivation analog auch für den Sohn anzunehmen und dadurch Haupt- und Kausalsatz in einen sinnvollen Zusammenhang zu setzen. Durch das assoziativ-spekulativ gewonnene Tertium werden Vater und Sohn vergleichbar, so daß sich die anschließende Ellipsensequenz nunmehr auf beide bezieht.[23]

Die zitierte Nominalphrasensequenz vermeidet die explizite Spekulation und enthält dennoch in suggestiver Weise die Aufforderung, im beschriebenen Sinne psychologische Motive zu rekonstruieren. Trotz der bekundeten Absicht, »die Zusammenhänge wieder auf[zu]trennen« (WA I, 147), erscheinen implizit Behauptungen von Zusammenhängen. Die satzwertige Nominalphrase verabsolutiert die psychologische Erklärung, die durch eine vollständige Syntax entschärft würde. Zugleich erzielt Grass auch den Effekt, unabhängig von einem definiten personalen Subjekt, das variabel sein kann, konstante psychische Bedürfnisse anzunehmen, die sowohl für linke wie rechte Ideologien ein bestimmtes Engagement motivieren.

---

22 Die epistemische Verwendung von Modalverben zählt sowohl in *Aus dem Tagebuch einer Schnecke* als auch bei anderen Grassschen Erzählern zu den auffälligen Merkmalen, die auf eine unzuverlässige Erzählhaltung (vgl. Rohlfs 1978) verweisen. In *Aus dem Tagebuch einer Schnecke* soll mit diesem Stilmittel u. a. der fiktionalen Figur Zweifel Authentizität verliehen werden: »Zweifel soll damals [...]« (WA IV, 353) »Er wird sie als Schwestern gesehen haben.« (WA IV, 353) »Vorsichtig soll sich Hermann Ott [...]« (WA IV, 372) »Zweifel, der wohl doch schmächtig gewesen sein muß [...]« (WA IV, 396, weitere Belege z. B. WA IV, 322, 353, 354, 357, 372, 373, 380, 382, 396, 445, 470, 482, 496, 531)
   Vgl. ähnliche Passagen z. B. in *Katz und Maus*: »Mahlke trug im Winter wie im Sommer altmodische Schuhe, die er von seinem Vater geerbt haben mochte.« (WA II, 11) »Der Kapitänleutnant mag etwa vierunddreißig sein Abitur gemacht haben.« (WA II, 64)
23 Solche auffälligen Kausalbeziehungen finden sich mehrfach in Grass' Prosa. So folgt dem Gedicht *Später mal, Franz ...* in *Aus dem Tagebuch einer Schnecke*, das mit drei Auslassungspunkten endet, eine Satzkonstruktion, die mit drei Auslassungspunkten und der Konjunktion »denn« beginnt. Die Art der kausalen Verknüpfung muß vom Leser selbst expliziert werden.
   Ingrid Hasselbach bemerkt in *Katz und Maus* den auffälligen Gebrauch der Konjunktion »denn«, die »selten zum Anschluß der Ursache für das vorher Gesagte verwendet [wird]. Eine kausale Beziehung ist zwar vorhanden, aber meist so verdreht, daß es Mühe macht, sie einzusehen.« (Hasselbach 1990, S. 122, Anmerkung 38)

158

Die elliptischen Konstruktionen rufen die Assoziationsfähigkeit des Lesers auf, der die lediglich implizierten kausalen Verknüpfungen während der Rezeption selbständig herzustellen hat. Gerade diese Form der Textminimierung deutet darauf hin, daß elliptisches Sprechen bei Grass nicht auf eine mangelnde Durchformung oder nur auf ein sprachökonomisches Bestreben zurückzuführen ist, sondern als eine genau berechnete strukturelle Verdichtung anzusehen ist.

Besonders bemerkenswert sind in diesem Zusammenhang die in *Aus dem Tagebuch einer Schnecke* häufigen verblosen Konstruktionen, die mit der Pro-Form »jemand« beginnen:

Jemand, dem man, wenn man wüßte womit, eine Freude bereiten möchte. (WA IV, 330)

Jemand, der alleine war und halblaut vor sich hinfluchte. (WA IV, 393)

(Jemand, der beim Manschettenknopfsuchen seinen Willen entdeckt hat.) (WA IV, 448)

Es handelt sich in diesen Fällen um rückbezügliche Aussagen zu einer zuvor dargestellten Person. Die weitgehend eindeutige Rekonstruktion ergibt eine Gleichsetzungskonstruktion von der Form: »Er/sie ist jemand, der ...« Dabei wird »jemand« durch den folgenden restriktiven Relativsatz (mit identifizierender Funktion) spezifiziert. Die Funktion besteht einerseits darin, die bekannte Person (im ersten Beispiel oben: Stomma) hervorzuheben und andererseits durch die Eigenschaft von »jemand« als Indefinitpronomen[24] den Geltungsbereich der Prädikation zu verallgemeinern. Das charakterisierte Individuum erscheint somit als ein exemplarischer Fall, im Sinne der Paraphrase »Ein typisches Beispiel aus der Menge derjenigen, die [...]«.

Grass vollzieht mit der Verwendung solcher Formen einen Wechsel von der Beschreibung eines Individuums auf eine generellere (z. B. psychologische) Ebene. Dadurch werden unvermittelt kausale Verknüpfungen zwischen einer bestimmten Handlung und vermuteten zugrundeliegenden Motivationen hergestellt, wie das Beispiel Augst veranschaulicht:

Augst eignet sich für Verkleidungen. Jemand, der still hält. Augst ist beispielhaft, nicht nur Fußnote. (WA IV, 466)

In einer Sequenz paralleler Nominalsätze mit anaphorischem »jemand« wird Zweifel beschrieben als

Jemand, der über Körperkräfte verfügte, ohne sie zu gebrauchen: [...]. Jemand, der nur beim Händeschütteln Schmerzen bereitet. Jemand, der sich beim Hinsetzen um den Stuhl besorgt. (WA IV, 284)

Die Verwendung des Indefinitpronomens »jemand« generalisiert, stellt heraus, kündigt die Charakterisierung an und macht die Sprecherabsicht der Typisierung explizit. Zugleich befreit die angestrebte Generalisierung davon, festgestellte Beobachtungen konkretisieren zu müssen. Dies wird besonders deutlich bei der Charakterisierung von Franz Josef Strauß:

---

24 Vgl. Vater 1985, S. 31.

Jemand, der jedes Bündnis eingeht. Jemand, der nicht aus Neigung oder chronischer Schwäche, sondern aus Überzeugung lügt. Jemand, der alles mit sich verwechselt. (WA IV, 532)[25]

Die typisierende Absicht liegt auch dann zugrunde, wenn die Nationalsozialisten in Danzig nach ihrem Wahlsieg 1933 den Senat bilden und »Jemand, der Rauschning hieß, [...] Senatspräsident« wurde (WA IV, 288).

Trotz der Vielfalt der Ellipsenformen dominiert der Typ der nominalen Ellipse. Dabei benutzt Grass gerade im Zusammenhang mit seiner Materialsammlung (»Sudelbuch«), wenn er seinen eigenen Schreibprozeß reflektiert, sehr häufig Abfolgen von Nominalphrasen wie in der folgenden Passage:

> Über Reutlingen Nürtingen Plochingen fuhr ich zurück und notierte wenig in meinem Sudelbuch: Der Brillenträger. Der Pazifist. Die Kinderrätsche. Pilzkunde und Sprechschule. Der 23. Psalm. Nur vier Monate Afrikakorps: vertrug das Klima nicht. Partnerschaft. Die Kriegsgeneration. Der Ludwigstein. Soll viel Kant gelesen haben. Was Dekan Noetling sonst noch am Grab gesagt hat. Die Großmutter und die Klavierstunden. Das Staatsexamen mit achtundvierzig. Wollte keine neue Hose kaufen. Hat mit den Kindern Reisen gemacht: einmal nach Tirol, einmal ins Elsaß, wo sie das ehemalige Konzentrationslager Struthof besichtigten. Schulden bis kurz vor Schluß. Seine Mitgliedschaften ... (WA IV, 496 f.)

Hier läßt sich zeigen, daß es sich nicht nur um die »Knappheit und Sachlichkeit des Notizenstils« handelt, wie Gerstenberg feststellt[26], und eine einfache Abschrift früherer Notizen übernommen wurde, sondern daß eine sehr genau komponierte Passage vorliegt. Grass reflektiert an dieser Stelle seine vorherige Begegnung mit den Angehörigen Augsts, von denen er sich Hintergründe und Erklärungen für den ihm unerklärlichen Selbstmord Augsts versprach. Doch auch nach diesem Gespräch bleibt die Tat Grass letztlich unverständlich. Der Hinweis »und [ich] notierte wenig« hat nicht nur eine metakommunikative Funktion, indem Grass seinen Schreibprozeß reflektiert, sondern besagt auf der Inhaltsebene, daß Grass die irrationale Handlung und die Motivlage Augsts nicht vollständig plausibel zu deuten vermag. Die folgenden elliptischen Konstruktionen verweisen formal darauf, daß die Biographie Augsts vage bleibt. Es lassen sich nur partikelweise oberflächliche Biographica notieren. Wie bereits zuvor dargestellt wurde, vermeidet der Nominalstil somit, kausale Verknüpfungen herzustellen und einfache Lösungen anzubieten. Es finden sich nur Andeutungen.[27]

Auch in der nächsten Passage konstituiert der Nominalstil bereits eine inhaltliche Aussage:

---

25 Innerhalb des Brandt-Porträts erscheint diese Form insgesamt sieben Mal (WA IV, 512–514), vgl. S. 171 dieser Arbeit.

26 Gerstenberg 1980, S. 125.

27 Vgl. zu diesem Aspekt das Gedicht *Schreiben:*
   »Und die Zusammenhänge wieder auftrennen.
   Weil ... wegen ... als ... damit ... um ...
   Vergleiche und ähnliche Alleskleber.« (WA I, 147)

160

Andacht gleich nach dem Opfer, kurz vor der Wandlung. Ihr seht: Verkehrsstauungen auf der Autobahn. Apollogeschichten. Regelmäßig Vietnam. Werbung, den Mund voller Glück. Haushaltsmesseeröffnungen. Landschaft als Hintergrund. Handlung, in der ein Hund mitspielt. Die geblähten Bäuche der Ibokinder. Das Fischsterben im Rhein. Sprecher, die noch nicht abgeschlossene Entwicklungen zusammenfassen. Jemand, der traurig ist und Gitarre spielt. Dick und Doof. Studenten und Polizisten. Heitere Bischöfe, die unfehlbar daneben reden. Beruferaten und noch mehr. (WA IV, 360)
Wieder handelt es sich nicht um eine mangelnde sprachliche Durchformung des Stoffes, sondern um die Absicht der formalen Widerspiegelung medialer Wirklichkeit, in der in ununterbrochener Folge Schrecken, Sensation und Unterhaltung unselektiert ablaufen.

Solche nominalen Passagen finden sich häufig und enthalten zum Teil bewußte Ankündigungen wie z. B.:

Alles klingt hohl und zählt sich hohl auf: die Sinnlosigkeit, der ewige Kreislauf, die Vergeblichkeit aller Mühe und die Wiederkehr immer der gleichen Puppen, das Einerlei und die Käuflichkeit der Worte, der Zerfall wie der Aufbau, das Unendliche und das Endliche, die Regelmäßigkeit und der wild stotternde Zufall, natürlich auch Produktion und Konsum, das unabänderliche, schon programmierte, wie auf der Achterbahn Tempo vortäuschende und doch nur gezirkelte Schicksal und Schneckendasein ... (WA IV, 377)
Es läßt sich nicht nachschreiben, was er sagte, weil er verheddert im Unterholz und traurig wirr sprach. Ich reihe: Lebenseinsatz, im Stich gelassen, ein Zeichen setzen, durch unbedingte Treue, das selbstlose Opfer, wie der Protest der Jugend, nämlich ganz, damit ich gehört werde ... (WA IV, 422)[28]
Interessant bei diesen beiden zuletzt zitierten sowie dem oben bereits dargestellten Beispiel ist die Tatsache, daß alle Passagen mit Gedankenpunkten enden und damit auf die prinzipielle Unabgeschlossenheit solcher Lamenti verweisen. In allen Fällen wird die Korrespondenz der formalen Gestaltung zum referierten Sachverhalt deutlich, wobei Grass den Leser explizit auf seine Erzähltechnik aufmerksam macht.

Stilistisch bemerkenswert ist auch die häufige Verwendung nominaler Passagen zur Darstellung statischer Phänomene wie etwa bei Bildbeschreibungen oder Assoziationen:

Bildbände und Dokumente. Antifaschistische Mahnmale, gebaut in stalinistischem Stil. Sühnezeichen und Wochen der Brüderlichkeit. Gleitfähige Worte der Versöhnung. Putzmittel und Gebrauchslyrik: »Als es Nacht wurde über Deutschland ...« (WA IV, 274)
Der Verzicht auf die grammatikalische Vollständigkeit bedeutet zunächst eine Beschränkung auf ein wahrgenommenes Phänomen selbst, das lediglich als sprachliches Zeichen abgebildet und nicht durch einen ausformulierten Erzählerkommentar bewertet wird. Zugleich wird der Leser auf diese Weise herausgefordert, die implizierte Bewertung zu ergänzen. Die mit diesem elliptischen Sprechen verbundene erzählerische Zurückhaltung weiß allerdings mit sparsamen Mitteln

---

28 Daß in den beiden letzten Beispielen die satzwertigen Nominalphrasen durch Kommata statt durch Punkte getrennt werden, ändert nichts am stilistischen Befund.

161

den Deutungsprozeß genau zu steuern. Allein die Adjektive »stalinistisch« und »gleitfähig« entbergen die implizierte Anklage gegen den (gesamtdeutschen) Umgang mit dem begangenen Völkermord an den Juden in der Nachkriegszeit. Wenn Grass am Geburtstag der Zwillinge sich selbst und Anna betrachtet, heißt es:

> Oft, wenn sich der Lärm im Haus und am Tisch selbst trägt, sitzen Anna und ich unter zwei Glasstürzen in einem Glassturz. Flucht in verschiedene Richtungen. Jahrelanges Entgegenkommen. Ungleiche Erinnerungen. Jeder in sein Loch vergafft. Gemeinsam abwesend. (WA IV, 511)

Eine Situation wird anhand splitterhafter Beobachtungen dargestellt. Besonders deutlich wird an dieser Stelle die verknappte Syntax als Ausdruck der eingetretenen Sprachlosigkeit zwischen beiden Ehepartnern, wobei die verharrende Ruhe im krassen Gegensatz zur Dynamik des vorherigen Trubels der Geburtstagsfeier steht.

Wenn Grass die Parole »vorwärts« reflektiert, wird gleichfalls eine Abfolge von Nominalphrasen verwendet (WA IV, 289), mit denen der Fortschritt zugleich beispielhaft veranschaulicht als auch angegriffen wird. Die Beschränkung auf verblose Konstruktionen zur Darstellung einer Statik kann auch hier als bewußte Antithese zum dynamischen Impetus der Fortschrittseuphorie verstanden werden.

Wenn Augst als Ostermaschierer demonstriert, wird mit Hilfe der Ellipsen »Tuchfühlung halten. [...] Endlich wieder ein Ziel.« (WA IV, 476) der Effekt der Unmittelbarkeit erzeugt.

Die Verwendung des nominalen Stils läßt den Erzähler zurücktreten. Impressionistisch werden Wirklichkeitspartikel zusammengetragen, wobei gerade die scheinbare Neutralität des Erzählers zu einer Bewertung des Sachverhaltes herausfordert:

> Nichts Besonderes: ein Aufmarsch mit Ziel zwischen Aufmärschen mit anderen Zielen. Keine Toten, Verletzten, kein Sachschaden. Nur gesteigerter Bierkonsum und Fröhlichkeit nahe dem Schunkeln. [...] Viel blankgeputzte Jugend und geblümte Sommerkleider: ein Volksfest. (WA IV, 276)[29]

Die häufige Verwendung eines nominalen Stils zur Darstellung handlungsarmer Phänomene läßt sich auch bei anderen Grassschen Erzählern nachweisen. So sei als Beispiel Pilenz' Erinnerung an den Auftritt des Kapitänleutnants in *Katz und Maus* aufgeführt, wo er dessen Aussehen ausschließlich mit Nominalphrasen beschreibt:

> Dichtes, womöglich drahtiges Kraushaar, Richtung Römerkopf. Kein U-Boot-Bart aber dachartig vorstehende Augenbrauen. Ein Mittelding zwischen Denkerstirn und Grüblerstirn, daher keine Querfalten aber zwei steile von der Nasenwurzel aufstrebende, immerzu Gott suchende Linien. Lichtreflexe auf dem äußersten Punkt kühner Wölbung. Zierlich und scharf die Nase. (WA III, 64)

---

29 Weitere Belege für umfangreiche nominale Passagen in *Aus dem Tagebuch einer Schnecke* finden sich z. B. WA IV, 282, 313, 334, 406, 505, 521. Die Verwendung in der Dürer-Rede (WA IV, 564) belegt, daß Grass auf elliptisches Sprechen auch in Reden zurückgreift.

162

Die Kaleu-Mütze korrekt auf parallel gehaltenen Knien. Handschuhe unter der Mütze. Ausgehuniform. Das Ding am Hals deutlich auf unerhört weißem Hemd. Unvermittelte Kopfbewegung mit halbwegs gehorchendem Orden zu den seitlichen Aulafenstern: Mahlke zuckte, fühlte sich wohl erkannt, war aber nicht. (WA III, 66)

4.8.2.3 Fehlen obligatorischer Verbergänzungen

Eine geringere Determiniertheit des Textes liegt auch dann vor, wenn in einer Konstruktion notwendige Verbergänzungen ausgelassen werden. Der Leser weiß zwar in solchen Fällen, daß eine durch den Subkategorisierungsrahmen des Verbs festgelegte Argumentstelle nicht ausgefüllt ist, und er kann aufgrund inhärenter semantischer Merkmale des Verbs ein fehlendes Argument selbst ergänzen. Doch ergeben sich unterschiedliche Möglichkeiten der Ergänzung dadurch, daß die Konnotationen des Lesers nicht determiniert sind.[30]

Ich beginne, mir auszudenken, laufe dem Faden nach [...] (WA IV, 335)
Ich sitze und trage nach. (WA IV, 388)

Von einem Strandspaziergang mit seiner Figur Zweifel erzählt Grass: »Wir suchen Geniste ab, bücken uns, finden.« (WA IV, 429) Wenn Grass den Opportunismus Rainer Barzels anklagt, heißt es innerhalb einer Ellipsensequenz: »Er verhält sich immer entsprechend«, wobei die unbesetzte syntaktische Argumentstelle auf die Beliebigkeit der Auffüllbarkeit verweist. Aber allein durch die relative Offenheit wird bereits die Semantik des jeweiligen Verbs besonders hervorgehoben. Auch im folgenden Beispiel ist diese Funktion entscheidend:

Als ich sechzehn war, habe ich ein unfertiges und beliebig zu deutendes Mädchen auf Entfernung geliebt; seitdem kann ich wünschen und mir einbilden, bis es anklopft, eintritt, da ist und einen Streit beginnt. (WA IV, 336)

Nicht das Ziel, der Gegenstand des Wünschens, sondern der Akt des Wünschens tritt in den Vordergrund. Diese Betonung der jeweiligen Verbsemantik ist die Hauptfunktion dieses Ellipsentyps. Die grammatikalische Abweichung fungiert auch hier als ein Aufmerksamkeitssignal.

Mit der Auslassung eines Verbargumentes wird zugleich der Sprachgebrauch reflektiert, wenn Grass »den Reformmief benennen und sein Wortfeld absuchen [will]: Wiedervorlage, Teilmodell, Stufenprogramm, vergleichsweise, Entwicklung, es fehlt.« (WA IV, 505)[31]

Auch dieses Stilmittel ist in anderen Werken wie *Katz und Maus, Hundejahre* und *Rättin* nachzuweisen. So sagt Pilenz in der Novelle *Katz und Maus* als gelangweilter Schüler im Auditorium von der Rede Klohses:

---

30 Vgl. Brinkmann 1972, S. 159: »Die Reduktion durch den Sender erweitert den Spielraum für den Empfänger.«
31 Weitere Belege für das Fehlen obligatorischer Verbergänzungen in *Aus dem Tagebuch einer Schnecke* finden sich z. B. WA IV, 406, 430, 503, 516, 526.

Die Rede des Direktors dauerte. (WA III, 52)
Die naheliegende Ergänzung »lange« (»sehr lange«) impliziert zugleich die pejorative Konnotation »unerträglich lange« und macht das allein auf Zeit bezogene »dauern« zum Hauptmerkmal, ähnlich wie im folgenden dritten Beispiel das »mangeln« in Polen.
Jeder Mensch heißt. (WA III, 427)
Wir wissen seitdem. (WA VII, 79)
Und da es in Polen wieder mal mangelte [...] (WA VII, 93)

4.8.2.4 Aposiopese

Im Gegensatz zur Ellipse wurde der Verwendung der Aposiopese in der Grass-Forschung erheblich mehr Aufmerksamkeit zugewendet. Unter Aposiopese wird im folgenden eine Sonderform der Ellipse verstanden, ein »bewußtes Abbrechen der Rede vor der entscheidenden Aussage«[32]. Vielfach werden Aposiopesen verwendet, wenn ein bestimmtes Klischee bereits durch andeutende Satzanfänge identifiziert werden kann und sich die ausgelassenen Teile vom Leser leicht vervollständigen lassen.[33]

Heinz Fischer, der in seiner Untersuchung zur *Danziger Trilogie* die hier vorliegende Form als Anakoluth bezeichnet[34], sieht in dieser Stilfigur vor allem eine aufklärerische Wirkung: »Durch anakoluthische Verkürzung enthüllt Grass die gedankliche Leere des Jargons der Unmenschlichkeit.«[35] Die Klischees der Nazis und ihrer geistigen Mitläufer werden so sprachlich aufgedeckt.

Michael Harscheidt unterscheidet die Ellipse als Wortfigur von der Aposiopese als Gedankenfigur, die gerade das wichtigste verschweigt.[36] Die Wirkung sieht er vor allem in der Aktivierung des Lesers. Klischees, Halbwahrheiten, Gemeinplätze, aber auch die Haltung des Sprechenden können durch die Aposiopese demaskiert werden.[37]

Auch für *Aus dem Tagebuch einer Schnecke* läßt sich ein häufiger Rückgriff auf diese Stilfigur belegen, wie z. B.:
Als ich zwölf war [...], war der Krieg sechs Wochen alt und Polen schon lange. (WA IV, 510)

---

32 Metzler-Literatur-Lexikon 1984, S. 21.
33 Vgl. Wilpert 1979, S. 39 f.; Sowinski ²1978, S. 112–114; Neuhaus 1979, S. 15 f. Lausberg 1963, S. 137, § 411.
34 Vgl. Fischer 1967, S. 378. Zu den Abgrenzungsproblemen zwischen Anakoluth und Aposiopese vgl. Betten 1976, S. 215.
35 Fischer 1967, S. 378.
36 Vgl. Harscheidt 1975, S. 107–112.
37 Vgl. ebenda, S. 108.

164

Der zweite Teilsatz wird abgebrochen, bevor ein finites Verb erscheint. Grass setzt an dieser Stelle die Textkenntnis der polnischen Nationalhymne mit der Zeile:»Noch ist Polen nicht verloren« beim Leser voraus. Durch den Gebrauch der Aposiopese kommt es zum Kontrast zwischen dem assoziierten hoffnungsvollen Glauben an Polen, der sich sprachlich manifestiert in der Partikel »noch« des Hymnentextes, und der »schon« lange vollzogenen Unterwerfung Polens in der Realität des Krieges.[38]

In einem weiteren Beispiel verwendet Grass eine ganze Sequenz von Aposiopesen:

> Damit, Kinder, beginnt es: Die Juden sind. Die Fremdarbeiter wollen. Die Sozialdemokraten haben. Jeder Kleinbürger ist. Die Neger. Die Linken. Der Klassenfeind. Die Chinesen und die Sachsen glauben haben denken sind ... (WA IV, 277 f.)

Der Einleitungssatz (»Damit, Kinder, beginnt es:«) weist auf die Aposiopesensequenz voraus, wobei die Referenz der Pro-Form »es« zunächst nicht eindeutig ist. Erst die summierende Abfolge der Aposiopesen läßt erkennen, daß »es« auf das zugrundeliegende Thema der Vorurteilsbildung und die daraus entstehende Gefahr einer Pogromstimmung referiert. Die Verwendung paralleler Konstruktionen (im Falle der ersten vier Aposiopesen) mit jeweils einem Determinanten (»die«, »jeder«) im Sinne eines Allquantors, jeweils einem nicht durch Attribute modifizierten Subjekt und dem unvollständigen Prädikat deutet bereits formal auf klischeehaftes, undifferenziertes Denken hin, mit dem »es« beginnt. Mit diesem metasprachlichen Gebrauch der Aposiopesen, die inhaltlich nicht vom Leser vervollständigt werden sollen, wird auf die Gefahr solcher Vorurteile entlarvend hingewiesen.

In der nachfolgenden Konstruktion (»Wegweiser mit wechselnden Aufschriften bei gleichbleibendem Ziel: vernichten entlarven bekehren zerschlagen abschaffen befrieden liquidieren umerziehen isolieren ausmerzen ...« WA IV, 278) werden zehn asyndetisch gereihte Verben thematisch direkt auf die vorherigen Aposiopesen bezogen. Grass selbst legt das implizite Verhältnis der Infinitivreihung zu den vorherigen Aposiopesen als funktionales Verhältnis von Prädikat und zugehörigem Objekt nahe. Wenn Grass diese Verbreihung als fatale Handlungssumme in den deutlichen Gegensatz zu den vorangehenden Sprach- und Bewußtseinsklischees im Nominalstil setzt, zeigt er auch mit formalen Mitteln auf, wie »Ideen Gewalt bekommen können« (WA IV, 404).

Die gleiche entlarvende Funktion besitzt die stilisierte Passage, in der Grass im Zusammenhang mit Augsts Tod die üblichen Formen oberflächlicher Schuldzuweisungen ironisierend darstellt, zunächst »Die Mutter, weil der Vater« (WA IV, 427) und eine halbe Seite später: »Der Vater, weil die Mutter« (WA IV, 427). Die Vertauschungsmöglichkeit innerhalb beider Aposiopesen diskreditiert die Versuche simpler Kausalerklärungen.

---

38 Vgl. dazu die mehrfache Variation dieses Satzes durch Oskar in der *Blechtrommel* (WA II, 124, 303, 713).

Neben dieser entlarvenden Funktion verwendet Grass Aposiopesen auch zum Ausdruck eigener Verlegenheit:

Weil er, ist Anna, bin ich ... – Euch baten wir um Geduld. (WA IV, 405)

Nur mit strukturellen Mitteln verweist Grass »sprachlos« auf die beginnende Ehekrise. Die kausale Konjunktion »weil« impliziert formal einen kausalen Zusammenhang, der ansonsten nur durch die Abfolge der Aposiopesen und den Gebrauch der Pronomen (»er«, »ich«) bzw. Annas Namen angedeutet wird. Die sich auf Anna beziehende Aposiopese steht dabei in der Mitte zwischen den beiden Aposiopesen, die sich auf Vladimir und Grass beziehen. Somit wird konstruktionell die Mittelposition Annas zwischen zwei Männern veranschaulicht. Für die bewußte subtile Ausformung dieser Stelle spricht auch die Verwendung der Pro-Formen »er« und »ich«, mit denen Grass auf Vladimir und sich referiert, während er den Namen Annas nicht durch das Pronomen »sie« ersetzt.

Zum Teil verwendet Grass Aposiopesen zur Stilisierung ganzer Passagen. Ein Beispiel dafür findet sich am Ende des zwölften Kapitels (WA IV, 374), wenn Grass die Formel »Wir sind wieder wer« variiert.[39]

4.8.3 Zusammenfassung

Die Verwendung von Ellipsen zählt zu den dominierenden und das Werk bereits quantitativ besonders kennzeichnenden Konstruktionsformen in *Aus dem Tagebuch einer Schnecke*. Es ging bei den Überlegungen innerhalb dieses Kapitels allerdings nicht um den deskriptiven Befund, daß Grass häufig bestimmte Konstituenten ausläßt, sondern um den Versuch, aufzuzeigen, daß gewisse Textstellen strukturell und kontextuell unterdeterminiert sind.

Durch die syntaktische Verkürzung kommt es in vielen Fällen zur inhaltlichen Verdichtung. Zugleich wird durch die Vagheit einiger elliptischer Strukturen die Assoziationsvielfalt erhöht. Der Leser wird verstärkt dazu angehalten, eigene Interpretationen zur Ergänzung hinzuzuziehen. Dadurch verbietet sich eine passive Rezeptionshaltung des Lesers, der gezwungen wird, plausible Textergänzungen vorzunehmen.

Wie auch bei anderen Stilmitteln ist eine spezifische thematische Distribution elliptischer Formen nicht gegeben. Sowohl im Zusammenhang mit der von Grass angedeuteten eigenen Ehekrise (WA IV, 401, 404 f., 511) als auch innerhalb der Themenstränge um Augst (z. B. WA IV, 450, 451), Zweifel (z. B. WA IV, 407, 461) und den Wahlkampf (z. B. WA IV, 277, 291, 447) finden sich vielfach El-

39 Vgl. S. 74 f. dieser Arbeit. Weitere Belege für Aposiopesen in *Aus dem Tagebuch einer Schnecke* finden sich z. B. WA IV, 294, 309, 335, 374, 403, 461, 511, 514, 526, 527.

lipsen. Dagegen wird auf der Erzählebene der Vertreibung der Danziger Juden nahezu vollständig auf Ellipsen verzichtet.[40]

4.9 Formen und Funktionen des Parallelismus

Zu den verschiedenen Formen des Parallelismus, die in diesem Kapitel betrachtet werden, gehören sowohl aufeinanderfolgende, syntaktisch ähnliche Sätze als auch Konstruktionen, in denen bestimmte Phrasen anaphorisch wiederholt werden.[1]

In vielen Fällen handelt es sich dabei um ein makrostilistisches Mittel zur Gestaltung größerer Texteinheiten. Das Besondere besteht darin, daß durch identische Konstruktionsteile auf formale Art Beziehungen zwischen einzelnen Sätzen hergestellt werden und durch die Abweichungen voneinander Differenzierungen, Gegensätze oder Nuancierungen zum Ausdruck gebracht werden.

Der Linguist Roman Jakobson sieht im Gebrauch des Parallelismus das fundamentale Problem der Dichtung überhaupt. Dabei ist der Reim in der Lyrik lediglich der spezielle, komprimierte Fall des Parallelismus.[2] Jakobson sieht durch die Äquivalenz auf der strukturellen Ebene (er meint damit die »Lautebene« und die »Wortfolge«) »unausweichlich auch semantische Äquivalenz« impliziert. Die Form des Parallelismus evoziert grundsätzlich den Vergleich, entweder den »Vergleich um der Ähnlichkeit« oder den »Vergleich um der Unähnlichkeit« willen.[3]

In den folgenden Ausführungen wird vorrangig die besonders auffällige Form des anaphorischen Parallelismus untersucht. Zudem werden auch andere Formen wie z. B. die Parallelität ganzer Abschnitte betrachtet, die für sich stehend konstruktionell unauffällig sind, jedoch durch die parallele Wiederholung eine stilistische Funktion erhalten.

---

40 Mit ist nur ein Fall bekannt (WA IV, 276). Grass weist selbst in *Aus dem Tagebuch einer Schnecke* darauf hin, daß er für diesen Themenstrang E. Lichtensteins *Die Juden der Freien Stadt Danzig unter der Herrschaft des Nationalsozialismus*, Tübingen 1973, benutzen konnte, das ihm im Manuskript vorlag.

1 Vgl. Sowinski ²1978, S. 63 f.; Oomen 1973, S. 52 f.; Heintz 1978, S. 191–193.

2 Vgl. Jakobson 1972, S. 123.

3 Ebenda, S. 124.

4.9.1   Anaphorischer Parallelismus

Der Gebrauch des Parallelismus ist bereits für *Die Blechtrommel* (»Oskars beliebteste rhetorische Figur«[4]) und für *Hundejahre*[5] beobachtet worden. Dabei konstruiert Grass in den meisten Fällen parallele Formen durch die Verwendung von Anaphern, die durch ihre Wiederaufnahme auf eine gegebene Identität zu Vorgängerkonstruktionen verweisen.

Georg Just zählt die Figur des anaphorischen Parallelismus zu den charakteristischsten in der *Blechtrommel* und erkennt eine ordnungsstiftende Wirkung durch die bloße Wiederholung eines Wortes.[6] Heterogene Sachverhalte und Vorgänge werden nicht aufgrund des semantischen Gehalts der Anapher verknüpft, »sondern allein der ästhetische Wert der Wiederholung [...] leistet die Verknüpfung«[7]. Von der ordnenden Funktion dieser Konstruktionsform unterscheidet Just die Verwendung als Variatio mit der gegenteiligen Funktion der »Auflösung der Einheit (des Begriffs, der Vorstellung) in eine Mannigfaltigkeit gleich intentionaler, aber verschieden aspektierter Vorstellungen«[8].

Volker Neuhaus konkretisiert diese Beobachtungen für *Die Blechtrommel* anhand vielfältiger Beispiele und betont die beiden gegenläufigen Intentionen, »die Verknappung und die Erweiterung im Sinne der rhetorischen Figur ›amplificatio‹«.[9] Neuhaus hebt besonders den übergreifenden Aspekt dieses formalen Mittels hervor, die Aufmerksamkeit des Lesers »von dem dargestellten Vorgang auf den Darstellungsvorgang«[10] zu lenken.

Für *Hundejahre* hat Michael Harscheidt die Verwendung des »anaphorischen Prinzips« beschrieben und »im Stilmittel der Wiederholung eine dramatische Funktion«[11] erkannt im Sinne einer Spannungssteigerung, wenn z. B. zwölf mit »als« eingeleitete parallele Nebensätze aufeinanderfolgen, bevor der regierende Hauptsatz erscheint. Neben der dramatischen Funktion stellt Harscheidt darüber hinaus eine distanzierende Funktion heraus (der Leser bemerkt den Erzählvorgang)[12] sowie eine dynamisierende Funktion[13], durch die die Erzählung aufgelockert wird.

Wie bereits die Erzähler in der *Danziger Trilogie* greift Grass auch in *Aus dem Tagebuch einer Schnecke* in vielfältiger Form auf das Stilmittel des anaphorischen

---

4   Neuhaus [2]1988, S. 113.
5   Vgl. Harscheidt 1975, S. 118–121.
6   Just 1972, S. 105 f.
7   Ebenda, S. 105.
8   Ebenda, S. 107.
9   Neuhaus [2]1988, S. 113.
10   Ebenda, S. 114.
11   Harscheidt 1975, S. 119.
12   Vgl. ebenda; vgl. Neuhaus [2]1988, S. 114.
13   Vgl. Harscheidt 1975, S. 119 f.

168

Parallelismus zurück. Im folgenden soll zunächst an einem Beispiel veranschaulicht werden, wie Grass die Heterogenität einer Situation mit Hilfe paralleler Konstruktionen darstellt:

> Da die Stichworte zum Dürervortrag in meinem Sudelbuch zwischen Notizen stehen, die Hermann Ott oder Zweifel meinen, eure und meine Ausrufe konservieren, fortlaufend die Bewegungsart der Landlungenschnecken festzuhalten versuchen und die Absonderungen des Wahlkampfes als Miefkürzel sammeln, gleiten Zweifel in seinem Keller, ihr, die wachsenden Kinder, Anna und ich mehr und mehr der Melancholie ins Wappen: <u>schon</u> beginne ich mir graugewichtig zu werden; <u>schon</u> spielt ihr einen Sonntag lang Schwermut und »Nix is los!«, <u>schon</u> hat Anna einen verzweigten Blick, <u>schon</u> verhängen Dürers Schraffuren als Dauerregen den Horizont; <u>schon</u> wird der Stillstand im Fortschritt akut; <u>schon</u> hat die Schnecke in den Kupferstich gefunden: [...] (WA IV, 271)

Dem Doppelpunkt folgen sechs parallel konstruierte Sätze mit der identischen Abfolge: anaphorisches »schon«, finites Verb, Subjekt. Die einzelnen Sätze sind inhaltlich-thematisch weitgehend unabhängig voneinander mit unterschiedlich besetzten Subjektstellen (»ich«, »ihr«, »Anna«, »Dürers Schraffuren«, »Stillstand«, »Schnecke«). Erst durch die formale Parallelität der Sätze innerhalb der gesamten Satzperiode wird eine thematische Einheit in dieser Passage erzielt. Mehrere voneinander unabhängige und zum Teil thematisch kaum koordinierbare Aussagen werden auf diese Weise mit Hilfe der äußeren Struktur in einen inhaltlichen Zusammenhang gesetzt. Die doppelte Wirkungsweise dieses Stilmittels (thematische Vielfalt und formale Einheit) tritt deutlich hervor: Grass benutzt den anaphorischen Parallelismus an dieser Stelle, um einen Wirklichkeitsbereich in seinen vielschichtigen Bezügen abzubilden und gleichzeitig die unterschiedlichen Motive formal wieder zu bündeln.

Neben dieser parallelen Konstruktion mit der »schon«-Anapher enthält der Satzkomplex eine weitere parallele Konstruktion mit der Reihung mehrerer Relativsätze. Insgesamt besitzt dieses Beispiel eines Parallelismus zu Beginn des Werkes die Funktion einer sogenannten Engführung der verschiedenen Themenstränge[14], die sich, wie mit Hilfe der spezifischen Verwendungsweise von »schon« in Satzerststellung[15] deutlich gemacht wird, allesamt gleichzeitig als aktuelle Erzählgegenstände aufdrängen.

An anderer Stelle wird ebenfalls mit anaphorischem »schon« ein Parallelismus konstituiert:

> Schon war es Sommer. Schon war im Kampfraum Kursk die letzte deutsche Offensive zusammengebrochen. Schon war Stomma seinem Gast gegenüber freundlicher, als er es, laut Wehrmachtsbericht, hätte sein dürfen [...]. Schon begannen die Schneckenwettläufe komplizierter [...] zu werden: [...] (WA IV, 492)

---

14 Vgl. zum Begriff der Engführung Grass selbst (WA IV, 287).

15 Vgl. Kapitel 4.5.1 »Schon‹ als Satzeinleiter«, S. 92–96 dieser Arbeit.

Ebenso integriert der komplexe Satz »Als wenig später [...]« (WA IV, 268) durch die »als«-Anapher verschiedene, gleichzeitig ablaufende Vorgänge, die durch die parallele Konstruktion strukturell verbunden werden.

In gleicher Weise werden Zweifels Beobachtungen der Veränderung seiner Schnecke mit Hilfe des anaphorischen Parallelismus dargestellt:

Er hörte ihr Eigengeräusch. Er sah die oberen Fühler sich kürzen und längen, sah, [...]. Er sah das Atemloch [...], sah den glasigen Körperschleim, sah den farblosen Sohlenschleim [...] (WA IV, 469)

Durch die stereotype Abfolge der Pro-Form »er« und einem Verb der sinnlichen Wahrnehmung (»hören«, »sehen«) wird ein Gegensatz betont zu Augst, der »Spekulationen« hinterließ (WA IV, 466).

Neben der Funktion, die Gleichzeitigkeit heterogener Ereignisse darzustellen, nutzt Grass die Figur des anaphorischen Parallelismus vor allem in der oben dargestellten Funktion der Variation, bei der eine Aussage in verschiedenen sprachlichen Formen erscheint mit jeweils unterschiedlichen Aspekten.[16]

Wenn Grass die Zersplitterung der politisch Linken auf einer Wahlveranstaltung zu spüren bekommt, heißt es:

[...]: Ach, wie sie einander den Teppich wegziehen. Ach, wie sie liquidierfreudig sind. Ach, wie durch ihre stalinistischen Knopplöcher [...] Klein-Goebbels linst ... [...] (WA IV, 526)

Das zugrundeliegende Thema dieser Exklamativsatzsequenz ist die Bekämpfung des politischen Gegners. Dieses gemeinsame Thema wird durch unterschiedliche Bildlichkeit und verschiedene Wirklichkeitsbezüge variiert. Bemerkenswert ist dabei, daß trotz der Parallelität der Konstruktionen (die initiale Interjektion »ach«, das Pronomen »wie«, der einheitliche Exklamativsatzmodus) und der gemeinsamen inhärenten Thematik die Abfolge der Sätze nicht beliebig austauschbar ist, sondern im Sinne einer aufsteigenden Konkretisierung angeordnet ist.

Grass beginnt die Sequenz mit der weitgehend neutral beschreibenden Redewendung »einander den Teppich wegziehen«, während im folgenden parallelen Satz mit »liquidierfreudig« bereits die physische Vernichtung des politischen Gegners ausgesprochen wird. Dieses Prädikat (»sie sind liquidierfreudig«) im mittleren Exklamativsatz bildet das identifizierende Tertium für gleich zwei Analogien. Mit der ihnen beiden gemeinsamen Bereitschaft, den politischen Gegner zu vernichten, analogisiert Grass sowohl den Kommunismus (für den metonymisch Stalin steht) mit dem Nationalsozialismus (entsprechend Goebbels) als auch kontextuell die APO mit dem Kommunismus/Nationalsozialismus.[17] Zugleich summiert sich in der dreifachen Wiederholung der Interjektion »ach« die Klage über die Wiederkehr immer gleicher Verhaltensweisen.

---

16 Vgl. Just 1972, S. 107.
17 Vgl. zu der bei Grass häufigen Analogisierung von rechter und linker Ideologie Cepl-Kaufmann 1975, S. 76 f.

Die gleichsam suggestive Funktion dieses Stilmittels wird auch im folgenden Beispiel deutlich:
Beide sind Zeugen des Absoluten. Beide sind süchtig nach Untergang und Erlösung. Beide wollen die Wahrheit und nichts als die Wahrheit dringlich durch Hervorpressen zum Ausdruck bringen: ein mühevoller, ein ausbleibender Stuhlgang. (WA IV, 421)
Die Sätze sind jeweils in den ersten beiden Satzpositionen identisch konstruiert. Das anaphorisch verwendete Subjekt »beide« (koreferierend mit Vater und Sohn Augst) in Satzspitzenstellung und die folgende finite Verbform werden mit jeweils unterschiedlichen Prädikatsteilen verbunden.

Diese formale Einheitlichkeit führt zu einem besonderen Effekt: Die Redundanz der wiederholten Satzanfänge bewirkt zum einen eine besondere Hervorhebung der unterschiedlichen Prädikate, die jedoch gleichzeitig durch die als gemeinsames Tertium fungierende Strukturgleichheit der Sätze selbst inhaltlich verbunden werden. Die »strukturelle Äquivalenz« der Sätze stiftet somit eine »semantische Äquivalenz«[18] der einzelnen Konstruktionen, wodurch die eigentlich nur in der semantischen Peripherie liegenden Überschneidungen der Prädikationen »Das Absolute«, »Untergang und Erlösung« sowie der fanatische Wahrheitswille nun plötzlich assoziativ aufeinander bezogen werden.

Das Stilmittel des anaphorischen Parallelismus dient in diesem Beispiel dazu, die von Grass gesehene Zusammengehörigkeit von Ideologie, dem Glauben an absolute Ideale, an Heilslehren, Unvernunft etc. zum Ausdruck zu bringen. Allerdings benutzt Grass den Parallelismus nicht einfach nur zur sprachlichen Variation eines Themas, sondern er gewinnt auch ein Mittel, um neue Wirklichkeitsbezüge herzustellen, ohne einen argumentativ-erklärenden Stil zu verwenden. In stilistischer Hinsicht läßt sich diese Konstruktion auch als ein Reduktionsverfahren betrachten, da argumentative Zwischenschritte und differenzierende Erklärungen ausgelassen werden.

Weitere Beispiele für die Verwendung des Parallelismus finden sich u. a. innerhalb einer lyrischen Passage:
Wo ich Amen gesagt habe.
Wo ich mich häuten wollte.
Wo mir siebenzeilige Flüche, weil sich die Heizung – das war im Mai – nicht abstellen ließ.
[...]
Was Spannteppiche schlucken.
Was Hotelzimmer so hellhörig grabähnlich macht.
Was nicht auf die Rechnung kommt.
Was ausbleibt. (WA IV, 480)
Wenn die Geschichte es fordert. Wenn der Mantel der Geschichte vorbeirauscht. Wenn die Geschichte über uns hinweg. Wenn uns die Geschichte vor besonders große Aufgaben stellt. Wenn die Weltgeschichte, in der (wie Hegel sagt) nur von Völkern die

---

18 Jakobson 1972, S. 124.

Rede ist, welche einen Staat bilden, uns an den Opfern messen wird, die wir ... (WA IV, 309)

(Zum Beispiel eine, die mir immer wieder den Weg kreuzt: Zwei Musiker [...] reisen durch die Welt und sehen nichts. Ihre gesammelten mittelgroßen Konzertsäle. Ihre Postkarten von überall her nach Hause, wo sie gesammelt werden. Ihr gleichbleibender, von Lissabon über Tokio nach Caracas verschleppter Streit über die Tempi der »Winterreise«. Ihre Gottverlassenheit. Ihre Hotelzimmer. Ihre gesammelten Spesen ...) (WA IV, 474)[19]

Einen zusätzlichen Effekt erzielt Grass in den Fällen mit besonders vielen Wiederholungen wie in einer Satzperiode zu Beginn des 25. Kapitels, in der die insgesamt zwölfmalige Verwendung paralleler Sätze mit anaphorischem »wo« mit zur inhaltlichen Aussage der Konstruktion beiträgt.[20] Die syntaktische Stagnation – der gleiche Nebensatztyp wird immer wieder reproduziert, und erst nach elf Wiederholungen wird die Satzkonstruktion abgeschlossen – signalisiert auf strukturelle Weise sowohl die Bewegungslosigkeit, die den allgemeinen Mief hervorruft, als auch den Überdruß des Autors: »wo es stinkt ...«

Der Besuch bei Willy Brandt veranlaßt Grass zu einem drei Seiten langen Porträt des SPD-Kanzlerkandidaten mit insgesamt sieben Konstruktionen, die mit der Pro-Form »jemand« beginnen:[21]

Jemand mit Hintergrund.

Jemand, der beim Aufstieg von Kehre zu Kehre Niederlagen gesammelt, verpackt und mitgeschleppt hat. (WA IV, 512)

Jemand, der nur zögernd ich sagt und dennoch von sich nicht absehen kann. (Käme in nordischen Sagen ein Sisyphos vor, müßte er Willy heißen.)

Jemand vom Stamme Zweifel. (WA IV, 513)

Jemand, der seiner Melancholie Termine einräumt.

Jemand, den nichts hebt, überhebt.

Jemand, dessen Ausflüchte versperrt sind, der sich nach vorwärts zurückzieht. (WA IV, 514)

In *Aus dem Tagebuch einer Schnecke* treten nahezu alle Wortarten als Anaphern in parallelen Konstruktionen auf, z. B. Konjunktionen: »daß«, »wenn«; Adverben: »schon«; Interjektionen: »ach«; Pro-Formen: »er«, »jemand«.

Stilistisch besonders bemerkenswert ist die anaphorische Verwendung der Namen »Lisbeth« und »Zweifel«:

Zweifel hat Lisbeth Stomma verbunden und gepflegt. Zweifel hat [...] mit sowjetischen Offizieren verhandelt. Zweifel hat verhindert, daß die schwangere Lisbeth [...] vergewaltigt wurde. Zweifel hat sich [...] auf der Kommandantur ausweisen können. Zweifel

---

19 Weitere Belege für anaphorischen Parallelismus in *Aus dem Tagebuch einer Schnecke* finden sich z. B. WA IV, 309, 364, 403, 407 f., 421, 434, 444, 474, 480, 498, 512–514, 533.

20 Vgl. S. 69 dieser Arbeit, wo die Textstelle zitiert wird. Weitere Belege für anaphorischen Parallelismus mit besonders vielen Wiederholungen in *Aus dem Tagebuch einer Schnecke* finden sich z. B. WA IV, 268 (5 x »als«), 364 (11 x »wie«).

21 Vgl. S. 158 f. dieser Arbeit.

172

[...] hat sich schützend vor Stomma [...] gestellt [...]. Zweifel zahlte sich aus. (WA IV,
530 f.)
Die anaphorische Namenswiederholung verstärkt die Wirkung des parataktischen
Stils. Das jeweils identische, ausgeschriebene agentive Subjekt »Zweifel« innerhalb der parallel konstruierten Deklarativsätze verstärkt den Eindruck der Abge-
schlossenheit der einzelnen Aussagen. Ohne verbindende Konjunktionen kommt es
zu einer Addition, bei der die Summe der parallelen Sätze die einzelnen Leistun-
gen Zweifels zusammenhanglos bilanziert und seine Nützlichkeit ergibt.
   Ein weiteres Beispiel für die anaphorische Wiederholung des Namens findet
sich im vierzehnten Kapitel:
   Lisbeth machte Stomma den Haushalt. Lisbeth besorgte den Gemüsegarten. Lisbeth
   ging mit dem Eisenbahner und bekam das Kind. Einmal schlug Stomma [...]. Lisbeth
   soll mit dem Kind Hannes [...]
   Lisbeth hatte in der Schule [...] (WA IV, 398)
Auch hier verweist der bewußte Verzicht auf wiederaufnehmende Pro-Formen,
daß eben kein Textzusammenhang bezeichnet werden soll, sondern jeder einzelne
Satz für ein abgeschlossenes Ereignis steht.
   Bereits in der Novelle *Katz und Maus* verwendet der Erzähler Pilenz diese
Konstruktion, wenn er biographische Daten zu Mahlke liefert:
   [...] denn Taschengeld hatte Mahlke genug.
   Mahlke war einziges Kind zu Hause.
   Mahlke war Halbwaise.
   Mahlkes Vater lebte nicht mehr.
   Mahlke trug im Winter wie im Sommer altmodische hohe Schuhe, die er von seinem
   Vater geerbt haben mochte.
   An einem Schnürsenkel für hohe schwarze Schuhe trug Mahlke den Schraubenzieher am
   Hals.
   Jetzt erst fällt mir ein, daß Mahlke außer dem Schraubenzieher noch etwas und aus
   Gründen am Hals trug [...] (WA III, 11)
Die einzelnen Aussagen sind nicht konjunktional miteinander verknüpft, die Auto-
nomie der einzelnen Sätze wird graphisch durch den jeweiligen neuen Zeilenbe-
ginn verstärkt.
   In *örtlich betäubt* wird der Name »Hardy« in insgesamt zehn aufeinanderfol-
genden Sätzen als Subjekt verwendet und ebenfalls nicht durch Pro-Formen ausgetauscht (WA IV, 27 f.).
   Im *Butt* wird die Fürsorge der Küchenmagd Agnes für Martin Opitz in kurzen
parallelen Sätzen dargestellt, die anaphorisch Agnes als Subjekt wiederholen:
   (Agnes hat ihm das Kissen geschüttelt. Agnes hat ihm den Schweiß getupft. Agnes hat
   ihm das schwarzverschissene Laken gewechselt. Agnes hörte, wie ihm der Atem ver-
   ging.) (WA V, 327)[22]

---

22 Weitere Belege für anaphorischen Parallelismus im *Butt* finden sich z. B. WA V, 56,
   244, 255, 260, 288 (14 x »es«), 307, 311, 321, 327, 342, 371, 377, 488, 494 (8 x
   »weil«), 495; und in der *Rättin* z. B. WA VII, 23, 43, 61, 63, 67.

173

Neben den besonders häufigen und auffälligen Formen des anaphorischen Parallelismus finden sich in *Aus dem Tagebuch einer Schnecke* weitere Formen des Parallelismus wie z. B. innerhalb des folgenden Satzes:

> Einige, die vom Ufer her winkten, waren mit einigen, die vom Deck der ›Helios‹ winkten, verwandt: Geschwister Eltern Kinder ... (WA IV, 414)

Auch Sequenzen gleicher Satztypen wie z. B. Sequenzen von Fragesätzen (WA IV, 405, 408, 414, 433, 434, 486), Abfolgen besonders kurzer Sätze[23], Ellipsensequenzen (WA IV, 407) oder auch eine Reihung von Imperativsätzen (WA IV, 407 f.) müssen dazu gerechnet werden.

4.9.2 Parallel konstruierte Passagen

Eine bemerkenswerte Variante dieses Stilmittels ist die Parallelität ganzer Abschnitte. Wenn Grass seine Sudelbucheintragungen zitiert, heißt es stereotyp zu Beginn eines neuen Absatzes:

> In Kleve [...]
> Oder in Rauxel [...]
> Oder in Gladbeck [...]
> Oder in Bocholt [...]
> Und in Marl [...]
> Und in Oberhausen [...] (WA IV, 282 f.)

Gleichfalls im Zusammenhang mit den Wahlveranstaltungen beginnen drei aufeinanderfolgende Abschnitte:

> In Delmenhorst [...]
> In Wilhelmshaven [...]
> In Emden [...] (WA IV, 348)

Während in diesen beiden Fällen der Parallelismus dazu beiträgt, das Stereotype des Wahlkampfes formal zu veranschaulichen, verwendet Grass an anderer Stelle einen anaphorischen Parallelismus zu Beginn einzelner Abschnitte, um die Eindringlichkeit des Appells an seine Kinder zu unterstreichen:

> Es könnte sein, Franz und Raoul, [...]
> Ihr könntet eines Tages [...]
> Es könnte euch Glaube [...]
> Es könnte euch Unrecht [...]
> Es könnte sein [...]
> Es ist mein Recht zu befürchten, ihr könntet euch [...]
> Ich sage: Es könnte ...
> Ich sage: Ich stünde euch dann im Wege. (WA IV, 403)

In welch subtiler Weise Grass strukturelle Ausdrucksmittel in *Aus dem Tagebuch einer Schnecke* verwendet, belegen parallel konstruierte Textpassagen, die vergleichsweise weit auseinanderliegen, wie die folgenden beiden Zitate:

23 Vgl. Kapitel 4.7.2 »Zur stilistischen Funktion kurzer Sätze«, S. 147–151 dieser Arbeit.

Da Westpreußen damals preußisch war, lernte Anton Stomma in der Schule deutsch sprechen, aber kaum lesen und wenig schreiben. Zu Hause sprach man kaschubisch, und wenn Besuch aus Berent oder Dirschau kam, polnisch. (WA IV, 396)

Zwei Seiten weiter heißt es dann:

Lisbeth hatte in der Schule polnisch sprechen, aber kaum lesen und schreiben gelernt. Zu Hause sprach man kaschubisch oder – als noch Besuch aus Berent und Dirschau kam – deutsch. (WA IV, 398)

Mit Hilfe nahezu identischer Konstruktionen werden einerseits in verschiedenen Epochen gleichbleibende Verhaltensformen besonders hervorgehoben (»Zu Hause sprach man kaschubisch«, »Besuch aus Berent [...] kam«), und zugleich werden durch den Austausch nur weniger Elemente umfassende historische Veränderungen angesprochen.

Während sich die wechselnde politische Lage des Landes im schulischen Lehrplan als wechselnde Unterrichtssprache niederschlägt, wird im privaten Bereich konstant das Kaschubische als Umgangssprache verwendet. Dieser gegenüber den historischen Veränderungen resistente Sprachgebrauch wird in beiden zitierten Abschnitten durch die jeweils gleichbleibende Mittelstellung in der Abfolge der drei Sprachen auch formal zum Ausdruck gebracht und korrespondiert darüber hinaus auch der ethnischen Mittelposition der Kaschuben zwischen Polen und Deutschen. Im ersten Abschnitt: deutsch – kaschubisch – polnisch; im zweiten Abschnitt: polnisch – kaschubisch – deutsch.

Grass' subtile Sprachformung ist an dieser Stelle auch an der Gestaltung der beiden Parenthesen abzulesen. Im ersten Abschnitt lautet die neutrale Zeitangabe »und wenn Besuch [...] kam«, während es im zweiten Abschnitt, als Westpreußen zu Polen gehört, heißt: »als noch Besuch [...] kam«. Allein mit der Partikel »noch« wird auf die bevorstehende, erneute politische Veränderung angespielt. Ein weiterer Unterschied liegt in der Wahl der koordinierenden Konjunktion: »man sprach kaschubisch und polnisch«, aber später »kaschubisch oder deutsch«.

Der hier dargestellte Fall einer parallelen Gestaltung ist besonders bemerkenswert, weil er trotz der bewußten und sehr genauen Konstruktionsweise aufgrund der Distanzstellung beider Passagen für den Leser sehr verdeckt ist.

Das gleiche trifft für das folgende Beispiel zu:

Er wird sie als Schwestern gesehen haben. Wie Melancholie und Utopie einander Ursache nennen. Wie die eine die andere flieht und verleugnet. Wie sie einander Ausflucht vorwerfen. Wie zwischen beiden die Schnecke vermittelt: pünktlich, unbeteiligt und zynisch, wie Zwischenträger es sein können. (WA IV, 353)

Fünf Seiten weiter heißt es dann:

Wie die Schwestern getrennt leben. Wie Melencolia und Utopia einander Briefe schreiben. Wie sie einander als Ursache beschimpfen. Wie sie einander mögen und keine Worte finden. Wie ich in Jerusalem alte Briefe lese und mir Fotos nichts sagen. (WA IV, 358)

Die Korrespondenz beider, auch in sich parallel konstruierter Abschnitte ist offensichtlich, ohne daß allerdings in gleicher Weise wie im ersten dargestellten Beispiel die Art der Beziehung beider Passagen leicht erkennbar wäre.

4.10   Die Stilfigur der Antithese

4.10.1   Forschungsüberblick

Ein von der bisherigen Forschung als sprachliches Mittel nahezu unberücksichtigtes Stilphänomen ist die Verwendung antithetischer Konstruktionen in Grass' Werk. Nur in wenigen Arbeiten wird dazu Stellung genommen. So geht Georg Just im Rahmen seiner Interpretation der *Blechtrommel* auf die »antithetische Motivstruktur« ein, die u. a. »Goethe dem Rasputin, die Großmutter dem Brandstifter Koljaiczek, die Farbe schwarz der Farbe rot bzw. weiß zuordnet«[1].

Frank Richter widmet dem Aspekt »Antithetik« im Rahmen seiner Untersuchung der *Danziger Trilogie* ein eigenes Kapitel, wobei er in erster Linie die erzählerische Grundstruktur behandelt und weniger die in einer spezifischen Satzkonstruktion erscheinende Stilfigur.[2]

In der Stilforschung wird die Antithese allgemein als Wort- bzw. Gedankenfigur aufgefaßt.[3] Heinrich Lausberg beschreibt die Antithese als eine »Figur[] der semantischen Weitung«[4], bei der zwei Gedanken »beliebigen syntaktischen Umfangs« gegenübergestellt werden.[5] Lausberg unterscheidet dabei zwischen der Satz-Antithese, der Wortgruppen-Antithese und der Einzelwort-Antithese.[6] Antonyme bilden die lexikalische Grundlage, während in syntaktischer Hinsicht die Koordinierung, »die jedoch durch Subordinierung [...] ersetzt werden kann«,[7] der Antithese zugrundeliegt.

Zdenko Škreb unterscheidet in seiner Untersuchung »Zur Theorie der Antithese als Stilfigur« unter formalem Aspekt lediglich zwischen der Wortantithese und Satzantithese, die in sich wiederum jeweils »nach der Zahl der antithetisch auftretenden Begriffsgrößen« gegliedert sind.[8] Škreb gibt für die zweigliedrige Wort- bzw. Satzantithese die folgenden Beispiele:

(1) »Die ersten Menschen waren nicht die letzten Affen.« (Kästner)
(2) »Die Stadt ist groß, und klein ist das Gehalt.« (Kästner)[9]

In bezug auf die Frage, wann überhaupt das Phänomen Antithese vorliegt, unterscheidet Škreb neben der logischen, begrifflichen und denknotwendigen auch die »geschichtliche« Antithese. Škreb versteht darunter (»in Ermangelung eines bes-

---

1 Just 1972, S. 203.
2 Vgl. Richter 1977, S. 83–92.
3 Vgl. Ueding/Steinbrink 1986, S. 289; Seiffert 1977, S. 94; Riesel/Schendels 1975, S. 252 f.
4 Lausberg 1963, S. 125, § 385.
5 Ebenda, S. 126, § 386.
6 Ebenda, S. 126 f., § 387–389.
7 Ebenda, S. 126, § 386.
8 Škreb 1968, S. 53.
9 Ebenda, S. 53 f.

176

seren Ausdrucks«[10]) eine Antithese, die »in geschichtlich an eine bestimmte Zeit gebundenen Verhältnissen und Auffassungen ihre Grundlage hat, außerhalb derer aber hinfällig wird und ihre stilistische Wirkung einbüßt«[11]. Škreb nennt dazu das Beispiel des Ost-West-Gegensatzes: Während die Begriffe Ost und West als Bezeichnungen der Himmelsrichtungen »eine logische, denknotwendige Antithese«[12] bilden, konstituieren sie im politischen Sinne eine geschichtliche Antithese. Der entscheidende Aspekt der Überlegungen Škrebs in diesem Zusammenhang liegt meines Erachtens darin, daß dort, wo nicht eindeutige Antonyme (wie in den Oppositionen schön/häßlich, dick/dünn) vorliegen, erst durch die Hinzunahme interpretativer Verfahren eine spezifische Antithetik ganz erfaßt werden kann.

Grundsätzlich läßt sich die Antithese als wichtiges »ästhetische[s] Ordnungsmuster«[13] auffassen, das »auf der Kontrastwirkung der Bedeutung zweier lexikalischer oder grammatischer Größen«[14] beruht.

In der folgenden Untersuchung der Antithese als stilistisches Phänomen in *Aus dem Tagebuch einer Schnecke* werden sowohl Konstruktionen analysiert, die bereits allein aufgrund bestimmter semantischer Oppositionen als Antithesen erkennbar sind, als auch Antithesen, die durch die Verwendung bestimmter Konjunktionen als sprachliche Indikatoren wie z. B. »zwar«, »aber«, »sondern«, »doch« formal konstituiert sind. Anschließend werden das Paradoxon und das Oxymoron als spezifische Formen der Antithese behandelt.

4.10.2 Antithesen in *Aus dem Tagebuch einer Schnecke*

4.10.2.1 Konjunktionen als Indikatoren von Gegensätzen

Allein unter quantitativem Gesichtspunkt erweist sich in *Aus dem Tagebuch einer Schnecke* die Verwendung adversativer bzw. restriktiver[15] Konjunktionen als stilistisch bemerkenswertes Phänomen. So werden z. B. »aber« und »doch« in weit über einhundert Fällen verwendet. Im folgenden sollen Grass' Vorliebe für diese antithetische Konstruktionsform und die damit verbundenen Erzählfunktionen aufgezeigt werden.

Bereits in dem für die Grasssche Prosa stets besonders wichtigen einleitenden Abschnitt heißt es:

> Zwar wollte ich auf Anhieb von Zweifel erzählen, der mit Vornamen Hermann und mit Nachnamen Ott hieß, aber Gustav Gustav geht vor. (WA IV, 266)

---

10 Ebenda, S. 52.
11 Ebenda.
12 Ebenda.
13 Kopperschmidt 1973, S. 168, im Anschluß an Bierwisch 1966, S. 142.
14 Riesel/Schendels 1975, S. 252.
15 Vgl. Duden 1984, S. 375, 658.

Einem ursprünglichen erzählerischen Vorhaben wird ein anderer sich aufdrängender Erzählstoff in einem mit »aber« eingeleiteten Konjunkt entgegengestellt. Die Namen Zweifel und Gustav (Heinemann) verweisen innerhalb dieser konjunktionell angezeigten Opposition auf das Spannungsverhältnis von Gegenwarts- und Vergangenheitsstoff. Grass umreißt mit diesem ersten Satz seine Erzählkonzeption für *Aus dem Tagebuch einer Schnecke*, die einerseits »keine Sprünge dulde[t], mit deren Hilfe die Geschichte [...] leichthin verlassen werden soll ...« (WA IV, 273), und sich zugleich entschieden der Gegenwart zuwendet.[16]

Bei der Beschreibung der Semantik von »aber« geht Ewald Lang davon aus, daß Konjunktionen Operationen auslösen, durch die »die in den Satzbedeutungen repräsentierten Sachverhalte in der Reflexion aufeinander bezogen werden mit dem Resultat, daß aus den Satzbedeutungen – unter besonderer Berücksichtigung der Konjunktbedeutungen – eine von den Konjunktbedeutungen verschiedene Einheit konstituiert wird«, die Lang »»Gemeinsame Einordnungsinstanz‹ (GEI)« nennt.[17] Rosengren faßt diesen Ansatz Langs und die Beobachtung Braußes, daß das durch »aber« eingeleitete Konjunkt »mehr Gewicht«[18] hat, in der folgenden operativen Anweisung zusammen:[19]

(a) Betrachte die von den beiden Konjunktbedeutungen repräsentierten Sachverhalte als ZUGLEICH GELTEND im Hinblick auf GEI und zugleich auch als GEGENSÄTZE.

(b) Betrachte den von der Konjunktbedeutung des durch *aber* eingeleiteten Konjunkts repräsentierten Sachverhalt als den wichtigeren und relevanteren.[20]

Das bedeutet, daß »aber« grundsätzlich eine Unverträglichkeit bzw. einen Widerspruch zwischen einem bezeichneten Sachverhalt und einem Sachverhalt in dem mit »aber« eingeleiteten Satz postuliert, ohne daß damit bereits die Art des Gegensatzes bestimmt ist.[21]

Der folgende Beispielsatz veranschaulicht die hier dargestellten Überlegungen:

Zwar protestierte der sozialdemokratische Abgeordnete Kamnitzer im Namen der Danziger Staatsbürger jüdischen Glaubens, aber der Senator des Inneren sah keinen

---

16 Das gleiche Spannungsverhältnis von Gegenwarts- und Vergangenheitsstoff erscheint im *Butt* wieder: »Ich gebe zu: Billy und Maria drängen. Doch weil mir der Butt zur chronologischen Folge rät und da ich nun einmal von so vielen Köchinnen besetzt bin, sei mir – zumal mich meine gegenwärtige Ilsebill ziemlich beutelt – vorerst erlaubt, die drei Brüste der neolithischen Köchin Aua handlicher zu begreifen als jenes Vatertagsfest, das im Juni 1962 [...] als reine Männersache gefeiert wurde. Wer von so viel Vergangenheit verstopft ist und endlich zu Stuhl kommen möchte, den drängt es, von Mestwinas Bernsteinkette zu erzählen, auch wenn ihm der Aufstand der Werftarbeiter in den polnischen Hafenstädten [...] näher sein sollte.« (WA V, 23)
17 Lang 1977, S. 66.
18 Brauße 1983, S. 20.
19 Vgl. Rosengren 1984, S. 216 f.
20 Ebenda.
21 Vgl. ebenda.

178

strafrechtlichen Tatbestand, obgleich ihm ein Foto der Transparentinschrift »Tod den Schiebern und Gaunern« vorlag. (WA IV, 276)

Der Satz beinhaltet sowohl den sozialdemokratischen Protest gegen die Judendiffamierung als auch die passive Haltung des regierenden Senats als gleichrangige Verhaltensweisen im Anschluß an eine Demonstration in Danzig. Die mit Hilfe der Konjunktion »aber« konstituierte Gegensätzlichkeit beider Konjunkte bestreitet somit nicht den Wahrheitsanspruch des zuerst genannten Sachverhaltes. Dafür tritt die in der Bedeutung von »aber« liegende Anweisung in den Vordergrund, den im »aber«-Konjunkt repräsentierten Sachverhalt als den wichtigeren anzusehen.

Eine Umstellung beider Konjunkte würde folglich die kommunikative Gewichtung auf den sozialdemokratischen Protest hin verlagern:

Zwar sah der Senator des Inneren keinen strafrechtlichen Tatbestand [...], aber der sozialdemokratische Abgeordnete Kamnitzer protestierte im Namen der Danziger Staatsbürger jüdischen Glaubens.

Durch die in *Aus dem Tagebuch einer Schnecke* vorliegende antithetische Konstruktionsweise werden in dichtester Art und Weise unterschiedliche Positionen in Danzig dargestellt und zugleich ein Wertigkeitsgefälle zwischen konsequenzlosem Protest und den Antisemitismus tolerierender Passivität zum Ausdruck gebracht, ohne daß Grass als Autor selbst explizit bewertend Stellung nimmt. Allein die Art der konjunktionellen Verbindung der einzelnen Aussagesätze übernimmt somit an dieser Stelle kommentierende Funktion.

Die im vorigen Zitat nachfolgende Antithese (»obgleich ihm ein Foto der Transparentinschrift [...] vorlag«) zeigt ebenso wie die im weiteren Text folgende Redewiedergabe, daß letztlich keine unparteiische Haltung des Senats vorliegt, sondern, wie Grass an anderer Stelle sagt, die »gestelzten Verharmlosungen eines Verbrechens, das von Anfang an Wachstum versprach und die Zukunft für sich hatte« (WA IV, 295).

Die bisher herausgestellten Funktionen treffen auch für die folgende Antithese zu, ebenfalls aus dem thematischen Kontext der Judenverfolgung:

Diebstahl in zwei Juweliergeschäften konnte zwar nachgewiesen werden, blieb aber ohne Richter. (WA IV, 346)

Die zunehmende Diskriminierung der Juden wird gleichfalls durch die (scheinbar) neutrale Erzählweise nur dargestellt und nicht direkt angeklagt. Mit Hilfe der antithetischen Konstruktion wird die Diskrepanz zwischen der Straftat gegen die Juden und der bewußt unterbleibenden Sanktion deutlich bezeichnet. Die damit zum Ausdruck gebrachte Parteilichkeit der Justiz kann vom Leser erschlossen werden, ohne daß Grass sie noch explizit benennt. Diese mithin sparsame und indirekte Erzählweise vermeidet einerseits Redundanzen und entspricht zugleich dem von Grass bewußt angestrebten Prinzip der erzählerischen Neutralität.[22]

---

22 Grass zitiert in *Über meinen Lehrer Döblin:* »Der Leser in voller Unabhängigkeit einem gestalteten, gewordenen Ablauf gegenübergestellt; er mag urteilen, nicht der Autor.« (WA IX, 240)

Die Erzählweise ist auf diese Weise zwar scheinbar darstellend-neutral. Allerdings zeigt sich, daß Grass dennoch mit Hilfe weniger, genau berechneter sprachlicher Mittel die Rezeption und Sympathie des Lesers gezielt steuert.

In dem folgenden Beispielsatz verwendet Grass die Stilfigur der Antithese, um sein eigenes politisches Engagement in deutlicher Kontrastierung von bestimmten ideologischen Positionen abzuheben:

> Zwar haben wir kein Endziel aber ein Wahlkampfziel: die Ablösung der Großen Koalition durch eine sozial-liberale. (WA IV, 319)

Die hier zum Ausdruck gebrachte Unverträglichkeitsbeziehung beider Konjunkte beruht nicht auf einer bestehenden lexikalischen Opposition von »Endziel« und »Wahlkampfziel«, sondern wird erst durch das Negationselement »kein« und die Konjunktion »aber« postuliert. Zusätzlich zu dem eigentlichen Aussageschwerpunkt des gesamten Satzes »Unser Wahlkampfziel ist die Ablösung der Großen Koalition« wird dabei durch die vorausgehende Negation »wir haben kein Endziel« ein wichtiger gedanklicher Zusammenhang in den Text integriert. Dabei wird die vollständige antithetische Beziehung zwischen »Endziel« und »Wahlkampfziel« erst durch die Hinzuziehung deutender Verfahren offensichtlich. Erst das Wissen um die spezifischen Konnotationen, die Grass mit dem Lexem »Endziel« verbindet, sichert das genaue Verständnis dieses Satzes.

Grundsätzlich verwendet Grass den Ausdruck »Endziel« nicht neutral als Abschluß einer Hierarchie abgestufter Zwecke, sondern verbindet damit das Verständnis idealisierter Zustände, zu deren Verwirklichung ein zumeist unmenschlicher Preis in Kauf genommen wird. Die hier vorliegende Antithese bündelt die zuvor in *Aus dem Tagebuch einer Schnecke* entfaltete Abgrenzung sowohl gegen die »vielberufene junge Generation« als auch gegen die »älteren Herren«, die »in schlaganfallnahe Begeisterung geraten und sich mit den Jungen beim Beschwören von Endzielen treffen« (WA IV, 310).

Ebenso wird im weiteren Text Eduard Bernsteins »Leugnen der Existenz eines Endzieles« (WA IV, 332) und die Befürchtung, daß »Glaube hellsichtig für ein Endziel [...] machen« könnte (WA IV, 403), vor dem Hintergrund ideologischer Heilslehren gesehen. Grass konstituiert auf diese Weise eine spezifische Lesart dieses Ausdrucks, so daß auch Äußerungen wie »Drautzburg behauptet, wir haben ein Ziel« (WA IV, 347) oder das Augst unterstellte Bedürfnis, »Endlich wieder ein Ziel« zu haben (WA IV, 476), stets in dieser spezifischen Weise negativ konnotiert sind.

Die Gegen- und zugleich zwischen zwei Extremen eingenommene Mittelposition, die Grass in *Aus dem Tagebuch einer Schnecke* seiner eigenen Generation der »Vierziger« zuschreibt, ist dabei eine vernunftgeleitete, skeptizistische Haltung, die sich nicht einer auf ein Endziel ausgerichteten Ideologie verpflichtet, sondern höchstens einem konkreten parteipolitischen Engagement.

Gerade im *Butt* wird die historische Katastrophenbilanz vor dem Hintergrund männlichen Strebens gezogen, idealisierte Endziele zu definieren:

> Männer, denen nicht Ziele – womöglich mögliche –
> sondern das Endziel – die entsorgte Gesellschaft –

180

hinter Massengräbern den Pflock gesteckt hat;
[...] (WA V, 111)

»Endziel« wird in diesem *Am Ende* betitelten Gedicht mit »Ende«, »Endlösung« und »Endsieg« negativ konnotiert. Das gleiche Verständnis besitzen in einem anderen Kontext der Ausdruck »Endzielmänner« (WA V, 39). In seiner Schlußrede resümiert der Butt:

[...]: Zu allen Zeiten waren es Männer, die mit kühler Inbrunst, vom Glauben geschlagen, jeweils der gerechten Sache verpflichtet, den Blick aufs Endziel genagelt, Erzengeln gleich und schauerlich unbeirrbar den Tod von Menschen vordatiert haben: [...] (WA V, 614)

Die in »aber« enthaltene operative Anweisung, »Endziel« und »Wahlkampfziel« antithetisch zu verstehen, ohne daß eine antonymische Beziehung zwischen beiden Ausdrücken zugrundeliegt, zwingt den Leser dazu, diese Zusammenhänge selbst herzustellen.

In einem weiteren Beispiel beginnt Grass mit Hilfe einer Sequenz paralleler Zwar-aber-Konstruktionen eine Beschreibung Willy Brandts:

Auch wenn ich ihn zu kennen meine, bleibt er jemand, der von weit weg herkommt, zwar dasitzt, aber noch nicht da ist, zwar erkennbar im Umriß aber vage in Einzelheiten, zwar einen Witz erzählt, aber hinter dem Witz und seinem erstaunlichen Vorrat an Witzen [...] Schutz sucht [...] (WA IV, 512)

Die sich in den jeweiligen Konjunkten gegenüberstehenden Sachverhalte spiegeln das Bemühen um eine abwägende Einschätzung Willy Brandts wider, die zwischen äußerer Erscheinung (»der [...] dasitzt) und innerer Befindlichkeit (»noch nicht da ist«) zu unterscheiden sucht. Beide Aspekte müssen somit also komplementär gesehen werden. Dieses zum Ausdruck gebrachte Spannungsverhältnis spielt auch an auf erlittene Verletzungen Brandts, »denn im Rücken seines Gelächters [...] stapeln sich verschnürte Pakete« (WA IV, 512).

Dieter Wunderlich hebt hervor, daß mit »aber« fortgeführte Äußerungen mögliche Erwartungen oder Nahelegungen aus bisherigen Äußerungen zurechtrücken[23], so daß sich die folgende allgemeine Bedeutungsbeschreibung für Sätze mit »aber« ergibt:

p, aber q = p, und im Gegensatz dazu, was man erwarten könnte, nämlich daß aus p nicht -q folgt, gilt q.[24]

Die entsprechenden implizierten Erwartungsnormen in den folgenden Konstruktionen in *Aus dem Tagebuch einer Schnecke* sind offensichtlich:

Der Bus ist alt gekauft, aber macht es noch. (WA IV, 315)

Die Nachbarin und auch die Ärzte des Kreiskrankenhauses hielten Lisbeth Stomma für geistig gestört aber gutmütig. (WA IV, 395)

Dem folgenden Beispiel geht die Darstellung erzählerischer Konzeptionen voraus (»Gerne möchte ich ihn [Zweifel] in Freundschaft zu Elfriede Mettner, zu Fräu-

---

23 Wunderlich 1980, S. 49.
24 Ebenda, S. 50. Rosengren wendet dagegen ein, daß diese allgemeine Bedeutungsbeschreibung nicht generalisierbar ist, vgl. Rosengren 1984, S. 214.

lein Nachmann sehen.« WA IV, 326). Entgegen diesen Ankündigung verwirft
Grass seine Überlegungen:

> Aber als ich Ruth Rosenbaum in Haifa gegenüber saß, zerfiel Ausgedachtes und begann
> ich längere Abschnitte in meinem Manuskript zu streichen. (WA IV, 326)

Da für die Interpretation solcher Antithesen weitere Annahmen notwendig sind,
die aber nicht expliziert werden, ist dieses Verfahren auch ein Mittel der Verdichtung. Im folgenden Beispiel zielt der Widerspruch auf die Erwartung, daß eine
permanente Kälte zu einer Erkrankung führt:

> Die Kälte trat aus den Wänden und legte sich zu Zweifel auf die Matratze. Aber er
> wurde nicht krank. (WA IV, 406)

Der Erwartungsnorm, daß man in der Schule lesen und schreiben lernt, wird in
der folgenden Konstruktion widersprochen:

> Da Westpreußen damals preußisch war, lernte Anton Stomma in der Schule deutsch
> sprechen, aber kaum lesen und wenig schreiben. (WA IV, 396)

Die gleiche mangelhafte schulische Ausbildung erhielt in der folgenden Generation
unter polnischer Regierung Lisbeth Stomma, die »in der Schule polnisch sprechen,
aber kaum lesen und schreiben gelernt« hatte (WA IV, 398).

Eine in vielen Fällen ähnlich verwendete Bedeutung wie »aber« besitzt die
Konjunktion »doch«:[25]

> Zwar half Hermann Ott noch bei der Einrichtung des Speichers in der Mausegasse, der
> später zum Ghetto für die letzten Danziger Juden wurde, doch gleichzeitig begannen
> seine Fluchtgedanken komplex zu werden. (WA IV, 373 f.)

Der mit »doch« bezeichnete Widerspruch hat an dieser Stelle die wichtige Funktion, die innere Spannung und den zeitlichen Wendepunkt im Verhalten Hermann
Otts zu betonen. Die Koordination beider gedanklicher Einheiten mit Hilfe einer
einfachen parataktischen Konstruktion könnte diese Spannung nicht in gleicher
Weise hervorrufen:

> Hermann Ott half noch bei der Einrichtung des Speichers in der Mausegasse, [...] und
> gleichzeitig begannen seine Fluchtgedanken komplex zu werden.

Während sowohl in der von Grass realisierten als auch in der hier alternativ
formulierten Version der Aspekt der Gleichzeitigkeit in ähnlicher Weise besteht,
postuliert die adversative Konjunktion »doch« eine Gegensatzbeziehung, die die
durch die Partikel »noch« antizipierte Veränderung hervorhebt. Die oben bereits
festgestellte Eigenschaft, daß ein mit »aber« eingeleitetes Konjunkt grundsätzlich
den relevanteren Sachverhalt repräsentiert, trifft auch hier zu. Die Hilfeleistung
Zweifels wird zukünftig nicht mehr möglich sein.

Auch im folgenden Beispiel wird allein mit Hilfe der Kontrajunktion »doch«
ein Gegensatz konstituiert:

> (Die Großmutter Mathilde, geborene Claasen, verwitwete Kreft, Duwe, Niklas und Ott,
> soll sich um das Entwässerungssystem der Weichselniederung verdient gemacht haben;
> doch über tätige Großmütter habe ich schon zu oft geschrieben.) (WA IV, 281)

---

25 Vgl. Duden 1984, S. 375 f., 658.

Dieser Gegensatz liegt nicht auf der inhaltlichen Ebene. Nicht der Richtigkeit bestimmter Fakten wird widersprochen, sondern Grass kommentiert als Autor den Abbruch der angedeuteten erzählerischen Abschweifung. Der mit »doch« bezeichnete Widerspruch befindet sich auf einer metakommunikativen Ebene, auf der der Autor die Reflexion seiner Erzählweise selbstironisch integriert.

Ein besonders interessanter Beleg für die exakte sprachliche Gestaltung der Grassschen Prosa ist das folgende Zitat, in dem allein mit Hilfe der adversativen Konjunktion »doch« ein spezifischer gedanklicher Zusammenhang hergestellt wird:

> Artikel 73 der Verfassung sagte: »Alle Staatsangehörigen der Freien Stadt Danzig sind vor dem Gesetze gleich. Ausnahme-Gesetze sind unstatthaft.«
>
> Artikel 96 der Verfassung sagte: »Es besteht volle Glaubens- und Gewissensfreiheit.«
>
> Doch wohnten (laut Volkszählung vom August 1929) zwischen den über vierhunderttausend Bürgern des Freistaates [...] 10448 mitgezählte Juden, unter ihnen nur wenige getaufte. (WA IV, 275)

Der gesamte zitierte Abschnitt ist stilistisch zunächst durch seine sachliche, parataktische Darstellungsweise gekennzeichnet. Es werden zwei Verfassungsartikel zitiert sowie einzelne Informationen über die politische Situation Danzigs mitgeteilt. Auch der daran anschließende, konjunktionell eingeleitete Satz hält diesen neutralen Informationsstil mit der Angabe der Bevölkerungszahlen aufrecht. Mit Hilfe der Kontrajunktion »doch« wird ein Gegensatzverhältnis konstituiert, das sich logisch nicht auf der Ebene der mitgeteilten Informationen befinden kann; die Zahl jüdischer Bewohner Danzigs widerspricht nicht der Verfassung. Der erst durch »doch« postulierte Gegensatz kann somit nur auf die fehlende Übereinstimmung zwischen dem Verfassungsanspruch und der Verfassungswirklichkeit verweisen, der sich in der verfassungsfeindlichen Unterscheidung zwischen Bürgern und Juden äußert.

Vor diesem Hintergrund läßt sich das Attribut »mitgezählt« ebenfalls als Indikator einer unterlaufenen Verfassungswirklichkeit verstehen. Da die genannte Zahl von 10448 bereits die gesonderte statistische Erfassung der Juden ausweist, ist die Angabe »mitgezählt« unter rein informationellem Gesichtspunkt redundant. Die besondere Funktion besteht nun darin, daß »mitgezählt« in zynischer Weise den diskriminierenden Aspekt dieser Volkszählung thematisiert, die letztlich trotz der festgelegten »volle[n] Glaubensfreiheit« sogar die getauften und ungetauften Juden zu unterscheiden weiß. Das in dieser Analyse gewonnene Verständnis dieses Zitats wird allein gesteuert durch die adversative Konjunktion »doch«, die somit an dieser Stelle eine Signalfunktion besitzt.

Grass hat selbst sein Bestreben hervorgehoben, gemäß Döblins Lehre neutral zu erzählen. Frank Richter stellt dazu fest, »daß Günter Grass sein formales Instrumentarium so ausbaut und einsetzt, daß Wertungen nach Möglichkeit unterbleiben«[26]. Die in den voraufgegangenen Überlegungen untersuchten Beispiele

---

26 Richter 1977, S. 93. Richter deutet dies als »eine betonte Vorsicht gegenüber jeder wie auch immer gearteten Ideologie« (ebenda).

haben jedoch erwiesen, daß die Stilfigur der Antithese als ein sprachliches Verfahren einer lediglich äußerlich neutralen Erzählweise anzusehen ist, die mit sparsamen formalen Mitteln dennoch eine spezifisch wertende Rezeption kontrolliert. Mit Hilfe der Konjunktionen »aber« und »doch« werden solche Bewertungen allerdings nicht explizit gemacht, sondern postuliert.[27]

Eine weitere stilistische Funktion bei der Verwendung der hier beschriebenen Antithesen besteht darin, den Leser zu aktivieren. Der Leser wird angehalten, nach Gründen für die angezeigte Unverträglichkeit zweier Sachverhalte zu suchen und entgegen gewohnten Erwartungen zu schlußfolgern.[28]

Grass verwendet die adversativen Konjunktionen »aber« und »doch« zur Konstituierung antithetischer Strukturen auffallend häufig.[29] Einzelne Analysen konnten darüber hinaus vielfältige stilistische Funktionen unterscheiden.

Die besondere stilistische Bedeutung der adversativen Konjunktionen »aber« und »doch« auch für andere Werke von Grass läßt sich allein schon quantitativ anhand des *Wortindexes zur »Blechtrommel«* aufzeigen. Dort werden für die beschriebenen adversativen Konjunktionen »aber« insgesamt 764 Belege, für »doch« 484[30], für »jedoch« 201 und für »sondern« 133 Belege nachgewiesen. Das »aber« und »doch« korrelierende Antezedens »zwar« wird 156 mal gezählt.

4.10.2.2 Lexikalische Antithesen

Die in der Stilistik am häufigsten beschriebene Konstruktionsform der Antithese besteht darin, daß innerhalb einer Wortgruppe oder eines Satzes semantisch oppositionelle Lexeme verwendet werden, wie in den folgenden Beispielen:

Seit einem halben Jahrhundert auf gleitendem Muskelfuß dem Gaul im Prinzip hinterdrein, in Praxis voraus [...] (WA IV, 305)

Alles klingt hohl und zählt sich hohl auf: die Sinnlosigkeit, der ewige Kreislauf [...] der Zerfall wie der Aufbau, das Unendliche und das Endliche, die Regelmäßigkeit und der wild stotternde Zufall [...] (WA IV, 377)

Auch das nicht mehr: streng riechende Männerbünde – scharfzüngige Frauenrechtsbewegungen. (WA IV, 492)

In allen Sätzen stehen sich einzelne Lexeme bzw. Lexemgruppen gegenüber, wobei sich wiederum unterschiedliche Funktionen der Antithese festhalten lassen. Im

---

27 Vgl. Rosengren 1984, S. 215.
28 Vgl. z. B: »Zwar haben wir kein Endziel aber ein Wahlkampfziel: [...]« (WA IV, 319)
29 Belege für »zwar« in *Aus dem Tagebuch einer Schnecke* finden sich z. B. WA IV, 302, 305, 316, 321, 379, 400, 408, 409, 410, 411, 427, 432, 469, 479, 494, 502, 503, 525, 526 (3x), 527, 528, 529, 531, 532, 541. »Doch« z. B. in WA IV, 281, 302, 323, 327, 334, 377, 406, 409, 420, 517.
30 Die Herausgeber differenzieren an dieser Stelle allerdings nicht die unterschiedlichen Verwendungsmöglichkeiten von »doch« als Modalpartikel bzw. als Adverb.

184

ersten Beispielsatz werden die zuvor genannten gegensätzlichen Bilder vom Weltgeist zu Pferde und Schnecke (als Bilder für unterschiedliche Geschichtsauffassungen) beibehalten und in den Gegensatz von »Prinzip« (im Sinne eines philosophischen Theorems) und (lebensweltlicher) »Praxis« fortgeführt, womit grundsätzlich die Opposition von Ideologie und Realpolitik angesprochen wird.

Während in diesem Beispiel eine Gegensätzlichkeit besteht, bei der der jeweilige Wahrheitsanspruch der beiden Konjunkte eine abstufende Bewertung erfährt, werden im zweiten Satz oppositionelle Lexeme verwendet, deren Gültigkeitsansprüche sich nicht gegenseitig beschränken; »Zerfall« und »Aufbau«, »Regelmäßigkeit« und »Zufall« werden innerhalb dieses Kontextes als komplementär verstanden.

Im dritten Beispielsatz dient die Antithese dazu, zwei extreme Positionen in gleicher Weise auszuschließen und damit implizit ein Bekenntnis zu einer hier nicht näher definierten Mittelposition zwischen diesen Polen abzugeben. Wichtig ist in diesem Zusammenhang, daß wie bereits in den voraufgegangenen Darstellungen die konkret gemeinte Gegensätzlichkeit erst interpretativ vollständig erschlossen werden kann.

Die intensive Nutzung des stilistischen Mittels der lexikalischen Antithese in *Aus dem Tagebuch einer Schnecke* verdeutlichen auch die folgenden Sätze:

> Bebel schrieb Briefe nach London, Zürich und London. Denn es war gar nicht so leicht, dem Kaufmann Engels zu erklären, wie schwer das ist: der Sozialismus in seiner Praxis. (Und wie traurig es macht, und wie komisch es wirkt: Revolution zu sagen und die Reform zu betreiben.) (WA IV, 364)

Im eingeklammerten Satz stehen sich die Antonyme »traurig« und »komisch« gegenüber und bewerten vorwegnehmend den folgenden Gegensatz von revolutionärem Bekenntnis und tatsächlicher Reformarbeit, wie er im Revisionismusstreit der SPD zum Ausdruck kommt. Letztlich liegt dabei der Antithese die Opposition von Wort und Tat, Theorie und Praxis zugrunde.

Den spielerischen Umgang mit der Verwendung antonymischer Lexeme demonstriert der erste Teil des zitierten Abschnittes. Grass verwendet die Opposition von »leicht« und »schwer« an dieser Stelle nicht als gedankliche Antithese zweier einander entgegenstehender Sachverhalte. Die Negation »nicht [...] leicht« bezieht sich als Litotes auf die Erklärungsschwierigkeit Friedrich Engels gegenüber, während »schwer« kataphorisch Bezug nimmt auf die Praxis des Sozialismus bzw. die damit einhergehende Parteiarbeit Bebels. Dennoch bleibt die stilistische Funktion der Antithese in sprachspielerischer Absicht virulent, indem damit eine Sequenz weiterer Antithesen (traurig machen/komisch wirken; Revolution/Reform; sagen/-betreiben) eingeleitet wird.

In ebenfalls sprachspielerischer Weise ist die folgende antithetische Konstruktion gebildet:

> Sobald wir angekommen sind, ist der Regen Vergangenheit: proppenvoll der Saal, und das bei dem Wetter! – Wenn nasse Mäntel in geschlossenen Räumen die Luft speisen, spricht es sich leichter über trockene Sachen: Fortschritt und so. (WA IV, 348)

Die gegenübergestellten Ausdrücke »nasse Mäntel« und »trockene Sachen« beziehen sich zunächst auf die gegebenen äußeren Bedingungen. Grass nutzt jedoch die Ambiguität des Ausdrucks »trockene Sachen« und bezeichnet mit der phraseologischen Bedeutung seine eigene Konzeption von Fortschritt im Sinne einer wenig begeisternden Thematik. Genau in dieser zweiten Bedeutungsverwendung ist makrostrukturell ein zusätzlicher thematischer Gegensatz impliziert. Grass widerspricht auf diese Weise einem in seiner Auffassung ideologisch begründeten Fortschrittskonzept mit den im Grassschen Verständnis pejorativ konnotierten Implikationen Begeisterung, Glauben, Irrationalismus etc.

Die weitere Analyse dieses Zitats ergibt darüber hinaus, daß die in thematischer Hinsicht für *Aus dem Tagebuch einer Schnecke* entscheidende Aussageabsicht »Fortschritt ist eine trockene Sache« aufgrund der gewählten Darstellungsweise als nebensächlich erscheint. Der ernüchternde Charakter einer solchen Fortschrittskonzeption wird auf diese Weise nicht mehr als persönliche Auffassung Grass' erkennbar, sondern vielmehr als eine quasi bestehende Tatsache präsupponiert. Die gegebene Darstellungsweise gewinnt somit auch suggestiven Charakter. Die Absicht Grass', im Gegensatz zur politischen Rede, die Parteinahme ist, in seinen literarischen Werken zu schildern, darzustellen, »was Wirklichkeit ist oder Wirklichkeiten sind« (WA X, 112), bedeutet allerdings nicht die erzählerische Neutralität.

In vergleichbarer Form wird diese sprachspielerische Antithese an anderer Stelle erneut aufgenommen:

[...] bei wechselndem Wetter und gleichbleibend trockenem Reformprogramm [...] (WA IV, 519)

Auch die folgenden Antithesen gründen auf der sprachspielerischen Verwendung zweier Lexeme:

Viel barfüßige und jetzt, da es zu spät ist, frühchristliche Jugend hungert nach neuem Mythos [...] (WA IV, 420)

Am Ende des ersten Kapitels in *Aus dem Tagebuch einer Schnecke* wendet sich Grass gegen das vorangehende verklärende Zitat »Als es Nacht wurde über Deutschland ...« (WA IV, 274) im anschließenden Absatz geradezu programmatisch mit der Absicht, zu erzählen, »wie es bei mir zu Hause langsam und umständlich am hellen Tag dazu kam« (WA IV, 274).

Eine Fülle weiterer Beispiele belegt die wichtige Bedeutung dieses Stilmittels in *Aus dem Tagebuch einer Schnecke:*

Es könnte euch Glaube hellsichtig für ein Endziel und blind für die Menschen in ihrer Gegenwart machen. (Die paar Tausend Unbelehrbaren.) (WA IV, 403)

Die Lexemopposition »hellsichtig«/»blind« setzt die Bedeutung der Konjunkte in einen Gegensatz, wobei ein Folgerungsschritt angesetzt wird von einem Glaubensbedürfnis, das ein Endziel festsetzt mit schließlich menschenfeindlichen Folgen.

Das folgende Zitat enthält eine Häufung mehrerer Antithesen innerhalb einer Sequenz parallel konstruierter Sätze:

Wie sie [die Schwarzen] für kleinen Vorteil das große Verbrechen geschehen ließen. [...] Wie sie sich Christen nennen und Pharisäer sind. Wie sie die Kirche zum Zweig-

werk der Industrie machten. Wie sie die Eltern (mit Märchen) ängstigten und die Kinder (in Zwergschulen) dummzuhalten versuchten. (WA IV, 364)[31]
In einem Beispiel aus dem *Butt* bezieht sich eine Antithese zweier Konjunkte auf den Gegensatz Frau versus Mann:

> Nicht etwa dumme (oder sagte er damals schon) weibliche Neugierde sei sein Antrieb gewesen, sondern ein wohlbedachter Entschluß aus männlichem Willen. (WA V, 28)[32]

Das antithetische Verhältnis beider Teilsätze wird bereits konjunktionell angezeigt. Der »dumme[n] weibliche[n] Neugierde« im ersten Teilsatz steht der »wohlbedachte[] Entschluß« gegenüber, ebenso wie der (weibliche) »Antrieb« dem »männliche[n] Willen« entgegensteht.

4.10.2.3 Paradoxon

Allgemein als eine Sonderform der Antithese werden das Paradoxon und das Oxymoron angesehen.[33] Paradoxe Ausdrücke enthalten einander logisch ausschließende Lexeme; dadurch erscheinen sie vielfach zunächst aporetisch, gestatten aber durch eine verstehende Deutung eine unerwartete Sichtweise:

> Jemand [Willy Brandt], dessen Ausflüchte versperrt sind, der sich nach vorwärts zurückzieht. (WA IV, 514)
> Das, Kinder, sind meine Freunde, falls Vierzigjährige noch blind genug sind, um sich als Freunde sehen zu können. (WA IV, 311)

Wenn Grass' Kinder danach fragen, ob Zweifel z. B. Geschwister habe oder erfunden sei, führt Grass die Figur Zweifel mit einem Paradoxon ein:

> Auch wenn ich ihn erfinden muß, es hat ihn gegeben. (WA IV, 280)

Der Fiktionalität der Figur Zweifel im ersten Teilsatz wird die Behauptung der authentischen Biographie im zweiten Teilsatz entgegengestellt. Die zunächst paradoxe Unvereinbarkeit von Erfindung und realer Existenz ist dadurch auflösbar, daß die Pro-Form »ihn« in beiden Sätzen als nicht referenzidentisch aufgefaßt wird. Obwohl die konkrete Figur Zweifel also fiktiv ist, liegt ihr mit der Biographie Reich-Ranickis ein realer Stoff zugrunde, wie der in *Aus dem Tagebuch einer Schnecke* diesem Satz folgende eingeklammerte Text ausführt.

Mehrfach umschreibt Grass im weiteren Verlauf gerade die immer wieder verworfene Konzeption[34] der Figur Zweifel mit Hilfe paradoxer Formulierungen:

> Ich kenne ihn länger als mich: wir haben den gleichen Kindergarten vermieden.
> Als Zweifel sich aufzuheben versuchte, nahm ich ihn unter Vertrag: abhängig schreibt er mir vor. (WA IV, 285)

---

31 Weitere Belege für lexikalische Antithesen in *Aus dem Tagebuch einer Schnecke* finden sich z. B. WA IV, 276, 278, 316 (3x), 342, 365, 375, 396, 402, 406, 408, 449, 524.
32 Vgl. S. 126 dieser Arbeit.
33 Vgl. Seiffert 1977, S. 94; Kopperschmidt 1973, S. 171.
34 Vgl. Kapitel 4.11.2 »Darstellungen ex negatione«, S. 204–207 dieser Arbeit.

187

Eine nahezu identische Widersprüchlichkeit verwendet Pilenz zu Beginn seines Erzählens in *Katz und Maus*:

Selbst wären wir beide erfunden, ich müßte dennoch. Der uns erfand, von berufswegen, zwingt mich wieder und wieder Deinen Adamsapfel in die Hand zu nehmen [...] (WA III, 7)

Aus dem Tagebuch einer Schnecke weist eine ganze Fülle paradoxer Konstruktionen auf. Dabei ist ein großer Teil durch den unmittelbaren Kontext oder durch das Weltwissen des Lesers einfach zu interpretieren.

Auch wenn er sitzt, läuft er, ein seltenes Exemplar, hinter Stäben auf und ab. (WA IV, 329)

Die paradoxe Gleichzeitigkeit von »sitzen« und »laufen« verweist auf die fortwährende Unruhe Herbert Wehners, die hier mit dem Bild eines eingesperrten Tieres in übertragener Bedeutung dargestellt wird.

Ebenfalls mit paradoxen Ausdrücken beschreibt Grass die sonntägliche Langeweile seines Sohnes:

Du stehst dir auf den Zehen, du stößt dir die Knie an mangelnder Gelegenheit wund, du guckst gezielt in die Leere [...] (WA IV, 375)

Auf Grass' eigenes Erzählverständnis verweist das erste der folgenden Beispiele:

[...] zwischendrein reich an Lügen, bis alles wahrscheinlich wird. Manches möchte ich umständlich verschweigen. (WA IV, 271)

Muß leiser sprechen, um durchzukommen, weil überall Lautsprecher. (WA IV, 283)

[...] sprachfleddernde Pedanten, die alles genau, sogar das Vage genau benannt haben wollten. (WA IV, 291)

Gerne wäre er [Marchand] unsicher, nur fehlt ihm der passende Ausdruck: [...] (WA IV, 316)

Auch wenn ich früher zeitweilig älter war, als ich bald sein werde, konnte ich doch mitten im Satz aufbrechen und gehen, ohne mich umzuschauen. (WA IV, 335)

[...] je größer die Intelligenz, um so verheerender kann ihre Dummheit ins Kraut schießen. (WA IV, 336)

Ich mag keine bigotten Katholiken und keine strenggläubigen Atheisten. (WA IV, 339)

Immer muß ich was machen: [...] aufmerksam nichts tun [...] (WA IV, 339)

Wenn es öde wird, beginne ich Fragen, die mir jemand in Kamen gestellt haben soll, zu erfinden und wahrheitsgemäß zu beantworten. (WA IV, 343)

Übrigens [...] hat Zweifel [...] Ähnlichkeit mit ihm [Bahr]: beide höre ich in meinem Stummfilm vom Wesen der Zwitter, vom Wandel durch Annäherung sprechen. (WA IV, 439)

Seine [Zweifels] sechsbändige Ausgabe ungeschriebener Bücher. (WA IV, 452)

Als Lisbeth stumm wurde, begann sie witzig zu werden. [...] Die stumme Lisbeth gab Zweifel Ratschläge [...] (WA IV, 454)

Als wir gingen, blieb jemand zurück, dessen Einsamkeit viel Zulauf hat. (WA IV, 515)

Neben diesen lexikalisch-logischen Paradoxa konstruiert Grass paradoxe Sätze, denen bewußte Verstöße gegen grammatikalische Beschränkungen zugrundeliegen:

Als sich die Schnecke im Gegenverkehr begegnete, sah sie sich widerlegt. [...] Sie wendete und entfernte sich voneinander: eine tragische und - aus Distanz gesehen - auch komische Spaltung. (WA IV, 507 f.)

188

Die Verwendung der reziproken Pro-Form »voneinander« ist nur im Zusammenhang mit Personalpronomina im Plural möglich,[35] die ungrammatische Referenzidentität von »Sie« und »voneinander« wird erst plausibel unter der Vorstellung einer gespaltenen Identität.

Besonders im Zusammenhang mit den Beanspruchungen durch sein Wahlkampfengagement bezieht Grass paradoxe Konstruktionen vielfach auf sich selbst:

Beispiele für Sprunghaftigkeit. –
Ich liege hinter mir. (WA IV, 304)
Ich laufe mir hinterdrein: lästig ... (WA IV, 407)
Ich möchte im Saal stehen, nicht hinter hochkant gestellter Kiste, will mir ins Wort fallen. (WA IV, 464)
Ich mußte mich kratzen, mich über Umwege an mich erinnern [...] (WA IV, 528)

Grass verwendet paradoxe Ausdrücke auch dazu, um in prägnantester Weise eigene Standpunkte zum Ausdruck zu bringen, wie in der folgenden Formulierung:

Ich kann zuhören, weghören, voraussehen, was gewesen ist, denken, bis es sich aufhebt, und – außer beim Aufdröseln von Bindfäden und scholastischen Spekulationen – geduldig bleiben. (WA IV, 333)

Die Paradoxie der bezeichneten Konstruktion gründet auf der Behauptung der Antizipierbarkeit der Vergangenheit und der Erinnerbarkeit des Zukünftigen. Die darin zum Ausdruck kommende Aufhebung einer linearen Zeitstruktur (Vergangenheit-Gegenwart-Zukunft) entbirgt nun die Grasssche Auffassung von Geschichte als eine nicht wie im Hegelschen Sinne zielgerichtete Entwicklung, sondern als ein absurder Kreislauf, in dem sich historische Entwicklungen wiederholen.[36]

Diese im Grassschen Werk konstante Geschichtsauffassung wird z. B. im *Treffen in Telgte* sogar mit dem gleichen stilistischen Mittel des Paradoxons zum Ausdruck gebracht. Im für Grass' Prosawerke grundsätzlich besonders wichtigen einleitenden Abschnitt heißt es dort:

Gestern wird sein, was morgen gewesen ist. Unsere Geschichten von heute müssen sich nicht jetzt zugetragen haben. [...] Was in Telgte begann, schreibe ich auf, weil ein Freund [...] seinen 70. Geburtstag feiern will; dabei ist er älter, viel älter – und wir, seine gegenwärtigen Freunde, sind mit ihm alle aschgrau von dazumal. (WA VI, 6)

In gleicher Weise findet sich innerhalb einer weiteren paradoxen Formulierung in *Aus dem Tagebuch einer Schnecke* in dichtester Form eine komplexe gedankliche Konzeption Grass':

Geduld, ich hafte vorwärts, ich komme. (WA IV, 304)[37]

Die das gesamte Buch prägende Fortschrittsthematik ist hier gebündelt. Grass findet für das Verhältnis der in seiner Sicht zusammengehörenden Pole Fortschritt und Stillstand, die aber in ihrer Gegensätzlichkeit als unlösbar verbunden gesehen

35 Vgl. Duden 1973, S. 668.
36 Vgl. Cepl-Kaufmann 1975, S. 53–56; Neuhaus 1979, S. 161.
37 Vgl. S. 49 dieser Arbeit.

werden, einen der Schneckenthematik entnommenen bildhaften Ausdruck. Dabei ist wie im Titel der dem Werk beigefügten Rede *Vom Stillstand im Fortschritt* das Fortschrittskonzept letztlich nicht aufgehoben, sondern befindet sich innerhalb eines Spannungszustandes zwischen Verharren und minimaler Vorwärtsbewegung. Daß Grass' Denken tatsächlich in derartigen Widersprüchen Ausdruck findet, die paradoxe Gestalt annehmen können, veranschaulicht der folgende Dialog mit seinen Kindern:

»Und was meinste mit Schnecke?«

»Die Schnecke, das ist der Fortschritt.«

»Und was issen Fortschritt?«

»Bißchen schneller sein als die Schnecke ...« (WA IV, 268)

Die zunächst behauptete Entsprechung von Schnecke und Fortschritt wird in der zweiten Antwort aufgehoben. Der logische Widerspruch der Antworten zueinander entspricht dem paradoxen Zusammenhang von Fortschritt und Stillstand, der im folgenden Beispiel erneut zum Thema wird:

Zwar lassen sich springende Schnecken denken, doch springt die gedachte Schnecke nur im Verhältnis zur schleichenden Schnecke, die nicht gedacht werden muß. Selbst wenn es Zweifel gelänge (der lieben Utopie wegen) Hüpfschnecken zu züchten, bewiese das neue Tempo nur: schneller sind sie schon, doch die übersprungenen Spannen wollen sich nicht beeilen. (WA IV, 410)

Nachdem zunächst nur die Möglichkeit springender Schnecken zur Beschleunigung des Fortschritts bedacht wird, entsteht durch den überraschenden Agenswechsel im letzten Konjunkt eine rätselhafte Beziehung zwischen Fortschritt und Wirklichkeit.

Der Gebrauch von Paradoxa ist meines Wissens für Grass' Werk bislang überhaupt nicht untersucht worden. Dabei zeigt sich schnell, daß auch dieses Stilmittel konstant verwendet wird. So spricht Oskar in der *Blechtrommel* rätselhaft von einem »zwar aufgeteilte[n], doch gerade deshalb geeinte[n] Polen« (WA II, 102).

An anderer Stelle verwendet Oskar die paradoxe Formulierung:

Nach längerem Zögern – die Auswahl war zu klein, als daß ich mich hätte schnell entscheiden mögen – griff ich, ohne zu wissen, was ich griff, [...] zuerst den Rasputin und dann den Goethe. (WA II, 102)

Ähnlich heißt es im *Butt:*

Die zehnte und elfte Köchin in mir sind noch ungenau, weil mir die beiden zu nah bekannt wurden. (WA V, 23)

Eine andere paradoxe Formulierung im *Butt* findet sich in dem Gedicht *Worüber ich schreibe:*

Wie der Geist gallebitter

und der Bauch geisteskrank wurden,

[...] (WA V, 11)

In dem Gedicht *Mir träumte, ich müßte Abschied nehmen* in der *Rättin* heißt es:

Abschied von sattsam vertrauter Fremde,

von den Gewohnheiten, die sich Recht geben höflich,

von unserem eingeschrieben verbrieften Haß. Nichts

war mir näher als deine Kälte. So viel Liebe genau

falsch erinnert. (WA VII, 105)

Sowohl die Vertrautheit des Fremden als auch die exakt berechneten Zeilensprünge, die das »Nichts« als »Etwas« konstituieren, und die Genauigkeit der falschen Erinnerung sind Paradoxa, mit denen das lyrische Ich Abschied von einer disharmonischen Welt nimmt.

4.10.2.4 Oxymoron

Auch das Oxymoron wird als eine antithetische Figur behandelt, die eine bezeichnete Gegensätzlichkeit in besonderer Weise verschärft.[38] Dieser »extreme Grenzfall der Antithese [...] liegt dann vor, wenn zwei einander widersprechende oder gar ausschließende Begriffe syntaktisch zusammengeschlossen werden«[39]. Als formales Merkmal wird die enge Fügung angegeben,[40] wie in einem der bekanntesten Oxymora »schwarze Milch« aus der Todesfuge Paul Celans. Die dabei entstehende extreme Gegensatzrelation wird auch als »contradictio in adjekto« bezeichnet.[41]

Für *Aus dem Tagebuch einer Schnecke* lassen sich die folgenden Oxymora angeben, die als satzwertige Nominalphrasen verwendet werden.

> Mitten im Fortschritt ertappen wir uns im Stillstand. Die ausgegrabene Zukunft. (WA IV, 289)
>
> Männer, überall Männer. Dieser beschränkte Reichtum: [...] (WA IV, 462)

Mehr oder minder etablierte Oxymora sind »der lärmige Schweiger« (WA IV, 285), im *Butt* »sein dröhnendes Schweigen« (WA V, 51), in den *Kopfgeburten* »hört man ihn [...] schweigen« (WA VI, 268).

Mit Hilfe eines angekündigten Oxymorons bringt Pilenz in *Katz und Maus* zum Ausdruck, wie lang ihm die Zeit vorkam, bis Mahlke wieder auftauchte:

> Wenn ich jetzt sage, fünf Minuten Pause, sagt das gar nichts; aber nach etwa fünf jahrelangen Minuten [...] (WA III, 57)

Ebenso befindet Pilenz, daß der Marienkapelle »untilgbar etwas evangelisch Karges, die fanatische Nüchternheit eines Betsaales« (WA III, 16) anhaftete.

Durch die Konstruktion des Oxymorons »die freien Marktzwänge« in den *Kopfgeburten* (WA VI, 173) wird das gedankliche Konzept der »Bedingungen der freien Marktwirtschaft« als Problemzusammenhang dargestellt.

Ebenfalls in den *Kopfgeburten* kommentiert Grass die Lektüre von Nicolas Borns Roman »Die Fälschung« unter anderem mit den folgenden Oxymora:

> Es liest sich wie die Vorwegnahme seiner, unserer Krankheit: das normal Absurde. Die kaum noch erschreckenden Zufälle. Die Verwertung des Schreckens. Der vernünftelnde Wahnsinn. Die wachsende Entfernung bei zunehmender Nähe. (WA VI, 180)

---

38 Vgl. Kayser [18]1978, S. 113.
39 Ueding/Steinbrink 1986, S. 289.
40 Vgl. Sowinski [2]1978, S. 269.
41 Vgl. Seiffert 1977, S. 94; Sowinski [2]1978, S. 269.

Die scheinbar widersinnigen Verbindungen verlangen vom Leser eine plausible Interpretation. In der Auflösung dieser Widersinnigkeit entbirgt sich letztlich eine äußerst verknappte Kritik an bestehenden Zuständen.

Damit zeigt sich, daß Paradoxon und Oxymoron nicht etwa einen Zusammenhang verschleiern, sondern ganz im Gegensatz dazu läßt Grass das Paradoxon als Erklärung stehen: Es ist bereits der Zusammenhang. Stilistische Figuren wie das Paradoxon erweisen sich damit als »Formen der Gedankenführung«[42]. Paradoxa und Oxymora sind letztlich auch Mittel zur Aktivierung des Lesers bzw. Hörers, indem die ungewöhnliche, zum Teil anti-empirische Verschränkung zweier sich ausschließender Sachverhalte dazu auffordert, nach einer Erklärung dieser Verrätselung zu suchen.

4.10.3   Figuren- und Motivoppositionen als stilistisches Phänomen

Neben den beschriebenen Antithesen innerhalb bestimmter Satzkonstruktionen bzw. im Rahmen enger kontextueller Bezüge stellt die Antithetik auch unter umfassenderem Strukturaspekt ein wichtiges Stilmerkmal dar.

Ein besonders auffälliges Gestaltungsmittel in *Aus dem Tagebuch einer Schnecke* ist dabei die Verwendung von Figuren- bzw. Motivoppositionen. Vielfach werden zwei Themenstränge ineinanderverwoben, so daß unterschiedliche Motive wechselweise aufeinander folgen.

So werden z. B. bereits zu Beginn des ersten Kapitels in die Erzählung der Schneckenhandlung mehrfach Bezüge zu Grass' eigener Familie eingeschoben:

Noch vor ihrem Auftritt, ihr Eigengeräusch: schaumiges Knistern. [...]
Oder ähnliche Vorgänge auf Kriechsohlen: wenn sich Anna und ich unsere Ehe rückwirkend auszahlen.
Sie schob sich durchs Bild [...]
Vier Kinder, selten alle auf einem Foto versammelt: [...]
Als die Schnecke, Fühler voraus, die Zielmarkierung ahnte, zögerte sie: [...]
Ihr redet mit Anna Schweizerdeutsch [...] und berlinert mit mir [...]
Nur eine Nacktschnecke. (WA IV, 267)

In gleicher Weise wird die Beschreibung der Protesthandlung eines Jungsozialisten, der demonstrativ sein Parteibuch verbrennt, mehrfach unterbrochen durch eine kontrastierende Beschreibung des flachen Landes, auf dem »das Langsame üblich« ist (WA IV, 366).

Ebenso beginnt Grass die Darstellung einer Wahlkampfveranstaltung in Säckingen mit einer Sequenz thematisch alternierender Sätze:

Da es in Säckingen keine APO gibt, war welche aus Lörrach angereist. Wenn Vater und Sohn einander mit Distanz sehen. Die APO aus Lörrach besaß einen apostelhaft schönen Sprecher. Anna bemerkte unsere Verlegenheit, womöglich fand sie uns ko-

---

42 Ueding/Steinbrink 1986, S. 284.

192

misch. Der Apostel aus Lörrach mischte selbsterdachten Sozialismus mit alemannischer Anthroposophie. [...] Er meldete sich, noch während ich redete, unübersehbar zu Wort und hatte eine Verkünderstimme. [...] Ich sah wie Franz dem Schönsprecher zuhörte. Er verbreitete Pfingststimmung im Saal. (WA IV, 462 f.)

Der mehrfache Perspektivenwechsel zwischen der APO und Grass' Familie mündet schließlich in eine antithetische Figurenkonstellation, in der sich Grass und der »Apostel« gegenüberstehen:

> Frühchristlich auf Sandalen: wie er mal sanft wohltönend, mal als aggressiver Prophet [...] den Säckinger Bürgern im Vereinshaus eine globale Harmonie einredete, so, in seiner Ekstase und wortseligen Schönheit, reich an Rotbart und Haupthaar, hätte ich ihn gerne, samt seinen Klimperketten und indianisch-germanischen Amuletten gezeichnet; aber ich hatte die Hände nicht frei, mußte mir lästig irdisches Zeugs notieren, das sich sperrig gab und – aller Harmonie feindlich – keine Gegenekstase aufkommen ließ. (Aber schön war er mit seinem Bauchladen voller Flitterkram und deutschem Idealismus. Franz hat recht: »Sah dufte aus.«) (Wa IV, 463)

Der gesamte umfangreiche Satzkomplex weist eine antithetische Grundstruktur auf. Ausgehend von der äußeren Erscheinung und dem Auftreten des APO-Sprechers setzt Grass sein eigenes Verhalten dagegen. Dabei begründet das mit »aber« eingeleitete Konjunkt zunächst lediglich, warum Grass nicht zur Porträtierung des APO-Sprechers kam. Erst im folgenden wird die durchgehende Antithetik offensichtlich, indem Grass der Ekstase seinen eigenen nüchternen Pragmatismus, der Harmonie die Harmoniefeindlichkeit, der wortseligen Schönheit »lästig irdisches Zeugs, das sich sperrig gab«, gegenüberstellt.

Der diesem Satzkomplex folgende Widerspruch »Aber schön war er [...]« nimmt den Gegensatz auf zwischen der gerade von Grass negativ bewerteten Gestalt und der bei Grass' Sohn Franz hinterlassenen Faszination.

Die hier vorliegende Figurenopposition steht letztlich stellvertretend für die Gegensätzlichkeit von idealistischen Konzeptionen und Grass' eigener pragmatisch bestimmter revisionistischer Haltung, ebenso wie Hegel und Schopenhauer, der Zweifel gelehrt hatte, vor »dem Erkennen anzuschauen und niemals nach Hegelscher Methode vorgefaßter Erkenntnis die Beweise der Anschauung nachzuliefern« (WA IV, 307), grundlegend oppositionelle philosophische Ansätze repräsentieren.

Diese Form der personalen Antithetik ist am deutlichsten ausgeprägt in den Figuren Augst und Zweifel, deren äußerste Entgegengesetztheit bereits durch die Anfangsbuchstaben ihrer Namen Ausdruck findet.[43] Während die allegorische Figur Zweifel erstmals in Grass' Werk eine »positive – im pädagogischen Kontext ›vorbildliche‹ – Gestalt [...] für die Epoche des Dritten Reiches«[44] darstellt, steht Augst für das »›Prinzip Gläubigkeit‹«[45]. Anlaß für die Schaffung dieser Figur war für Grass ein tatsächlich verübter Selbstmord als Form ritualisierten Protestes auf

---

43 Vgl. Neuhaus 1979, S. 123.
44 Ebenda, S. 122.
45 Ebenda, S. 123.

dem Kirchentag 1969. In der Person August bündelt Grass die für ihn gefährlichen Erscheinungen wie Gläubigkeit, Irrationalismus, Kompromißlosigkeit etc.

Zu einem konkreten stilistischen Phänomen im Sinne dieser Untersuchung wird diese Form der Antithetik dort wieder, wo Grass in der oben bereits beschriebenen Weise zwischen der Augst- und Zweifelhandlung von Satz zu Satz alterniert:

> Dieses sich öffentlich Mitteilenkönnen, dieses Zuwortkommen. (Zweifel braucht eine Pause, damit sein Glück nachbibbern kann.) Dieses Infragestellendürfen, dieses Nocheinmaldaraufhinweisenwollen. (Ich will nicht zugucken, wenn er außer sich ist und – weil betroffen – womöglich Grimassen schneidet.) Jede Diskussion gab August einen kleinen Vorschuß auf gesuchte Gemeinschaft. (Ich kann mir denken, wie Zweifel seiner lange erwarteten Schnecke stoßweise Hoffnungen beichtet.) Tuchfühlung suchen, dazu gehören, bekennen dürfen. (Mag er sich aussprechen, wie August es versucht hat: Zweifel im Keller, August öffentlich.) Beide an einen Tisch bringen? Nicht einmal Dekan Noetling mit seinem 23. Psalm hätte die Zunge dafür. (WA IV, 471 f.)

In diesem Abschnitt werden zumeist elliptischen Satzkonstruktionen, die inhaltlich auf psychische Motivationen für Augsts Verhalten anspielen, Verhaltensweisen Zweifels entgegengesetzt. Die Verwendung von Klammern kann in diesem Zusammenhang einerseits verstanden werden als deutliche Markierung des Kontrastes von Haupt- (August) und Nebenreferenzstrang (Zweifel); eine spekulative Deutung kann darüber hinaus die Klammerverwendung auch als ikonisches Mittel verstehen, das auf die Eingeschlossenheit der Kellerexistenz Zweifels verweist und im Gegensatz steht zum Öffentlichkeitsdrang Augsts.[46]

In gleicher Weise sind die gesamten Kapitel 20, 22 und 24 von dieser antithetischen Struktur bestimmt. In ständigen, kurz aufeinanderfolgenden Wechseln werden die Augst- und die Zweifelhandlung ineinander verschränkt.

Es kommt auf diese Weise zu einem permanten Vergleich Zweifels und Augsts, der gleichfalls »beispielhaft, nicht nur Fußnote« ist (WA IV, 466). Gemeinsam ist beiden ihr Ausgeschlossensein (WA IV, 468). Doch während August »Spekulationen« hinterließ (WA IV, 466), verläßt sich Zweifel auf konkrete Sinneswahrnehmungen:

> Er hörte ihr Eigengeräusch. Er sah die oberen Fühler sich kürzen und längen, sah, wie die unteren Fühler den Vorraum der Kriechsohle sicherten. Er sah das Atemloch seitlich am hinteren Mantelschildrand leben, sah den glasigen Körperschleim, sah den farblosen Sohlenschleim [...] (WA IV, 469)

Der gleiche Gegensatz kommt wenig später erneut zum Ausdruck. Die Darstellung Augsts, der immer auf der Suche nach »höhere[n] Werten« und dem »tiefere[n] Sinn« (WA IV, 475) bereits 1933 in die SS eintrat und nach dem Krieg – »ohne die Brille wechseln zu müssen – ein überzeugter und in seinem Drang, bekehren zu wollen, unermüdlicher Pazifist« wurde (WA IV, 476), wird durch den Bezug

---

46 Jürgen Rothenberg weist auf die »ironische Verschränkung« hin, daß der »Mann des (langsamen) Fortschritts [...] im Keller fest[sitzt] – der notorisch Konservative dagegen [...] beständig unterwegs« ist. Rothenberg 1977, S. 156 f., Anmerkung 86.

auf Zweifels Verhalten, der während des Krieges seine Schnecken beobachtete, genau mit dem Zeitpunkt des Kriegsendes unterbrochen.

In einer Stellungnahme anläßlich der gegen ihn erhobenen Pornographie-Vorwürfe erklärt Grass sein Bemühen, »die Wirklichkeit einer ganzen Epoche, mit ihren Widersprüchen und Absurditäten [...], in literarischer Form darzustellen« (WA IX, 318). An gleicher Stelle äußert sich Grass auch zu den in diesem Kapitel beschriebenen Verfahren der Gegenüberstellung bestimmter Figuren:

> Ich erinnere an den einen Schächer am Kreuz; durch seine Gegenposition erst wird die Position des anderen Schächers deutlich. (WA IX, 318)

Das aufgezeigte Strukturierungsprinzip läßt sich geradezu als eine Spiegelungstechnik bezeichnen, mit der die spezifische Charakteristik einer Figur durch eine gegensätzliche Figur gesteigert wird.

So wird die Gläubigkeit Augsts vor dem Spiegel der zutiefst skeptizistischen Haltung Zweifels in besonderer Weise hervorgehoben (und umgekehrt). Der idealistischen Philosophie Hegels in Jena wird kontrastierend die biedere Provinzialität und Nüchternheit einer Versammlung von Gewerkschaftern in Dinslaken entgegengestellt (WA IV, 304 f.).[47]

Die Glätte und unfaßliche Erscheinung Barzels, den Grass nicht als Person, sondern »als Reflex auf etwas« darstellt (WA IV, 362), hebt die genau entgegengesetzte Biographie Willy Brandts besonders hervor, der, »sobald er Schritte macht, [...] Vergangenheit« (WA IV, 513) bewegt.

Eine weitere Opposition besteht zwischen Zweifel einerseits und den »zugutbehauste[n] Söhnen« und »höhere[n] Töchtern« (WA IV, 305) andererseits.[48] Die Skepsis der »Versammlung der Vierziger« wird besonders betont durch den Gegensatz zu den »älteren Herren«, die »in schlaganfallnahe Begeisterung geraten und sich mit den Jungen beim Beschwören von Endzielen treffen« (WA IV, 310).

Grass hat in einem Gespräch mit Cepl-Kaufmann auf dieses Arbeiten mit Kontrastpaaren hingewiesen, wie beispielsweise Tulla und Harry oder auch Jenny und Tulla in den *Hundejahren*.[49]

Neben solchen Figurenoppositionen werden auch bestimmte Motivgruppen einander gegenübergestellt. So wird mit dem gleichen stilistischen Mittel der satzweisen Alternierung Zweifels Flucht aus Danzig beschrieben. Der Angst wird in einem nachfolgenden eingeklammerten Satz die idyllisierende Landschaftsbeschreibung kontrastierend gegenübergestellt:[50]

---

47 Vgl. dazu die analoge Gegensätzlichkeit zwischen Harm Peters und Gewerkschaftern in *Kopfgeburten*. Dem theorieverpflichteten Vortrag Harms über die Entwicklung der Dritten Welt steht die von Grass geschätzte Pragmatik der Gewerkschafter gegenüber: »Kriegen wir nun die Ampelanlage vor der Realschule oder nicht?« (WA VI, 157)
48 Vgl. S. 61 f. dieser Arbeit.
49 Vgl. WA X, 111.
50 Vgl. S. 88 dieser Arbeit, wo die Textstelle vollständig zitiert ist.

Zweifel hatte kein Ziel, aber ausreichend Angst. (Die Kaschubei [...] wird in Reiseführern auch [...] Kassubische Schweiz genannt.) Die Angst ist ein zuverlässiger Mitfahrer. [...] (WA IV, 384)
Ebenso vergleicht Grass (obwohl er diese Absicht bestreitet: »aber ich will nicht vergleichen«, WA IV, 510) seine Kindheit mit der Situation seiner eigenen Kinder, indem er von Satz zu Satz zwischen beiden Zeitebenen wechselt:

Auch hatte ich kein Zimmer für mich, sondern die Nische unter dem rechten Fensterbrett. Ihr habt jeder eins [...]. Und meine Schwester [...] besaß die Nische [...]. Jetzt hämmert Franz [...]. Sonst gab es nur noch das Schlafzimmer, in dem die Eltern und wir. (WA IV, 510)

Die Darstellungsform mit Hilfe der alternierenden Satzfolge selbst übernimmt auf diese Weise kommentierende Funktion, indem kontrastierend die frühere Eingeschränktheit dem gegenwärtigen Wohlstand gegenübergestellt wird.

Abschnittweise alternieren im achtzehnten Kapitel im Bild des Meeres für den »Nachhilfeschüler Natur«, dem die Spekulanten »den dialektischen Materialismus einpauken« (WA IV, 135 f.) wollen, Ebbe und Flut (WA IV, 428 ff.), die sich der Dialektik verweigern (WA IV, 450). Im Sinne der beschriebenen Spiegelung kontrastieren im sechzehnten Kapitel Wille (»wollen«) und Zwang (»müssen«) (WA IV, 406 ff.).[51]

Grundsätzlich handelt es sich bei dem dargestellten Gestaltungsmittel neben den bereits herausgestellten Funktionen immer auch um ein Mittel der Retardation, worauf Wilhelm Schwarz für die *Hundejahre* bereits auf den »von Satz zu Satz alternierende[n] Gebrauch von die Handlung vorantreibenden und die Handlung retardierenden Elementen«[52] hingewiesen hat und dazu das folgende Beispiel anführt:

Liebe Cousine Tulla,
vom Bodensee und den Mädchen dort weiß ich nichts; aber von Dir und der Koschneiderei weiß ich alles. Du wurdest am elften Juni geboren. Die Koschneiderei liegt dreiundfünfzigeindrittel Grad nördlich und siebzehneinhalb Grad östlich. Du warst vier Pfund und dreihundert Gramm schwer bei Deiner Geburt. Zur eigentlichen Koschneiderei gehören sieben Dörfer: Frankenhagen [...]. Deine beiden älteren Brüder Siegesmund und Alexander wurden noch in der Koschneiderei geboren; Tulla und ihr Bruder Konrad wurden in Langfuhr eingetragen. (WA III, 281)

In *Katz und Maus* gestaltet der Erzähler Pilenz eine Alternation von Staffelgebet und technische Daten von Kriegsschiffen:

»Introibo ad altare Dei – In welchem Jahre lief der Kreuzer »Eritrea« vom Stapel? – Sechsunddreißig. Besonderheiten? – Ad Deum, qui laetificat juventutem meam. – Einziger italienischer Kreuzer für Ostafrika. Wasserverdrängung? – Deus fortitudo mea – Zweitausendeinhundertzweiundsiebzig. Wieviel Knoten läuft er? – Et introibo ad altare Dei – Weiß nicht. Bestückung? – Sicut erat in principio – Sechs Fünfzehnzentimeter, vier Siebenkommasechs ... Falsch! – et nunc et semper – Richtig. Wie heißen

---

51 Vgl. S. 230 f. dieser Arbeit.
52 Schwarz 1969, S. 78 f.

die deutschen Artillerieschulschiffe? – et in saecula saeculorum, Amen. – Sie heißen Brummer und Bremse.« (WA III, 47)
Die Gegensatzpaare »Schule und Krieg, Sport und Krieg, Kirche und Krieg – alle sind gegen- und miteinander austauschbar. Die Messe wird von den Meßdienern zur Seekriegsmesse umgestaltet, mit Versenkungsziffern ›anstelle des Meßtextes‹ ›zwischen Latein und Latein‹«[53] (WA III, 47).

4.10.4 »Vielleicht ergibt sich etwas aus Widersprüchen«[54] – Antithetik und Weltsicht

In den abschließenden Überlegungen dieses Kapitels soll untersucht werden, inwieweit das konkrete stilistische Mittel der Antithetik sowohl als sprachliche Figur als auch in den beschriebenen Motiv- und Figurenoppositionen zugleich einer bestimmten Weltsicht Grass' korrespondiert.

Sicherlich läßt sich von einem spezifischen Sprachgebrauch nicht einfach auf irgendeine Denkweise zurückschließen. Allerdings wurde gerade in den Überlegungen zum Gebrauch von Paradoxa und Oxymora auch bereits auf einen bestehenden Zusammenhang von Stilfigur und Gedankenführung aufmerksam gemacht. Es konnte dabei herausgestellt werden, daß die im Paradoxon in extremer Weise zusammengeführten Gegensätze bereits einen spezifischen Zusammenhang konstituieren. Es kommt nicht zu einer Aufhebung von Gegensätzen im dialektischen Sinne.[55] Nicht die Überwindung der Gegensätzlichkeit, sondern die Akzeptanz einer solchen widersprüchlichen Wirklichkeit (was sich z. B. im politischen Handeln als Kompromiß niederschlägt) vertritt Grass, der sich selbst zur »Kaste der Jeinsager« bekennt (WA IX, 321).

In den *Kopfgeburten* begründet Grass seine Kritik an den Deutschen:
Immer müssen sie schrecklich mehr oder dürftig weniger sein als sie sind. Nichts wächst ihnen unbeschadet. Auf ihrem Hauklotz spaltet sich alles. Körper und Seele, Praxis und Theorie, Inhalt und Form, Geist und Macht sind Kleinholz, das sich schichten läßt. (WA VI, 249)
Grass versteht solche Entitäten als zusammengehörig. Für ihn sind z. B.
Theorie und Praxis eine Einheit [...] Theorie denkt Praxis weiter [...]. Da Theorie aus Praxis kommt, wird bei weitergedachter Theorie aus der Praxis heraus immer die Möglichkeit offenbleiben, daß diese weitergedachte Theorie jeweils durch Praxis korrigiert werden kann [...] (WA X, 116 f.)
Die Gegensätzlichkeit wird als Strukturmerkmal einer letztlich disharmonischen Welt aufgefaßt, in der »immer was auseinandergeht und die Welt, dieses Werkstück als Werkstatt, nicht fertig ist« (WA IV, 510 f.).

---

53 Neuhaus 1979, S. 77.
54 WA IV, 432.
55 Vgl. Just 1972, S. 206 f.

»[...] irdisches Zeugs [...], das sich sperrig« (WA IV, 463) gibt, verlangt ein Denken in Gegensätzen, die letztlich zusammengehören und nicht in einem sich ausschließenden Verhältnis zueinanderstehen, sondern sich als zugleich bestehende Erscheinungsweisen ein und desselben Sachverhaltes herausstellen.

Wie im Zusammenhang mit dem Stilmittel des Paradoxons bereits ausgeführt wurde, erweist sich das zunächst paradox erscheinende Verhältnis von Stillstand und Fortschritt letztlich als synthetischer Zusammenhang.

Wenn »wechselnde[] Sprecher« »harmlos oder beängstigend [...] nahe am Mikrofon» (WA IV, 278) stehen, bewerten paradoxerweise beide Attribute dieses Gegensatzpaares gleichzeitig dieses Verhalten.

Obwohl sich Grass gerade in *Aus dem Tagebuch einer Schnecke* mit den Anhängern der Neuen Linken und deren »Sprechblasen« (WA IV, 561) auseinandersetzt, die sich »auf immer den gleichen Herbert Marcuse berufen«, versteht Grass »solch Philosophieren im Widerspruch als Einheit« (WA IV, 562).

»Nebenausgänge« sind für Grass, »ihrer Natur entsprechend, auch Nebeneingänge« (WA IV, 438).

Bereits in der *Blechtrommel* schwankt Oskar – »auf Schiller und Konsorten pfeifend« (WA II, 102) – zwischen den Extremen Rasputin, »dem Düsteren, der die Frauen bannte«, und Goethe, »dem lichten Dichterfürsten« (WA II, 102). Während Rasputin Oskar das ABC lehrte und ihn tröstete, »wenn Goethe mich kränkte« (WA II, 102), finden sich später bei Oskars Fortgang zu Bebras Fronttheater dessen Lieblingsautoren »Rasputin und Goethe in einem Band« (WA II, 396). Oskars Ratgeber bei seiner Lektüreauswahl sind dementsprechend Dionysos, »der Gott des besinnungslosen Rausches«, und »der überschlaue und allzu vernünftige Apollo« (WA II, 396). Ohne beide Pole im dialektischen Sinne in einem höheren Ganzen aufzuheben, versteht sich Oskar als den Göttern überlegen, indem er diese Gegensätze in paradoxer Weise aufeinander bezieht:

Wenn Apollo die Harmonie, Dionysos Rausch und Chaos anstrebte, war Oskar ein kleiner, das Chaos harmonisierender, die Vernunft in Rauschzustände versetzender Halbgott, der allen seit Zeiten festgelegten Vollgöttern außer seiner Sterblichkeit eines voraus hatte: Oskar durfte lesen, was ihm Spaß machte; die Götter jedoch zensieren sich selbst. (WA II, 397)

Bei Agnes Matzerath finden sich zugleich

das schlechte Gewissen und das Verlangen nach Wiederholung; [...] Nichtgenug und Überdruß, [...] Abscheu und gutmütige[] Zuneigung für den Matzerath. (WA II, 159 f.)

An anderer Stelle charakterisiert Oskar seinen Großonkel Vinzent Koljaiczek:

Der kannte die Welt und redete wirr. (WA II, 474)

Aus der gleichen Haltung heraus beschreibt Eddi Amsel in den *Hundejahren* seine künstlerische Absicht, keinerlei Kritik wolle er äußern, sondern Pfundskerle wie Schweinehunde, gemischt und gewürfelt, wie nun mal das Leben spiele, mit künstlerischen Mitteln produzieren. (WA III, 381)

Besonders deutlich wird diese Auffassung Grass' im *Butt,* wenn die alte Frau auf die Frage des Malers Runge nach der Richtigkeit zweier gegensätzlicher Märchenfassungen antwortet:

»Dat een un dat anner tosamen.« (WA V, 412)

Zwei extreme Pole werden aufgehoben im Phänomen des Hasses, der auftritt, wenn »wir die Liebe mit dem Unterfutter nach außen tragen« (WA V, 432).

So wie »Ilsebill immer beides zugleich wünscht, indem sie freiberuflich und beamtet sein will, ländlich wohnen und großstädtisch in Szene sein möchte, einerseits das einfache Leben [...] anstrebt, andererseits nicht auf gewissen Komfort [...] verzichten kann [...] « (WA V, 617), lehnt das lyrische Ich im Gedicht *Aua* im *Butt* auch für seine eigene Person eine eindeutige, harmonisierende Charakterisierung ab:

Und auch ganz bin ich halb nur und halb.
Immer dazwischen fällt meine Wahl. (WA V, 24)

Ähnlich werden bereits in dem Gedicht *Mein großes Ja bildet Sätze mit kleinem Nein* solche Gegensätze paradox zugespitzt:

Neue Standpunkte fassen Beschlüsse
und bestehen auf Vorfahrt.
Regelwidrig geparkt, winzig,
vom Frost übersprungen,
nistet die Anmut.
Ihr ist es Mühsal, Beruf,
die Symmetrie zu zerlächeln:
Alles Schöne ist schief.
Uns verbinden, tröste Dich,
ansteckende Krankheiten.
Ruhig atmen – so –
und die Flucht einschläfern.
Jeder Colt sagt entwederoder ...
Zwischen Anna und Anna
entscheide ich mich für Anna.
Übermorgen ist schon gewesen.
Heute war wedernoch.
[...]
Grau ist die Messe.
Denn zwischen Schwarz und Weiß,
immer verängstigt,
grämen sich Zwischentöne.
Mein großes Ja
bildet Sätze mit kleinem nein:
Dieses Haus hat zwei Ausgänge;
ich benutze den dritten.
Im Negativ einer Witwe,
in meinem Ja liegt mein nein begraben. (WA I, 145 f.)

Die Auffassung einer widersprüchlichen Welt, die als solche nicht nur hinzunehmen ist, sondern sogar gerade dadurch erst ihre ästhetische Wahrheit bezieht, bestimmt letztlich auch Grass' poetologische Konzeption, wie sie in den *Hundejahren* deutlich wird:

Es war einmal ein Mädchen, das hieß Tulla
und hatte eine reine Kinderstirn. Aber nichts ist rein. Auch der Schnee ist nicht rein.
Keine Jungfrau ist rein. Selbst das Schwein ist nicht rein. Der Teufel nie ganz rein.

Kein Tönchen steigt rein. Jede Geige weiß es. Jeder Stern klirrt es. Jedes Messer schält es: auch die Kartoffel ist nicht rein: sie hat Augen, die müssen gestochen werden. Aber das Salz? Salz ist rein! Nichts, auch das Salz ist nicht rein. Nur auf Tüten steht: Salz ist rein. Lagert doch ab [...] Die Idee, die bleibt rein? Selbst anfangs nicht rein. Jesus Christus nicht rein. Marx Engels nicht rein. Die Asche nicht rein. Und die Hostie nicht rein. Kein Gedanke hält rein. Auch die Kunst blüht nicht rein. (WA III, 502) Im Gedicht *Racine läßt sein Wappen ändern* faßt Grass diesen Gedanken im Gegensatz von Ratte und Schwan. Der Aufschrei des von der Ratte gebissenen Schwans läßt Racine die »heraldische Ratte« aus seinem Wappen streichen und nimmt damit seiner Kunst die Spannung (WA I, 99 f.), wie Neuhaus konstatiert:

Nur aus den ausgehaltenen offenen unversöhnlichen Widersprüchen der Welt [...] entsteht Kunst [...]. Reine Schönheit ist leblos, Leben entsteht im Gegeneinander von Schönheit und Häßlichkeit, oben und unten.[56]

Diese Ästhetik des Häßlichen und Schönen nimmt der *Butt* wieder auf, wenn

wir [...] nicht mehr die unvergleichlich schöne Idee, sondern ihr Gegenteil meinen, das auch seine Schönheit hat [...] (WA V, 432)

Die Überlegungen dieses Kapitels zum möglichen Zusammenhang antithetischer Strukturen und einer bestimmten Weltanschauung hat bereits Just mit seiner Frage angesprochen, inwiefern

diese antithetische Motivstruktur ihrerseits nicht nur erzählfunktional und als Mittel der Verfremdung eingesetzt ist, sondern die Ideologie des Autors (eine Art dualistisches Weltbild) reflektiert [...][57]

Gerade die letzten Ausführungen bestätigen dabei Justs Feststellung, daß Grass' Denken nicht dialektisch ist. Die vorhandenen Gegensätze werden nicht in einem Fortschrittsaspekt aufgehoben. Tatsächlich trifft das zu, was Just in kritischer Absicht feststellt,

daß die antithetische Motivik eben jenen Widerspruch, der sonst als kleinbürgerlicher erkannt und kritisch [...] angegangen wird, unreflektiert als einen allgemein menschlichen, unabänderlichen, als anthropologische Konstante reproduziert.[58]

Während Just für *Die Blechtrommel* noch offenläßt, »inwieweit die Kunstfigur Oskar und mit ihm die antithetische Motivstruktur Korrelat der ihn umgebenden Kleinbürgergesellschaft sind«[59], läßt sich im Hinblick auf das Gesamtwerk zeigen, daß antithetische Strukturen eben nicht nur erzählfunktional verwendet werden, sondern die Gegensätzlichkeit tatsächlich als »anthropologische Konstante« auffassen bzw. als Grass' spezifische Weltsicht.[60]

---

56 Neuhaus 1985, S. 30 f.
57 Just 1972, S. 203.
58 Ebenda, S. 211.
59 Ebenda.
60 Dementsprechend lautet auch der anthropologische Befund der Rättin: »Die Menschen schienen uns immer schon zu allem Möglichen und zum Gegenteil alldessen zugleich befähigt zu sein. So kannten wir sie: unkonzentriert, weil gedankenverloren, Wünschen oder Verlusten nachhängend, Liebe missend, Rache suchend, unschlüssig zwischen Böse und Gut.« (WA VII, 132)

200

Inwieweit hier ein nihilistisches Weltbild zum Vorschein kommt[61] oder sich Korrespondenzen zu einem barocken Lebensgefühl, »das von Widersprüchen zerrissen fragend in eine chaotische Welt starrt«[62], nachweisen lassen, kann im Rahmen dieser Arbeit nicht erörtert werden.

Die Gegensätzlichkeit wird geradezu gefeiert, wie in einem Gespräch mit chinesischen Schriftstellern in den *Kopfgeburten* zum Ausdruck kommt:

> Da häufig nachgegossen wurde, tranken wir auf die Widersprüche, auf die immer anders bestrittene Wahrheit [...] (WA VI, 179)

Von dieser Weltsicht aus formulierte Grass in einem offenen Brief auch seine Aufgabe und sein Selbstverständnis als Schriftsteller:

> Meine Macht beschränkt sich auf das Wort [...]. Jeden Tag muß unsere Welt neu benannt werden. Sie lebt vom Widerspruch. (WA IX, 259 f.)

Der Widerspruch des Schriftstellers hält die Gegensätze der Welt offen.

4.11 Die Negation explizierter Möglichkeiten als Stilmittel

4.11.1 Forschung und Begriff

In diesem Kapitel werden verschiedene Funktionen der Negation untersucht. Es handelt sich dabei u. a. um stilistische Phänomene, die in der bisherigen Forschung zu Grass' Sprache zumeist als Litotes beschrieben werden.

Wilhelm Schwarz versteht dabei die Verwendung der Litotes als Beispiel für die »retardierende Variation«[1], bei der in spielerischer Weise »Aussagen über denselben Gegenstand, meist zum Zwecke eines komischen, belustigenden Effekts«[2] gemacht werden. Schwarz veranschaulicht das mit folgendem Beispiel:

> Diesmal waren es nicht nur SA-Uniformen. Auch das Zeug einiger simpler Parteigenossen befand sich darunter. Aber alles war braun: nicht das Braun sommerlicher Halbschuhe; kein Nüßchenbraun Hexenbraun; kein braunes Afrika; keine geriebene Borke, Möbel nicht, altersbraun; kein mittelbraun sandbraun; [...] kein Herbst spuckte auf die Palette, als dieses Braun: Kackbraun, allenfalls Lehmbraun, aufgeweicht, kleistrig, als das Parteibraun, SA-Braun [...] (WA III, 378)

Die entscheidende Funktion dieses stilistischen Verfahrens sieht Schwarz in der Spannungssteigerung, »wenn uns Grass erzählt, was alles der angekündigte Gegenstand *nicht* ist«[3]. Eine nähere Bestimmung der Stilfigur Litotes erfolgt bei Schwarz allerdings nicht.

---

61 Vgl. Just 1972, S. 207.
62 Grützmacher 1988, S. 28; vgl. Neuhaus 1985, S. 31.
1 Schwarz 1969, S. 78.
2 Ebenda, S. 77.
3 Ebenda, S. 78.

Michael Harscheidt zählt die Litotes im Rahmen seiner Analyse der *Hundejahre* zu den wichtigsten rhetorischen Figuren. Für *Hundejahre* hebt Harscheidt hervor, daß »die ›Verneinung des Gegenteils‹ stets durch mehrere Negationen erweitert und episch angereichert‹ wird. Er veranschaulicht seine Überlegungen u. a. mit den folgenden Beispielen:

Studienrat Oswald Brunies sucht etwas: kein Gold, kein Herz, nicht Glück Gott Ruhm, seltene Kieselsteine sucht er. (WA III, 248)

Da stand [...] nicht Jenny Brunies, kein verfrorener Pummel, kein Eisklößchen, kein Pudding stand auf Beinen, da stand ein zerbrechlicher Strich [...] (WA III, 405)

Das war kein Fußpuder. Kein Schlafpülverchen [...] Kein Pulver zum Schlankwerden, keines gegen Löwen, Backpulver nicht, nicht DDT, keine Trockenmilch, weder Kakao noch Puderzucker, kein Mehl zum Brötchenbacken, nicht Augenpulver und keine Schlämmkreide; das war Pfeffer [...] (WA III, 497)

Es handelt sich in allen diesen Fällen jedoch nicht um die Figur der Litotes, wobei allerdings bereits die Beschreibung dieser Stilfigur in der Rhetorik selbst durchaus problematisch erscheint.

Wolfgang Kayser bezeichnet die Litotes als »Figur des uneigentlichen Sprechens«, bei der »ein Positives durch die Verneinung des Gegenteils ausgedrückt [wird]: wir haben nicht wenig gelacht.«[5]

Eine präzisere Bestimmung der Litotes, der auch die meisten Stilistiken folgen, findet sich bei Heinrich Lausberg, der die Litotes zu den »GrenzverschiebungsTropen‹[6] rechnet:

Die *litotes* [...] ist eine periphrastische [...] Dissimilations-Ironie [...] , indem ein superlativischer Grad durch die Negation des Gegenteils umschrieben wird [...]: ›nicht klein‹ bedeutet ›sehr groß‹ [...].[7]

Lausbergs Defintion geht dabei implizit von gradierbaren Antonymen aus wie klein–groß, wenig–viel, bei denen die negierte Form wie in Kaysers Beispiel »wir haben nicht wenig gelacht« verstanden wird als Litotes »wir haben viel gelacht«.[8]

Inwiefern es sich jedoch z. B. in dem Satz »Peter ist nicht Ingenieur« um eine einfache Negation (z. B. in korrigierender Absicht: »[...], sondern er ist Zahnarzt«) oder um eine Litotes handelt, womit z. B. der Beruf des Ingenieurs in äußerster Polarität zu einer möglicherweise uninteressanten Tätigkeit gesetzt würde, ist ohne einen Kontext bzw. Kenntnis der Redesituation nicht entscheidbar.

Lausbergs Definition sagt außerdem nichts darüber aus, aufgrund welcher sprachlicher Indikatoren wie z. B. Betonung, Wortstellung (»Ingenieur ist Peter nicht«), Partikeln wie »(nicht) gerade«, Konventionen etc. der Leser bzw. Hörer

---

4 Harscheidt 1975, S. 112.
5 Kayser [18]1978, S. 111.
6 Lausberg 1963, S. 68 f., § 184, 185, 2 a β.
7 Ebenda, S. 76, § 211.
8 Renate Rachidi weist allerdings darauf hin, daß bei konträren Gegensätzen zwar z. B. die Implikationsbeziehung»x ist groß« → »x ist nicht klein« gilt, aber nicht notwendig »x ist nicht groß« → »x ist klein«. Vgl. Rachidi 1989, S. 92.

202

weiß, daß ein superlativischer Grad durch die Negation des Gegenteils umschrieben wird.

In seiner Beschreibung der Litotes mit linguistischen Methoden nimmt Wolfgang Berg ein Folgerungsverfahren durch den Leser bzw. Hörer an. Berg geht dabei davon aus, daß aus »S bestreitet, daß p« die sprachliche Handlung »S behauptet, daß q« erschlossen werden kann.[9] Genau diese Folgerungsmöglichkeit ist jedoch bei den bisher zitierten Beispielen von Schwarz und Harscheidt nicht vorhanden. Es handelt sich bei diesen Fällen nicht um Verneinungen eines erschließbaren Gegenteils. Im ersten Beispielsatz Harscheidts stehen die negierten Entitäten »Gold, Herz, Glück« allenfalls in einem kontrastiven Verhältnis zu »Kieselsteinen«, z. B. unter dem Aspekt eines Wertegefälles. Aus der vorausgehenden negierten Form ist das gemeinte Positive jedoch nicht folgerbar. Erst die abschließende positive Bestimmung läßt die Gegensatzbeziehung beider Konjunkte zueinander erkennen. Ebenso ist aus der Negation von »Fußpuder«, »Schlafpülverchen« etc. nicht »Pfeffer« erschließbar. Tatsächlich wird das Gemeinte am Ende auch nicht ausgelassen, sondern erscheint geradezu als etwas Überraschendes.

Eine dem oben dargestellten Verständnis entsprechende Stilfigur Litotes ist meines Wissens in der Forschungsliteratur für Grass' Werk bisher nicht nachgewiesen worden.[10]

Richtigerweise meidet Georg Just diesen Begriff innerhalb seiner Betrachtung stilistisch-syntaktischer Figuren und bezeichnet dieses Verfahren als »Darstellung ex negatione«, die er zu den »auffälligsten, für die *Blechtrommel* charakteristischsten stilistischen Mittel[n]«[11] zählt, ohne allerdings dieses Phänomen eingehender zu beschreiben. Just zitiert in diesem Zusammenhang lediglich ein einziges Beispiel:

> [...] – da schrie ich, ich hatte schon lange nicht mehr geschrien, da feilte ich mir nach längerer Pause wieder einmal meine Stimme zu einem spitzen, Glas ritzenden Instrument und tötete nicht etwa Vasen, nicht Biergläser und Glühbirnen, keine Vitrine schnitt ich auf, nahm keiner Brille die Sehkraft – vielmehr hatte meine Stimme etwas gegen alle am Ohtannenbaum prangenden, Feststimmung verbreitenden Kugeln, Glöckchen, leichtzerbrechlichen Silberschaumgebläse, Weihnachtsbaumspitzen: Klingklang und klingelingeling machend zerstäubte der Christbaumschmuck. (WA II, 316)

Auch dieses Zitat enthält wie bei den Belegen von Schwarz und Harscheidt eine Häufung negierter Ausdrücke, ohne daß daraus allerdings direkt das bezeichnete Gegenteil im Sinne Bergs erschlossen werden kann, womit also auch keine Litotes vorliegt.

---

9 Vgl. Berg 1978, S. 93–100.
10 Das einzige mir bekannte Beispiel für eine Litotes in *Aus dem Tagebuch einer Schnecke:* »Denn es war gar nicht so leicht, dem Kaufmann Engels zu erklären, wie schwer das ist: der Sozialismus in seiner Praxis.« Vgl. S. 105 dieser Arbeit.
11 Just 1972, S. 104.

203

Dagegen ist die Nähe solcher Konstruktionen zur Stilfigur der Antithese offensichtlich. In allen Beispielen Harscheidts läßt sich im Anschluß an die negierten Entitäten die folgende positive Aussage prinzipiell mit einer adversativen Konjunktion (z. B. aber, sondern) einleiten, so wie tatsächlich im letzten Beispielzitat Harscheidts aus den *Hundejahren,* wo eine lange Reihe nicht gemeinter Philosophen vorausgeht, bis endlich ein adversatives »aber« auf Martin Heidegger hinlenkt:
Aber nicht Aristoteles, nicht Descartes oder Spinoza, von Kant bis Hegel niemand. Von Hegel bis Nietzsche: Leere! Auch keine Neukantianer und Vertreter des Neuhegelianismus, nicht der löwenmähnige Rickert, Max Scheler nicht, keines spitzbärtigen Husserl Phänomenologie füllt beredt die Firstenkammer und läßt den Bergfremden vergessen, was platter Eros an Höllenpein zu bieten hatte, kein Sokrates bedenkt Untertage die Welt Übertage; aber Er, der Vorsokratiker, Er, verhundertfacht, mit hundertmal laugenverunglimpfter, einst alemannischer Zipfelmütze bemützt [...] (WA III, 821)[12]
Harscheidt selbst erklärt dementsprechend eine wesentliche Funktion dieses Stilmittels auch mit der Absicht, »ein Kumulieren und Konkretisieren des Nichtseienden auf Dinglichkeit hin« anzustreben, »um das gemeinte Seiende kontrastvoller ins Blickfeld zu bringen«[13].

In seiner Untersuchung der *Blechtrommel* hat Hermann Damian dieses stilistische Verfahren unter erweiterter Perspektive als »negative Hinleitung« beschrieben, worunter er die »Einführung und Hinleitung zu einem Handlungsbericht durch Negation und durch die Möglichkeitsform der Vergangenheit (Irrealis)« versteht:[14]
Ich träumte aber weder von der Matka Boska Czestochowska noch von der schwarzen Madonna, knabberte weder träumend an Marszalek Pilsudskis in Krakau aufbewahrtem Herzen noch an jenen Lebkuchen, die die Stadt Thorn so berühmt gemacht haben. Nicht einmal von meiner immer noch nicht reparierten Trommel träumte ich. (WA II, 267)
Die grundsätzliche Funktion dieses Stilmittels sieht Damian in der Absicht, Spannung zu erregen. Die »vorgestellten Möglichkeiten in der Vergangenheit« arbeiten »mit den Negationen zusammen auf einen Höhepunkt zu, den die positive Darstellung, die folgt, umso eindringlicher bringt«[15], wodurch das wirklich Geschehene mit besonderem Nachdruck dargestellt wird. Darüber hinaus sieht Damian den Hauptgrund dieses Stilmittels, »Möglichkeiten auszumalen und zu verwerfen«, darin, »die Unberechenbarkeit des Schicksals wie des menschlichen Charakters«[16] zum Ausdruck zu bringen.

Für die *Hundejahre* hat Hennig Brinkmann innerhalb seiner Untersuchung komplexer Sätze bemerkt, daß Günter Grass »durch das Verfahren der Ausschal-

12 Vgl. Harscheidt 1975, S. 113. Erst das vollständige Zitat zeigt, daß keine Folgerungsmöglichkeiten im Sinne der Litotes vorliegen.
13 Ebenda, S. 114.
14 Damian 1967, S. 214.
15 Ebenda, S. 215.
16 Ebenda, S. 216.

tung Momente einbezieht, die für die Erwartung, aber nicht für die Wirklichkeit gelten. So wird das aktualisierte Geschehen mit einem weiteren Horizont konfrontiert, ein unablässiges Vergleichen des Aktuellen mit dem Potentiellen in Gang gehalten«,[17] wie im folgenden Beispiel:

> Denn Oswald Brunies, der so ziemlich alles unterrichtete – Erdkunde, Geschichte, Deutsch, Latein, notfalls Religion –, war nicht jener überall gefürchtete Turnlehrer mit der schwarzkrausen Brust, mit den schwarzbewimperten Beinen, mit Trillerpfeife und Schlüssel zum Geräteraum. Nie hat Brunies einen Knaben unterm Reck zittern, auf den Holmen des Barrens leiden, an den heißen Kletterseilen weinen lassen. Nie hat er von Amsel den Felgaufschwung oder den Hechtschwung über das immer zu lange Langpferd verlangt. Nie hat er Amsel und Amsels fleischige Knie über den bissigen Kies gehetzt. (WA III, 251)

4.11.2 Darstellungen ex negatione in *Aus dem Tagebuch einer Schnecke*

Obwohl in den voraufgegangenen Ausführungen die Verwendung der Litotes als Stilmittel bei Grass ausgeschlossen wurde, haben die dargestellten Arbeiten ein wichtiges sprachliches Phänomen der Grassschen Prosa beschrieben.

In den folgenden Untersuchungen werden verschiedene Aspekte der Negation in *Aus dem Tagebuch einer Schnecke* untersucht. Dabei werde ich davon ausgehen, daß es sich um ein Darstellungsverfahren handelt, das bestimmte Möglichkeiten expliziert und zu gleicher Zeit negiert, wobei sich verschiedene Funktionen unterscheiden lassen. Es geht dabei nicht um einen möglicherweise grundsätzlichen textkonstitutiven »Horizont des Nichtgesagten« als Komplement des Gesagten, sondern ausschließlich um explizite Negationen, die einen »Horizont des ›gesagten Nicht‹«[18] konstituieren, d. h. um konkrete sprachliche Konstruktionen.

4.11.2.1 Die Figur Zweifel

Gerade im Zusammenhang mit der allegorischen Figur Zweifel dienen Negationen wichtigen erzählerischen Absichten.

Im zweiten Kapitel wird Zweifel, wie von Grass zu Beginn von *Aus dem Tagebuch einer Schnecke* angekündigt, eingeführt:

> Geboren 1905 als einziger Sohn eines Ingenieurs beim Prauster Dampfschöpfwerk, macht er auf Sankt Johann pünktlich sein Abitur und studiert seit dem Sommer 1924 nicht an der Technischen Hochschule in Danzig (zum Beispiel Hydraulik), sondern Biologie und Philosophie, weit weg in Berlin. (WA IV, 280)

---

17 Brinkmann 1966, S. 23.
18 Stierle 1975, S. 240.

Das negierte Konjunkt »studiert [...] nicht« impliziert dabei einen zugrundeliegenden Erwartungshorizont, »auf den sich die Negation bezieht und der sie zugleich motiviert«[19]. In verdeckter Weise wird damit der ursprüngliche Wunsch des Vaters (der selbst Ingenieur ist) vorweggenommen und zugleich der phänomenale Gehalt dieses Satzes erweitert, in dem der Leser neben der zusätzlichen Information, daß Danzig über eine Fachhochschule verfügt, von der selbst getroffenen Berufsentscheidung Otts erfährt.

Für die erzählerische Konzeption der Figur Zweifel ist diese Stelle nicht unerheblich, da in der im negierten Konjunkt angesprochenen enttäuschten Erwartung des Vaters die Ursache dafür angelegt ist, daß Zweifel gezwungenermaßen seinen Lebensunterhalt selbst verdienen muß (»der Vater [...] wollte nur für Hydraulik zahlen«, WA IV, 280), womit er einerseits in einen Gegensatz zu den privilegierten »zugutbehauste[n] Söhnen« und »höhere[n] Töchter[n]« (WA IV, 305) der Studentenbewegung gesetzt wird[20] und womit zum anderen durch die Annahme einer Arbeit auf dem Troyl Zweifels Engagement für die Danziger Juden erzählerisch motiviert wird.

Dem Wunsch seiner Kinder folgend, beschreibt Grass Zweifels Aussehen und nennt zunächst verschiedene äußerliche Merkmale, um im folgenden Abschnitt diese Charakterisierung aufzuheben:

Ein in sich verrutschtes Kerlchen, zum Zappeln und Kniewippen neigend, sonderlich und reich an schnarrenden Nebengeräuschen, schwach auf der Brust.
Oder – Kinder – stellt euch Zweifel lieber nicht mickrig und zwinkernd vor. (WA IV, 284)

Doch wird diese revidierte Beschreibung ebenfalls sogleich wieder verworfen:

Oder – Kinder – stellt euch Zweifel überhaupt nicht vor. Er bestand ja aus Widersprüchen, sah niemals eindeutig aus. (WA IV, 284)

Auch weitere Merkmalsbestimmungen haben spielerisch-hypothetischen Charakter. Übrig bleibt letztlich lediglich die negative Bestimmungsmöglichkeit:

Nur soviel gilt: er humpelte nicht. Er trug keine Brille. Kein Kahlkopf. Kürzlich noch [...] sah ich ihn und war sicher, daß Zweifels Skepsis grauäugig blickt. (WA IV, 285)

Bereits in den vorhergehenden Sudelbucheintragungen erinnert sich Grass fortlaufend daran, »unbedingt Zweifel [zu] beschreiben« (WA IV, 282). Doch »Zweifels Aussehen läßt sich nicht nachweisen« (WA IV, 282), sicher ist nur: »Zweifel trug keine Brille ...« (WA IV, 283)

Jede positive Festlegung wird somit vermieden. Die letztlich übrigbleibende Unbestimmtheit und Widersprüchlichkeit Zweifels wird mit Hilfe des hier be-

19 Weiss 1969, S. 273.
20 Vgl. S. 61 und S. 194 dieser Arbeit.

schriebenen Verfahrens der Negation angenommener Möglichkeiten auf formale Weise expliziert.[21]

Darüber hinaus verbindet sich mit dieser Darstellungsweise ex negatione das Anliegen, eine Festlegung zu vermeiden, die die Figur Zweifel und das über diese allegorische Figur hinausweisende Prinzip Zweifel in phänomenaler Hinsicht einengen könnte. Indem der Leser in seinen konkreten Vorstellungen bezüglich Zweifel verunsichert wird, »bis nur noch der Zweifel gewiß ist« (WA IV, 557), werden zugleich erzählerische Möglichkeiten bewußt offen gehalten.

Grass nutzt hier ein Strukturmerkmal der Negation, die das »Gegenteil, das sie aussagt, [...] meist weniger determiniert als ihr positives Gegenüber [...] und [...] prinzipiell-formal eine unbestimmte Zahl von Determinationen«[22] offenläßt. Es entstehen auf diese Weise Leerstellen[23], die leserseits durch eine textkonstituierende Rezeption besetzt werden müssen und so aktivierende Funktion besitzen.

Auch in späteren Erzählphasen werden erneut Charakteristika Zweifels eingeführt und zugleich wieder negiert. So heißt es zunächst, daß Zweifel

> neuerdings (und versuchsweise) die rundfenstrige Brille jener herablassend gescheiten Studenten trägt, die mit dem Wörtchen «irrelevant« hantieren, als wollten sie mit Heidegger »seinsvergessen« sagen. (WA IV, 313)

Doch auch in diesem Fall wird eine solche Konkretisierung der äußeren Gestalt sogleich wieder zurückgenommen:

> (Nein, Kinder, Zweifel trägt doch keine rundfenstrige Brille.) (WA IV, 314)

Einerseits wird hiermit die beabsichtigte Unbestimmbarkeit Zweifels konsequent beibehalten. Zugleich dient Grass an dieser Stelle die »rundfenstrige Brille« in spielerisch-assoziativer Weise als Analogon zur Phänotypik der gegenwärtigen Studentenbewegung. Die prompte Stornierung dieses Merkmals verweist nun auch darauf, daß der Aussageschwerpunkt in der Diskreditierung der Studenten (und eines ihrer Modewörter »irrelevant«) zu suchen ist und der erneute Beschreibungsversuch Zweifels als vordergründig erscheint.

Als Zweifel später bei Stomma Unterschlupf gefunden hat und dessen »Züchtigungen« hinnehmen muß, heißt es:

> Mit einer Hand konnte er [Stomma] Zweifel, der wohl doch schmächtig gewesen sein muß, über sich heben [...] (WA IV, 396)

---

21 Vgl. dazu die »allegorische Leere« der Agnes Kurbiella im *Butt:* »Man konnte in sie hineinlegen, was man wollte, immer ließ sie Bedeutung zu. (Sie sah nicht deutlich aus; sie konnte ungefähr aussehen wie.)« (WA V, 325)
In verdeckterer Weise revidiert der Erzähler Pilenz in *Katz und Maus* seine Beschreibung Mahlkes. Heißt es zunächst, daß Mahlke »glaube, hellblaue Augen« besitzt (WA III, 13), spricht Pilenz wenig später von »glaube, hellgrauen [...] Augen«. Zusammen mit Schilling und Jürgen Kupka erinnert sich Pilenz: »Er hatte graue oder graublaue, helle aber nicht leuchtende, auf keinen Fall braune Augen.« (WA III, 36)
22 Weiss 1969, S. 275.
23 Zur Anwendung von Isers Modell auf einen Grass-Text vgl. Just 1972.

Aufgrund des gewünschten Handlungsmotivs, daß Stomma seinen Gast körperlich
züchtigt (WA IV, 408), entsteht die Notwendigkeit der physischen Unterlegenheit
Zweifels. Dieser Folgerungszusammenhang wird mit Hilfe des Modalverbs »müssen« zum Ausdruck gebracht, das hier sowohl in epistemischer Lesart verstanden
werden kann als erschlossene Vermutung des Erzählers als auch in nicht-episte-
mischem Bedeutungsgebrauch als Ausdruck auktorialer Kontrolle.[24]

Dabei besteht ein durchgehendes Spannungsverhältnis zwischen der Absicht
der konkreten detaillierten Beschreibung Zweifels und der mehrfachen Revision[25]
charakterisierender Entwürfe, wodurch die Fiktionalität dieser Figur immer herausgestellt bleibt und der Leser permanent darauf hingewiesen wird, daß ihm ein
poetischer Gegenstand vorliegt.

Besonders deutlich wird die Absicht, die Entstehung des Werkes mitzuerzäh-
len, erneut im Zusammenhang mit der Konzipierung der Figur Zweifel:

> Oder: wenn Zweifel eine Schwester gehabt hätte, die ich mir nicht vorstellen kann. [...]
> Wenn Zweifels Schwester (die es nicht gab) plötzlich im Keller stünde. (WA IV,
> 444)[26]

Durch dieses Spielen mit Möglichkeiten wird die Aufmerksamkeit des Lesers vom
Stoff weg auf den Darstellungsmodus selbst gerichtet; das Stilmittel dient somit
als Indikator für Poetizität.

Trotz der Vorbildlichkeit der von Zweifel verkörperten Tugenden wie Skepsis,
Geduld und Zärtlichkeit wird durch die Betonung der Fiktionalität dieser Figur
dem Leser eine allzu schnelle Identifikation erschwert.

Das dargestellte Verfahren, bestimmte Möglichkeiten zu explizieren und zugleich zu negieren, verweist zudem auf eine gewisse Selbständigkeit, ein »Eigenleben« der Gestalt Zweifel, die sich nach der Schöpfung durch ihren Autor gegen
dessen vollständige Kontrolle sträubt.[27] Es zeigt sich hier, daß der Entstehungs-
prozeß des Romans miterzählt wird, wie es am Ende des vierten Kapitels heißt:

> Seitdem Zweifel an der Rosenbaumschen Schule denkbar und als Lehrer tätig ist, gerät
> er mir vielseitiger als geplant [...] (WA IV, 300)

---

24 Vgl. S. 157 dieser Arbeit.
25 Zur »Revision« des Erzählens vgl. Richter 1977, S. 76.
26 Vgl. auch: »Es muß unklar bleiben, ob Zweifel versucht hat, sein Verhältnis zu den
   weiblichen Lehrkräften in die Nähe von Verlöbnissen zu bringen.« (WA IV, 326)
27 Vgl. Neuhaus 1979, S. 22. Vgl. auch die relative Autonomie Oskars in der *Rättin* im
   Zwiegespräch mit seinem Autor: »Nicht wahr? Sie haben mich abschaffen, regelrecht
   umbringen wollen. [...] Mag sein, daß ich mich überlebt habe; doch so ist Oskar nicht
   zu eliminieren!« (WA VII, 356) »Ich nicht, Oskar hat das gewollt.« (WA VII, 414)
   Eine vergleichbare Autonomie genießen auch die fünf Frauen an Bord der »Ilsebill«:
   »Immer liegen sie so, wie ich sie nicht wünsche: [...]« (WA VII, 84)

208

4.11.2.2 Der Autor Grass

Die weitgehende Selbstidentifikation Grass' mit Eigenschaften seiner allegorischen Figur Zweifel wird deutlich, wenn Grass auf das Drängen seiner Kinder, auch über sich selbst Auskunft zu geben, auf das gleiche stilistische Verfahren zurückgreift und zunächst ausschließlich mit Negativbestimmungen antwortet:

> Also gut: über mich. Ich gebe kein Bild ab. Vor allen anderen Blumen gefällt mir die hellgraue, das ganze Jahr über blühende Skepsis. Ich bin nicht konsequent. (Sinnlos, mich auf einen Nenner bringen zu wollen.) (WA IV, 332)

Ebenso wie Zweifels »grauäugige Skepsis« der Grassschen »hellgraue[n] [...] Skepsis« korrespondiert, entsprechen sich die analogen Charakterisierungen in ihrem negierenden Grundton:

> Mich trägt keine Lehre. Die Lösung weiß ich nicht. Ich schenke euch Zweifel und rate zum Verlust. (WA IV, 407)

Es handelt sich auch hier in keiner dieser Negationen um die Bezeichnung eines gegenteiligen Positiven im Sinne der Litotes. Die abgelehnten »Lehre« und »Lösung« stellen allerdings in ihrer Bedeutung als »Nicht« in bestimmter Weise bereits selbst eine positive Setzung innerhalb des Grassschen Werteverständnisses dar, ebenso wie der »Zweifel« mit der ihm inhärenten Negativität als Geschenk bezeichnet wird. Selbst der »Verlust« wird als Wert an sich dargestellt, wie die Nichtbesetzung einer subkategorisierten Argumentstelle (der Verlust wessen bleibt bewußt ausgespart) sprachlich verdeutlicht. Die von Weiss festgestellte stilistische Funktion von Privativa »als eines der wichtigsten und wirksamsten Sprachmittel zum Ausdruck des Negativen«, die »in der Dichtung besonders die Sprache der Enttäuschung, des Pessimismus, des Nihilismus«[28] prägen, deckt sich hier mit der tatsächlichen weltanschaulichen Position von Grass.

Grass reklamiert für sich in gleicher Weise wie Zweifel die Schwierigkeit, »für etwas zu sein« (WA IV, 323). Grass' an anderer Stelle gegebenes Bekenntnis findet zugleich eine ernüchternde Einschränkung per Negation:

> Ich bin Sozialdemokrat, weil mir Sozialismus ohne Demokratie nichts gilt und weil eine unsoziale Demokratie keine Demokratie ist. [...] Nichts zum Begeistern und Mützenwerfen. Nichts, was die Pupille vergrößert. (WA IV, 334)

Selbst wenn er sich auf Wunsch seiner Kinder mit einer Schnecke vergleichen soll, werden alle explizierten Vergleichsmöglichkeiten verworfen:

> Weder bin ich die gemeine Ackerschnecke noch die Kielnacktschnecke.
> Rechnet mich nicht zur [...] Familie der Windelschnecken [...]
> Ich bin keine feingefältete Schließmundschnecke [...]
> Ich wohne nicht in stehenden Gewässern. [...]
> Ich bin nicht die eßbare Herkuleskeule.
> Kein Wellhorn oder Würfelturban.
> [...] ich bin keine auszubeutende Purpurschnecke.
> [...]
> Ich bin die zivile, die menschgewordene Schnecke. [...]

---

28 Weiss 1969, S. 277.

Weil immer noch unbestimmt, werde ich langsam zum Schneckenprinzip.
Schon eigne ich mich für Spekulationen. (WA IV, 324)

Der Grundgedanke dieses Darstellungsverfahrens ist es, die Unbestimmbarkeit der eigenen revisionistischen Haltung durch immer neue Negationen formal zum Ausdruck zu bringen und auch auf dieser Vergleichsebene keine Identifikationsmöglichkeiten zuzulassen. Die angedeutete Befürchtung, »zum Schneckenprinzip« werden zu können, begründet Grass mit der Sorge, daß diese negierende Haltung in dialektischer Weise umschlägt und schließlich als eine ideologieähnliche Position mißverstanden wird.

Zugleich wird mit Hilfe dieser umfangreichen Negativbeschreibung indirekt ein bestimmter Gegenstand in seiner Vielfalt deutlich gemacht. So wird in diesem zuletzt zitierten Beispiel die besondere Vielfalt der Schneckenarten (»[...] hundertzwölftausend Arten der Mollusken, von denen fünfundachtzigtausend als Schnecken (Gastropoda) bezeichnet werden.« WA IV, 325) anschaulich dargestellt.

4.11.3 Die Negation als Mittel der Verdichtung

Wie bereits im Zusammenhang mit der Konzeption der Figur Zweifel angesprochen wurde, verweist Grass mit Hilfe dieses Verfahrens auch vielfach auf den Akt des Erzählens selbst. Die Reflexion der ästhetischen Mittel wird auf diese Weise mit in das Werk hineingenommen.

Mit dem Satz »Ich will das nicht engführen« (WA IV, 287) lehnt Grass die Anwendung eines bestimmten Darstellungsmittels an dieser Stelle ab.

Indem zwar die Verwendung dieses Stilmittels in diesem Zusammenhang verworfen wird, wird jedoch gleichzeitig ein alternatives episches Verfahren als Möglichkeit projiziert. Karlheinz Stierle geht davon aus, daß Negationen aufgrund der Konstituierung eines Sachverhaltes und die mit der Negationsaufforderung verbundene gleichzeitige Suspendierung grundsätzlich ein Mittel der Verdichtung sind, das »eine erhöhte Aufmerksamkeitsleistung des Rezipienten«[29] verlangt. Die Negation einer Alternative evoziert zugleich die Frage des Lesers nach den ausschlaggebenden Gründen für die getroffene Entscheidung des Autors. Die hier zum Ausdruck kommende Weigerung, einen Sachverhalt in einer bestimmten Art und Weise zu ästhetisieren, hat letztlich auch Verweisungscharakter auf diesen Sachverhalt selbst. Die bewußte Kenntlichmachung der eigenen Darstellungsweise aktiviert somit auch den Leser dazu, die Wirkung einer potentiellen Engführung selbsttätig zu assoziieren.

Kiesingers NS-Vergangenheit erklärt Grass für irrelevant – »(Was nicht in den Wahlkampf gehörte [...])« (WA IV, 464) –, um sie dennoch mit Hilfe des Klammertextes auszuführen.

---

29 Stierle 1975, S. 242.

Auch in den folgenden Beispielen werden in der beschriebenen Weise erzählerische Möglichkeiten entworfen und zugleich negiert:

Ich will euch keine Figuren beschreiben. (WA IV, 310)

Ich will jetzt keine Stimmung auspinseln und Strichmännchen kritzeln, obgleich sich draußen, während die Stühle uns steif werden ließen, Pathos auf Breitwand auslebte. (WA IV, 291)

Ich will nicht den Herbst ausbeuten und das Laub wenden, doch soviel stimmt: [...] (WA IV, 377)

Ein weiteres stilistisches Phänomen in dem in diesem Kapitel beschriebenen Sinne ist die Verwendung des Satzadverbs »eigentlich« in Verbindung mit einem konjunktivischen Modalverb zur Einleitung von zum Teil umfangreichen Passagen:

Eigentlich müßte ich jetzt historisch-statistisch werden und vom gewachsenen und wechselnden Sprachgemisch in den Dörfern des Landkreises Karthaus erzählen. Wann hieß Klobschin Klobocin und warum Klobocin Klobschin? Wann und wie oft wurde der Flecken Neuendorf, der westlich vom Turmberg liegt, polnisch Novawies genannt? Warum schrieb sich Seeresen, das zwischen Karthaus und Zuckau liegt, als es 1241 zuerst genannt wurde, Derisno, ab 1570 Seheressen, um 1789 abwechselnd Seresen oder Serosen, erst im neunzehnten Jahrhundert Seeresen, aber auf polnisch und kaschubisch zugleich zwischendurch immer wieder Dzierzázno? – Das ist Geschichte, wie sie sich auf dem Land niederschlägt. (WA IV, 398)

Der Einleitungssatz dieses Abschnittes reflektiert auf den Schreibprozeß selbst (besitzt infolgedessen eine metakommunikative Funktion) und indiziert, daß ein erforderlicher Erzählabschnitt entfallen soll. Was »erzählt werden müßte«, wird in der anschließenden Fragesatzsequenz aufgelistet.

Interessant ist nun, daß die Fragesätze auf hier nicht erzählte Episoden verweisen (z. B. wann und wo es zu Umbenennungen kam im Landkreis Karthaus), zugleich aber die in ihnen enthaltenen Informationen (wechselndes Sprachgemisch) in den Vordergrund treten. Dieser Effekt entsteht dadurch, daß einerseits syntaktisch der Sprechakt »Frage« realisiert ist und andererseits zugleich durch die zum Teil äußerst umfangreichen Satzerweiterungen in komprimiertester Weise historische Veränderungen dargestellt werden.

Dem bisher beschriebenen Stilverfahren der Negation explizierter Möglichkeiten entspricht die Darstellung in dem hier zitierten Abschnitt insofern, als erzählerische Alternativen konstituiert werden und gleichzeitig deren Entfaltung verworfen wird. Indem Grass mit Hilfe von Negationen dem Leser mitteilt, daß eine Entfaltung eines Stoffes oder einzelner Motive unterbleiben wird, verweist er darüber hinaus darauf, wie er eine ihm zur Verfügung stehende Stoffülle reduziert.

Eine inhaltlich und formal nahezu kongruente Passage findet sich im *Butt:*

Eigentlich wollte ich (meinen Gästen und Ilsebill) nicht Geschichten erzählen, sondern Zahlen nennen und endlich den kaschubischen Legendensumpf statistisch trockenlegen: wieviele Bauern nach Ende des Dreißigjährigen Krieges leibeigen gemacht wurden; was in Westpreußen vor und nach den polnischen Teilungen an Frondienst geleistet werden mußte; wie die Kinder der Leibeigenen von früh an zu fronen lernten; wie das heruntergewirtschaftete Klostergut Zuckau preußisch gewinnträchtig wurde; mit welchen Tricks die ostelbischen Gutsherren [...] alle Dekrete der Landreform zum Witz machten und das Bauernlegen als Spaß betrieben; wie [...] ; warum [...]; warum [...] ; seit wann in den Städten Danzig, Thorn, Elbing und Dirschau englischer Tabak geraucht [...] wurde, während auf dem Land die Zeit auf einem Bein stillstand. (WA V, 343 f.) Sowohl die Einleitungsformeln mit dem Satzadverb »eigentlich«, dem Modalverb »wollen« bzw. »müssen«, dem Subjekt »ich« sowie den parallelen (in diesem Fall indirekten) Fragesätzen als auch das oben dargestellte Verfahren des Autors, das Weglassen einer Episode anzukündigen, um gleichzeitig mit dieser Negation ein Motiv in äußerst verkürzter Form dennoch zu erzählen, sind identisch.

Das gleiche trifft auch in thematischer Hinsicht zu: Es geht in beiden Passagen um historisch-statistische Daten. Selbst der Schlußsatz ist analog gestaltet, insofern beide Male die Perspektive von der Weltgeschichte weg auf das »Land« gerichtet wird, »wo die Zeit auf einem Bein stillstand« (WA V, 344).

Neben den bereits beschriebenen Funktionen sind die dargestellten Passagen in ihrer Informationsfülle äußerst kompakt. So wie Grass es selbst andeutet, steht ein einziger Satz dieser Sequenzen durchaus für das Konzept einer ganzen Episode. Es handelt sich somit letztlich auch um eine Form äußerster Engführung einzelner Motive, ähnlich dem Erzählen Amandas beim Kartoffelschälen im *Butt:*

> Denn Amanda wußte, daß die Geschichten nicht enden können, daß immer wieder ein Dieb mit dem gestohlenen Kirchensilber querfeld springt, daß noch vom vorigen Mäusejahr beim nächsten erzählt wird, daß die vor Jahren verstorbene letzte Prämonstratensernonne auf ewig bei Vollmond in der Mehlschütte ihre gezwirnte Lesebrille suchen wird, daß immer wieder die Schweden oder Kosaken mit ihren Spitz- und Schnurrbärten kommen werden, daß auf Johannis die Kälber sprechen, daß jede Geschichte erzählt werden will, solange Kartoffeln genug im Korb sind. (WA V, 342)

An anderer Stelle im *Butt* schließt sich der als Kapitelüberschrift formulierten Weigerung des Erzählers *Woran ich mich nicht erinnern will* (WA V, 112) eine weitere Engführung an, in der zum Teil einzelne Stichwörter umfangreiche Erzählungen antizipieren wie z. B. das Vatertagskapitel:

> An das Wort zuviel, an ranziges Fett, an den Rumpf ohne Kopf: [...] An mich, wie ich lief: den Töpfen davon, immer Geschichte bergab. An Vatertag neulich, auf Himmelfahrt, natürlich war ich dabei. [...] An das Fett und den Stein, an das Fleisch und den Griff, an dumme Geschichten wie diese ... (WA V, 112)

Auch die negierende Ankündigung »Was ich nicht fürs Fernsehen sagte« (WA V, 139) leitet eine umfangreiche Satzperiode ein, in der in äußerster Kompaktheit historische Geschehen dargestellt werden.

Neben der Absicht der bewußten Aussparung werden mit Hilfe dieser Darstellungsweise zugleich bestimmte Bewertungen zum Ausdruck gebracht. So verwirft die Ankündigung »Eigentlich müßte ich jetzt historisch-statistisch werden« indirekt eine Betrachtung der Geschichte als historische Datenverarbeitung, denn »nicht das Gezählte, sondern das Erzählte hängt an« (WA V, 344). Mit dieser sprachlichen Gestaltungsweise folgt Grass seinem Lehrmeister Alfred Döblin:

> So setzt Döblin die Akzente: Sieg, Niederlage, Staatsaktionen, was immer sich datenfixiert als Dreißigjähriger Krieg niedergeschlagen hat, ist ihm einen Nebensatz, oft nur die bewußte Aussparung wert. (WA IX, 242)

212

Das gleiche Konstruktionsmuster mit dem einleitenden Satzadverb »eigentlich«, einem auffordernden Modalverb und einem knappen Verweis auf das Erzählmotiv wiederholt sich erneut in der *Rättin:*

> Eigentlich sollte ich vom Maler Malskat erzählen, indem ich ohne Vorgriffe seinem Fleiß folge – dann malte er das vierte, dann das fünfte Joch aus –, aber sobald ich im Innengerüst der Lübecker Marienkirche hoch hinaus ins Chorgewölbe zu klettern beginne [...], holt mich Gegenwart von den Gerüstbrettern: Wen kümmern die falschen Fuffziger, wenn augenblicklich der Wald verreckt und mit ihm die Märchen draufgehen; was jucken uns Nachkriegsjahre in Vorkriegszeiten, wenn meine Tag- und Nachtträume ins Orwelljahr fallen. (WA VII, 304)

Durch diese Form des uneigentlichen Erzählens, das mit dem Satzadverb »eigentlich« ex negatione signalisiert wird, gibt sich der Autor und Erzähler offen zu erkennen, der eine geplante Episode zugunsten aktuellerer Erzählgegenstände zurückstellt.[30] Indem die verworfene Alternative als »thematisierte Nichteinsetzung«[31] mit in den Text aufgenommen wird, wird zugleich auch auf die Produktion des Romans selbst verwiesen. Das Stilmittel wird damit gleichsam zum Fiktionalitätsindikator.

In gleicher Weise bezieht in *Aus dem Tagebuch einer Schnecke* der Autor Grass den Widerspruch seiner Figur Zweifel in seine Darstellungsweise mit ein:

> Eigentlich möchte ich betulich Tugenden putzen und in mildes Licht rücken [...], aber Zweifel rät mir, Freundschaften zu strapazieren und ungerührt der Frage nachzugehen, warum so viele Studenten Magengeschwüre haben [...] (WA IV, 316)

Trotz dieser Ratschläge erzählt Grass in der beabsichtigten Weise fort, bis ihm Zweifel erneut rät, »hier einen Punkt zu machen« (WA IV, 317).

Zusätzlich zu der bewußten Integration des Produktionsprozesses in das Werk selbst ermöglicht an dieser Stelle die Kommunikation des Autors mit seiner Figur auch den thematischen Bezug beider Erzählebenen (gegenwärtiger Wahlkampf/-Zweifelhandlung) aufeinander. Zudem verschafft sich Grass auf diese Weise die Möglichkeit, sich zu seiner eigenen Darstellungsweise distanzierend zu äußern.

Zu Beginn des zweiten Kapitels von *Aus dem Tagebuch einer Schnecke* werden hypothetisch mögliche Erzählgegenstände aufgeführt und gleichzeitig verworfen:

> Über Brillenberge, weil sie anschaulich sind?
> Über Goldzähne, weil sie wägbar sind?
> Über Einzelgänger und deren private Schrullen, weil vielstellige Zahlen nicht empfindlich machen?
> Über Ergebnisse und Streit hinterm Komma?
> Nein Kinder.
> Nur über die Gewöhnung in ihrem friedfertigen Sonntagsputz. (WA IV, 275)

---

30 Vgl. dazu den Erzählanfang in *Aus dem Tagebuch einer Schnecke,* wo in vergleichbar antithetischer Weise der gegenwärtige Erzählstoff entgegen der ursprünglichen Absicht des Autors vordringlich wird: »Zwar wollte ich auf Anhieb von Zweifel erzählen, [...] aber Gustav Gustav geht vor.« (WA IV, 266)
31 Stierle 1975, S. 241.

213

4.11.4 Negation und Möglichkeitsstil

Die in diesem Kapitel beschriebene Verwendung von Negationen ist ein konstantes stilistisches Mittel der Werke Grass'. Dabei handelt sich nicht um die Stilfigur der Litotes, sondern um ein sprachliches Verfahren, mit dem bestimmte Sachverhalte ex negatione dargestellt werden, wobei verschiedene Funktionen unterschieden werden können. Im Zusammenhang mit der Figur Zweifel und Grass' eigener Person korrespondiert dem sprachlichen Mittel der Negation eine durchgehend skeptizistische Haltung. Mit dem Darstellungsverfahren ex negatione wird eine prinzipielle Nicht-Festgelegtheit zum Ausdruck gebracht, die jede dogmatische Weltanschauung negiert und sich zu keiner Lehre bekennt.

Besonders häufig verwendet Grass dieses Stilmittel auch, um auf den Akt des Erzählens selbst zu verweisen. Auf dieser auktorialen/poetologischen Ebene werden epische Möglichkeiten verworfen (»Ich will das nicht engführen.« WA IV, 287) und zugleich in deren Negierung dennoch potentielle Alternativen virtualisiert. Die Negation macht in diesen Fällen präsent, was sie zugleich ausschließt.

Die Explikation eines negierten Etwas aktiviert infolgedessen den Leser auch dazu, nach Gründen für die Ablehnung solcher Verfahren zu suchen. Indem Grass auf diese Weise die Reflexion seiner Darstellungsmittel in das Werk integriert, verweist er zugleich auch zurück auf den Stoff selbst.[32]

Indem in solchen Negationen zugleich auch ein Gegenstand konstituiert wird, kommt fast so etwas wie ein Möglichkeitsstil zustande, dem die häufige Verwendung des Konjunktivs in *Aus dem Tagebuch einer Schnecke* korrespondiert:

(Zwar bin ich nicht dabei gewesen; aber – Kinder – ich hätte mit meinen dreizehn Jahren dabei sein können.) (WA IV, 411)

Gerade im Anschluß an den Grass unverständlichen Selbstmord Augsts spielt er Möglichkeiten durch, die eine solche Tat hätten verhindern helfen:

Wenn August sich, zum Beispiel, mehr gemocht hätte ... (WA IV, 451)
Wenn August sich eine Sammlung zusammengetragen hätte. (WA IV, 451)
Ich hätte August einladen sollen, mitzumachen beim Wahlkampf [...] (WA IV, 453)
Er hätte mittelalterliche Rezepte sammeln können [...] (WA IV, 454)
Hätte eine wertende Skala, hätte (wie Zweifel) Tabellen füttern sollen. (WA IV, 479)
Ich hätte Frau August nach Fotos, nach dem Familienalbum fragen sollen: [...] (WA IV, 491)
Wenn ich nun doch beide an einen Tisch? [...] Eine der Wegschnecken könnte zwischen ihnen verkehren. Es gäbe viel auszutauschen. (Zwitterglück ist immerhin denkbar.) Die Wegschnecke wäre für beide da: Partnerschaft. (WA IV, 497)

Für die Darstellung Rainer Barzels verwendet Grass sowohl den Irrealis als auch negierte Konjunkte:

Wenn er ein Gegner wäre und kein Ersatz. Wäre er deutlich und nicht nur beliebig vermehrbar. Gäbe es ihn als Person und nicht als Reflex auf etwas. (WA IV, 362)

---

32 Vgl. auch WA IV, 291, 310, 398, 444.

214

Über die bisherigen Formen und Funktionen hinaus finden sich weitere Konstruktionen, in denen Negationen eine spezifische stilistische Funktion besitzen. So werden Lisbeths häufige Friedhofsbesuche mit Negationen beschrieben: Doch war es nicht die Neugierde und ungehemmte Anteilnahme älterer Frauen [...]. Niemals stand Lisbeth Begräbnissen daneben. Keinem trug sie ihr Beileid an. Sie störte niemanden, pflegte aber fremde vernachlässigte Gräber. (WA IV, 396) Grass weist an anderer Stelle darauf hin, daß er sich »keine Notizen gemacht« hat während seines Besuches bei der Familie Augst (WA IV, 466). Von Zweifels Fluchtvorbereitungen wird berichtet, daß er »keine Abschiedsbriefe [hinterließ]. Kein Foto nahm er mit.« (WA IV, 383) In allen Fällen handelt es um Formen, die zusätzliche Möglichkeiten andeuten:[33]
(Zwar fehlten Säulen und Säulenbewohner, doch waren sie denkbar.) (WA IV, 420)

4.12   Zur Verwendung kataphorischer Stilmittel

Besonders auffällig für *Aus dem Tagebuch einer Schnecke* ist die Verwendungsweise bestimmter Pro-Formen wie z. B. Personalpronomina, Possessivpronomina, Demonstrativpronomina und Reflexivpronomina. Pro-Formen können sich dabei nicht nur auf einzelne Wörter bzw. Phrasen beziehen, sondern ebenso auf Sätze, Satzsequenzen und umfangreiche gedankliche Komplexe, wie auf einen Textabschnitt, ein Buch, aber auch eine Epoche etc.[1]
In diesem Kapitel sollen nun einige Probleme der Referenz bzw. der Koreferenz solcher Pro-Formen näher untersucht werden. Unter Referenz wird dabei in allgemeiner Form »die Bezugnahme des Sprechers auf Außersprachliches mit sprachlichen und nichtsprachlichen Mitteln«[2] verstanden, Koreferenz wird als Referenzidentität aufgefaßt.[3]
Bei dem Standardfall der sogenannten Rückwärtspronominalisierung (der anaphorischen Verwendung) koreferiert eine Pro-Form mit einem bereits einge-

---

33 Auch in anderen Werken benutzt Grass dieses stilistische Mittel: In *Kopfgeburten* weist der Möglichkeitsstil auf die Fiktionalität des Lehrerehepaares hin: »In Kiel haben sie sich kennengelernt: bei einem Sit-in gegen den Vietnamkrieg oder gegen den Springer-Konzern oder gegen beides. Ich sage vorläufig Kiel. Es hätte auch Hamburg, womöglich Berlin sein können.« (WA VI, 144)
In *Katz und Maus* negiert Pilenz mögliche Erwartungen, wo Mahlke das Ritterkreuz verstecken könnte: »[...]: Mahlke verstaute das Ding nicht in der ehemaligen Funkerkabine des ehemaligen polnischen Minensuchbootes ›Rybitwa‹, hängte den Apparat nicht zwischen den Marschall Pilsudski und die schwarze Madonna, nicht übers todkranke Grammophon und die verwesende Schnee-Eule [...]« (WA III, 84)

1 Vgl. Bußmann 1990, S. 612; De Beaugrande/Dressler 1981, S. 64–66.
2 Bußmann 1990, S. 633.
3 Vgl. ebenda, S. 426.

führten Textreferenten (Name, Gegenstand, abstrakter Zusammenhang etc). Die Funktion besteht zumeist darin, umständliche Wiederholungen zu vermeiden sowie insgesamt durch Rückbezüge die sprachliche und gedankliche Verarbeitung eines Textes zu verkürzen,[4] wie im folgenden Beispiel, wo der Name »Zweifel« durch die Pro-Formen »ihn« und »er« ersetzt wird:

> Zweifel war meistens dagegen. Ihn ärgerten die Begriffe. Er mietete einen Lautsprecherwagen, der [...] (WA IV, 434)

Im folgenden soll nun der stilistisch auffälligere Gebrauch von Pro-Formen vor ihren koreferierenden Ausdrücken betrachtet werden. In dieser Form der Vorwärtspronominalisierung werden Pro-Formen verwendet, bevor der Textreferent bekannt ist. Dieses Verfahren wird in den weiteren Überlegungen als kataphorischer Stil bzw. in Anlehnung an Konrad Ehlich als »kataphorische Prozedur«[5] bezeichnet.

4.12.1   Zur Funktion verdeckter Koreferenz

Bereits auf der zweiten Textseite in *Aus dem Tagebuch einer Schnecke* heißt es:

> Noch vor ihrem Auftritt, ihr Eigengeräusch: schaumiges Knistern. Dann sah ich sie unterwegs in der leeren Ostpreußenhalle. Ich versuchte, meinen Atem ihrer Eile anzupassen, mußte atemlos aufgeben.
> Oder ähnliche Vorgänge auf Kriechsohlen: wenn sich Anna und ich unsere Ehe rückwirkend auszahlen.
> Sie schob sich durchs Bild, war nie mit einem Blick zu fassen, blieb auch im Ausschnitt Teil eines Willens, der vor dem Willen zu weiterem Willen lag und durch Wille gedrängt, auf Breitwand den Raum dehnte.
> [...]
> Als die Schnecke, Fühler voraus, die Zielmarkierung ahnte, zögerte sie: sie wollte nicht ankommen, wollte unterwegs bleiben, wollte nicht siegen. (WA IV, 267)

Obwohl im Werktitel die Schnecke als Allegorie vorerwähnt ist, ist die Koreferenz von »ihrem«, »ihr«, »sie« etc. im obigen Zitat zunächst unklar. Das Zurücklesen in den vorhergehenden Text erbringt keine semantisch plausible Bezugsmöglichkeit, es handelt sich also nicht um anaphorisch gebrauchte Pro-Formen. Somit muß der Leser mit Hilfe seines allgemeinen Vorwissens aus den genannten Merkmalen (wie z. B. Eigengeräusch, Eile, Kriechsohlen) Hypothesen über den möglichen Textreferenten bilden, ohne daß die Abfolge der zum Teil nicht miteinander zu vereinbaren Merkmale eine sichere Rekonstruktionshilfe darstellt.

---

4   Vgl. de Beaugrande/Dressler 1981, S. 64 f.
5   Ehlich 1982, S. 122. Daß ein pronominaler Textanfang allein kein Fiktionalitätssignal sein muß, wie Roland Harweg behauptet (vgl. Harweg 1968, S. 319), belegt Birgit Stolt mit journalistischen Verwendungsweisen (vgl. Stolt 1985, S. 62 f.). Bewiesen wird meines Erachtens damit nur, daß stilistische Funktionen und Wirkungen eben nicht historisch resistent sind im Gegensatz zu grammatischen Prinzipien.

Wenn letztlich das koreferente Bezugsnomen »Schnecke« genannt wird, ist es somit semantisch umfassend angereichert; denn solange die Koreferenz unerkannt bleibt, ist nicht zu entscheiden, welche der erwähnten Kennzeichen zum Denotat- und welche zum Konnotatbereich gehören. Genausowenig sind metaphorische oder uneigentliche Sprechweisen identifizierbar.

Grass verlangt mit diesem Verfahren vom Leser, »daß er antizipierend seine Aufmerksamkeit als bereits fokussiert behandelt [...], obwohl das Objekt und damit die Grundlage dafür fehlt«[6]. Der Leser ist aufgrund dieser Desorientierung bezüglich des Koreferenten gezwungen, auf der Suche nach einer plausiblen Koreferenz der Pro-Formen auch der semantischen Peripherie eines Ausdrucks die gleiche Aufmerksamkeit zu widmen wie dem Kernbereich. Ein schnelles Lesen wird auf diese Weise erschwert.[7]

Erst die Einführung des koreferenten Ausdrucks ermöglicht die Reanalyse metaphorischer und bildlicher Gebrauchsweisen, z. B. die Schnecke als Allegorie im Unterschied zur gewohnten Bedeutungsverwendung. Auch dieses Stilmittel dient somit dazu, »den Leser permanent zu motivieren, den Rekonstruktionsprozeß zum Zwecke des Verständnisses des Erzählten wirklich konkret zu leisten«[8].

Grass verwendet in *Aus dem Tagebuch einer Schnecke* Pro-Formen in kataphorischer Funktion in einer ganzen Reihe von Fällen. Im Anschluß an die Schilderung einer Diskussion mit Rainer Barzel in Köln beginnt ein neuer Absatz, in dem die verwendeten Pro-Formen nicht wie erwartet anaphorisch interpretiert werden können:

> Und ich habe es nicht geschafft. Hier, in Köln, wo es 1840 anfing und sein Vater (ein preußischer Unteroffizier) die Schwindsucht aushustete, später in Brauweiler, wo er als Kind die krummgeschlossenen Gefangenen hörte, später in Wetzlar, wo seine Mutter über schmalen Daumen Brot schnitt. (WA IV, 363)

Während die deiktische Lokalisierung »hier, in Köln« zunächst die Fortsetzung der vorherigen Episode und damit die Koreferenz der Pro-Formen mit Barzel nahelegt, bedeuten die weiteren Details, die mit der Biographie Barzels nicht kompatibel sind, eine Verunsicherung des Lesers, die ihn veranlassen, diese Informationen mit besonderer Aufmerksamkeit wahrzunehmen und damit eine Spannung aufzubauen. Erst die Erwähnung Bebels im folgenden Absatz (»Es begann mit Bebel, als er noch jung war [...], WA IV, 363) bestätigt den neuen Koreferenten.

In Kapitel 25 liegt sogar der Fall einer zweifachen Vorwärtsverweisung vor:

---

6 Ehlich 1982, S. 122.
7 De Beaugrande/Dressler referieren Ergebnisse von Experimenten, in denen dieses Mittel der Aufmerksamkeitssteuerung getestet wurde. Dabei ergibt sich, daß wichtige Elemente eines Textes mit kataphorisch verwendeten Pro-Formen von Testpersonen zu 80% erinnert wurden, im Gegensatz zu nur 30% beim Gebrauch von Anaphern (vgl. de Beaugrande/Dressler 1981, S. 66). Diese Signifikanz scheint den Effekt der Aufmerksamkeitserzeugung zu bestätigen. Ob es zu einer absoluten Steigerung von Aufmerksamkeit oder zu einer Umverteilung von Aufmerksamkeit kommt, muß offen bleiben.
8 Ebenda, S. 123.

Er entsteht, wo sie sich zusammenraufen und einander das Wort erteilen, wo sie hakeln rangeln [...], wo sie alle in einem Boot und keine Krähe der anderen, [...], wo man sich abstimmt, bevor man abstimmt, wo Kompromisse vorher einkalkuliert werden [...], wo man sich im Verlauf vieler Sitzungen schätzengelernt hat, wo es stinkt ... (WA IV, 498)[9]

Durch die mit diesem Satz gegebene Textinformation (einer Sequenz von insgesamt zwölf adverbialen Nebensätzen, jeweils eingeleitet mit anaphorischem »wo«, elliptischen Redewendungen »wo sie alle in einem Boot und keine Krähe der anderen« etc.) sowie dem pragmatischen Wissen des Lesers ist die Koreferenz von »sie«, »man« und auch agenslosen Sätzen (»wo Terminkalender verglichen werden«) erschließbar: Die Pro-Formen beziehen sich auf diejenigen, die Gemeinschaften bilden. Der koreferente Ausdruck »Mief«, auf den das Pronomen »Er« vorausweist, wird dagegen erst im folgenden Abschnitt in indirekter Weise genannt: »Vielgestuft ist der Mief allgemein.« Während die durchgehend negative Bewertung des Phänomens eindeutig ist, wird die genaue Identifizierung aufgrund der unbekannten Koreferenz verhindert und damit der Leser wiederum gezwungen, alle Textinformationen mit der gleichen Aufmerksamkeit wahrzunehmen.

Ein weiterer Fall doppelter Vorwärtsverweisung befindet sich am Ende des sechsten Kapitels:

Was man bei ihm eingefleischt nennen könnte. Seine Ordnung: immer lag der Radiergummi neben dem Bleistift. Zweifel wird (wie Gaus) jene Intelligenz gehabt haben, die nicht schlafen gehen kann, keinen Schlaf findet, weil selbst das Gähnen in einen Satz gefaßt werden will, der – als geschliffene These – Gaus (wie Zweifel) hellwach macht. (WA IV, 319 f.)

Sowohl das Fragepronomen »Was« als auch das Pronomen »ihm« werden kataphorisch verwendet. Bereits im folgenden Satz wird die erfragte Koreferenz des Fragepronomens durch die Nominalphrase »seine Ordnung« offensichtlich. Durch die gewählte Darstellungsweise spaltet Grass eine feststehende Wendung wie »eine eingefleischte Ordnung« auf und reflektiert somit einen spezifischen Sprachgebrauch. Hingegen erfährt der Leser erst im danach anschließenden Satz, daß sich die Pronomen »ihm« sowie »seine« auf Zweifel beziehen; durch die beiden eingeklammerten Parenthesen wird letztlich eine doppelte Koreferenz hergestellt: Gaus und Zweifel haben analoge Eigenschaften. Obwohl beide Namen im Text schon erwähnt wurden, entsteht in diesem Abschnitt durch die genannten Pro-Formen zunächst eine ungewisse Bezugsmöglichkeit.

Ein besonderes Stilphänomen findet sich auch dort, wo die Koreferenz strukturell völlig unterdeterminiert ist und der Leser nur mit Hilfe seiner genauen Textkenntnis bzw. seines allgemeinen Wissens in der Lage ist, einen konkreten Bezug der Pro-Formen herzustellen. Bellmann spricht in diesen Fällen von einer »Dispensierung von der Obligatorik des nominalen Antezedens«[10]. Ein Beispiel dafür findet sich in Kapitel 20, wenn es heißt:

9 Vgl. S. 69 dieser Arbeit, wo die Textstelle vollständiger zitiert wird.
10 Bellmann 1990, S. 238.

> In meinem Sudelbuch steht: Er ist wie neu, lacht schon am Vormittag [...] (WA IV, 447 f.)

Lediglich wesentlich frühere Nebeninformationen des Textes (das Spielen mit Streichhölzern, Redseligkeit, Kampfbereitschaft, vgl. WA IV, 285) ermöglichen die Identifizierung Willy Brandts.

Ebenso referiert Grass im 28. Kapitel lediglich mit Pro-Formen auf die Gruppe der Hilfesuchenden, die sich während seiner Wahlkampfreise an ihn wenden:

> Stehen im Weg, berufen sich aufs Recht, geben vor, jemand zu kennen, den man auch kenne, klopfen an, nachdem sie eingetreten sind, fragen, ohne Antwort zu erwarten abzuwarten [...] Ihr zumeist stockiger Atem. Rasch laut reden sie wie vor Gericht und befürchten Wortentzug. (WA IV, 524)[11]

Zusammen mit elliptischen, zum Teil subjektlosen Sätzen dient der Gebrauch dieser Pro-Formen, die keine erkennbare Koreferenz besitzen, dazu, die Anonymität der Hilfesuchenden (und ihre fehlende Repräsentanz durch eine Lobby) hervorzuheben.[12]

4.12.2 Porträts

Grass verwendet in *Aus dem Tagebuch einer Schnecke* sehr häufig das Stilmittel vorwärtsverweisender Pro-Formen, um vor allem sozialdemokratische Spitzenpolitiker zu porträtieren.

So beginnt z. B. das 19. Kapitel mit einem Porträt Egon Bahrs, ohne daß dieser als »Erzählgegenstand« dieses Abschnitts dem Leser bekannt ist. Auch hier erscheinen zunächst über eine längere Textpassage Pro-Formen, deren Koreferenz dem Leser vorerst verdeckt bleibt:

> Wir trafen ihn und seine Frau wenige Tage vor unserer Abreise im Regen. Zur Zeit ist er Sonderbotschafter und wird aus Prinzip verdächtigt. Auch er wollte mal paar Tage nichts machen, nur Pause und den Bretonen Chateaubriand lesen. (WA IV, 438)

Mit den ersten Sätzen beginnt so etwas wie ein Personenraten, das der Leser mit Hilfe der vorhandenen Textinformationen aufzulösen hat. Ähnlich wie beim analytischen Erzählen ist der Leser angehalten, alle angebotenen Details mit gleicher Aufmerksamkeit wahrzunehmen, weil eine Selektion der Informationen durch einen sinnstiftenden Oberbegriff oder einen Namen noch nicht möglich ist. Grass erschwert die Auflösung dieses Rätsels sowohl dadurch, daß er Charakteristika Bahrs in die Fiktion eines Stummfilms einbettet, als auch durch inhaltlich opake, subjektlose Sätze wie:

---

11 Weitere Belege für die Verwendung von Pro-Formen in kataphorischer Funktion bzw. Belege für ungewisse Koreferenz in *Aus dem Tagebuch einer Schnecke* finden sich z. B. WA IV, 305, 431, 453.

12 Vgl. dazu den Essay *Begegnungen mit Kohlhaas* (WA IX, 546–548), dem dieser Abschnitt sowohl thematisch als auch in der Wahl des dargestellten Stilmittels entspricht.

Heute immer noch unterwegs und verschwiegen; damals am Strand nicht aufzufinden. (WA IV, 438)
Die Auflösung selbst geschieht abschließend nur indirekt durch die Nennung Frau Bahrs in einem verdeckten Zusammenhang, so daß immer noch ein zu erschließender Rest bleibt. Egon Bahr wird namentlich nicht genannt.

Wie bereits in den vorhergehenden Untersuchungen dient die Verwendung kataphorischer Pro-Formen auch hier besonders der Erhöhung der Aufmerksamkeit des Lesers. Darüber hinaus ermöglicht der Einsatz dieses Stilmittels jedoch auch, daß bereits bestehende Urteile des Lesers gegenüber dem Porträtierten zunächst außer Kraft gesetzt werden. Eine eventuelle Antipathie gegenüber Egon Bahr kann nicht hervortreten, solange dieser nicht identifizierbar ist. Der Leser kann die Einschätzungen und Bewertungen des Erzählers lange nicht widerlegen, da er dessen Perspektive nicht verlassen kann. Erst wenn die Person Bahrs erkannt worden ist, ist es dem Leser möglich, seine eigenen Auffassungen in den Verstehensprozeß mit hineinzunehmen.

Daß es Grass darum geht, so ein bestehendes Vorurteilsgefüge des Lesers zu unterlaufen, lassen die zum Teil präsupponierten Negativurteile erkennen:

[...] und wird aus Prinzip verdächtigt. [...] Als Clown hätte er weniger Feinde. [...] er kennt das Mehrdeutige (gilt deshalb als zweideutig). (WA IV, 438 f.)

Der kataphorische Stil soll in dem beschriebenen Fall also auch konkret dazu beitragen, Verständnis für jemanden aufzubauen, bevor eine bereits bestehende Ablehnung durch den Leser aktiviert werden kann.[13]

Günter Grass sind diese Vorbehalte gegen die von ihm unterstützten SPD-Politiker von seinen Wahlkampfreisen her bekannt. Das Anliegen, überhaupt erst einmal nur die Ablehnung des Publikums zu überwinden und das Interesse des Hörers bzw. Lesers für sich zu gewinnen, deutet Grass einmal im Zusammenhang mit einer Rede an:

(Auch als ich Willy Brandts niemals sprunghaften Aufstieg eine »Schneckenkarriere« nannte, kam freundlicher, über sein Entstehen erstaunter Beifall auf.) Keine Begeisterung, aber immerhin hörte man zu, solange ich die Sozialdemokratische Partei Deutschlands, gemessen an ihrer hundertjährigen Mühsal, eine Schneckenpartei nannte. (WA IV, 302 f.)

Auch seine Kinder (und damit indirekt den Leser) bittet Grass immer wieder um die Aufmerksamkeit für die erzählte Geschichte und damit zugleich um das Zuhören als Voraussetzung für das Verständnis.[14]

Wie kunstvoll Grass das Stilmittel der Vorwärtsverweisung bzw. verdeckter Bezugsmöglichkeiten einzusetzen weiß, zeigt auch der Beginn des achten Kapitels,

13 Die von Rothenberg behaupteten negativen Implikationen dieser Porträts von SPD-Politikern kann ich nicht erkennen (vgl. Rothenberg 1977, S. 146).
14 Grass scheint in den hier untersuchten Porträts mögliche Vorbehalte gegenüber SPD-Politikern durch die Wahl seiner erzählerischen Mittel zu berücksichtigen. Nicht zuletzt die Diffamierung Willy Brandts durch den politischen Gegner führte urspünglich zu Grass' Engagement für die SPD.

220

das mit einer Erzählung über Moses anzufangen scheint (»Moses soll [...]« WA IV, 329) und damit motivisch an das Ende des vorangegangenen Kapitels anknüpfen würde. Von dieser Einleitung graphisch abgesetzt, beginnt ein neuer Abschnitt mit dem Satz:

> Ihr lacht, Kinder, wenn ihr ihn auf dem Fernsehschirm Worte schleudern, Fragen zerbeißen und Sätze als Irrgärten anlegen seht. (WA IV, 329)

Trotz der graphischen Abtrennung liegt es nahe, die Pro-Form »ihn« (und auch die folgenden »ihn«, »er«) aufgrund der Lesegewohnheiten zunächst als Anapher zu interpretieren und den koreferenten Ausdruck im vorhergehenden Text zu suchen, also auf Moses zu beziehen. Erst die Häufung der nachfolgenden Informationen (Fernsehschirm, die Rede vor Betriebs- und Personalräten, die Angabe »im März in Bochum«), die nicht auf die biblische Gestalt Moses zu beziehen sind, erzwingen die Suche nach einem neuen Koreferenten und damit die Re-Interpretation der Pro-Formen als Kataphora.

Wie bereits zuvor Egon Bahr, wird Herbert Wehner schließlich erst am Ende dieser Episode beiläufig kenntlich gemacht:

> (Auch die ihn nicht zum Onkel haben möchten, nennen ihn Onkel Herbert.) (WA IV, 331)

Grass trägt damit der Tatsache Rechnung, daß *Aus dem Tagebuch einer Schnecke* als Gegenwartsroman dem Leser vertraute Personen und aktuelle Motive aufgreift. Zusätzlich zu den bereits beschriebenen Wirkungen des kataphorischen Stils benutzt Grass in diesem Fall auch die anfängliche strukturelle Ambiguität der Pro-Formen (die nicht sofort als Kataphora erkennbar sind) dazu, eine Analogie zwischen Moses und Wehner herzustellen.[15]

Im 23. Kapitel bezieht sich Grass erneut darauf, wenn er sagt:

> Wehner, den ich mir gerne als Moses denke, wie er den Mief teilt und durchschreitet [...] (WA IV, 482)

In dieser Weise werden in *Aus dem Tagebuch einer Schnecke* die SPD-Politiker Willy Brandt (WA IV, 512 ff.) und, in gleichfalls sehr verdeckter Form, Karl Schiller (WA IV, 389) porträtiert. Auch Leo Bauer wird in der das Buch beschließenden Dürer-Rede auf diese Art vorgestellt (WA IV, 566).

Darüber hinaus verwendet Grass Pro-Formen mit großer Distanz zum koreferenten Ausdruck, um Hegel (WA IV, 304) sowie die Abstrakta »Mief« (WA IV, 498) und »Melancholie« (WA IV, S. 376 f.) zu charakterisieren. Dabei wird der Koreferent vielfach nur sehr verdeckt eingeführt. So erscheint z. B. im fünften Kapitel der Name Hegel lediglich in formal verfremdeter Form in Neubildungen wie »hegelförmige Flaschen« und »verhegelt« (WA IV, 305).[16]

Kataphorische Prozeduren sind in *Aus dem Tagebuch einer Schnecke* ein häufiges und funktionell wichtiges Stilmittel sind, das Grass besonders im Zu-

---

15 Analogien sind als ein typisches Verfahren Grass' anzusehen, mit dem er häufig einen argumentativen Stil ersetzt; vgl. S. 170 dieser Arbeit.
16 Vgl. S. 50 dieser Arbeit.

sammenhang mit nicht-fiktionalen Erzählpassagen zur Spannungssteigerung verwendet. Dabei begünstigt der permanente Wechsel zwischen den verschiedenen Erzählebenen die funktionelle Wirkung solcher verdeckter Bezugsmöglichkeiten.

4.12.3 Der Doppelpunkt als kataphorisches Mittel

Auf die vielfältigen Funktionen des Doppelpunktes als graphisches Mittel wurde bereits hingewiesen.[17] Grundsätzlich besitzt der Doppelpunkt kataphorische Eigenschaften, die im Gegensatz zum satzbeschließenden Punkt die Kontinuität eines Gedankens oder eines Textes signalisieren und damit Erwartungen des Lesers bzw. des Hörers auf Fortführungen, Ergänzungen oder Korrekturen aufbauen.[18]

In *Aus dem Tagebuch einer Schnecke* verweist der Doppelpunkt zusammen mit einem Demonstrativpronomen in kataphorischer Funktion vielfach auf eine folgende, zum Teil umfangreiche Erzählpassage:

> Das muß ich nachtragen: Flog Mitte Mai [...] von Düsseldorf nach Belgrad, um dort eine Buchausstellung zu eröffnen. (WA IV, 349 f.)

> Das weiß ich von Dr. Lichtenstein, der aus dem Tagebuch des Kaufmanns Bertold Wartski zitiert: Am 26. August 1940 (einem Montag) begann die letzte Auswanderung der Danziger Juden. (WA IV, 411)

In den folgenden Fällen wird durch die Verwendung des Doppelpunktes die Satzkontinuität unterbrochen:

> Es stimmt: Ihr seid unschuldig. (WA IV, 275)

> Soviel stimmt: früh gewonnene Greisenhaftigkeit hinderte uns, wie unschuldig bei Null anzufangen. (WA IV, 311)

> Ich will nicht den Herbst ausbeuten und das Laub wenden, doch so viel stimmt: von allem angekotzt, schmeckt ihr jede Suppe gleich schal. (WA IV, 377)

In allen Beispielen sind die vorangehenden Affirmationen (»Es stimmt«, »soviel stimmt«) und die nachfolgenden Aussagen (»Ihr seid unschuldig«) deutlich voneinander getrennt und werden beide durch die graphisch markierte Pausengebung besonders hervorgehoben. Diese Konstruktionsweise betont zunächst die zumeist kurze Bewertung durch den Erzähler und schafft einen »Erwartungsauftakt«[19], der vorausweist auf den nachfolgenden Text:

> (Das schreibt er mir, auszugsweise aus seinem Sudelbuch: Die Dickhäutigkeit der Empfindlichen und die Dünnhäutigkeit der Empfindungsverarmten verlangen einerlei Hautcreme: kosmetische Freundschaften, die ohne Spiegel und Reflexion keinen Bestand haben.) (WA IV, 316)

> Doch das ist sicher: lachen konnte ich früher besser. (WA IV, 333)

> Wir nehmen alles mit: den Quick-Fotografen samt Fotots, [...] (WA IV, 350)

---

17 Vgl. S. 84 f. dieser Arbeit.
18 Vgl. Stolt 1988, S. 13 f.; ebenso Lewandowski 1985, Bd. II, S. 501 f.
19 Stolt 1988, S. 7.

Die Liebe mag das nicht: nach Vokabeln abgefragt werden. (WA IV, 326)
Das konnte Zweifel: mit Schnecken bestimmt und behutsam umgehen. (WA IV, 489)[20]
Syntaktisch handelt es sich dabei in den beiden letzten Beispielen um sogenannte
Rechtsversetzungen[21], wobei die pronominale Kopie »das« als Akkusativobjekt
des vorangehenden Satzes auf den nachfolgenden Komplex vorausweist.

Der häufige Gebrauch solcher Einleitungsfloskeln stellt textfunktional ebenfalls
eine Möglichkeit der Aufmerksamkeitssteuerung dar, mit deren Hilfe sich der Leser auf den folgenden Text konzentrieren soll, ähnlich der Funktion einer solchen
Ankündigungsformel beim Erzählen eines Witzes (wie: »Kennst du den: [...]«).
Gleichzeitig ist an solchen Formen der Erzähler erkennbar, der den Erzählvorgang
reflektiert und dabei auf die nicht chronologische Abfolge einzelner Episoden
hinweist.

4.12.4   Zum kataphorischen Stil im Gesamtwerk

Die Verwendung von Pro-Formen in kataphorischer Funktion hat sich als quantitativ und konstruktionell auffälliges Stilmittel in *Aus dem Tagebuch einer Schnecke*
erwiesen. Es zeigt sich auch hier, daß Grass spezifische stoffliche Einheiten (z. B.
die Porträts der SPD-Politiker, Hegels, Zweifels etc.) mit spezifischen formalen
Mitteln sprachlich gestaltet.

Gleichzeitig belegt schon ein unsystematischer Versuch, den Gebrauch des
kataphorischen Stils in anderen Grass-Werken zu betrachten, daß es sich um ein
konstantes strukturelles Mittel handelt.

So verschweigt der Erzähler Oskar beispielsweise in der *Blechtrommel* zunächst den Namen seiner Heimatstadt Danzig mit der Absicht, »die Spannung
etwas zu erhöhen« (WA II, 19). Erst neun Seiten später wird der Name Danzig
(WA II, 28) genannt. Auch hier liegt neben der Absicht Oskars, eine Erwartung
aufzubauen, vor allem das Bestreben vor, die Wahrnehmung bestimmter Informationen durch den Leser sicherzustellen.

Die Absicht Oskars, Spannung zu erzeugen, zeigt sich bereits im ersten Kapitel, wenn Oskars Großmutter den Horizont beobachtet:

Es bewegte sich etwas zwischen den Telegrafenstangen. Meine Großmutter schloß den
Mund, nahm die Lippen nach innen, verkniff die Augen und mümmelte die Kartoffel.
Es bewegte sich etwas zwischen den Telegrafenstangen. Es sprang da etwas. Drei
Männer sprangen zwischen den Stangen [...] (WA II, 12)

Außer der Erhöhung der Spannung dient die Erzählweise Oskars auch dazu, die
sukzessive Wahrnehmung formal nachzugestalten. Erst wenn Oskars Großmutter

---

20 Weitere Belege für die Verwendung von Doppelpunkten in kataphorischer Funktion in
    Aus dem Tagebuch einer Schnecke finden sich z. B. WA IV, 327, 342, 404 442 443
    481, 500, 514, 531.

21 Vgl. S. 104 f. dieser Arbeit.

die Männer erkennen kann, nennt Oskar auch den Koreferenten der zuvor dreimal erschienenen Pro-Form »etwas«. Zudem wird auf diese Weise auch der Wechsel von der statischen Beschreibung[22] Anna Bronskis zur Dynamik (»Es bewegte sich [...] Es sprang [...]« der Verfolgung Josef Koljaiczeks hervorgehoben.[23]

Auch Oskars Kommentar an anderer Stelle: »Und dann kam Ostern, und man versuchte es einfach« und der Befund von Dr. Hollatz, »Es kann dem kleinen Oskar nicht schaden« (WA II, 83), lassen zunächst nicht klar werden, daß mit »es« Oskars Einschulung gemeint ist.

Das gleiche Stilmittel verwendet Oskar im Kapitel *Fünfundsiebenzig Kilo,* wenn er die Erzählung erneut auf Bebra führt. Auch hier erscheinen zunächst Pro-Formen (»Oskar[s] [...] dritte[r] Lehrer«, »ihm«, WA II, 376), bevor der koreferente Ausdruck genannt wird:

Ich spreche, wie die Aufmerksamsten unter Ihnen gemerkt haben werden, von meinem Lehrer und Meister Bebra [...] (WA II, 376)

Darüber hinaus besitzt die hier zum Ausdruck kommende metakommunikative Sprechweise eine desillusionierende Wirkung. Oskar spielt mit der Erzählfiktion und macht den Leser darauf aufmerksam, daß hier etwas und wie etwas erzählt wird. Sowohl der Erzählgegenstand als auch der Erzählmodus sind identifizierbar.

In der Novelle *Katz und Maus* greift der Ich-Erzähler Pilenz in einem zentralen Zusammenhang in modifizierter Form ebenfalls auf das Mittel der Vorwärtsverweisung zurück, indem er das zentrale Dingsymbol, das Ritterkreuz, in der ganzen Novelle durch Pro-Formen ersetzt und erst auf der letzten Seite beim Namen nennt. Zuvor weist Pilenz »ausdrücklich auf seine Erzählerrolle hin, wenn er das Ritterkreuz nicht nennt«[24], sondern immer neue koreferente Ausdrücke zur lediglich andeutenden Bezeichnung des Ritterkreuzes verwendet.[25]

Pilenz verwendet ebenfalls zunächst eine Pro-Form, um auf das Halskettchen Mahlkes besonders aufmerksam zu machen:

Jetzt erst fällt mir ein, daß Mahlke außer dem Schraubenzieher noch <u>etwas</u> und aus Gründen am Hals trug [...] (WA III, 11)

Erst am Ende des folgenden umfangreichen Satzes steht das Bezugsnomen der Pro-Form »etwas« in besonderer Hervorhebungsposition:

Wahrscheinlich immer schon [...] trug er am Hals ein silbernes Kettchen, dem etwas silbern Katholisches anhing: die Jungfrau. (WA III, 11)

Auch der Roman *örtlich betäubt* enthält bereits mit dem ersten Satz ein Beispiel für den Gebrauch von Pro-Formen mit ungewisser bzw. kataphorischer Referenz:

---

22 Neben der umfassenden Beschreibung der Röcke wiederholt Oskar in kurzen Abständen insgesamt sechsmal »Meine Großmutter [...] saß [...] am Rande eines Kartoffelackers. [...] saß endlich in ihren Röcken [...]. [...]. [...] sie saß im Herzen der Kaschubei [...] vor Ramkau saß sie, [...] den schwarzen Wald Goldkrug im Rücken saß sie [...]. [...]: Sie saß in ihren Röcken [...]« (WA II, 9 f.).

23 Vgl. Grass/Stallbaum 1991, S. 25.

24 Neuhaus 1979, S. 15.

25 Vgl. Hasselbach 1990, S. 62; Neuhaus 1979, S. 77.

224

<u>Das</u> erzählte ich meinem Zahnarzt. (WA IV, 8)
Das Demonstrativpronomen »Das« (als erstes Wort des Romantextes) ist für den
Leser aufgrund fehlenden Textwissens zunächst nicht sinnvoll auf einen bestimm-
ten Ausdruck oder Gegenstand zu beziehen.
Ebenso benutzt Grass zunächst vorwärtsverweisende Pro-Formen, um in der
Rättin Oskar im Stile eines Conferenciers in die Romanhandlung einzuführen:
> Es gilt, jemanden zu begrüßen. Ein Mensch, der sich als alter Bekannter vorstellt,
> behauptet, es gäbe ihn immer noch. Er will wieder da sein. Gut, soll er.

Unser Herr Matzerath [...] (WA VII, 24)
Nur mit kataphorischen Pro-Formen bezieht sich Grass im gleichen Kapitel zu-
nächst auf die weibliche Besatzung der »Neuen Ilsebill« (vgl. WA VII, 32 f.).
Auch für das 1989 erschienene Werk *Zunge zeigen* läßt sich der Gebrauch von
Kataphora als konstantes Stilmittel Günter Grass' bestätigen. So heißt es im es-
sayistischen Teil:
> Und unterm größten Baum [...] sitzt sie auf der Bank vorm Tisch und hat Besuch neben
> sich. Zwar bleibt ihr Gerede stumm, doch träumt mir, wie ein älterer Herr (in meinem
> Alter), der auf sie einspricht, sie zum Lachen bringt [...] (*Zunge zeigen*, 20)

Mit Hilfe seines Vorwissens kann der Leser anhand einiger Indizien, wie dem im
vorherigen Satz erwähnten Birnbaum und weiterer biographischer Bezüge und Anspielungen auf das Werk, zwar durchaus den Bezug auf Theodor Fontane her-
stellen, dessen Werk im übrigen als Reiselektüre von Ute Grass als Nebenmotiv
des Essays immer wieder erwähnt wird. Doch genau damit erzwingt Grass die
Aufmerksamkeit des Lesers.
Ebenso verweist Grass mit den Pro-Formen »er« und »sie« gelegentlich zu
Beginn neuer Abschnitte in distanzierender Weise auf sich und seine Frau (*Zunge
zeigen* 17, 40, 60).
Neben den vielfach verwendeten Sätzen mit vorwärtsverweisenden Pro-Formen
gehört auch die kataphorische Verwendung des Doppelpunktes zu den konstanten
Konstruktionsformen in den meisten Werken von Grass.
Bereits mit dem Einleitungssatz in Grass' erstem Romanwerk *Die Blechtrom-
mel* liegt ein Beispiel dafür vor:
> Zugegeben: ich bin Insasse einer Heil- und Pflegeanstalt [...] (WA II, 6)

Durch den Doppelpunkt wird signalisiert, daß die im Subkategorisierungsrahmen
des isoliert stehenden Partizips »zugegeben« repräsentierten, syntaktisch notwendigen Ergänzungen (»jemand gibt etwas zu«) im folgenden Text nachgeholt werden. Darüber hinaus impliziert »zugegeben« ein folgendes adversatives gedankliches Schema (»Zugegeben ..., aber ...«); genau dies jedoch erfolgt nicht.[26]

---

26 Vgl. zu den Implikationen des »Zugegeben« Just 1972, S. 44; Grass selbst hat auf die
    Bedeutung des Einleitungssatzes hingewiesen (vgl. *Rückblick auf die Blechtrommel*, WA
    IX, 628 f.). Die vorwärtsverweisende Einleitungsformel »Zugegeben: [...]« wird im
    übrigen von vielen späteren Erzählern in Grass' Werk verwendet: Vgl. *Aus dem Tage-
    buch einer Schnecke* (WA IV, 537), *Der Butt* (WA V, 55), *Die Rättin* (WA VII, 12,
    168).

5. Rolle und Funktion der Sprache in *Aus dem Tagebuch einer Schnecke*

5.1 Grundlegende Tendenzen von Grass' Prosastil

Ein wesentliches Ziel dieser Untersuchung bestand in der Inventarisierung der wichtigsten Stilmittel in *Aus dem Tagebuch einer Schnecke*. Zugleich wurden analoge Verwendungen in anderen Werken betrachtet und – soweit vorhanden – bestehende Forschungsergebnisse ergänzt oder revidiert. Neben der genauen Beschreibung mit Hilfe von linguistischen Ansätzen und Begriffen der Rhetorik stand die funktionelle Interpretation einzelner Konstruktionen im Vordergrund.

Grass hat noch vor Erscheinen der *Blechtrommel* in poetologischen Überlegungen das Verhältnis von Form und Inhalt problematisiert und ihre Unterscheidung als Scheinproblem verworfen. Form und Inhalt beziehen sich aufeinander und sind nicht trennbar.[1]

Diese Position betrifft nicht nur epische Makrostrukturen, sondern auch die Ebene kleinerer Spracheinheiten. Die prognostischen Möglichkeiten einer Stiluntersuchung von Grass' Prosa bleiben somit zwangsläufig gering. Neue Inhalte erfordern in Grass' Sinne immer ihre spezifische sprachliche Gestaltung.

Dennoch lassen sich konstante Stiltendenzen in Grass' Prosa aufzeigen. Diese Merkmale sind nicht die Essenz der einzelnen Analysen dieser Untersuchung, die je ihren eigenen Wert haben. Die folgenden Stiltendenzen stehen nicht konkurrierend nebeneinander, sondern deuten vor allem auf das, was sich als Variabilität und Polyfunktionalität des Grassschen Prosastils beschreiben läßt, der nicht durch einen einzigen übergreifenden kategorialen Ansatz hinreichend zu erfassen ist. Aussagen, wie die in der Forschung beständig tradierte Formulierung Wagenbachs, »Diese Schreibweise« sei »bildlich und präzis«[2], stellen, unbeschadet ihrer Beobachtungsschärfe und ihrer Erklärungskraft, immer nur Teilaspekte bei der Bewertung des Stils dar. Das gleiche gilt für die folgenden Betrachtungen.

Das kennzeichnende Stilmerkmal dürfte gerade in der Variabilität zu suchen sein, mit der Grass bestimmte Motive sprachlich gestaltet. Grass weist in einem Gespräch selbst auf diese Tendenz hin, verschiedene Stilebenen ausnutzen zu können.[3] Mit dem Merkmal der Variabilität ist die Funktionalität des Stils verbunden, der stets im Hinblick auf einen bestimmten Stoff oder ein bestimmtes Motiv eingesetzt wird.

Der durchgehenden Funktionalisierung widerspricht nicht die Absicht, zu unterhalten. Gemäß dem Motto Brauxels in den *Hundejahren*, »Spieltrieb und Pedanterie diktieren und widersprechen sich nicht« (WA III, 144), verwendet Grass gerne Sprachspiele.

---

1 Vgl. *Der Inhalt als Widerstand*, WA IX, 15–20.
2 Wagenbach 1963, S. 121.
3 *Die Ambivalenz der Wahrheit zeigen*, WA X, S. 185.

In der *Blechtrommel* erzählt Oskar, wie sehr ihn seine Eltern als Belastung darstellen: »[...] und sie nannten mich, Oskar, ein Kreuz, das man tragen müsse, ein Schicksal, das wohl unabänderlich sei, eine Prüfung, von der man nicht wisse, womit man sie verdiene.« Oskar greift im nächsten Satz die Nomina auf und gestaltet einen komplexen Chiasmus, wenn er sprachspielerisch ironisiert: »Von diesen schwergeprüften, vom Schicksal geschlagenen Kreuzträgern war also keine Hilfe zu erwarten.« (WA II, 96) In den *Materniaden* der *Hundejahre* zeigt Matern seine Schlagballkünste: »Während er seine gesenkte Schlagfaust mit den Schlagflächen für den Vorarmschlag und den Vorhandschlag demonstriert, steht die Sonntagvormittagssonne auf seinem haarlosen Schädel kopf: [...]« (WA III, 684) Wenn der Ich-Erzähler im *Butt* darum bittet, daß es ihm vorerst erlaubt sei, »die drei Brüste der neolithischen Köchin Aua handlicher zu begreifen« (WA V, 23), ist das auch wörtlich zu verstehen. Ebenfalls im *Butt* heißt es: »Die Nonne Rusch war eine aufgeklärte Frau und obendrein so dick, daß ihre Schwangerschaften kaum ins Gewicht fielen.« (WA V, 243) In den *Kopfgeburten* erweist sich die Leberwurst zwar als nicht handlungstragend, aber »einfach streichen läßt sich die Leberwurst nicht mehr« (WA VI, 184).

Stilistische Mittel sind bei Grass allerdings nie sprachspielerischer Selbstzweck, vielmehr wird immer das Bemühen deutlich, bereits mit der sprachlichen Gestaltung einen Inhalt zu bezeichnen. Dieses kunstvoll geschaffene ikonische Verhältnis konnte in dieser Arbeit vielfach dargestellt werden.[4]

Bei der Interpretation einzelner Konstruktionen wurde häufig die Absicht der »sprachlichen Verdichtung« herausgestellt. Gerade auch die besonders umfangreichen Satzmuster sind äußerst kompakte Formen mit einer sehr hohen inhaltlichen Dichte. Formelhaft läßt sich von einem komprimierenden Stil sprechen, bei dem ein phänomenales Maximum durch ein strukturelles Minimum zum Ausdruck gebracht wird (z. B. attributive Erweiterungen, komplexe Sätze, nominale elliptische Passagen, Analogisierungen mit Hilfe paralleler Konstruktionen).[5]

Dabei lohnt sich an dieser Stelle trotz des in der Themenstellung dieser Arbeit gegebenen Beobachtungsbereichs »Prosastil« ein Seitenblick auf Grass' Lyrik:

> Das zunehmende Ineinandergreifen der Gattungen wird im Verfahren der Montagetechnik in »Aus dem Tagebuch einer Schnecke« sichtbar; an vielen Textstellen ist aufgrund der extrem aufgelösten Prosa eine Abgrenzung zur Lyrik nur schwer möglich. Die eingebetteten lyrischen Passagen verdichten und steigern den Prosafluß, es kommt – so Grass – zu lyrischen »Engführungen«.[6]

---

4 Vgl. z. B. S. 110, 143, 165 dieser Arbeit.

5 Meines Erachtens ist mit dem vielzitierten »Reduzieren [...] auf die Dinglichkeit« (WA X, 9) nicht eine zu große Abstraktheit der Sprache gemeint. Grass weist vielmehr auf sein Bestreben hin, nach seinem Ermessen zu umständliche grammatische Konstruktionen mit Funktionswörtern wie z. B. explitives »es« oder Kopula zu vermeiden.

6 Mayer 1988, S. 85.

Innerhalb dieses Schlußkapitels kann nur knapp auf formale Aspekte dieser »lyrischen Engführungen« eingegangen werden, die als selbständige Gedichte in den Sammelband *Günter Grass. Die Gedichte 1955–1986*[7] aufgenommen wurden. Doch mit den für die Analyse des Prosastils gewonnenen Kategorien lassen sich auch wesentliche strukturelle Komponenten der Lyrik beschreiben.

Bei einer Analyse des Gedichts *Später mal, Franz* (Wa IV, 289 f.) erfassen die in dieser Arbeit beobachteten Stilmittel sämtliche wichtigen syntaktisch-formalen Aspekte des Gedichts, wie die Verwendung einer Satzperiode als Ausdruck einer gedanklichen Einheit oder graphischer Mittel wie kommatalose Reihungen (»flachgeklopft entsaftet zerfasert«), Gedankenpunkte, Zusammenschreibungen. Der durchgehende Parallelismus mit der »wenn«-Anapher baut eine Spannung auf, die erst nach zehnmaliger anaphorischer Wiederholung mit dem Appell »dann stehe auf und beginne dich zu bewegen, / dich vorwärts zu bewegen …« aufgelöst wird. Neben dieser noch ein weiteres Mal vorkommenden anaphorischen Erweiterungsform (»aufgegeben, endlich aufgegeben, für immer aufgegeben«) benutzt Grass auch die Stilmittel der Parenthese und der Einbettung (»wenn sich die Hoffnung […] ins Aschgraue«).[8] In formaler Hinsicht ist dieses Gedicht nicht von der Grassschen Prosa zu unterscheiden.

Die sprachliche Gestaltung von Grass' gesamter Prosa ist bewußt darauf angelegt, den Leser zur permanenten Konzentration anzuhalten. Die stilistischen Merkmale der Verdichtung und die erzählfunktionale Bedeutung der Sprache zwingen den Rezipienten zum genauen Lesen des Textes. Die Absicht der De-Automatisierung des Lesens und das Anschreiben gegen Lesegewohnheiten zeigen sich bei der Verwendung von Paradoxa, bei ungewöhnlichen Wortstellungen, Mißachtung semantischer Merkmalsbeschränkungen und vor allem bei der Abwandlung vorgeprägter Sprachmuster. Die verfremdete Hineinnahme sprachlicher Wirklichkeit ist immer als stilistisches Mittel ästhetisiert, ist realistisch und mimetisch in einem. Neuhaus machte in Anlehnung an Just auf diesen von Grass betonten, »gleichsam negativen Aspekt beim Gebrauch rethorischer Formeln« aufmerksam, die »den Leser auf das Erzählte des Vorgangs stärker achten lassen als auf den Vorgang selbst«[9].

7 Vgl. »Gedichte« 1988, S. 311–324.
8 Vgl. auch S. 80, 84 und 131 dieser Arbeit.
9 Neuhaus 1979, S. 16; vgl. Just 1972, S. 102–108.

5.2 *Aus dem Tagebuch einer Schnecke* als »Sprachroman«

Da *Aus dem Tagebuch einer Schnecke* mehrere Themenstränge auf verschiedenen Zeitebenen umfaßt, zwischen denen Grass frei hin- und herwechselt, wirkt der Text oberflächlich zerrissen. Doch neben einzelnen wiederkehrenden Motiven, die unmittelbar zur Texteinheit beitragen, wie bereits Georg Just für *Die Blechtrommel* nachwies,[10] ist es in besonderer Weise die Sprache selbst, die eine zentrale einheitsstiftende Funktion übernimmt. In der »permanente[n] Verklammerung mehrerer Handlungsstränge durch Motiv- und Stichwortassoziationen«[11] gewinnt die Sprache konstitutive Bedeutung für *Aus dem Tagebuch eine Schnecke.*

Die nebensächliche Tatsache, daß Ende Juni in Berlin saure Gurken auf dem Markt zu haben sind (vgl. WA IV, 389), wird Grass zum Motiv, das die Gegenwartshandlung mit der Geschichte Zweifels verklammert: Grass als Erzähler wird sogar in einen direkten Dialog mit seiner Figur Zweifel verwickelt, der seinem Autor berichtet, daß »Stomma [...] ein Faß saure Gurken ansetzen« (WA IV, 390) wird. Gemeinsam spielen Grass und Zweifel »mit dem Wort Sauregurkenzeit« (WA IV, 391). Bei der Beschreibung von Stommas Lagerraum auf der Ebene der Zweifelhandlung wird erneut das Faß Gurken erwähnt, und wenig später heißt es: »Ab Juni bis in den Winter roch das Faß saure Gurken.« (WA IV, 392)

Mit »Heute ist Sonntag« (WA IV, 375) beginnt das dreizehnte Kapitel, in dem Grass zunächst die sonntägliche Langeweile seines Sohnes Franz beschreibt, »die du durchs Haus zu tragen nicht müde wirst« (WA IV, 375). »An einem Sonntag« (WA IV, 375) trifft Zweifel die Vorbereitungen für seine Flucht, auf die er nicht zufällig Dürers Kupferstich Melencolia mitnimmt, den Grass als Gegenstand seines Dürer-Vortrages gewählt hat, was dem Autor Anlaß gibt, auf den folgenden Seiten über das Phänomen Melancholie zu räsonnieren. Die beabsichtigte motivische Kopplung zweier unterschiedlicher Themenstränge mit Hilfe des Zusammenhangs Sonntag–Langeweile–Melancholie zeigt sich, wenn Grass später seinen Sohn nach dessen möglichem Fluchtgepäck befragt (vgl. WA IV, 379).[12]

Wenn Zweifel für sein Kellertheater Kopfbedeckungen ausprobiert (vgl. WA IV, 456), erscheint auf der Vergangenheitsebene das gleiche Motiv, das im Abschnitt zuvor auf der Gegenwartsebene eingeführt wurde mit der Besichtigung einer bayrischen Hutfabrik. Die Tragfähigkeit dieses Verfahrens erweist sich auch darin, daß Grass die Zweifelhandlung mit Leichtigkeit unterbrechen kann, um politische Bezüge herzustellen (»als sogar Gewerkschaftsfunktionäre Arbeitgeberhüte trugen«, WA IV, 456) und um das Verhalten Raouls zu assoziieren.

---

10 Just 1972, S. 105 f.

11 Neuhaus 1987, S. 585.

12 Vgl. zur Entfaltung dieses Gedankens *Die Rättin:* »Sonntage waren an sich katastrophal. Dieser siebte Tag einer verpfuschten Schöpfung [...]« (WA VII, 130) »Doch wußten wir, daß sich das Menschengeschlecht [...] an Sonntagen weltweit schläfrig, doch unterschwellig gereizt zeigte.« (WA VII, 132)

Während Grass in den vorangegangenen Beispielen sprachliche Zeichen als dingliche Motive oder Abstrakta konstant auf verschiedenen thematischen bzw. zeitlichen Ebenen verwendet, übernehmen in den folgenden Beispielen sprachliche Elemente selbst verbindende Funktion. Das betrifft sowohl kürzere Textabschnitte als auch ganze Kapitel.

Zunächst bei der ersten Nennung völlig unauffällig – »Auch fallen mir keine anderen Stücke ein, die Zweifel [...] gespielt haben mag, weil nämlich der Wahlkampf und die nicht aufgewertete DM ...« (WA IV, 459) –, wird das Adverb »nämlich« selbst zunehmend thematisch. In einer Sequenz von Aposiopesen, in denen entweder die Ursache oder die Wirkung eines Zusammenhangs ausgelassen ist, offenbart sich, daß »nämlich« floskelhaft ein pseudokausales Sprachmuster konstituiert, das »nicht zu verabschieden« (WA IV, 461) ist:

> Jäckels Handschrift verrät nämlich ... Wenn nämlich Gaus kurz nach Mitternacht ... Der Kapitalismus und der Sozialismus sind nämlich ... Als Drautzburg nämlich Tabletten nahm ... (WA IV, 461)

Aufgrund der gehäuften Verwendung in diesem Kapitel (allein siebenundzwanzigmal auf den Seiten 460 und 461) wird das Wort »nämlich« als Thema konstituiert und übernimmt eine einheitsstiftende Funktion, die es Grass gestattet, assoziativ auch kleinste Gedankensplitter in den Text einzustreuen:

> Und weil ich nämlich die Schnecke rücklings auf einem Pferd habe reiten sehen ... (WA IV, 460)
> Nämlich auf den nach vorwärts weisenden Finger eines Denkmals (Gußeisen oder Stein) die Schnecke setzen ... (WA IV, 461)

Allein schon mit Hilfe dieses sprachlichen Verfahrens werden solche heterogenen Inhalte gekoppelt und der Eindruck eines Textzusammenhangs erzeugt. Nach dieser intensiven Verwendungsweise in der Mitte des Kapitels kehrt »nämlich« bezeichnenderweise gegen Ende des Kapitels erneut wieder:

> ([...] Auch wenn der Hintergrund unscharf und die Entfernung größer geworden ist, glaube ich doch zu sehen, daß Anna mich sieht, wie ich sie neben Franz sehe: ganz nah nämlich ...) (WA IV, 464)

Zum Auftakt des vierten Kapitels fragt Grass: »... oder wollen wir Leine ziehen?« (WA IV, 293) Die gleichen Überlegungen stellt im folgenden Absatz auch Hermann Ott an, der »damals das Auswandern erwogen haben« (WA IV, 293) soll:

> Zweifel plante mehrere neue Existenzen, die einander aufhoben: also blieb er und plante sein Bleiben. (WA IV, 293)

Unmittelbar danach wechselt Grass wieder auf das Wahlkampfthema:

> Wir planten, in Bonn ein Büro zu eröffnen, in dem der Aufbau von örtlichen Wählerinitiativen geplant und meine Zeit sinnvoll verplant werden sollte: ab März bis Ende September mit Pausen nach Plan. (WA IV, 293)

Während Zweifel- und Wahlkampfhandlung graphisch durch Leerzeilen strikt getrennt sind, konstituiert Grass auch hier durch die exponierte Verwendung eines Ausdrucks auf beiden Erzählebenen ein übergeordnetes, gemeinsames Textthema. Auf der ersten Seite des Kapitels erscheint achtzehnmal der Wortstamm »plan« (»Plan«, »Planspiel«, »Planer«, »planen«, »verplanen«, »einplanen«, »neuplanen« etc.). Auf den nächsten beiden Seiten wird der Wortstamm »plan« zehnmal genannt, so wenn Grass im Gespräch mit seinem Sohn sagt: »[...] dein Plan gefällt mir« (WA IV, 294) oder »Komm, laß uns Pläne machen« (WA IV, 295); »Meine Pläne kochen auf Sparflamme« (WA IV, 295); »[...] Aufbau von Wählerinitiativen – du kennst unseren Plan« (WA IV, 295). Auch endet das Kapitel mit Grass' Hinweis, daß ihm die Figur Zweifel »vielseitiger [gerät] als geplant« (WA IV, 300).

Der gehäufte Gebrauch des Lexems führt dazu, daß es auch bei einer eher versteckten Verwendung im Bewußtsein des Lesers sofort fokussiert wird:

> Und für ein anderes Purimfest hatte Ruth Rosenbaums Vater [...] ein gereimtes Spiel geschrieben, das »Amalek« hieß und vom geplanten Mord am Volk der Juden im Reich der Perser handelte. (WA IV, 299)

Der Leser assoziiert die umfassende Gründlichkeit und Intentionalität eines Planungsvorganges, wie Grass im Zusammenhang mit den Wahlkampfplanungen zuvor demonstriert hat.

Diese für *Aus dem Tagebuch einer Schnecke* wichtige Funktion der Sprache, thematische Zusammenhänge zu konstituieren, wird nicht zuletzt im sechzehnten Kapitel besonders deutlich, das durchgehend auf den Begriff Wille hin strukturiert ist. Der auf den Wahlkampf bezogene Kapiteleingang »Und was jetzt. Auspacken einpacken. Morgen muß ich schon wieder [...]« (WA IV, 406) ist zunächst ebenso unauffällig wie auf der gleichen Seite Grass' Erinnerung an die Führung durch Dachau als 17jähriger POW: »[...] wir wollten nicht begreifen [...]« Erst die Erwähnung von Schopenhauers Schrift *Über die Freiheit des Willens* und die anschließende Summation in den Fragen Fritz Gersons kündigt die Thematisierung des Ausdrucks »Willen« in diesem Kapitel an:

> Auch über die Freiheit des Willens zum Widerstand wollte er wissen: »Wollten wir uns nicht wehren? Oder wollten wir uns nicht wehren wollen?« – (WA IV, 407)

Auch im weiteren Verlauf dieses Kapitels erscheint immer wieder »Wille« bzw. »wollen« oder das korrespondierende Modalverb »müssen«. So fragt Grass seine Kinder »Ihr wollt keine Schnecken sein?« (WA IV, 408); und Zweifel »mußte [...], besorgt um seinen Ruf als Zeitzerstreuer, Neues erfinden« (WA IV, 408). Wir erfahren, daß Stomma schlug, »(auch weil er bekommene Schläge austeilen wollte)« (WA IV, 409), und als »die Schnecke fliegen wollte, lief sie nach Ulm« (WA IV, 409). Die jüdischen »Auswanderer mußten ihr Bargeld abgeben« (WA IV, 411), ebenso wie sie »bald darauf den Gelben Stern an ihren Kleidern tragen mußten« (WA IV, 411).

Die Ansicht Stommas, »Ech kann machen, was ech will. Keen Aas wird miä da reinreden« (WA IV, 412), veranlaßt Zweifel, Stomma die Begrenztheit seiner Willensfreiheit darzulegen. Die Dialektik von Freiheit und Zwang stellt Grass in witziger Form bei der anschließenden Züchtigung dar:

> Während Stomma schlug, mußte er mit der freien [!] Hand seine Hose halten: auch ein Riemen kann nicht gleichzeitig dies tun und das. (WA IV, 413)

Mit der phraseologischen Wendung »In seinem Keller ging Zweifel (da ihm sonst wenig Auslauf blieb) seinem Willen nach« (WA IV, 415) beginnt ein Abschnitt, der in äußerster Dichte innerhalb von zwanzig Zeilen insgesamt vierunddreißigmal den Ausdruck »Willen« variiert.

Das Kapitel schließt bezeichnenderweise mit dem Satz: »Doch Stomma glaubte ihm nicht: er wollte einen Juden im Keller haben« (WA IV, 416) und korrespondiert damit dem Kapitelanfang: »Morgen muß ich schon wieder.« Anfang und Ende des Kapitels setzen damit in kunstvoller Weise die Pole »Zwang« und »Freiheit«, zwischen denen der menschliche Wille eingespannt ist.

Indem explizit thematisierte sprachliche Ausdrücke über ein ganzes Kapitel hinweg auf heterogenen Erzählebenen verwendet werden, werden verschiedene Themen- und Zeitstränge integriert. Grass ist es so mit Leichtigkeit möglich, in freier Weise zwischen den einzelnen Themen zu wechseln und, wie bereits oben gezeigt, zum Teil kleinste Gedankenpartikel in den Text aufzunehmen und dennoch dem Leser mit allen Erzählebenen gemeinsamen lexikalischen Elementen eine textliche Kohärenz zu vermitteln.

Unabhängig von den den ganzen Roman durchziehenden Themenstränge wird somit innerhalb von Kapitelgrenzen eine übergeordnete gemeinsame Bezugsdomäne installiert, die innerhalb überschaubarer Textabschnitte einheitsstiftende Funktion übernimmt. Ebenso wie ein Motiv besitzt Sprache in solchen Fällen tektonische Funktion. Außer dem Neben- und Durcheinander vielfältiger Themata, Zeitebenen, Aspekte erleichtert dieses Verfahren Grass zugleich, in räsonnierender Weise als Autor Stellung zu beziehen.

Während z. B. zunächst erzählt wird, daß August außer »Vereinen und öffentlichen Diskussionen [...] nichts gesammelt« hat (WA IV, 473), erfährt der Leser später, daß Lisbeth »Friedhöfe sammelte« (WA IV, 474) und Zweifel mit Lisbeths Hilfe bald eine Schneckensammlung besaß (vgl. WA IV, 474 f.). Als Stomma davon wußte, stiftete er »Blechkisten, in denen er Ventile und Fahrradklingeln, Schrauben und Muttern gesammelt hatte« (WA IV, 475). Sowohl auf der Ebene der Zweifelhandlung als auch der Augsthandlung wird »sammeln« als übergreifender Aspekt deutlich, wozu sich auch Grass als kommentierender Autor äußert:

Das Sammeln ist eine Antwort auf den Zustand der Zerstreuung, gleich ob Uniformknöpfe, Jugendstilgläser, winzige Automodelle (Raouls Oldtimer), meine Muscheln, Augsts Mitgliedschaften oder Zweifels Schnecken gesammelt werden. Fast jeder sammelt irgendwas und nennt andere Sammler tickhaft. Gleichzeitig zerstreut das Sammeln die in Sekunden versammelte Zeit: als Zweifel seiner Lisbeth und seinem Gastgeber Stomma durch erfundene Geschichten die kompakt lastende Zeit zerstreute; wenn ich Geschichten, wo sie zerstreut liegen, auflese und euch erzähle. [...]
Da sich den Schwermütigen die Welt zu etwas verengt hat, das nur geordnet (als Ganzes) ertragen werden kann, ist das Sammeln tätiger Ausdruck der Melancholie; in ihren Gehäusen finden sich komplette Sammlungen aller Arten einer Gattung; alle Farnkräuter präpariert; ausgestopft alle Meisen; alle mitteleuropäischen Bierfilze der zwanziger Jahre ... (WA IV, 473 f.)[13]

---

13 Auch in anderen Kapiteln übernehmen lexikalische Elemente einheitsstiftende Funktionen: In Kapitel 3 »Fortschritt« und »vorwärts«, in Kapitel 5 »Bewußtsein«, in Kapitel 9 »während«, in Kapitel 17 verschiedene Farbwörter, in Kapitel 23 »Mief«, in Kapitel 25 »Wunder«; Kapitel 18 hat »Dialektik« als Thema.

232

Das beschriebene Verfahren, mittels vielfach lediglich eines einzigen Ausdrucks einen übergreifenden Zusammenhang zu konstituieren, gestattet es Grass auch, vielfältige Textformen mit Leichtigkeit einzubeziehen und damit zugleich traditionelle Gattungsgrenzen zu verwischen. Die Sprache ist somit eine Instanz, die mithilft beim Sammeln als »Antwort auf den Zustand der Zerstreuung« (WA IV, 473), in dem sich eine chaotische Welt befindet. So ist *Aus dem Tagebuch einer Schnecke* in besonderem Maße ein Werk über die Sprache.

Grass befindet sich damit in der Tradition von Fontanes *Stechlin,* der ihm zum Vorbild wurde, weil er

parallel zur Zeit geschrieben, zum erstenmal einen Wahlkampf in Prosa schilderte. Die Sozialdemokraten treten zum ersten Mal in einem Roman auf, werden romanfähig und gewinnen auch noch auf dem Land die Wahl. [...] Fontane war ein immens politischer Autor. Gerade in seinem letzten großen Roman, im *Stechlin,* wird seine Enttäuschung an Preußen deutlich, auch seine Trauer. (WA X, 343)

Das Bewußtsein der Figuren für ihre Zeit spiegelt sich im *Stechlin* in deren Sprachgebrauch wider, wo der Zeitumbruch besonders in der teils den Figuren bewußten, ironisierenden, teils unbewußten, entlarvenden Verwendung von Schlagwörtern und politischen Parolen Niederschlag findet.[14] Ein Indiz für die formale Korrespondenz ist Grass' Neologismus »verhegelt«, der nach dem gleichen Muster wie Fontanes Neologismus »verbebelt« im *Stechlin* gebildet ist.[15]

Grass erweist sich als Sprachkünstler im genauen und umgreifenden Sinne: Dem Künstler Grass wird Sprache selbst zum Erzählstoff, den er mit sprachlichen Mitteln gestaltet.

Damit ist ein Aspekt angesprochen, der die Sprache – Thema und Medium zugleich – als formales Instrument problematisiert. Auch wenn Grass' Werke in konkreter Weise Sprachgebrauchsweisen angreifen und besonders den sich in bestimmten Jargons niederschlagenden »Mißbrauch« aufdecken, ist damit nicht das in der Literatur der Moderne häufig bestehende Mißtrauen eines Lord Chandos gegenüber der Sprache verbunden. Gerade der spielerische Umgang mit der Sprache beweist, daß Grass nicht dem Sprachsystem (langue) selbst mißtraut.

Das System Sprache als Grundbefindlichkeit des Menschen, als Existenzial und Möglichkeit zu seiner Weltauslegung wird von Grass in keiner Weise diskreditiert.

Gerade mit der Vielfalt der in dieser Arbeit nachgewiesenen stilistischen Möglichkeiten demonstriert Grass sein immer noch nicht gebrochenes Vertrauen in die Sprache als Mittel der Aufklärung.

---

14 Vgl. Mommsen 1978, S. 36–54; Grawe 1974, S. 53–62.
15 Vgl. S. 50 dieser Arbeit.

6. Literaturverzeichnis

6.1 Werke

Die in dieser Arbeit untersuchten Grass-Werke werden zitiert nach: *Günter Grass. Werkausgabe in zehn Bänden,* hg. v. Volker Neuhaus, Darmstadt/Neuwied 1987 (abgekürzt als »WA«, die römische Ziffer bezeichnet den entsprechenden Band).

Grass, Günter. Gedichte und Kurzprosa. WA I, hg. v. Anita Overwien-Neuhaus u. Volker Neuhaus.

Die Blechtrommel. WA II, hg. v. Volker Neuhaus.

Katz und Maus. WA III, hg. v. Volker Neuhaus.

Hundejahre. WA III, hg. v. Volker Neuhaus.

Örtlich betäubt. Aus dem Tagebuch einer Schnecke. WA IV, hg. v. Volker. Neuhaus.

Der Butt. WA V, hg. v. Claudia Mayer.

Das Treffen in Telgte. Kopfgeburten oder Die Deutschen sterben aus. WA VI, hg. v. Christoph Sieger.

Die Rättin. WA VII, hg. v. Angelika Hille-Sandvoss.

Theaterspiele. WA VIII, hg. v. Angelika Hille-Sandvoss.

Essays Reden Briefe Kommentare. WA IX, hg. v. Daniela Hermes.

Gespräche. WA X, hg. v. Klaus Stallbaum.

–. Die Gedichte 1953–1986. Darmstadt 1988.

–. Zunge zeigen. Darmstadt 1988.

–. Schreiben nach Auschwitz. Frankfurter Poetik-Vorlesung. Frankfurt/M. 1990.

–./Hartlaub, Geno. Wir, die wir übriggeblieben sind ... In: Loschütz, Gert. Von Buch zu Buch. Günter Grass in der Kritik. Neuwied/Berlin 1968, 211–216. (Zuerst 1967)

–./Raddatz, Fritz J. »Heute lüge ich lieber gedruckt«. In: Raddatz, Fritz J. Zeit-Gespräche. Frankfurt/M. 1978, 7–18. (Zuerst 1977)

–./Stallbaum, Klaus. »Der vitale und vulgäre Wunsch, Schriftsteller zu werden« – ein Gespräch. In: Neuhaus, Volker/Hermes, Daniela. Die »Danziger Trilogie« von Günter Grass. Texte, Daten, Bilder. Frankfurt/M. 1991, 11–33.

BUTT-Übersetzerkollegium – Protokoll. Unveröffentlichtes Manuskript.

Protokoll des Übersetzer-Kolloquiums zu Günter Grass DIE RÄTTIN. Unveröffentlichtes Manuskript.

Wortindex zur »Blechtrommel« von Günter Grass. Hrsg. v. Franz Josef Görtz, Randall L. Jones und Alan F. Keele. Frankfurt/M. 1990.

234

6.2   Sekundärliteratur

Abraham, Werner. <u>Noch</u> und <u>schon</u> als polare Satzfunktoren. In: Semantik und Pragmatik. Akten des 11. Linguistischen Kolloquiums. Hrsg. v. Sprengel, Bald, Viethen. Aachen 1976, 3–19.

Altmann, Hans. Formen der »Herausstellung« im Deutschen: Rechtsversetzung, Linksversetzung, freies Thema und verwandte Konstruktionen. Tübingen: Niemeyer, 1981.

Aust, Hugo. Textlinguistik contra Stilistik? In: Kontroversen, alte und neue. Akten des VII. Internationalen Germanisten-Kongresses. Göttingen 1985. Tübingen 1986. Bd. 3, 22 f.

Bassarak, Armin. Parenthesen als illokutive Handlungen. In: Studia grammatica XXV. Satz, Text und sprachliche Handlung. Berlin 1986, 163–178.

Beaugrande, Robert-Alain de/Dressler, Wolfgang Ulrich. Einführung in die Textlinguistik. Tübingen 1981.

Bebermeyer, Renate. Formelabwandlung im »Butt«. In: Sprachspiegel. 34, 1978, H. 1, 67–76.

Becker, Thomas. Analogie und morphologische Theorie. München 1990.

Bellmann, Günter. Pronomen und Korrektur. Berlin/New York 1990.

Beneš, Eduard. Die Ausklammerung im Deutschen als grammatische Norm und als stilistischer Effekt. In: Muttersprache 78, 1968, 289–298.

Berg, Wolfgang. Uneigentliches Sprechen: zur Pragmatik und Semantik von Metapher, Metonymie, Ironie, Litotes und rhetorischen Frage. Tübingen 1978.

Betten, Anne. Ellipsen, Anakoluthe und Parenthesen. In: Deutsche Sprache 4, 1976, 207–230.

Bierwisch, Manfred. Strukturalismus. Geschichte, Probleme und Methhoden. In: Kursbuch 5, 1966, 77–152.

–. Semantik. In: Lyons, Jeremy (Hg.). Neue Perspektiven in der Linguistik. Reinbek 1975, 150–166.

Böschenstein, Bernhard. Günter Grass als Nachfolger Jean Pauls und Döblins. In: Jahrbuch der Jean-Paul-Gesellschaft 6, 1971, 86–101.

Brauße, Ursula. Bedeutung und Funktion einiger Konjunktionen und Konjunktionaladverbien. In: Untersuchungen zu Funktionswörtern (Adverbien, Konjunktionen, Partiekln). Linguistische Studien 104. Reihe A. Berlin 1983, 1–40.

Brinkmann, Hennig. Der komplexe Satz im deutschen Schrifttum der Gegenwart. In: Sprachkunst als Weltgestaltung. Festschrift für Herbert Zeidler. Salzburg, 1966, 13–26.

–. Reduktion in gesprochener und geschriebener Rede. In: Sprache der Gegenwart. 26 (Schriften des Instituts für deutsche Sprache, Jahrbuch 1972). Düsseldorf 1972, 144–162.

Bublitz, Wolfgang/Kühn, Peter. Aufmerksamkeitssteuerung: Zur Verstehenssicherung des Gemeinten und des Mitgemeinten. In: Zeitschrift für Germanistische Linguistik 9, 1981, 55–76.

Burger, Harald. Idiomatik des Deutschen. Tübingen 1973.

Büscher, Heiko. Günter Grass. In: Dietrich Weber (Hg.). Deutsche Literatur seit 1945 in Einzeldarstellungen. Stuttgart, 1968, 455–483.

Bußmann, Hadumod. Lexikon der Sprachwissenschaft. Stuttgart, ²1990.

Cepl-Kaufmann, Gertrude. Günter Grass. Eine Analyse des Gesamtwerkes unter dem Aspekt von Literatur und Politik. Kronberg/Taunus, 1975.

Damian, Hermann Siegfried. »Die Blechtrommel« von Günter Grass. Versuch einer Analyse und einer Interpretation. Diss., Hobart 1967.

Dieckmann, Walter. Sprache in der Politik. Einführung in die Pragmatik und Semantik der politischen Sprache. Heidelberg 1969.

Drosdowski, Günther/Henne, Helmut. Tendenzen der deutschen Gegenwartssprache. In: Lexikon der Germanistischen Linguistik, hg. v. Althaus/Henne/Wiegand. Tübingen ²1980, 619–632.

Duden Band 4. Grammatik der deutschen Gegenwartssprache. Mannheim ³1973.

Duden Band 4. Grammatik der deutschen Gegenwartssprache. Mannheim ⁴1984.

Durzak, Manfred. Fiktion und Gesellschaftsanalyse. Die Romane von Günter Grass. In: Manfred Durzak. Der deutsche Roman der Gegenwart. Entwicklungsvoraussetzungen und Tendenzen. Berlin/Köln/Mainz, ³1979, 247–327.

Ehlich, Konrad. Deiktische und phorische Prozeduren beim literarischen Erzählen. In: Lämmert, Eberhard. Erzählforschung. Ein Symposium. Stuttgart 1982, 112–130.

Enkvist, Nils Erik. Versuche zu einer Bestimmung des Sprachstils: Ein Essay in angewandter Sprachwissenschaft. In: Spencer, John (Hg.). Linguistik und Stil. Heidelberg 1972, 8–54.

–. Die Funktion literarischer Kontexte für die linguistische Stilistik. In: Zeitschrift für Literaturwissenschaft und Linguistik. 6, 1976, H. 22, 78–85.

Enzensberger, Hans Magnus. Wilhelm Meister, auf Blech getrommelt. In: Loschütz, Gert. Von Buch zu Buch – Günter Grass in der Kritik. Neuwied u. Berlin 1968, 8–12.

Eroms, Hans Werner. Textlinguistik und Stiltheorie. In: Kontroversen, alte und neue. Akten des VII. Internationalen Germanisten-Kongresses. Göttingen 1985. Tübingen 1986. Bd. 3, 10–21.

Fanselow, Gisbert/Felix, Sascha W. Sprachtheorie. Band 1. Grundlagen und Zielsetzungen. Tübingen, 1987.

–. Sprachtheorie. Band 2. Die Rektions- und Bindungstheorie. Tübingen, 1987.

Fischer, Heinz. Sprachliche Tendenzen bei Heinrich Böll und Günter Grass. In: The German Quarterly, Vol. XL (1967), No 1, 372–383.

236

Fries, Norbert. Zu einer Randgrammatik des Deutschen. In: Meibauer, Jörg (Hg.). Satzmodus zwischen Grammatik und Pragmatik. Tübingen 1987, 75–95.

Frizen, Werner. Anna Bronskis Röcke – »Die Blechtrommel« in »ursprünglicher Gestalt«. In: Neuhaus, Volker/Hermes, Daniela (Hg.). Die »Danziger Trilogie« von Günter Grass. Texte, Daten, Bilder. Frankfurt 1991, 144–169.

Garde, Barbara. »Selbst wenn die Welt unterginge, würden deine Weibergeschichten nicht aufhören«. Zwischen »Butt« und »Rättin«. Frauen und Frauenbewegung bei Günter Grass. Frankfurt/M./Bern/New York/Paris 1988.

Gerstenberg, Renate. Zur Erzähltechnik von Günter Grass. Heidelberg, 1980.

Grawe, Christian. Fontanes neues Sprachbewußtsein in »Der Stechlin«. In: Ders. Sprache im Prosawerk. Bonn 1974, 38–62.

Grewendorf, Günther. Deutsche Syntax. Teil I. Kölner Linguistische Arbeiten Germanistik Nr. 12, 1985.

Grewendorf, Günther/Hamm, Fritz/Sternefeld, Wolfgang. Sprachliches Wissen. Eine Einführung in moderne Theorien der grammatischen Beschreibung. Frankfurt/M. 1989.

Grundzüge 1981. Grundzüge einer deutschen Grammatik. Hrsg. v. Karl Erich Heidolph et al., Berlin 1981.

Grützmacher, Curt. Die Liebeslyrik der Barockzeit. In: Neue Deutsche Hefte. 35, 1988, H. 1, 18–33.

Harscheidt, Michael. Günter Grass. Wort – Zahl – Gott bei Günter Grass. Der ›phantastische Realismus‹ in den »Hundejahren«. Diss., Köln, 1975.

Hartmann, Dietrich. Reliefgebung: Informationsvordergrund und Informationshintergrund in Texten als Problem von Textlinguistik und Stilistik. In: Wirkendes Wort. 4, 1984, 305–323.

Harweg, Roland. Pronomina und Textkonstitution. München 1968.

Hasselbach, Ingrid. Günter Grass. »Katz und Maus«. München 1990.

Heintz, Günter. Sprachliche Struktur und dichterische Einbildungskraft. Beiträge zur linguistischen Poetik. München, 1978.

Hermes, Daniela. »Was mit Katz und Maus begann« – ein Kabinettstück Grassscher Prosakunst. In: Neuhaus, Volker/Hermes, Daniela (Hg.). Die »Danziger Trilogie« von Günter Grass. Texte, Daten, Bilder. Frankfurt/M. 1991, 170–180.

Jäkel, Siegfried. Aspekte zur Danziger Trilogie von Günter Grass. In: Sprachaspekte als Experiment, hrsg. v. Toivo Viljamaa, Siegfried Jäkel, Kurt Nyholm. Turku 1989, 113–146.

Jakobson, Roman. Linguistik und Poetik. In: Ihwe, Jens (Hg.). Literaturwissenschaft und Linguistik. Band 1. Frankfurt/M. 1972, 99–135.

Jurgensen, Manfred. Wesen und Funktion des Sprachbildes bei Günter Grass. In: Akten des V. Internationalen Germanisten-Kongresses. 1975, 253–258.

–. Das allzeit fiktionale Ich. Günter Grass: Der Butt. In: Ders. Erzählformen des fiktionalen Ich. Beiträge zum Gegenwartsroman. Bern 1980, 121–144.

Just, Georg. Darstellung und Appell in der »Blechtrommel« von Günter Grass. Darstellungsästhetik versus Wirkungsästhetik. Frankfurt/Main, 1972.

Kayser, Wolfgang. Das sprachliche Kunstwerk. Eine Einführung in die Literaturwissenschaft. Bern/München [18]1978.

Kjär, Uwe. »Der Schrank seufzt«. Metaphern im Bereich des Verbs und ihre Übersetzung. Göteborg 1988.

Klein, Wolfgang. Ellipse, Fokusgliederung und thematischer Stand. In: Meyer-Herrmann, Reinhard/Rieser, Hannes (Hg.). Ellipsen und fragmentarische Ausdrücke. Tübingen 1985. Bd. 1, 1–24.

Kluger, Richard. Eine stürmische Anklage gegen den Menschen. In: Hermes, Daniela/Neuhaus, Volker. Günter Grass im Ausland. Texte, Daten, Bilder. Frankfurt/M. 1990, 37–40.

Koller, Werner. Redensarten. Linguistische Aspekte, Vorkommensanalysen, Sprachspiel. Tübingen 1977.

Kontroversen, alte und neue. Akten des VII. Internationalen Germanistenkongresses. Göttingen 1985.

Koopmann, Helmut. Der Faschismus als Kleinbürgertum und was daraus wurde. In: Wagener, Hans (Hg.). Gegenwartsliteratur und Drittes Reich. Stuttgart 1977, 163–182.

Kopperschmidt, Josef. Allgemeine Rhetorik. Einführung in die Theorie der persuasiven Kommunikation. Stuttgart 1973.

Krumme, Detlef. Günter Grass. »Die Blechtrommel«. München/Wien 1986.

Lang, Ewald. Semantik der koordinativen Verknüpfung. Berlin 1977.

Lausberg, Heinrich. Elemente der literarischen Rhetorik. München [2]1963.

Lenerz, Jürgen. Zur Abfolge nominaler Satzglieder im Deutschen. Tübingen 1977.

–. Dichterische Freiheit, linguistisch betrachtet. Zur Syntax des poetischen Dialekts von Ludwig Uhland. In: Befund und Deutung. Festschrift für Hans Fromm, hrsg. v. K. Grubmüller u.a. Tübingen 1979, 80–95.

Lewandowski, Theodor. Linguistisches Wörterbuch in drei Bänden. Heidelberg/-Wiesbaden [4]1984/85.

Lutzeier, Peter Rolf. Linguistische Semantik. 1985.

Mayer, Claudia. Von »Unterbrechungen« und »Engführungen«. Lyrik und Prosa in »Butt« und »Rättin«. In: Arnold, Heinz Ludwig (Hg.). Günter Grass. Text + Kritik. H. 1/1a. [6]1988, 84–92.

Meissner, Toni. Hexenmeister im Sprach-Gestrüpp. In: Abendzeitung. München. 23./24.7.1977.

238

Metzler-Literatur-Lexikon. Stichwörter zur Weltliteratur. Hrsg. v. Günther u. Irmgard Schweikle. Stuttgart 1984.

Meyer-Herrmann, Reinhard/Rieser, Hannes (Hg.). Ellipsen und fragmentarische Ausdrücke. Tübingen 1985.

Mieder, Wolfgang. Günter Grass und das Sprichwort. In: Muttersprache. 83, 1973, 64–67.

–. Das Sprichwort als Ausdruck kollektiven Sprechens in Alfred Döblins »Berlin Alexanderplatz«. In: Muttersprache. 83, 1973, 405–415.

–. Kulinarische und emanzipatorische Redensartenverwendung in Günter Grass' Roman »Der Butt«. In: Sprachspiegel. 34, 1978, H. 1, 4–11.

–. »Wir sitzen alle in einem Boot«. Herkunft, Geschichte und Verwendung einer neuen deutschen Redensart. In: Muttersprache. 100, 1990, H. 1, 18–37.

Mommsen, Katharina. Hofmannsthal und Fontane. Bern 1978.

Müller-Schwefe, Hans-Rudolf. Sprachgrenzen. das sogenannte Obszöne, Blasphemische und Revolutionäre bei Günter Grass und Heinrich Böll. München 1978.

Nerius, Dieter (Hg.). Deutsche Orthographie. Leipzig 1987.

Neuhaus, Volker. Günter Grass. Stuttgart, 1979.

–. »Ich, das bin ich jederzeit.« Grass' Variation der Ich-Erzählung in den siebziger Jahren. In: Zeitschrift für Kulturaustausch. 34, 1984, H. 2, 179–185.

–. »Das Chaos hoffnungslos leben«. Zu Günter Grass' lyrischem Werk. In: Durzak, Manfred (Hg.). Zu Günter Grass. Geschichte auf dem poetischen Prüfstand. Stuttgart 1985, 20–45.

–. »Gegen die Zeit schreiben«. Nachwort zu *Aus dem Tagebuch einer Schnecke*. In: Günter Grass. Werkausgabe in zehn Bänden. Bd. IV. Hg. v. Volker Neuhaus. Darmstadt/Neuwied 1987, 581–588.

–. Günter Grass. »Die Blechtrommel«. München [2]1988.

Neuhaus, Volker/ Hermes, Daniela. Die »Danziger Trilogie« von Günter Grass. Texte, Daten, Bilder. Frankfurt/M. 1991.

Oomen, Ursula. Linguistische Grundlagen poetischer Texte. Tübingen 1973.

Ortner, Hanspeter. Textsortenspezifische Kurzsatztypen. In: Deutsche Sprache. 10, 1982, 119–138.

–. Die Ellipse: ein Problem der Sprachtheorie und der Grammatikschreibung. Tübingen 1987.

Pieper, Ursula. Über die Aussagekraft statistischer Methoden für die linguistische Stilanalyse. Tübingen 1979.

Piirainen, Ilpo Tapani. Textbezogene Untersuchungen über »Katz und Maus« und »Hundejahre« von Günter Grass. Bern 1968.

Pilz, Klaus-Dieter. Phraseologie. Versuch einer interdisziplinären Abgrenzung, Begriffsbestimmung unter besonderer Berücksichtigung der deutschen Gegenwartssprache. Göppingen 1978.

–. Phraseologie. Stuttgart 1981.

Pröbsting, Heinrich. Die Integration philosophischer Zitate in einem modernen Roman (Günter Grass: »Hundejahre«). Diss. Münster 1972.

Püschel, Ulrich. Linguistische Stilistik. In: Lexikon der Germanistischen Linguistik. Tübingen ²1980, 304–313.

Rachidi, Renate. Gegensatzrelationen im Bereich deutscher Adjektive. Tübingen 1989.

Raddatz, Fritz J. Der Weltgeist als berittenen Schnecke. Günter Grass' kleine Hoffnung – aus großer Melancholie. In: Jurgensen, Manfred (Hg.). Grass. Kritik Thesen Analysen. Bern, 1973, 191–197.

Raible, Wolfgang. Sem-Probleme oder: Gibt es semantische Merkmale? In: Romanistisches Jahrbuch. 32, 1981 (1982), 27–40.

Reich-Ranicki, Marcel. Auf gut Glück getrommelt. In: Görtz, Franz Josef. »Die Blechtrommel«. Attraktion und Ärgernis. Ein Kapitel deutscher Literaturkritik. Darmstadt/Neuwied 1984, 116–121.

Reis, Marga. On Justifying Topological Frames: ›Positional Field‹ and the Order of Nonverbal Constituents in German. In: DRLAV. 22/23, 1980, 59–85.

Richter, Frank-Raymund. Die zerschlagene Wirklichkeit. Überlegungen zur Form der Danzig-Trilogie von Günter Grass. Bonn 1977.

–. Günter Grass. Die Vergangenheitsbewältigung in der »Danziger Trilogie«. Bonn 1979.

Riesel, Elise/Schendels, E. Deutsche Stilistik. Moskau 1975.

Rosengren, Inger. ABER als Indikator des Widerspruchs. In: Festschrift für Siegfried Grosse. Hrsg. v. Werner Besch, Klaus Hufeland u.a. Göppingen 1984, 209–231.

Rothenberg, Jürgen. Günter Grass – Das Chaos in verbesserter Ausführung. Zeitgeschichte als Thema und Aufgabe des Prosawerks. Heidelberg 1977.

Sanders, Willy. Linguistische Stiltheorie. Probleme, Prinzipien und moderne Perspektiven des Sprachstils. Göttingen 1973.

Schindler, Wolfgang. Untersuchungen zur Grammatik appositionsverdächtiger Einheiten im Deutschen. Tübingen 1990.

Schwarz, J. Wilhelm. Der Erzähler Günter Grass. Bern/München 1969.

Schweizer, Blanche-Marie. Sprachspiel mit Idiomen. Eine Untersuchung am Prosawerk von Günter Grass. Zürich 1978.

Seiffert, Helmut. Stil heute. Eine Einführung in die Stilistik. München 1977.

Škreb, Zdenko. Zur Theorie der Antithese als Stilfigur. In: Sprache im technischen Zeitalter. 25–28, 1968, 49–59.

Sommerfeldt, Karl-Ernst. Zu Verdichtungserscheinungen im Satzbau der deutschen Sprache der Gegenwart (unter besonderer Berücksichtigung der Parenthesen). In: Zeitschrift für Phonetik, Sprachwissenschaft und Kommunikations-Forschung. 37, 1984, H. 2, 242–248.

Sowinski, Bernhard. Deutsche Stilistik. Frankfurt ²1978.

–. Stilistik. Stiltheorien und Stilanalysen. Stuttgart 1991.

Stenzel, Jürgen. Zeichensetzung. Göttingen ²1970.

Stierle, Karlheinz. Der Gebrauch der Negation in fiktionalen Texten. In: Poetik und Hermeneutik VI. Positionen der Negativität. Hrsg. v. Harald Weinrich. München 1975, 235–262.

Stolt, Birgit. »Was ist wahr?« Eine alte Kontroverse aus textlinguistischer und rhetorischer Sicht. In: Kontroversen, alte und neue. Akten des VII. Internationalen Germanistenkongresses. Göttingen 1985. Band 1, 54–70.

–. »Passen sie mal auf: Folgendes:« Der ›deutsche Doppelpunkt‹ als Textsignal. In: Deutsche Sprache. 16, 1988, 1–16.

Ueding, Gerd. Rhetorik des Schreibens: Eine Einführung. Königstein/Ts., 1985.

Ueding, Gerd/Steinbrink, Bernd. Grundriß der Rhetorik. Geschichte, Technik, Methode. Stuttgart 1986.

Vater, Heinz. Einführung in die Nominalphrasensyntax des Deutschen. (KLAGE No. 10. Kölner Linguistische Arbeiten Germanistik). Köln 1985.

–. Einführung in die Textlinguistik. (KLAGE No. 21. Kölner Linguistische Arbeiten Germanistik). Köln 1990.

Vormweg, Heinrich. Prosa in der Bundesrepublik Deutschland seit 1945. In: Kindlers Literaturgeschichte der Gegenwart. Band 1, hg. v. Dieter Lattmann. München/Zürich 1973, 143–343.

Wagenbach, Klaus. Günter Grass. In: K. Nonnemann (Hg.). Schriftsteller der Gegenwart. 53 Porträts. 1963, 118–126.

Weiss, Walter. Zur Stilistik der Negation. In: Festschrift für Hugo Moser. Hrsg. v. Ulrich Engel, Paul Grebe u. Heinz Rupp. Düsseldorf 1969, 263–281.

Will, Wilfried van der. Pikaro heute. Metamorphosen des Schelms bei Thomas Mann, Döblin, Brecht, Grass. Stuttgart 1967.

Wilpert, Gero von. Sachwörterbuch der Literatur. Stuttgart ⁶1979.

Wolski, Werner. Autorenwörterbücher – Last und Lust der Germanisten. Podiumsdiskussion mit Günter Grass und Helmut Heißenbüttel. Diskussionsbericht von Werner Wolski. In: Kontroversen, alte und neue. Akten des VII. Internationalen Germanisten-Kongresses. Göttingen 1985. Tübingen 1986. Bd. 3, 228–236.

Wunderlich, Dieter. Arbeitsbuch Semantik. Königstein/Ts. 1980.

KÖLNER STUDIEN ZUR LITERATURWISSENSCHAFT

Herausgegeben von Volker Neuhaus

Christiane Lamparter

Der Exodus der Politik aus der bundesrepublikanischen Gegenwartsliteratur

Frankfurt/M., Bern, New York, Paris, 1992. 252 S.
Bochumer Schriften zur deutschen Literatur. Bd. 29
Verantwortlicher Herausgeber: Hans-Georg Kemper
ISBN 3-631-44202-5   br. DM 79.--*

Der Befund steht sicherlich außer Frage: Die bundesdeutsche Literatur der 80er Jahre übte sich in politischer Enthaltsamkeit. Statt jedoch in der Analyse dieses Befundes neuerlich an die Kontroverse anzuknüpfen, ob Literatur überhaupt politisch sein dürfe oder ob sie es gar sein müsse, beschreitet die vorliegende Arbeit einen anderen Weg. An den verschiedenen poetologischen Reflexionen von Adorno bis zur Postmoderne wird nachgewiesen, daß immer dort ersichtliche Widersprüche in der Argumentation zutage treten, wo das spezifische Verständnis von der Funktion der Literatur als ihre allgemein zwingende (un-)politische Aufgabe dargelegt wird. In den Einzelanalysen zu Grass' "Die Rättin", Lenz' "Exerzierplatz" und Walsers "Brandung" wird dargestellt und kritisch beleuchtet, wie sich 'Entpolitisierung' in den jüngeren Werken der bislang als "engagiert" bekannten Autoren äußert: in der Reduktion aller gesellschaftlich bestimmten Konflikte und Mißstände auf anthropologische Grundgestimmtheiten bzw. in der Rückführung aller individuellen Probleme auf Probleme der Individuen mit sich selbst.

Aus dem Inhalt: Poetologische Reflexionen (Adorno, Brecht, Benjamin, Handke, Wellershoff, Dokumentarliteratur/Wallraff, Projekt "Kulturrevolution", "Tod der Literatur", Neue Innerlichkeit, Postmoderne) · Kritik des Erklärungsmodells "Tendenzwende" · Einzelanalysen zu Günter Grass' "Die Rättin", Siegfried Lenz' "Exerzierplatz" und Martin Walsers "Brandung"

Peter Lang ≣≣≣ **Europäischer Verlag der Wissenschaften**
Frankfurt a.M. • Berlin • Bern • New York • Paris • Wien
Auslieferung: Verlag Peter Lang AG, Jupiterstr. 15, CH-3000 Bern 15
Telefon (004131) 9402121, Telefax (004131) 9402131
- Preisänderungen vorbehalten - *inklusive Mehrwertsteuer